U0154065

體 物 入 微

物與身體感的研究

余舜德　主編

國立清華大學出版社

2008 年 12 月

【主編簡介】

｜余舜德｜

中央研究院民族學研究所副研究員，並擔任民族所「醫療與身體經驗」研究群的召集人，研究專長在於經濟與身體人類學，主題涉及夜市經濟、禪坐與消費文化，近年的研究主要從身體經驗的角度來研究臺灣的消費文化與全球化的現象，並推動「身體感」理論概念的發展。

【作者簡介】

｜李尚仁｜

臺北市人，英國倫敦大學帝國學院 (Imperial College, University of London) 醫學史博士。曾任英國倫敦大學大學學院衛康醫學史研究中心 (The Wellcome Centre for the History of Medicine at University College London) 博士後研究員。現職中央研究院歷史語言研究所副研究員。研究興趣包括十八世紀中至二十世紀初之西方醫學史與生命科學史以及科技與社會研究 (Science, Technology and Society Studies)。目前正進行的研究課題包括十九世紀至二十世紀初的英國熱帶醫學史、十九世紀西方醫學在中國、維多利亞與艾德華時期 (Victorian and Edwardian Periods) 英美的鬼怪小說 (supernatural fiction) 與當代科學之間的關係。由於參與身體感研究計畫以及受到我的愛妻洪士培的啟發，目前正開始閱讀探索醫療與身體人類學此一令人興奮的研究領域之相關著作。

| 林淑蓉 |

出生於基隆的臺北人，臺灣大學人類學系畢業，美國紐約州立大學（布法羅校區）人類學碩士、博士。返國後，即任教於國立清華大學人類學研究所迄今。1996-7 年曾為美國哈佛大學人類學系訪問學人，並在 2001 年及 2007 年7-12 月期間擔任中央研究院民族學研究所訪問學人。研究領域包括：性別研究、身體研究、疾病與醫療及中國的侗族研究。在侗族研究的成果中，身體是相當重要的研究路徑，以分析侗人的婚姻交換、物／食物、時間、空間、權力、人群互動、以及治療儀式與宇宙觀等議題。而在臺灣的精神疾病（尤其是精神分裂症）研究方面，亦以身體作為研究主軸，探討疾病患者的身體與疾病經驗、自我認同之關係。

| 陳元朋 |

1968 年生，臺灣臺北人。國立臺灣大學歷史學系學士、碩士、博士。曾任美國史丹佛大學華語文中心教師、國立臺灣大學歷史學系兼任講師、中央研究院歷史語言研究所生命醫療史研究室研究助理、中央研究院歷史語言研究所人才培育計畫成員、私立佛光大學人類學系專任助理教授。現任國立東華大學歷史學系專任助理教授，《新史學》雜誌社常務社員。研究領域為：醫療史、飲食史、宋史、本草博物學史。論著包括《兩宋的尚醫士人與儒醫——兼論其在金元的流變》、《粥的歷史》，並發表〈傳統食療概念與行為的傳衍——以〈千金、食治〉為核心觀察〉、〈荔枝的歷史〉、〈作為社會史研究的中國飲食史〉等多篇學術論文。

| 郭奇正 |

東海大學建築學士與碩士，臺灣大學建築與城鄉研究所博士，2006 年美國富爾布萊獎助學者，在紐約哥倫比亞大學進行一年訪問研究；目前回到東海大

學建築系任教。作者在九〇年代初期感受到了設計專業範疇在亞洲區的新國際分工後離開業界，返校進修並於 1996 年開展對上海的研究。作者以其在大學與研究所時期接觸過的歷史與社會學知識啟蒙，綜合其在建築設計、都市規劃與房地產開發的專業實踐經驗，帶進城市史的研究領域，以上海里弄為文本，從物質、文化等角度重新解讀都市與建築空間，常有傳統城市史研究之外的意外發現。目前正在進行的研究仍以近代上海的城市與建築空間為文本，但嘗試由制度、社會階層、身體經驗等角度多元地切入；也正將研究的觸角由近代延伸至當代，並擴及當下兩岸正在浮現的許多都市文化現象。

│ 張珣 │

　　1956 年出生於臺灣高雄，臺灣大學人類學學士與碩士。美國加州大學柏克萊校區人類學博士。1998-1999 年哈佛燕京學社訪問學人。現任中央研究院民族學研究所研究員，研究領域有：臺灣媽祖信仰與進香儀式、臺灣民俗醫療與乩童問神儀式、臺灣佛教史、道教收驚祭解儀式、臺灣童養媳習俗等等。臺灣大學人類學系兼任教授，講授「醫療人類學專題」與「飲食、醫療與文化」課程，政治大學宗教研究所兼任教授，講授「宗教人類學」課程。

　　著作有《疾病與文化》稻鄉出版社，1994；《文化媽祖》中央研究院民族學研究所出版，2003。與人合編有《臺灣本土宗教研究導論》南天出版社，2001；《臺灣本土宗教研究的新視野與新思維》南天出版社，2003；《媽祖信仰與現代社會》臺灣宗教學會，2003；《臺灣本土宗教研究：結構與變異》南天出版社，2006。

│ 蔡怡佳 │

　　1967 年出生於臺灣屏東，臺灣大學心理學學士與碩士，美國杜根大學 (Duquesne University) 心理學碩士，美國萊斯大學 (Rice University) 宗教研究

博士。曾任教於東華大學民族文化學系，現任輔仁大學宗教學系助理教授，並於政治大學宗教所講授「宗教心理學」課程。主要研究興趣為宗教與當代文化，近期研究關注傳統宗教的視域與實踐在當代文化中之展現與轉化的關懷，以比較宗教的視野探討臺灣民間宗教以及本土基督教派之「靈」的文化的展現，希望能對「宗教療癒」與「身體感」等研究課題之開展與突破有所貢獻。近期研究亦關注宗教學傳統概念「神聖」在當代社會中的意義，以荷蘭籍著名靈修神學作家盧雲 (Henri Nouwen) 與日本小說家大江健三郎 (Kenzaburo Oe) 對於「殘疾」的書寫出發，探討二者如何提出迥異於社會主流價值對於殘障者之拒斥、修補或是增能思維的另類省思。

｜蔡璧名｜

國立臺灣大學中國文學研究所博士。研究重心為醫、道二家思想、操作與文化。曾獲國科會甲種獎勵（八六、八七、八九學年度）、國立臺灣大學教學傑出獎（九五年度「共通及服務性課程」）、教學優良獎（九〇、九一、九二、九五學年度）、文學院教學優良獎（九三、九四學年度）。

現任國立臺灣大學中國文學系專任副教授，兼國立臺灣大學望月詩社暨中醫典籍研究社指導老師。著有《身體與自然——以《黃帝內經素問》為中心論古代思想傳統中的身體觀》、〈重審陰陽五行理論：以本草學的認識方法為中心〉、〈疾病場域與知覺現象：《傷寒論》中「煩」證的身體感〉、〈莊子「乘天地之正而御六氣之辯」新詮（上）、（下）〉、〈身外之身：《黃庭內景經》注中的兩種真身圖像〉等，並著有詩集《渡口芙蓉》。

｜鍾蔚文｜

美國史丹佛大學傳播學博士。現任國立政治大學傳播學院教授兼院長。研究興趣集中在人與物的互動、專家與生手。近年來研究主題是從個人生命史、社會文化史角度探討人和媒介互動中身體感變遷的歷程。

｜顏學誠｜

　　1964 年出生於臺北市。臺灣大學人類學學士，美國密西根州立大學人類學博士。現任臺灣大學人類學系助理教授。研究是以身體人類學與人觀研究切入，探討不同層次的社會整合機制，特別是全球化下不同文化群體的整合可能性，以及如何避免因文化差異與身份認同所造成的群體衝突。理論上的興趣是尋求突破文化建構論與相對主義的分析取徑，以期發現超越個別文化系統的可能。近期的研究著重在探究比賽與社會整合的關係、評比標準的建立、以及不同運動項目中的感官經驗。

｜Elisabeth Hsu（許小麗）｜

　　牛津大學社會人類學系教授、牛津 Green College 的成員，也是牛津大學醫療文化人類學項目的負責人，其研究主要著重在中國醫學、脈診、身體與人觀，以及觸摸、疼痛、感覺、情感與感官經驗。她於 2004 年到 2008 年，應邀參加由臺灣研究團隊所推動之「感官經驗與中國傳統醫學」計畫，此計畫由余舜德先生主持並獲得蔣經國基金會贊助。參與此項計畫促成了此篇文章的寫作與出版。

前言

永不歇息的承諾

在當代社會，大學扮演了極重要的知識生產基地的角色，不管是正統的或反體制的知識，也不管是人文科學的或自然科學的知識，它們通常都要經由大學的機制，才能獲得正當性。由於大學在知識生產體系中居有樞紐的位置，當代國家對大學的投資可以說不遺餘力。著名的大學往往比其他的部門擁有更多的物質資源，也擁有更多的象徵財資源，大學是國家的指標。

大學的社會影響力之來源是多元的，但主要的一種來源當是來自於知識的權威。有了知識的權威，大學才可取得對社會的發言權。當代許多著名的大學所以都有出版社，根本的原因來自於對知識的追求。一般的商業出版社總不免要將營利放在首位考慮，大學出版社當然也很難不考量銷售赤字等等的實際問題，但它更重要的考量仍是學術。學術要發揮作用，其時效一般總是較緩慢，影響卻可較持久，它的運作機制與商業行銷不同。大學出版社既然是為了提升學術水平而存在，它的著眼不得不高，它的立基不得不深，它應該為校園創造濃厚的學術氛圍，醞釀學術創造的胚胎。

清華大學出版社是清華大學重要的學術體制中的一環，它在促成清大邁向更具創造性的旅途上，應該扮演關鍵性的角色。本社編委會鑑於大學對社會負有無可推卸的責任，也鑑於清大面臨的學術挑戰越來越大，校內外的學者需要出版社支援的呼聲也越來越高，因此，主動規劃出版一系列的重要主題之叢書，以回應學界的需求。

　　清大出版社是由清大設立的，但本叢書服務的對象不限於清華，我們的作者群是開放的，我們的讀者群是沒有國界的。就像一代哲人梁任公昔年期許清大「自強不息，厚德載物」一樣，大學要具有宇宙性的精神。我們希望在遼闊的天地運行當中，本系列的學術叢書陸續出版後，學者可以找到和社會互動的平台，學界的氛圍可以更加活化，清大的公共形象可以更加提升。本叢書的每一本出版品都負載著社會的支持與作者的心血，我們希望這些書在該學術領域都能取得指標性的意義。

　　　　　　　　　　　　　　　　　　　　　　總編輯　楊儒賓

　　　　　　　　　　　　　　　　　戊子歲暮謹識於人社院自在坊

「身體與自然系列」序言

　　「身體與自然」是兩個獨立的概念的結合，這兩個現代的概念都同時有來自西洋思想及本土傳衍下來的語義內涵，我們今日使用「身體」論述，有可能來自 body 一詞的文化脈絡，也有可能來自於傳統所用「形」、「身」的相關意義。我們用的「自然」一詞，有可能是 nature 的對譯，也有可能是老莊以下的自然義。簡言之，今日學界使用的「身體」與「自然」的語彙可以說是雙源頭的，但兩個源頭的內涵都很重要。

　　「身體」與「自然」是國內人文社會學界晚近研究較集中的熱門領域，就前者而言，它滲入到醫療史、工夫論、性別研究、隱喻論諸領域；就後者來說，它與「生態倫理」、「物質文化」、「自然書寫」等領域關聯甚深。這兩個概念所以有漸成顯學之勢，無疑的是對以往人文社會學科的研究重意識甚於身體、重精神甚於物質、重人文甚於自然的模式之反動。「身體」、「自然」是兩個獨立的概念，但它們也有可能被詮釋成在本質上即密切關聯，不管東西哲學領域，一種建立在自然基盤上的身體主體都不是陌生的概念。

　　本系統叢書不採傳統的分類模式，著作可譯、可撰、可編，內容可文、可哲、可史，兩個詞語的內涵可採今義，也可復活古義。形式的多樣性希望帶來意義的豐饒，我們的標準只有一種：有學術趣味。

身體與自然系列主編　楊儒賓

序

　　這本書的源頭可追溯至李亦園院士主持之中央研究院的主題計畫「文化、氣與傳統醫學」。當時的研究雖然著重人文與科學之間的合作，不過「氣」作為身體感覺一個重要的焦點（或項目）之課題，在計畫執行的過程中於成員間一再討論。計畫於 2000 年結束後，幾位成員決定繼續定期討論相關議題，並邀請數位有共同興趣的學者參與，而有「氣的文化研究會」的產生，並於 2002 年以「醫療與身體經驗」研究群的名義，於民族所註冊。延續著氣的課題，我們開始注意到陰、陽、冷、熱、虛、實等類似的項目，而至潔淨、骯髒、舒適、衛生等同屬日常生活但同樣富含文化獨特意涵之感覺焦點，我們將這些身體經驗的主題、焦點或項目 (categories) 稱為「身體感」，並以身體感為題，於 2004 年分別申請蔣經國基金會與中研院兩個整合型計畫。

　　《體物入微》是我們提出「身體感」的概念以來的第一個嘗試與成果。提出「身體感」這個理論性概念的意義，當不在於再次強調「身心二元論」的問題，身體人類學從 1980 年代起即已一再論及這個論點，無需累述，我們提出「身體感」這個概念的企圖主要在於結合認知與感官人類學，以重新思考人類學文化理論一些相當基本的論點。我們希望從身體感項目的發掘及這些項目之間網絡性關係的分析，說明日常生活中，尚有一套過去甚少受到注意，但與人類學及史學強調之宇宙觀或象徵體系同樣重要之文化身體感的網絡，存在於日常生活的各個面向，並從而發展出一套研究文化身體感的理論典範，讓我們從身體感知的方向，重新解讀歷史與文化。本書先從「體物入微」切入，探討人與物之間密切互動的關係如何影響文化對這個世界的建構，並對近年物質文化的研究頗受重視之物性的課題，提出新的看法。本書強調，是體物入微的過程形成之身體感項目組成的感知方式與內涵（而非概念）再現內在與外在的真實。如此，不同文化的成員之所以對生活的世界有不同的感受，不是單純因為我們的想法不同，而是因為我們感知的焦點與方式不盡相同。

　　本書的出版受到許多單位的協助，在此特別提出致謝。中央研究院主題計畫與蔣經國國際學術交流基金會提供三年的研究經費，中央研究院研究先期規劃、民族所研究群補助與喜馬拉雅基金會提供之讀書會多年的活動經費。我們也要特別感謝研究群助理陳若旻小姐的努力與付出，她四年來負責聯絡、舉辦工作坊及讀書會、催稿、校稿，是本書得以順利出版背後的動力。

余舜德　2008 年 8 月 14 日

於南港民族所

體物入微：物與身體感的研究

【目　　錄】

從田野經驗到身體感的研究[*]

余舜德[**]

初入藏族田野

　　2003 年秋天,我第二次赴雲南西北部的藏區,來到迪慶藏族自治州香格里拉縣五境鄉的霞珠村,目的在確定田野地點,並評估構思中的研究計畫能否於一個人類學研究的傳統社區中進行。除了期望多瞭解這個由兩個社、33 個家戶所組成的聚落,我同時秉持著一個強調研究者親身參與以學習土著如何體驗他們的世界—— 也就是「參與經驗」之方法論——的角度,來體察此次的田野。「參與經驗」之受到重視,與近年來由 Stoller[1] 及 Howes[2] 等人所強調之人類學者需深入他們所研究之對象的感官世界的論點有密切的關係。他們認為研究者進入田野時,不僅要盡力拋開觀念上的偏見,更需要注意到自己長久內化於感官經驗層次的偏見,方能於親身的參與經驗(而非只參與「觀察」)中深入研究對象之感官世界的文化面向;與此同時,Desjarlais[3] 和尼泊爾的藏族巫醫學習,親身進入 trance 作為研究的策略,亦是我學習的對象。依據著這些想法,

[*] 本文之撰作,承蒙何翠萍、鄧育仁先生對初稿給予許多寶貴意見,謹此致謝。此外,並蒙研究同仁於討論會中多所提點,使筆者獲益匪淺,始有本文之完成,衷心感念。

[**] 中央研究院民族學研究所副研究員。

1　Stoller, "Sound in Songhay Cultural Experience, " pp. 559-570.

2　Howes, "Sense and Nonsense in Contemporary Ethnographic Practice and Theory," pp. 65-76.

3　Desjarlais, *Body and Emotion*.

我想藉著此次田野探索如何深入藏人的感官世界，並瞭解他們如何結合不同的感官經驗以形成身體感知的項目——也就是本書所謂之「身體感」（底下將詳細說明），因而於啟程時，我即告訴自己，此趟雲南行將是一趟「經驗之旅」。

而此趟田野似乎也呼應著我的企圖，雖然它以相當曲折的方式開始。當我抵達雲南的藏區時，我於當地主要的聯繫人——一位藏傳佛教的活佛——正好帶著母親赴北京看病，而深受當地人敬重的上師也正好已經回到山上的霞珠村，且因手機訊號微弱而無法聯絡上。活佛的爸爸原本認為上師應會很快回到金沙江邊的寺廟，因而建議我留在江邊等上師下山，再計畫上山的行程。然而翌日上午，活佛阿爸聽說上師不會立即下山，且當時正好有車赴霞珠村山下的五境，他即要我立即隨車前往。因為知道不會有活佛的吉普車載我上山，也無法通知上師家人從霞珠牽馬下來帶我上山，我決定放棄攜帶一些原本為造訪這個偏遠聚落所準備的裝備及衣物，慌忙中我拎了幾樣當時認為必要的裝備——筆記型電腦、DV 攝影機、盥洗用具與給上師家人的禮物——放入背包中就出發了。沒有攜帶睡袋、換洗衣服、藥物及吹風機的結果，也使得此趟經驗之旅顯得特別有趣。

在車行前往五境的途中，我決定無論如何得要想辦法於上山前買到一樣我急忙中留在活佛家的東西——衛生紙。身為現代社會的一員，實在無法想像生活中沒有衛生紙，雖然山上霞珠村的村民至今仍未使用這項物品。我記得活佛上師前一年帶我騎馬上山前，也特別準備了衛生紙，基本上是為了給我這個現代人使用。在江邊買了衛生紙後，我開始漫長的等待，兩位霞珠村下來的姑娘雖已經答應帶我上山，但是她們難得到街上，很興奮地在幾間雜貨店來回選購日用物品，逛了兩個鐘頭仍無上山的意思。最後終於有一位上山蒐購松茸的販子表示願意帶我上山，並為我背背包。當地人約一個半鐘頭的行程，在高山反應的作用下[4]，我花了近四個小時才完成。

4　金沙江邊的五境海拔約 1700 公尺，霞珠村約 2800 公尺。

　　我實踐「參與經驗」的理想於抵達霞珠時立即受到挑戰。上師準備了酥油茶給我這個又累又餓且身體發冷的客人，此地的酥油茶和其他藏區類似，煮好的普洱生茶倒入打茶筒中，並加入酥油、鹽混合後食用。因為改革開放後酥油已不虞匱乏，此地藏民每次打茶時都會加入酥油，並以食鹽及搗碎之核桃或大麻仔調味，不似以往多只在第一次打茶時加酥油。我雖然在前一次霞珠行已喝過酥油茶，但仍未習慣酥油茶的味道，我尤其難以接受儲放較久之酥油強烈的「膩」味。還好秋天的霞珠，牛已從高山移至附近的農場，而有新鮮的酥油，雖然在天氣寒冷下，上師家人加入較多的酥油，不過喝起來味道上尚不至於太膩。我也嘗試在喝入一口茶後立即用口呼氣，將濃厚的酥油味呼出，以避免聞到濃厚的酥油味，如此讓我通過了第一關。

　　然而過不了多久，我就開始瞭解，真正的問題不在於我是否能夠以人類學的專業精神要求自己品嚐藏民的飲食、忍受隔壁房間醃製的「琵琶肉」所發出的強烈味道[5]、或是一段時間不洗澡換衣服。真正的挑戰來自於我是否能夠鬆懈一下我身體長久培養出來之習癖 (habitus)，並使自己能夠融入一個充滿異味及景觀的新環境，讓自己暫時拋開感官層次之文化偏見以進入藏民身體感知的方式中。我發現這個挑戰難以克服，我身體的習癖似乎不願退讓。

　　一方面，我很難鬆懈已長久培養的衛生習慣。蒼蠅在秋季仍到處飛，當有食物暴露於空氣中時，牠們馬上飛來，而此問題似乎只困擾我。上師禁止無故殺生，所以家人不在家屋四周噴殺蟲劑，助長了蒼蠅的猖獗；而我也「無法」自己下手做糌粑，糌粑是藏民最重要的食物，藏人食用時，先以手指攪和碗中之青稞麵粉及酥油茶，並以手捏成飯糰狀食用，在沒有自來水的家中，洗手原本即不方便，加上對濕黏的觸感總覺得不舒服，令我一直無法從容地將手指插入麵糊中。臺灣的衛生習慣也讓我隨時注意不將筷子直接擺在不乾淨的桌上，

5　「琵琶豬」乃雲南中甸與麗江地區的摩梭、納西及藏族人製作保存豬肉的一種方式。過年時殺豬後，將內臟取出，於打開的腹部灌入鹽水，以線縫起，醃製兩個月之後即完成。一般可以存放數年，但此地藏民強調「新鮮」時好吃。一般琵琶肉只能在高海拔（如兩千公尺以上）較冷的地區方能製作，否則容易腐壞，金沙江邊的藏民即只能製作保存期限較短的臘肉。

並避免用手接觸筷子頭，然而此地基本上並不使用抹布，飯前擦桌子時就用高山樹上寄生的乾青苔將桌上異物掃到地上即成，並將筷子直接躺放於桌面。若遞筷子給我，藏人習慣兩手奉上筷子，一手接觸筷子頭，一手筷子尾，就如他們奉哈達表示尊敬、歡迎，或伸出攤開的雙手接東西一樣。雖然我試圖說服自己，我實際上是在與這家人生活的幾天中，恢復了我在已經相當現代化之旅遊區的麗江古城中吃壞了的肚子，但是現代衛生習慣背後的細菌理論早已深入我潔淨／骯髒的身體感，讓我無法輕易於觀念的層次上抒解。我將主人給我的藏式月餅留在桌上，因為月餅已經放了兩星期，且上面已經被無數的蒼蠅沾過，我也偷偷地用衛生紙擦淨筷子，因為竹筷子上纖維的細縫間藏有一層黑色的油，這些明顯不禮貌的行為也使得我一再懷疑自己的人類學專業精神到底在哪裡。

另一個問題來自於我的身體對虱子的反應。在使用上師家的寢具後，我全身被虱子咬遍，證明我將睡袋、換洗衣服及藥物留在活佛家的決定是一個嚴重的錯誤。缺少另一套衣服換下身上潛藏著虱子的衣服，以便放到陽光下曝曬，使得虱子一再於我的身上叮咬；沒有止癢藥物，我的身體就是無法抵抗虱子注入我皮膚表層的毒液所產生之極端搔癢及紅腫的反應。我的藏民朋友們告訴我，他們每天在田裡工作，皮膚常暴露於太陽下，所以虱子咬對他們沒有作用。無論他們的解釋對或錯，很顯然的，我體內某些生理反應與他們的不同，這些差異顯著地影響我經驗同樣的環境。

藏民習慣的坐姿亦困擾我。霞珠的藏民一般坐在地板或地毯上，對我的藏民朋友來說，盤腿坐是最舒服的姿勢。第一頓晚餐時，上師的兒子將我原本坐著的矮板凳拿開[6]，並讓我坐在地毯鋪成的坐席上，以歡迎他父親及活佛的朋友，「如此較舒服」，他解釋道。但是漢人一千年歷史之「高椅垂足坐」已經深深內化入我的身體，任何長時間盤腿坐在地板上，對我都是一種難受的姿勢。

6　此地藏民因受附近納西族影響，多有一套四方形矮桌及四張長矮凳，主要於喇嘛至家中念經或婚禮宴客時使用，一般日常則圍坐在火塘邊的地上。

當上師的家人或朋友們輕鬆地盤腿坐在火塘邊喝茶聊天時，我常是坐立難安。如此，也讓我瞭解「如何坐」與 Mauss[7] 用來說明他提出之身體技能 (body technique) 的觀念所用之軍隊隨軍樂邁步的例子相似，坐（或隨音樂邁步）這樣簡單的事情其實不是一項單純的動作，而是與文化理想內化入身體，並形成有「能力」含意之身體技能，而如何坐才舒服，更與身體技能有密切的關係。雖然我學禪坐已有數年之久，但我就是「沒有能力」輕鬆地盤腿坐一整天。

　　如此數天，我歷經困擾的身體已經使得我感到非常地沮喪，以致於讓我開始思量，我是否可能實踐「參與經驗」的理想。經由感官學習藏民體驗的方式在某些程度似乎亦要求我的身體隨著藏民的生活轉變，我的身體無法隨著當地的環境調適，使我開始擔心我是否真的能夠實踐這個新的田野研究方法，從個人實際的體驗來瞭解研究對象的經驗。同時，我也開始懷疑我期望研究之藏族家與家具的「舒適感」是否存在，靜待我來發掘，至今我所觀察到或實際經驗的，可說是藏族所「缺少」之現代的舒適。而我也無法找到一個適當的切入點，幫助我瞭解他們如何體驗舒適；這些問題也使我開始考慮，我是否應該採用歐美史學者[8] 的觀點，將舒適視為一個現代性的課題，就如 Crowley 的書名 *The Invention of Comfort* 所示，將舒適視為十八世紀方於西方社會興起的概念，而非如我原本計畫的，從對身體舒適（或說，對身體感受生活環境）的關切乃普遍存在於各文化或時代的方向，來瞭解其中歷史、文化的差異。

身體經驗、物與文化

　　上述是我於 2003 年到田野地點探查時隨手寫下來的片段。我的經驗可能和大部份初入新田野仍在想辦法適應異文化環境的人類學家所感受的非常相似，每天都在與舒適、潔淨、香、臭、噁心、食物味道、衛生等切身的問題奮鬥。我們之所以會在異文化的環境發現這些問題如此切「身」，就是因為我們

7　Mauss, "The Notion of Body Techniques."
8　Grier, *Culture & Comfort*; Crowley, *The Invention of Comfort*.

長久於自己的文化環境中所培養出來之身體感受的焦點與感受的方式，與其他文化所關切的，存在顯著的差異。就如茶中濃厚的酥油味乃深受當地藏民喜愛，酥油量的多寡更是他們呈現或判斷主人誠意的指標，但對我來說，藏人所喜愛的酥油味卻是我難以承受的「膩」。同樣地，我的藏民朋友對黏或油膩的觸覺似乎不以為意，他們於每天的工作中，身體即常需直接接觸許多濕黏的東西，例如他們以手攪拌麵粉以溶入煮好的豬食，製作酥油或處理臘肉時直接以手處理酥油及凝結的油脂，對他們來說，黏的觸感並不會激起「負面」的反應。但對身為現代人的我，觸覺上的「黏」可說直指著「髒」，並激起「噁心」的感覺，因而平常就使用各種清潔劑將黏的觸感排出我們的日常生活環境之外；所以我會排斥身體接觸黏濕，也會試圖用紙擦拭油膩的碗筷，或清洗褲管開始黏人的長褲。當我後悔沒有帶足裝備的同時，我也開始思量為何我出一趟門會需要攜帶這麼多物品，我的藏族朋友即使出遠門多日，通常幾乎不攜帶行李；而我之所以攜帶這麼多雜七雜八的東西（無論實際上我有沒有帶上山），除了為了記錄田野資料準備的裝備，其他（防雨透氣外套、涼鞋、登山鞋、多套的換洗衣服、毛襪、棒球帽、毛線帽、肥皂、洗髮精、保濕／防曬用品、太陽眼鏡、保溫杯、睡袋、睡衣、舒柔衛生紙、茶葉、糖果、維他命、藥物等）可說都是為了滿足我身體經驗層次上的需求，也是造成我需要攜帶大量行李到田野的原因。我相信這樣明顯的差異應與雙方文化的脈絡及個人長時間的培養有密切的關係，因而我與某些物及物質生活環境互動的感受方式、敏感度與需求，出現顯著的差別。

　　我相信我與他們（霞珠村民）的差異，不只起因於現代醫學、衛生知識或文化觀念上的不同，這些差異更明顯呈現於身體的層次，有時更會引發強烈的反感或焦慮。我對長久不洗澡的不慣，不只因為我接受了現代的衛生觀念，更因為我對自己沒洗澡的身體所發出的汗臭味、皮膚黏黏的感覺及上面逐漸累積的污垢漸難忍耐，或是因為對洗完澡後身體溫暖、煥然一新的感覺及乾淨衣物所發出的香味引發之舒服感覺開始有強烈的需求。同樣地，酥油茶油膩的味道讓我難以接受，不只是因為現代醫學令我對某些健康指標（肥胖、血脂、膽固醇、血壓）持續保持關切，而是我於現代醫學知識影響下已養成清淡的飲食習

慣，因而對油膩的味道（尤其是喝完茶後滿口黏膩的酥油味）產生噁心的感覺。而這些身體的感覺也延續到我對他人身上發散之體味的敏感、對藏民家中獨特味道的察覺、或是對長久未換洗之寢具的懼怕，並呈現在「噁心」、「骯髒」等直覺的反應上，而至影響情緒，且常於不經意中，未加掩飾地表現在我的肢體語言。

我相信知識與觀念內化於體驗的過程並非只發生在個人經驗的層次，而是與歷史及社會過程有密切的關係。對我來說，這些身體經驗上的差異，可能是現代醫學及衛生觀念在長時間的推廣、教育之後，形成社會上的常規 (norm) ，加上科技的配合、生活環境的顯著轉變、與人們長期生活於其中，並逐漸內化入身體經驗層次的結果。我們習慣從「現代」相對於「傳統」之衛生習慣及醫學知識的落差來解釋彼此的差異，但在面對這些差異時，我們最直接的反應乃來自於身體的感受。

而影響這些身體感受之差別的，也不只是科技與知識，身體經驗亦與地方文化習俗有密切關係。例如，臺灣社會用餐時，習慣同桌的親友一起享用桌上的食物，但是如何共享而不會令人覺得不舒服，乃至有不安全感，背後其實有一些無以名之的規則，這些規則也明顯影響我們衛生、受污染 (contaminated)、或噁心的感覺。舉箸共享餐桌上的食物至少自宋朝以來即是中國社會日常的習慣[9]，近親好友與家人共享食物是我們表示親切款待或我群的方式之一，愈是親近的親友之間在共享食物之餘也共享口水的事實，似乎不會引起不快的感覺。但是若有較不熟識的人在場時，公筷、公杓即常出現。於飯館中，我們不會將鄰桌陌生人的剩菜拿來享用，這種行為不但被認為有礙衛生，更難以想像，但在公司尾牙宴席時，即使鄰桌只是廣義關係的同事，或許仍是陌生人，但鄰桌的剩菜被拿來享用則常被接受。這些規則常於不假思索中實踐，當我們聽到四川重慶的火鍋餐廳中涮羊肉的湯鍋高湯乃「公用」，不隨客人遞換而更換，而

9　Handler, *Austere Luminosity of Chinese Classical Furniture*, p. 188.

覺得不可思議之餘，我們有時也沒有意識到親疏遠近的社會關係，其實深深影響我們對衛生的感覺，並直接展現在「污染」、「噁心」的反應上。

這些細微的差異也說明，身體的感受同時包含意涵與感覺、文化與本性 (nature)，既非純粹的身體感受，亦非單純的認知，而是兩者的結合。這些身體感受基本上乃是向內的 (inward)，其經驗與感受乃屬於個人的，且常難以名說，就如本書中張珣的文章即指出，人可以分辨許多種氣味，但嗅覺的詞彙卻很少，因而身體雖可分辨出其間的差異，卻常缺少確切的語詞足以清楚描述。不過身體感受的焦點常與物或物質環境有密切之對應性，且常是在和物或物質環境的對應性中，這些感受的焦點方呈現其顯著性。濕黏的「髒」、手觸筷子的「髒」、及和陌生人共享食物的「髒」，雖以同一詞彙表示，但各自的感受與接觸之物或物質條件的引發有密切的關係，或引起「噁心」的感覺，或引發「受污染」，乃至「危險」之感，其間各有差異。也就是說，接受同樣的外界刺激時，我們可以認得 (recognize) 我們曾經有過類似之髒的經驗，或能比較現在與過往的差異，但缺少外界的刺激時，我們難以回憶 (recall) 或憑空塑造不同之髒的感受[10]，也常缺乏足夠的語言來描述這些感受。因而可說，即便這個日常生活最常出現的感受之一的「髒」，亦需我們從「體物入微」的角度方能說明其間差異。

本書中各位作者論及之香引發的「他界感」、食物的「清」、普洱茶的「陳韻」、烏龍茶的「清 vs. 熟」香、居家的「舒適」、空間的「隱私」、貴州侗族淘米水製成的「酸」或牛反芻之胃汁液做成之牛別的「苦」味，而至醫師把脈所察知的「滑」、「澀」等，都難以脫離對應之物而單獨存在。或說，若不經由這些以文化的方式製作、消費之物與身體的交會，並於文化的情境中呈現──香用於宗教儀式、以牛反芻之胃汁做調味、挑選特定食材從清的角度烹煮、呈現、享用，我們實難以明瞭或體會「他界感」、牛別之苦味、或「清」的感受

10　Dan Sperber 在討論氣味時，即提出氣味能夠被 recognize 但難以被 recall 的論點，筆者此處乃參考他的觀點。Sperber, *Rethinking Symbolism*, p. 116.

所指為何。而本書以「體物入微」為題，就在強調這個身體與物密切的互動關係，並企圖說明，從兩者密切互動切入所開展之學術意義。

「體物入微」——這個人與物密切的交會、互動的過程——常發生於個人的層次，雖然人們常共享食物、空間及文化事件或場合，但是直接、細微的感受卻是發生在個人的領域，因而雖然共享同一食物或共用一個房間，但每個人可能有各自主觀的經驗與感受，及各自對此物（或物質環境）之好惡與價值的判斷。不過本書企圖指出的是，即使體物入微主要發生在個人的層次，同一文化的成員卻常從類似的角度，或相同之關注的焦點，來體驗同一件物，因而即使他們對同一物（或物質環境）有不同的感受或價值判斷，他們之所以能夠溝通各自之主觀經驗與價值的認定，就是因為他們在類似的體物過程之基礎上談論體物的經驗。所以即使體物的經驗有時是個人的、難以名說的，但在身體與物直接的互動過程中，文化的成員因其從小生活於具文化特色的環境中，或經歷一些文化教養的課程（如書法、繪畫或品茗），而培養出具文化特色的感知方式，提示成員體物時應關注之焦點、方式或主題，更將這些關注的焦點經由設計、製作加諸於物本身，因而物有其特定的功能與歷史文化特性，形塑人們使用的方式與生活習癖，亦影響人的身與心[11]。也因此，我們可以說體物入微的方式是「文化的」，我們可以在集體層次上說，有一個之所謂的「文化」，擔任居間斡旋 (mediation) 的角色，使得外界的刺激成為具有文化特色的經驗。

身體在體物入微的過程中扮演重要的角色，身體不只是經驗的媒介，更是體物能否入微的關鍵。身體不只關係著用怎樣的姿勢、技巧來運用／發揮／呈現物的特色和從哪些生物性的角度來經驗物，更與個人經驗的「能力」或「敏銳度」有密切的關係。身體與物的關係不只是 Mauss 提出「身體技能」的概念時比較英、法軍隊之行軍、圓鍬挖地之「步伐—軍樂」或「身體—器具」之間配合的技能，本書中各篇論文所述體物入微的例子，更讓我們瞭解身體感官經驗的能力如何識別 (identify) 物的特色、發掘物之間細微的差別及分辨價值

---

11 Dant, *Materiality and Society*, p. 3.

差異所在。這些能力的呈現或從社會已具有共識之感受的焦點出發，因而這些感知的能力是文化的成員生存必備的身體技能，它們於長期生活在文化的環境中培養、訓練，成為日常生活習性的一部份；或發現／發明新的經驗主題，而創造新的價值所在，引領風騷，這些感知能力的專精，更是社會分辨專家及社會身份地位的基礎。換句話說，身體感知的能力是具文化特色之經驗焦點、價值、意涵與知識內化入身體之具體呈現，而其展現，就如本書各篇文章所討論的，一方面賦予物能動 (agency) 的力量，另一方面，更是形成歷史動力的重要因素之一。

本書從體物入微出發，不只關心物於交換的過程如何擔任傳遞、溝通文化訊息的角色（或物在日常生活實踐中的象徵性角色）[12]，同時更關心身體與物密切的互動之間，文化如何在扮演斡旋的角色之同時，亦受體物入微的過程所改變，並形成社會與歷史的動力。本書各篇文章從不同的角度切入，來說明這個體物入微的研究取向。

身體有些基本的感受，如飢、渴、痛、癢、冷、熱、舒適，乃相對於身體與物及物質環境之間的互動而出現，這些基本的感受可謂出生即出現，新生兒面對外界的刺激時，即會因為這些感受的滿足或缺乏而產生情緒與面部表情的反應[13]。這些基本的感受也驅使人們尋找／製作適當的物，來滿足、解決這些需求，所以我們也會發現，不同時代、文化的成員也會運用、製作、創造各種物（無論是食物、藥物或設備），來滿足各自的感受與需求。本書郭奇正的文章即指出，人們建構房舍以滿足居家舒適的要求，不過不同的文化（當時的租界與上海本地）或時代的人們所建構的房舍與舒適程度的要求則不盡相同。

不只所運用的物不同，不同時代、文化的成員對身體的感受之認識與歸納方式也常出現明顯的差異，因而呈現不同的關注焦點。如蔡璧名的文章即以《傷

12　相關研究如 Thomas, *Entangled Objects*; Tambiah, *The Buddhist Saints of the Forest and the Cult of Amulets*; Godelier, *The Enigma of the Gift*.

13　Cole and Cole, *The Development of Children*.

寒論》為例，說明「煩」這個身體／情緒的感受焦點如何受到中國醫家的注意，並發展出繁複的治療方式；筆者臺灣品茶文化的研究指出，普洱茶的消費者將具文化特色之「氣感」列為判斷陳年普洱茶品質的重要標準之一。這些關注的焦點相當程度源自於身體與物交涉的過程（無論是運用、消費或創新），且同一項物於不同的文化、歷史脈絡下，常引發不同之身體關注的焦點與感知方式，甚至使得同一物於不同社會或不同時代，被認為具有不同的特性及價值。顏學誠的文章所述之臺灣茶比賽制度於 1980 年代的出現即對「何為好茶」應具有的身體感特色及市場價值的設定產生很大的影響；張珣的文章則指出不同香料對不同時代與不同宗教的信徒引發不同的身體經驗。

　　上述這些身體感知／認識物的過程，又與知識、科技、物質文化、政治經濟、交易及消費系統的發展密切交織、相互影響。筆者及顏學誠的文章都從茶的製作過程來說明「茶」的出現其實涉及人如何發掘茶的特質，發展技術，以製作出符合當代感官認定為有價值的商品，相對地，當烏龍、包種、高山茶及陳年茶的滋味確立後，它們也回過頭來影響科技及茶比賽的發展，以更有效地、更精緻化地製作出這些滋味，因而也影響原有的品茶文化、知識與市場。李尚仁的文章以十九世紀西人對中國環境的體驗，分析醫學理論的發展如何影響當時的來華西人對腐物及骯髒感的體驗，而他們對中國環境的觀察也引發他們修正這些理論，以解釋中國的狀況。

　　身體感與物之間密切的關係於日常生活、社會關係的建立、宗教儀式的展演、社會階級或階序 (hierarchy) 的分野、及象徵意涵的建構等面向，都扮演重要的角色。陳元朋的文章指出「清」的飲食之身體感與品味如何成為宋人建構社會階級重要的論述方式之一；郭奇正從上海建築史論及潔淨與舒適感如何與現代性結合，而成為階級認同的標誌；蔡怡佳從《芭比的盛宴》一書中食物的滋味及食物的能動力，張珣從臺灣寺廟儀式中香的使用論及嗅覺及香所塑造的他界感，來說明儀式展演中的轉化力量如何形成；林淑蓉則從酸與甜的身體感論及個人的交換關係與社會理想的建構；顏學誠則從茶比賽機制中基於身體

感官的價值認定來討論文化建構論及物性的課題；筆者則從「陳年」的韻味在臺灣發展的過程，來論證價值的課題。

在這個「身體－物－文化－科技－社會－歷史」的複雜關係中，我們認為討論身體感受物的焦點、主題、方式，或是本書企圖提出之「身體感」的理論性概念，可以帶給我們一個新的觀點。

從感官的研究到身體感概念的提出

1980 年代中期逐漸興起之感官人類學最顯著的貢獻即在於指出，感知的內涵不只是生理的現象，亦是社會討論（或爭論）的結果，與社會階級、消費及政治的過程有密切的關係，因而亦是歷史過程的產物[14]。基於這項主張，感官研究的取向一方面於理論上強調跨文化比較研究感官經驗的歷史與文化面向，主張人類學家應該深入研究土著 (the natives) 的感官經驗，將身體經驗的資料寫入我們的民族誌中；在方法論上更提出具體的要求，強調人類學家進入田野時除了依照傳統方法論所教導的，應該拋棄文化（觀念）的偏見外，更需要意識到早已內化入研究者本身之身體感官的偏見，學習從土著的感官面向來瞭解他們所經驗的世界[15]。他們更呼籲人類學的知識傳承需全面加入感官經驗的基礎，成為全面之「感覺的學問」(sensuous scholarship)[16]。

這個呼籲相當層次挑戰人類學過去強調「心」之層次的傾向，尤其於民族誌研究的方法論上，指出過去人類學家採用之參與「觀察」的用詞，即反映著西方社會視覺的偏見，因而需要於方法論、民族誌寫作與文化理論上做全面的檢討。不過這項呼籲雖然獲得廣泛的迴響，但是其企圖揭櫫之典範性意義的論點，似乎仍被人類學主流低估。而其重要性之所以受到低估主要的原因之一，

14　Herzfeld, "Senses"; Lock, *Encounters with Aging*.

15　Stoller, "Sound in Songhay Cultural Experience," pp. 559-570; Howes, *The Varieties of Sensory Experience*; Classen, *Worlds of Sense*.

16　Stoller, *Sensuous Scholarship*.

乃是此方面的研究雖於近幾年大量出現，尤其是 Bull and Back[17]、Howes[18]、Korsmeyer[19]、Drobnick[20] 與 Classen[21] 等人所編之以個別感官為主題的論文集，但尚無很好的民族誌專書讓人類學界瞭解感官經驗研究於文化理論發展上的意義；而感官人類學在研究議題上常集中於對西方現代社會強調視覺的偏見提出修正，因而在討論的議題上常環繞在這個主題上，無論是為其他感官書寫歷史[22]，研究前現代 (pre-modern) 的西方社會嗅覺的重要性[23]，從感官的角度研究物[24]，或是強調深入調查每個社會感官使用的比例 (sensuous ratio)，以說明每個社會重視／強調不同感官的現象等研究議題[25]，都不脫離人類學家期望從不同時代、社會的資料修正西方社會偏見的企圖。而此企圖，也使得感官人類學的研究過於集中於特定的主題。

筆者認為感官人類學尚未受到人類學主流肯定最重要的原因，恐怕是感官人類學將生病的感官經驗或單一感官獨立出日常生活層次的研究方式，較難符合人類學從日常生活層面之探討來奠定文化理論的基礎之要求。在實際生活中，人們並不單獨使用個別感官，而是整合不同的感官傳來的資訊，以便能夠隨時 make sense of 周遭的狀況。感官人類學企圖比較不同社會使用五種感官的比例或強調某一項感官於社會扮演的角色之作法，實難以在任一文化之真實生活的層次成立。帶領感官人類學的 Howes 在其 2003 年的新書 *Sensual Relations* 開始強調感官之間的關係，或個別感官的研究開始強調「定位」

17　Bull and Back, *The Auditory Culture Reader.*

18　Howes, *The Empire of the Senses.*

19　Korsmeyer, *The Taste Culture Reader.*

20　Drobnick, *The Smell Culture Reader.*

21　Classen, *The Book of Touch.*

22　Classen, *Worlds of Sense.*

23　Classen, Howes and Synnott, *Aroma.*

24　Edwards, Gosden and Phillips, *Sensible Objects.*

25　Howes, *The Varieties of Sensory Experience.*

(emplacement) 的概念，以說明感官與空間之間密切的關係[26]，都反映感官人類學也意識到聚焦於單一感官時所面對的問題，而企圖提出修正。

我們在感受環境傳來的訊息時，通常少特意區分任一感官。即使是「看」電視，也需要聲音的配合，以達到效果；而「聽」音樂，亦與聽此音樂的事件、空間的配置、意涵與事件的脈絡有密切的關係。也就是說，任一「感官事件」都發生在其他感官與社會文化的脈絡中，除了融入其他感官的訊息，成為多重感官的 (multi-sensory)，更融入社會文化的意涵。我們對周遭環境的感受，更是如此，筆者田野經驗中潔淨／骯髒的感受，或本書各作者論及之「舒適感」、「他界感」、「骯髒感」或「陳韻感」亦都是多重感官的結合[27]。而且這類多重感官的訊息常與文化的隱喻 (metaphors) 結合，更是形成文化意涵的基礎[28]，並呈現於人類學家過去常討論之神聖／世俗、正式／非正式、具價值高／不具價值、純潔／危險、陰／陽、奢侈／樸素、優雅／粗俗、熱鬧／冷清、冷／熱、清／濁、虛／補等認知的項目 (categories)。也就是說，在這些過去以「心」的範疇處理之文化認知概念，若被放在身體感知的面向重新審視，皆可發現其過去未曾受到注意之身體經驗的面向，及這些身體經驗的焦點所形成之體系性關係。我們從視覺的香煙裊裊及聽覺之沈穆鐘聲中體會到東方文化的「神聖」、於聽覺的肅靜及色彩與線條的秩序性呈現中感覺到「正式」、或於暗影及涼風中感受到中國文化的「陰」。這些經驗的焦點／主題與文化觀念密切結合，成為組織、歸納感官接受之紛雜訊息的網絡，使得這些訊息成為具有社會文化意義的經驗。日常生活中，我們感受外在與內在的環境，即經由這些類似認知，但本身已深深內化於我們的感官知覺（可謂結合身心）的項目，形成一套與人類學家平常強調之宇宙觀或象徵體系同樣重要之身體經驗項目組成的網絡，來

26　Howes, *Sensual Relations*, p. 3.

27　生理學及腦神經醫學的研究亦告訴我們，感覺及行為的層次的資料都指出五官之間有密切的互動，且以相互依存的方式運作。參見 Stein, Wallace and Stanford, "Brain Mechanicsms for Synthesizing Information from Different Sensory Modalities," pp. 710-731.

28　Shore, "Twice-born, Once Conceived," pp. 9-27.

組織感官所接受的訊息，讓我們能夠迅速地理解狀況，並做出適當反應；同時，我們的日常行動也體現 (embody) 這套身體感的網絡，行動因而具有社會與文化的功能性，如此我們得以成為一個文化的成員，並存活於所屬的社會中。

這些感覺的焦點／主題，即是本書企圖推展之「身體感」的理論概念。「身體感」一詞原為著名之比較醫學史學者 Kuriyama，於研究日本「肩凝」[29]、中國的「虛」[30]、及西方的「緊張」[31] 之身體感覺時所提出，以指稱身體經驗的焦點或範疇，並分析這些身體感的歷史發展。本書沿用 Kuriyama「身體感」這個詞，參考其他類似的研究，並進一步從認知科學及人類學的文化概念將之理論化，企圖將之發展成為一個可以廣泛運用的概念及分析架構。我們決定使用「身體感」一詞以強調「身體經驗」（而非較狹義之感官經驗）之研究的原因，除了因為身體經驗（如潔淨／骯髒）常是多重感官的結合，無法劃歸單一感官研究之外，並考慮有些身體經驗的項目，如中國文化「虛」或「氣」的身體感，或本書中蔡璧名討論之「煩」、林淑蓉討論之中國侗族人的「排出感」及陳元朋的「清」等，皆難以從現代分類之五種感官來定位，且牽涉到獨特的文化概念與感知方式，研究者需要進入中國文化身體及醫學的知識與體驗系統，方能清楚說明，因而需要一個能夠呈現身體經驗乃「多重感官」、「融合文化」之新理論概念。另一方面，我們考慮身體經驗（如前所述）乃是身心的結合，因而我們採用「身體感」這個詞，而非「感覺」或「觀念」，以強調它與認知項目的相似性，並將身體感定義為：**身體作為經驗的主體**以感知體內與體外世界的知覺項目 (categories)，任一身體感項目由單一或多項不同的感官知覺形成，因而觸覺之輕、重或視覺顏色明暗等之分辨，而至多重感官之骯髒、潔淨、噁心都屬身體感的項目，這些項目於人們的生長過程中，於身體長期與文化環境的互動中養成，身體感的項目與項目之間所形成之體系性關係，是人們解讀身體接受到的訊息及各種具文化意涵之行動的藍本；它們是人們處理每刻

29　Kuriyama, "The Historical Origins of Katakori," pp. 127-149.

30　Kuriyama, *The Expressiveness of the Body and the Divergence of Greek and Chinese Medicine.*

31　Kuriyama, "The Resonance of Strings."

接受大量龐雜之身體感受的訊息時，將這些資訊放入秩序 (put into order)，加以譯解 (decode)，並做出反應的根本，更是我們行動之所依賴。身體感的項目來自於文化與歷史的過程，呈現在知識、科技，尤其在知識與科技的結晶——物與物質環境——之中，文化的成員不只經由智性 (mental) 的學習管道內化這套身體感的網絡，更經由長期於文化的物質環境中生活、成長而養成，充分內化入我們的身體，形成身體能力的一環。因而，我們之能夠於走入佛堂及教堂中即能感知到兩者宗教氣息的差異，從陰暗、污穢的景物感受到恐怖，或能夠傳遞親情、散發親和力、運用品味的「清」展現文人氣息，不是因為（如 Geertz[32] 主張）有一套客觀存在於人與人之間之文化意涵的網絡充當介面，而是因為長期在文化環境培養之「有經驗能力」的身體，讓我們能夠感知周遭的世界及外人行動的意義，並具有運用這些項目行動的能力。若套用 Asad[33] 的話，Geertz 及 Turner 的象徵理論採取的立場，可說是「『與身二分』的心藉由象徵的介面來面對我們生活的世界」"disembodied mind confronts the world through the interface of symbols"，身體感的取向則要求我們從「有經驗能力的身經由身體感的網絡面對這個世界」的方向，來思考何為文化的課題。

感知的方式

我們認為，從身體感的概念切入，能夠具體深入研究的，並不是研究對象各自主觀經驗的內涵，個人主觀經驗的內涵常難以詳細闡述，亦可能呈現著相當高的歧異性——尤其論及好惡的評斷時；能夠為我們探究的，是「有經驗能力」的身體體現於行動，並再現於討論身體經驗之身體感項目、這些項目所形成之感知的方式、與嵌入於感知方式中（成為近年人文與社會科學界中主流議題）之「主體性」(subjectivity) 的課題。

32　Geertz, *The Interpretation of Cultures.*

33　Asad, "Remarks on the Anthropology of the Body," pp. 42-52.

　　身體感項目之間具有繁複之體系性關係，並形成具歷史、文化特色的感知方式。若仍以骯髒感為例，底下用幾個圖來列舉幾個假設性骯髒感的組成及組成要素 (elements) 之間的關係，以說明骯髒的感知如何具有歷史與文化的特色。

　　首先，骯髒感可能由單一感官組成，例如單一之「黴菌滋生的黑色」（視覺）、「腐敗的味道」（嗅覺）或「油膩的觸感」（觸覺）之刺激，即可能引發骯髒的感覺（請看圖）。

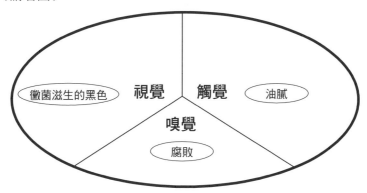

　　不同刺激但同屬一個感官的組合，如「衣服的形狀」加上「油膩的褐黑色」（同屬視覺）。

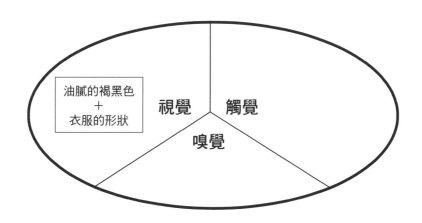

　　兩個不同感官的刺激之結合，如前述筆者田野經驗之「筷子的形狀」（視覺）加上「外人的手接觸後之受污染」的感覺（觸覺）。

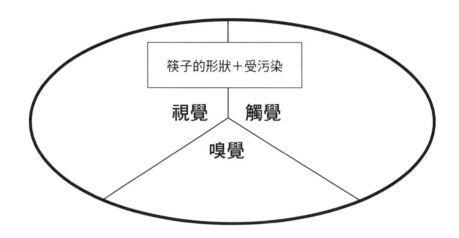

　　或三種不同感官刺激的組合，如街道「陰暗的景象」（視覺）、「濕冷」的感覺（觸覺），加上「腐臭味」（嗅覺）。

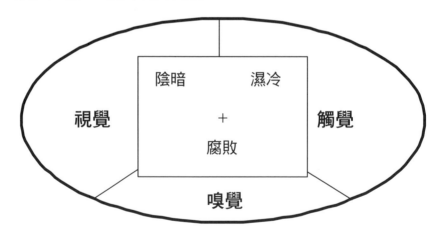

　　有時雖只有單一的感官刺激，但此刺激亦讓我們立即聯想到其他組成要素於感官的呈現，就如當我們看到桌子油膩的表面，就已預期到觸覺之「髒」的感受，而不願置手於其上。而各要素的刺激是否引起骯髒的感覺，亦與刺激的

起源及身體感項目的歸類 (categorization) 有關，例如前述「濕黏的髒」、「手觸筷子的髒」、及「和陌生人共享食物的髒」，雖都以「髒」來表達，但其感覺不盡相同，同樣地，黴菌滋生呈現的「黑」與人手長期使用摩擦的痕跡呈現的「黑」亦可以是不同感受項目的歸類，前者常引起骯髒、不衛生或危險的感覺，後者的黑若出現在木製家具上，主人常會用清潔劑洗滌或用砂紙磨去，接觸性傳染病（如腸病毒）流行期間，這些黑色的部位更常被主人擦拭，不過這種長期使用、磨損留下的顏色若有若干年代，卻可能為人們從「歷史遺留的痕跡」之方式來感受，成為值得欣賞的標的；主人並不時撫摸，以感受木頭表面的圓潤，或許另加一層烏黑的光澤上去。所以兩種黑色的分辨及感受，和人與物的互動及此互動發生時的脈絡有密切關係，我們常能不假思索地於接受不同類之黑色的刺激之當下，分辨其間的差異，並做出適當的反應。

　　對類似的刺激之間細微差異的辨認更涉及許多文化或歷史的因素。同樣的刺激於不同的文化或歷史脈絡可能引發完全不同的反應，例如國人喜愛之臭豆腐的味道，常是外國人難以接受的腐臭味；而如何辨別食物腐敗的酸與醃製品的酸，常需一些文化學習的過程以區辨此兩種酸味是危險或安全的；而髒的感覺有時亦會超越感官表面的感覺，在 SARS 流行期間，即使看不到「髒」手，我們亦不時的洗手，說明著現代細菌及病毒感染的知識亦顯著地形塑我們對髒的感覺。這些日常生活的例子指出：要素之間的組合運作非常複雜，腐敗味、黑色、黏等組成要素本身在各文化中即有繁複的分類，某些酸、臭是值得享受的「香味」，另一些則引起骯髒與危險的感受，文化的成員從小就學習區辨臭豆腐的「香味」及不同等級之危險的「腐臭味」，或分辨「觸覺的髒」與超越感官直接分辨的範圍之「受感染的髒」。

　　這些要素有時是人們直接關注的焦點，因而本身亦可被稱為身體感的項目，它們有時扮演「獨立」的角色，有時則是組成其他項目之要素。就如下圖所示，「黏」本身是一身體感受的焦點，但也可作為骯髒感及噁心感的組成要素。

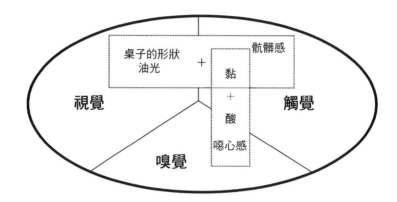

因而我們可說，身體感項目之間形成非常複雜之體系性關係，不只每個身體感項目可能存在複雜的組合，它們更可能是形成其他項目的要素。這些項目之間具文化與歷史特色之體系性的關係，形成了我們感受環境的方式。因此，不同文化或不同時代的成員雖然常共享一些類似的身體感項目，這些項目並和類似之隱喻結合（如前述之骯髒、噁心、神聖等），但是這些項目內部組成的差異乃是造成我們不同感受的來源（就如前述藏族不將黏的要素包含在他們骯髒感的感受中，但卻是現代臺灣人常強調之造成骯髒感的來源），也是形成人類學於智性的層次所討論之骯髒的「文化概念」之基礎[34]。而身體感的研究取向，要求我們不只注意到知識、科技、社會組織（如階級）或全球化如何建構我們之骯髒的概念，更要求我們深入這些因素如何內化入多重感官的組成要素之中，形成具文化歷史特色之感受這個世界的方式。

而即使身體感項目存在複雜的組合關係，我們常能夠以極快的速度經由這些項目來感受環境。這些身體感的項目應是以某種密切連結之體系性關係「儲存」於記憶中，如此方可迅速地存取。因而人們雖常難以明確解釋，甚至缺少適當的象徵語言（詞彙），以表達一些身體經驗的項目及內容，但總能夠很快地感知身體內外的狀況，快速地做出適當的判斷與反應。因此身體感項目之間

34　Shore 的論文中對感官經驗如何形成文化概念有深入的理論性論述。請參見 Shore, "Twice-born, Once Conceived," pp. 9-27.

可能非以直線邏輯的組織關係存在，而是以某種非線性邏輯、非語言的 (non-linguistic)、彼此間多重連結之網絡相關連，形成某種身體感項目的網絡。無論我們是採用基模 (schema)、原型 (prototype) 的概念，或從認知「連結論」(connectionism) 的觀點，來說明身體感組成要素之間及身體感項目之間如何形成某種體系性的關係及認知／感受過程，重要的是，它們相互之間的關係容許人們以類似反射動作的方式，快速、不假思索地發揮日常生活的基本功能。

換句話說，身體感與認知的研究取向類似，專注於環境如何呈現於內在，文化因而被視為類似細胞 DNA 之訊息體系，但相對於認知，從「概念創造真實」(idea creates reality) 來瞭解文化的構成，身體感的研究取向則邀請我們摒除這個以笛卡爾身心二元的觀點將認知劃歸入純粹「智性」的層次（因而是「概念」創造真實），從而以文化概念來探討行動與文化的偏見，轉而從「感知的方式如何呈現真實」的方向來深入社會、文化與歷史。如此，形成認知的不是文化概念之訊息而已，而是結合身心之身體感的項目。因而本書中各篇文章都專注於物與身體密切互動過程產生／形成之感官（或難以現代五官的分類方式涵括）的知覺要素所組成之身體感項目及這些項目形成的體系，以說明：一、具歷史、文化特色之感知方式如何於人與物之間形成；二、感知方式如何創造真實；三、身體感的研究取向所標示之文化理論的觀點；及四、感知的方式和社會－文化－歷史過程之間的關係。

我們同意感官人類學「感知這個世界的方式」(ways of sensing the world)[35] 是文化非常重要的一環，不過我們主張打破五官的分類與界線，而聚焦於身體感的項目與項目之間的體系性關係所形成之感知的方式，以期能夠更細緻地說明感知這個世界的方式如何形成，並成為行動與社會－歷史過程的重要因素。在此，這個結合不同感官形成身體感項目的主張並非基於「共感」(synaesthesia)（一個感官知覺受到刺激時，引發別種感官知覺）的生理現象[36]，因為這類純

35　Howes, *Sensual Relations,* p. 29.
36　一些人類學家，如 Shore 及 Lawrence Sullivan 即從共感的觀點來說明身體經驗多重感官的現象。參見 Shore, "Twice-born, Once Conceived," pp. 9-27; Sullivan, "Sound and Senses," pp. 1-33.

粹生理層次的感官共感現象並無法解釋感知方式內部複雜之社會—文化的課題；這個身體感的主張之企圖，在於修正過去將認知侷限於心的層次之觀點，進而視認知的內涵不只由「文化概念」組成，而是結合身體感受與文化意涵之身體感項目及項目間的體系性關係所形成。因此，骯髒／潔淨感不是「透過文化概念於內在『再現』外在環境的刺激」 (internal representation of external environment through cultural ideas)，而是骯髒與潔淨感之知覺要素於行動中呈現於內在，一方面與既存之概念及意涵相互印證／調整，另一方面更引發經驗的感受，而至情緒的反應。

體物入微與行動

基於此身體感的架構，本書關懷的重點不是「物的意涵為何」(what things mean)，而是「物如何擁有意涵」(how things come to have meaning)。筆者認為兩者標示著相當不同的理論觀點，前者假設一個既存 (pre-existing)、包含各面向 (all-encompassing)、凌駕於個人之上的文化之存在，物的意涵可以於此文化的體系中尋得；後者則強調物的意涵乃個人於生活的環境中，經由學習、體驗、及行動，一步步建構，因而物的意涵非來自於既存之文化的賦予，而是來自於體物入微的過程，所以「物如何擁有意涵」所關懷的是：文化如何體現於體物入微的行動之中，而非如何將物放於既存之文化體系中詮釋的課題[37]。

本書除了強調「體物入微」的過程是物於個人體驗的行動中被賦予意涵的關鍵，更從幾個面向來討論這個課題。首先，物的意涵及體物經驗的感受能否以「文化建構論」來詮釋？從 Geertz 深具影響力的研究起，文化人類學即強調從意涵或象徵體系的方向來研究文化，文化可說是物之意涵的根源，並是個人及群體行動之意圖的動力，它形塑人們的生活，決定人類生存的形式與實質的內容。於這個建構論的架構下，我們思想的範疇、所做的事、表達的方式與

37　Maurice Bloch 將此二觀點稱為人類學 versus 心理學的認知理論，筆者乃引用此分野並用於物的研究上。請看 Bloch, "From Cognition to Ideology," pp. 21-48.

內涵、經驗及感覺，都可於人們所生活的文化中找到解答，文化乃是人們生活的源頭與焦點，所以，無論是物的意涵或體物的經驗內涵，都可以放在文化建構的架構下獲得解答——也就是，文化建構了物與經驗的實質意涵。在此架構下，象徵的概念也被引用來再現物的意涵與體物的感受，並說明引起行動者的感受之來源，而象徵被賦予這個雙重的面向及功能，可說是強調概念層次的分析之結果[38]。

本書認為這個建構論的觀點忽略了近年身體人類學及物質文化研究所強調之身體與物之主體性的課題。人類學身體的研究最主要的論點之一，乃在於剷除身、心分野的界線，這些研究分別提出 "embodiment" [39]、 "embodied thought" [40]、 "mindful body" [41]、 "bodyful mind" [42] 等理論性概念，來強調身體的主體性；也就是以身為有經驗能力的主體，而文化乃根基於身體的建構[43]。這些研究多企圖結合現象學「體現」(embodiment) 的概念來探討人類學文化的課題，前述感官人類學的興起，亦是基於這個論點。本書除了從這個研究取向出發，更深入探究 Mauss「身體技能」的概念與體現的關係，企圖從文化乃身體感知能力的方向來思考主體性的議題。

「體物入微」牽涉到「能力」的課題，也就是說，「物如何具有意涵」不只牽涉文化、歷史建構的過程，更和個人及群體「體物」的身體技能 (body techniques) 有關，體物的技能提供（同時亦限制）個人及群體如何感受／理解這個世界的可能。

人類學從反對進化論時起，即排除人類內在的本性 (internal nature) 作為解釋歷史的因素，Bloch 即指出，即使是 Boas 之「傳播論」本身其實就立基

38　Lyon, "Missing Emotions," pp. 244-263.

39　Csordas, "Embodiment as a Paradigm for Anthropology," pp. 5-47.

40　Rosaldo, "Toward an Anthropology of Self and Feeling," pp. 137-154.

41　Lock and Scheper-Hughes, "The Mindful Body," pp. 6-41.

42　Ots, "Phenomenology of the Body," pp. 43-58.

43　Ibid.

於人類以非基因遺傳的方式模仿、借用及傳遞訊息的「能力」之上，但於文化進化論不當地從人類的本性論及社會演化的殷鑑之下，於跨文化的架構下談及人類的本性或能力的差異，一直是人類學避免討論的課題；另一方面，在建構論的觀點下，「揭露」西方人具有某些歷史特色的主張之努力，也使得在人類學的架構下研究人類本性成為不適當，乃至不合法的題目[44]。

身體感的取向相當程度挑戰這個傳統，它強調個人能夠體物入微和每個人於文化的環境中如何發展出體物的能力（身體技能）有密切的關係。本書論及之身體感的項目，及人們經由這些項目體物的能力，皆非與生俱有，無論是筆者探究之普洱的「陳韻」、顏學誠論及之茶比賽判斷茶葉好壞的評分項目、林淑蓉論侗族人食物的「排出」與「補充」感、或陳元朋談中國宋代食物的「清味」，乃至蔡璧名討論之中醫醫書的「煩」，皆與人物互動、文化學習、感知的訓練與內化的程度有密切的關係，這個身體學習或與各文化成長的過程有關，因而同一文化中多數的成員皆習得類似的感知方式與能力（尤其與日常生活有關者），現代教育更藉由各種正式的課程教導學生欣賞藝術、音樂、品茗等之涵養，普及化某些體物的能力；體物能力或與個人學習的特殊性有關，因而體物能力較精進者能較常人更細緻地分辨身體感的項目而成為專家，未經這些身體學習過程的個人，即使屬於同一文化，即常難以擁有感知／分辨這些項目的身體技能，或說，即可能難以理解某些物的意涵及價值，對這些人而言，物難以正確傳遞被賦予的意義，因而物如何擁有意涵和文化的成員體物的能力有密切的關係。現代畫可說提供一個最好的例子，如果我們沒有學會如何看畫（將現代畫的知識內化入視覺的分辨能力中）即難理解一幅畫所傳達的意義。此觀點亦清楚展現於人們如何選購禮物上，我們在選購禮物時最常考慮的因素之一，乃受禮者「會不會欣賞」欲送之禮物的價值（或說，是否擁有體驗此物的感知方式與能力）。因而給「會」及「不會」欣賞者的考慮即常不同，以免誤傳訊息或「暴殄天物」，受禮者體物的方式與能力因而是送禮者對選擇的物是否傳達正確意涵的一個重要之考量因素。

44　Bloch, "Where Did Anthropology Go? Or the Need for 'Human Nature'," pp. 1-20.

　　所以一個社會中體物的能力不全然是平均分佈於成員之中，成員間所擁有之感知某項物的能力亦可能有高低之分。本書數位作者深入探究 Mauss 身體技能的概念與身體感之間的關係，尤其是同一文化的成員擁有的身體技能可能有些差異或具有不同「層次」的課題。身體技能不只（如 Mauss 主張）因文化而呈現差異，亦和個人經歷的學習過程、宗教修練、或所屬的階級或身份團體有密切關係。從個人能力的差異，我們不只可以論及生手與專家的分別，身體技能更可能是分辨社會階序 (social hierarchy) 的基礎之一，顏學誠的文章即以臺灣茶比賽的評審及與賽的茶農為例，說明這個論點。再者，掌握身體技能的專家更可能在體物入微的過程中發展出新的身體感項目，創造新的感知世界。也就是說，「體物入微」的研究取向並不認為物的意涵單純地來自於一個既存之文化的賦予（或說建構），容許我們直接（如傳統研究物質文化的取向）將物視為符號或文本，並以物的意涵在社會行動中的傳遞與交換作為物質文化研究的主軸。從體物入微的觀點出發，物乃於（具有體物技能的）人與物交涉 (engagement) 的過程中展現其意涵，人們以在文化中培育出來的體物之方式來感知物與物的文化脈絡，他們於體物中確認、再生產這套文化的意涵，但此過程並不會就此「結束」，而常開放進一步的推敲與闡述的機會，尤其個人體物的技能的增進，更容許體物與文化意涵之間的關係有被重新定義的機會。所以（意涵的）「結構」與（體物的）「過程」可說一直在相互定義，而意涵始終是於體物的過程中「浮現」的 (emergent)，而不是固定的，或客觀獨立存在的[45]。因而，物的價值也就在人們一次次地檢視、把玩、使用、消費、討論物，並建立論述、學說之時，方才清楚浮現與認知，成為可以被經驗，擁有能夠引發強烈感受的能量。如此，需有體物技能（及感知方式）的普及，物方才能於社會中展現其於文化、歷史建構過程被賦予的意涵。筆者的文章即說明，普洱茶乃是在臺灣的茶人發掘並普及化「陳年的韻味」之品茗項目，並培養出足夠數量、「能夠」辨認／品嚐陳韻之消費者後，方才興起，並造成價格的飆漲與爭相收

45　有關「意涵非固定乃浮現」的說法，請參考 Toren, *Mind, Materiality, and History*; Varela, Thompson and Rosch, *The Embodied Mind*.

藏的風潮。過去從文本分析的角度解讀物的文化意涵之研究取向，忽略了身體與物的交涉及從中衍生之體物技能所扮演的角色，因而也難以處理體物所引發之直接的感受及情緒。

從體物之技能不平均分佈的觀點視之，同一文化身體感項目之間亦有「普及」與「專精」之分。本書各文章所論及的身體感有些是同一文化的成員都有能力感受的，舒適、骯髒、飢餓、飽足、（侗人的）酸／甜、排出／補足感（或筆者於此前言中羅列的顏色的分類、油膩、親和、正式、嚴肅、神聖、世俗、陰、陽）等，可說是相當普及或基本，乃同一文化內每一個成員要扮演好身為成員的角色，皆需要能夠辨認的身體感項目；飲食之「清」，茶的「陳韻」、「高山氣」，把脈的「滑」、「澀」、「虛」、「實」則有明顯生手與專家之分，而擁有這些身體感之體物的技能，更是社會中建立階序、權力與資源分佈，掌握論述的方向及品味的分類的基礎，因而亦有身體感之政治經濟學等待我們深入探究。

體物之技能的課題也讓我們觸及物質文化研究常提及之「讀入」(read into) 及「讀取」(read from) 的對比。從建構論的立場，物的特性乃是從文化的角度解讀的結果，是我們將文化讀入物中 (read culture into things)，因而物的價值與物的本質無關，是個人從文化的體系來判別的結果[46]。體物入微的觀點則要求我們深入探究行動者與物的特性之間密切的互動過程，以瞭解物的特性如何為人所發掘、感受、使用、納為己物 (appropriation)。人與物的交涉於開始的階段常出現一個學習與能力培養的過程，將一件原本只能於概念及知識性 (read into) 的層次上瞭解的「外物」，轉而成為自己有「能力」品嚐／經驗、判斷價值，並將之納入日常生活的「己物」，而也在此過程中，人們開始培養出 read from things 的能力，因而於面對新的物時，可以用所具有之體物的能力來經驗新的物，雖然也因此常產生某些「錯誤」或具文化「偏見」的解讀。建構論只

---

46 這個觀點可以 Christopher Tilly 1990 年所編之 *Reading Material Culture* 一書中所回顧之 Levi-Strauss, Geertz, 及 Barthes 等人的理論為例。

強調「讀入」而忽略「讀取」能力的面向，也使得它忽略體物入微於物如何獲得意涵的過程中所扮演的角色。

另一方面，建構論專注於物乃符號或象徵、從文化再現的角度研究物的論點，也常忽略物的特性可能扮演的角色[47]。在建構論的架構下，物常被認為不具有內在的質性 (inherent properties)，物性（筆者將之定義為「人們發掘／應用物的特質而呈現之物質特性與功能」）乃於文化的脈絡中決定。長久以來，人類學主張物接受投射其上的觀念[48]，人們對物的認識受加諸其上的文化概念、市場經濟、知識及科技的發展顯著的影響，因而物的特性與功能於不同的文化或不同時代，即常被人們以相當不同的方式認識或運用。從此觀點，物性非物本身固有的或與生俱來的，既然物性乃於文化歷史脈絡下建構，物性也不被認為扮演重要的角色。

本書的作者們同意人們對物性的認識並非「固定」的，而會隨著知識的發展、應用及文化概念而轉變，因而物性可說的確如建構論所述，不是「與物俱有」的。但物性是否就無內在的質性可言，而全然委由文化建構，一方面不會影響文化象徵體系的形成，因而也不扮演任何角色？本書的作者們主要從兩個方面來討論這個議題：一、從體物入微的角度呈現人們於研究、發掘、發揮物的質性以生產他們日常所需的各種物之同時，也賦予物意涵與能動性（所以物性雖不能說是與物俱有，但是人們所發掘並善加利用的）；二、深入論證這個體物入微的過程如何發生於特定的時空與社會狀態下，因而容許物性扮演重要的角色。

物性不可為文化化約的課題在近年來已逐漸受到注意。如 Weiner and Schneider[49] 從布的柔軟及延展性，或 Rival[50] 從樹具有之相對於動物的生命

47　Dant, *Materiality and Society*, p. 109.

48　Küchler, "Materiality and Cognition."

49　Weiner and Schneider, *Cloth and Human Experience*.

50　Rival, *The Social Life of Trees*.

性，來說明物性與物衍生之象徵體系之間的關係，以強調象徵體系的建構並非可以全然任意的 (arbitrary)，物性提供但也限制意涵建構的範圍。不過物性的課題雖然獲得一些學者的重視，但是人類學物的研究仍很少注意到人們發掘／操弄物的特性以用之於日常文化生活，乃物質文化非常重要的一個面向。物常是人類學者研究其他社會──文化現象（無論是宗教、禁忌、社會階序、認同、交換）的工具，但人類學者很少深入探究物之所以能夠傳遞意涵、價值及知識，而在文化社會過程中扮演重要的角色，是否與人們如何與物密切互動，而「賦予」物文化意涵及能動性有關。

本書作者從不同的個案研究，說明「體物入微」和物性的關係：人類社會經由研究、設計、材料（之物性）的選擇及運用，以生產日常生活所需的各種物品，但與此同時，也將和此物相關的知識、物性的操弄所呈現的意涵、情感與價值、及生產製作上的技術等「加諸」於物上，因而這些進駐於物的功能及訊息，能夠為人所用，於交換、儀式或消費中與人交涉時，在受物者體物的過程譯解 (decode) 蘊藏於身體感項目中的意涵。因而物不只是個人能動性進入社會的延伸，也同時提供了一個社會影響個人的管道[51]，而物的物質特性則提供（或限制）了物可承載之意涵的潛力及人得以操作的空間。

食物的物性承載眾多象徵意涵的可能性及其能夠接受廣泛的操作性，是討論此體物入微的觀點最好的例子之一。本書蔡怡佳的文章即指出，食物從「生」到「熟／可食」的轉換、可被調理的性質，豐富的滋味，可被咀嚼、消化、成為養分的性質，及其易腐壞的特性，使得食物具備破壞、轉化、療癒、生命滋味等意涵的潛力。食物由口進入身體，所以飲食過程總是牽涉到危險、信任等議題，因此也特別適合於建立凝聚及連結的時機；食物的消費與味覺、視覺、觸覺、嗅覺、乃至聽覺有關，烹煮食物的人得以食材豐富的滋味及多樣的烹飪方式賦予食物多重的意義，也因此，蔡怡佳的文章所分析之「芭比的盛宴」一書中，保守的信徒們在享受主角精心設計／烹煮的菜餚時，在咀嚼主菜「棺材

51　Cf. Dant, *Materiality and Society*, p. 54.

鵪鶉」中酥脆的鵪鶉頭骨，細嚐松露、鵝肝做成的醬汁，淺酌搭配的陳年勃根地紅酒時，體會到主角藉由食物物性的運用所欲傳達之恩典的訊息。

陳元朋的文章則專注於飲食之「清味」的創造、呈現及建立於清味之文人品味的建構。他以南宋文人林洪的《山家清事》及《山家清供》為例，從林洪「生活之清」而論及「飲食之清」，深入探究書中的食材種類及烹飪技法，並博引老子、方回、黃庭堅，而至袁枚等人於「無」、「原」、「真」、「清」等味的主張及個人註解，以詮釋林洪著作中所謂的清味可能為何，而林洪又如何藉由食材的選擇與烹煮的技巧來製作出這種富含意義的「飲食之清」味，以配合象徵層次的「生活之清」的品味。陳元朋的文章強調，「無味」並非全然無味，而是將最美好的「味」繫之於未加工琢的「淡」味；原味亦非不添加調味料或其它食材，而是藉由某些特別配料的選擇及烹飪方法來呈現其「真」、「原」味。換句話說，他特意挑選某些食材的物性，加上烹飪的操作，來創造一種無、真、原的清味，並進而藉由這種精心製作的味覺之清，來建構一個尚簡、與世獨立的「生活之清」的階級品味。陳元朋也道出一個中國社會常見的現象，和品味密切相關之品德的建構不只藉由論述，其於日常生活的實踐其實常是經由精心創造的身體感項目及建基於此項目的消費方式，用陳元朋的話說：「全都被融混在『清』的抽象味覺中。」

茶是另一個物性受到人們精心操作的例子。今天大家耳熟能詳的臺茶，如包種、烏龍、鐵觀音、綠茶、紅茶、白毫烏龍等，並非原本即有這些種類的茶樹，將這些茶樹的葉子加工製作即出現這些茶品。「茶」（一種樹葉）之所以為「茶」（一種非常重要的飲料）乃茶農利用不同茶種的特性，並開發不同的製作工序，將茶葉轉化成具有不同滋味之茶葉的結果[52]，它們歷經茶農及專家長久研究茶葉的質性，從各種原料中挑選適當者，並於各種製作（因而有各種滋味）的可能性中，開發出具特色、能輕易辨認、且為消費者／市場接受的典型

52　若以臺灣最耳熟能詳的文山包種及烏龍為例，兩者製作工序最大的差異乃在前者於取第一次發酵的香味高峰，後者取第二次高峰時，以高熱加以定性。

風味 (key flavor)。有清楚定位後，再將茶樹改為縴插種植，以維持茶種基因、茶葉質性的穩定性，並出現各種茶之標準工序的制定，以容許此茶種之典型風味能夠永續，而成為一類之茶，有其名稱，在市場佔有一席之地；所以說，各種茶的物性，乃是在茶農與專家長期的鑽研、實驗而展現出來的。如此茶葉可以分出種類、等級，並發展出各自的泡茶／品茗方式，以呈現各自的風味，也因此，各類茶也常被認為有各自的「個性」。

　　本書兩篇討論茶葉的文章都深入製茶及陳放茶的過程，說明茶農及茶人如何於物性的探索與操作間建構價值。茶農在製茶過程有許多操弄的空間，創造出不同的口味來投好顧客或比賽評審之所好。如此品茗不只是單純的喝茶、品嚐滋味，更是細心體察茶農製作時藉由茶的物性之操弄所附加之製茶知識／手法、價值與意涵。對於消費者來說，品茶乃於歷次茶湯入口時，經由品茶的身體感項目，尋找值得享受的因素，肯定自己對茶的認識，並評估茶的價值；對於專家來說，品茶可說是顯示茶的「身世」，顏學誠的文章談及的茶比賽評審，即經由一口茶湯，將該茶種植及製作各環節是否恰當、是否將各種臺茶獨特的風味經由適當的工序展現出來、與是否適當運用知識等，一一揭露，因而茶葉可依茶農的付出所展現的物性，經由品茗的身體感體系之介面，分出等級、名次。類似地，筆者所談之普洱的專家則於品茗之間，判斷陳放的年代、囤放的過程、是否有作假、及可能的來歷，普洱固然是透過陳年之論述的建構及市場機制「賦予」其價值，但普洱風潮之所以能夠成形，則需消費者於體物入微的過程中，一步步肯定茶人細心發掘之陳年普洱的物性所呈現之滋味與價值。普洱茶出產於中國雲南，盛行於廣東、香港及藏區，但陳年普洱茶的風潮卻是興起於 1990 年代前甚少接觸普洱的臺灣，其原因和臺灣茶人如何發掘陳年普洱的特性、開發出普洱的品茗方式、並教育出一群能夠欣賞陳年韻味的消費者有密切關係，於香港囤積多年而具陳年風味的普洱為臺灣茶人發掘，造成收藏風潮後，更反過來影響廣東、香港及原本並不盛行普洱之產地的雲南，說明著 Miller[53] 所說，物性常於特定的時空下，為人的行動所發掘、重視、運用，而

53　Miller, "Why Some Things Matter," pp. 3-24.

扮演重要角色之論點。也因此，筆者的報導人能夠以象徵性的語彙說，她乃在「喝歷史」。

　　腐物（如人的排泄物、屍體）對現代人來說不只是骯髒、厭惡感的來源，更引起高度之衛生上的危機感。李尚仁的文章從十九世紀來華西人體驗中國環境的史學分析告訴我們，即使是對腐物，不同時代及不同社會的人們亦可能從相當不同的方式認識、感受它，影響的關鍵之一乃在於醫學及化學知識的發展。李尚仁的文章相當精采地說明，十九世紀來華的西人（尤其是醫生）對中國為腐物污染的生活環境的感受如何與西方知識發展的脈絡有密切的關係，但是兩個文化的成員對同一環境感受上的不同並不能單純地以知識或文化的差異即能說明，來華的醫師在發現他們對腐物引發疾病的理論在中國社會並不適用時，部份醫師也開始研究這些「例外狀況」為何出現，有些英國醫師也反過來質疑當時西方公共衛生運動的理論基礎與實際效應；換句話說，腐物的例子告訴我們，物性並不是原本就存在「自然」當中，只是被動地等待科學家的發現，例外狀況的出現告訴我們，腐物的物性「抗拒」理論任意的「建構」，物性乃在科學研究一再試誤的實驗與理論建構中逐步浮現，此乃是任何知識發展與科學研究一再發生的事實。

　　許小麗的文章所處理之「物」乃醫生察脈對象的人體。此篇文章以戰國末期與漢代早期討論察脈應用的三份手稿（張家山的《脈書》、馬王堆的《脈法》和馬王堆的《足臂十一脈灸經》）的深入分析來說明，欲充分瞭解當時的醫生如何診斷病情，我們需要深入他們如何結合視覺、聽覺與觸覺，以解讀這些文本。這些手稿顯示，面對多變、有情感、情緒反應的人體，當時的醫生可說嘗試運用各感官來探索病體，並經由身體各種變化的比較，識別出「虛」、「澀」、「動」、「盈」、「滑」、「靜」、「氣」等感知關注的焦點，並從這些身體感項目的察知，來瞭解病人身體的狀況。從張家山《脈書》中「它脈盈，此獨虛，則主病。它脈滑，此獨澀，則主病。它脈靜，此獨動，則主病。」之類的描述與許小麗的解析，我們可以清楚得知，當時的醫生如何細心探索另一人體呈現於自

己的感官之細微的變化，而人體生命性的變化又如何提供了這些身體感焦點成形的可能。

蔡璧名的文章同樣處理多變、有情緒反應的人體與醫者對人體深入細緻的探索。她的文章主要的論點雖然在於闡釋「『煩』作為身體感的理論性意義」，而非分析醫者如何經由問診及觸診等診斷方式來探查人體的症狀，不過藉由對《傷寒論》深入的解析，蔡璧名清楚地論證「煩」如何為患者感受，而中國古代的醫者又如何定義、識別「煩」的症狀，指出煩症作用的場域──「心」之煩、「口」之煩、而至「肌碁骨節／全身具體」之煩，更經由「體『物』入微」，具體地建構「煩」的量表及向度，因而《傷寒論》所代表之中國醫者及患者所認定／感受的「煩」，不只是現代社會所謂的「情緒」，更是一種身體感。

體物入微與社會、歷史過程

體物入微的研究架構建議以身體感的項目為分析的主軸以探討社會、歷史過程。我們從身體感項目的出現、內涵的轉變或消失切入，一方面探討行動者與物之間密切的互動如何導致身體感項目及內涵的形成；另一方面則深入瞭解這個身體感項目的成形及轉變，又如何轉而成為影響社會的動力。身體感的項目與內涵乃於人與物密切的互動中形成，身體感的確立影響我們對物之特性的定義（如 Q 的口感影響我們對食物特性的瞭解與品嚐方式），同時也會影響社會與科技的發展（如涼快與舒適感的結合對空調的研發與問世有密切關係，而冷氣讓人們在夏天離開公共的乘涼場所，返回「私」領域也影響社會的關係）；同樣地，科技的發展於影響了物的研發與新的物品的出現之同時，新的科技知識也可能影響身體感內涵的轉變。因而在身體感、物與社會科技三個體系之間，存在一個相互影響的關係，從身體感為焦點的分析主軸，我們可以追溯三者相互影響、轉變的歷史過程，尤其是身體感內涵與感知的方式逐漸確定之後，身體感如何轉而擁有自己的力量，成為顯著影響當時社會的因素。

換句話說，這個強調身體感的架構指出一個人與物的互動中非常重要但常被忽略的現象：於人創造、製作、消費物的過程中，人的身體慣習也可能隨著

他們自己所創造之物質環境而轉變，出現新的習癖與身體經驗上的需求與偏愛，這些新的身體感項目或項目內涵的轉變並反過來影響科技的發展、新的物之設計與製造、行動者的日常生活、及隨之而來的政治經濟的過程，使得追溯身體感項目的歷史縱軸，成為一項具有潛力、可能帶出豐富歷史面向的研究方向。

李尚仁即以骯髒感作為文章的主軸，從十九世紀西方人對中國環境的體驗切入，細述西方人骯髒／潔淨感的發展。他引用 Georges Vigarello[54] 的研究指出，潔淨在中世紀法國主要指的是「外觀」，骯髒指著是妨礙觀瞻與不合禮儀的打扮，而非長期沒有洗澡、身上污垢發臭。十六、十七世紀時，個人潔淨的焦點則轉移至直接接觸皮膚的襯衣，王室貴族與富裕商人清潔自己身體的方式是頻繁更換襯衣，貧窮的學者則清洗襯衣。直到十九世紀中期，洗熱水澡才被視為一種享受，成為布爾喬亞階級每天必須從事的個人清潔工作。從骯髒感（即相對之潔淨感）之歷史的追溯，李尚仁的文章讓我們清楚瞭解現代人認為理所當然感知骯髒／潔淨感的方式，實與文化及歷史脈絡有密切的關係，而骯髒感之內涵於不同時代的轉變與成形更對西方社會之公共衛生運動及城市建設有顯著的影響。

郭奇正的文章聚焦於十九世紀上海居住環境的潔淨／骯髒及舒適感。他詳述上海在城市基礎設施建設及資本經濟理性的考量下所發展出來之里弄的宅地空間如何成為江南地區最重要的建築型式，又如何引發衛生的顧慮及舒適的矛盾，一方面引起當時租借殖民政府的關切，並引進改善措施，另一方面，亦引導中產階級向郊區尋找較為舒適的居住空間。在殖民政府引進水、電、瓦斯等基礎設施，新商品建築標榜新式衛生設備及舒適便利的設計下，居家的舒適需求，乃至「家」作為一個居住空間都被重新考量、定義，並成為階級地位的象徵。如此，從舒適感的追溯，我們可以發掘出現代居家的型式如何於政治經濟的脈絡下成形，而現代居家的舒適感在成形後又如何轉而成為城市人追求的

54　Vigarello, *Concepts of Cleanliness*.

標的，並結合科技、建築及商品的發展，造就舊建物設施的改造及新建築的型式，成為影響上海近代建築史的一個重要的因素，而居家現代化的過程也可說就「體現」於身體感的層次。

林淑蓉的文章也觸及現代化或現代性的課題。她從食物多樣的滋味出發，說明中國侗族人如何利用食材的物性創造侗人酸與甜的味道，並進而以食物由生到熟的轉換及酸／甜的食物來建構人觀與社會關係。如此，侗人於儀式中吃酸／吃甜，不只是單純地品嚐酸魚、酸湯及稻米的香甜，而可說乃在於感知潛藏於食物之中的侗族人生活的社會世界。但是現代化的影響使得貴州東南龍圖的侗人開始注意到食物的生熟、乾淨的問題，避免食用原本具有顯著文化意涵的生食成為他們體驗現代或文明的一種方式，燒煮傳統經由醃製即可食的（生）鯉魚、不吃傳統使用鮮血調製的紅肉、注意青菜是否清洗及住屋的衛生條件等，成為他們界定個人及群體文明／現代的標的，因而較開發地區的侗族近年的社會變遷可謂體現於侗人面對生食、骯髒時出現之強烈負面的感受上。

筆者普洱茶的文章則討論到陳年的滋味之身體感項目的出現對物的價值及接踵成形之新的茶品與品茗方式的影響。陳年這個過去被認為有問題的「質變」，轉而成為值得欣賞之「陳韻」背後實涉及複雜之歷史過程，不過當一套品嚐的方式逐漸成形、確立，社會上開始出現一批認同此種品物方式，並擁有一批具有從此方式品物之能力的消費者之後，這套感知的方式與品嚐的口味似乎也轉而擁有自己的力量，開始影響商品的製造、工藝的發展、論述的方向及市場的動向。當品物的身體感項目與這些項目形成之感知方式開始成為影響市場與消費的重要因素時，即會進一步影響研發與新物品的出現（如雲南茶廠輕度渥堆或臺灣茶人以半發酵的方式製作之新茶），這些新物品的出現帶動新的品物方式的衍生，而形成另一個階段或週期的變化。因而身體感之社會生命史的研究，容許我們深入與體物入微密切相關之社會與歷史的過程。

結論

《體物入微》是我們提出「身體感」的概念後所提出的第一個嘗試及成果，上述的導言實衍生自我們幾年來的討論會及兩次閉門工作坊的結果。我們希望從身體感項目的發掘及這些項目之間網絡性關係的分析，說明日常生活中，尚有一套過去甚少受到注意，但與人類學及史學強調之宇宙觀或象徵體系同樣重要之文化身體感的網絡，存在於日常生活的各個面向，並從而發展出一套研究文化身體感的理論典範，讓我們從身體感知的方向，重新解讀歷史與文化。推出「身體感」這個理論性概念的意義，當不在強調所有的文化概念、象徵、分類項目都不該單獨從「身心二分」的觀點來處理——身體人類學從 1980 年代起即已一再強調這個論點，無需累述，我們提出「身體感」這個概念的企圖主要可以從兩個方面來說明：

其一，身體感的研究取向容許我們重新思考認知人類學一些相當基本的論點。過去人類學認知的研究主要於智性抽象概念再現外在環境的角度來定義認知的過程，認知乃是將感官所接受的訊息放在個人早已習得之智性的文化體系上作用的結果，因而人類學家可以主張，我們從這個世界所感知之秩序之所以存在，主要是因為我們將秩序加諸於這個世界的結果[55]。婚姻、契約、謊言等即是最常被列舉的例子，認知人類學家認為，這些制度之所以能夠運作是因為社會的成員相信它們如實體 (entity) 規範著社會，雖然它們實際上是社會約定俗成將某些情況定義為此而創造出來的，並依賴著這些約定俗成所建構出的規則而存在[56]，不過我們經驗並共享這些秩序的存在，好似婚姻、契約、謊言如實物存在於這個世界，因此這個共享的秩序也成為認知人類學定義文化的主軸。如此，同一文化的成員需要知道多少這些文化（建構）的知識，因而能夠成為一個社會中有用的成員，知道如何舉止、如何製作物品、如何從文化獨特的方式解讀他們的經驗，也成為 1950 年代以來，認知人類學戮力探討的課題

55　Holland and Quinn, "Culture and Cognition," p. 3.

56　D'Andrade, "Cultural Meaning Systems," pp. 88-122.

之一。從這個角度出發，認知基本上是智性過程的運作，是訊息在抽象的層次運作的結果，因而文化也可說是等同於認知的內容，是一套共享之知識的體系，而人類學家的工作常就在發掘／整理這套抽象之意涵的體系。

從身體感與體物入微的觀點，我們希望從三個面向提出討論。

一、「文化的成員需要『知道』多少文化的知識，因而能夠成為一個社會中有用的成員？」的問題，從 Goodenough[57] 起即是認知研究重要的課題。體物入微的觀點則強調，我們需要注意的不只是「知道」(know) 多少的問題，如果身體技能的掌握（如本書數位作者所主張）是個人學習、開發、而至開創文化知識非常重要的一環，那麼文化的成員如何獲得足夠的身體技能，方能夠「習得」並「活用」文化的知識，是過去認知人類學不曾但需要積極探討的課題。經由身體某些「能力」的開發與文化知識的掌握之間具有密切關係的主張，以挑戰認知人類學將認知（或文化的獲得）單純地視為智性活動的論點，體物入微與文化學習的關係，說明文化知識的獲得並非如人類學家常假設的，可以將「事先做好」(ready-made) 的文化習得[58]，文化某些部份的獲得，需經由身體的教養、培植、或修練，於文化環境中一點一滴地修習而得。因而，體物入微也邀請我們深入探索文化出現內部差異的機制與因而衍生之政治經濟的面向。

二、「這個世界之所以存在某些秩序，主要是因為我們將秩序加諸於這個世界的結果」是建構論者的基礎假設。體物入微的觀點則主張：如認知人類學所強調，文化相當程度的確充滿著如前述之婚姻、謊言之類乃全然為「文化所建構出來的」的例子，不過我們也需要指出，許多為人類學家認為乃文化所建構的文化項目與秩序，實際上乃衍生自我們與生活的物質環境密切互動的結果。本書所討論的項目── 無論

57　Goodenough, "Cultural Anthropology and Linguistics."

58　Bloch, "From Cognition to Ideology," pp. 21-48.

是舒適、隱私、神界感——都難以脫離相對之物質環境而單獨存在，而是需要與所處／所具有的物質面向對照，方有精確的意涵。這些項目的體驗與感受，更是由身體與物質環境交涉而產生之各種細微的項目組成——物的軟／硬、力量的輕／重、表面的柔／粗、色彩的鮮豔／清淡、聲音的粗／細、味道的清淡／濃郁、氣的強／弱……等，因而舒適或神聖（或雅／俗、陰／陽、熱鬧／冷清、親切／嚴肅……，或認同、空間、文化）這些同樣顯得乃純粹建構的項目，其實乃基於上述軟硬、明暗、粗柔之類、與物質環境相對應之細微的身體感項目結合所形成，也是因此，我們覺得需要於此書中強調物性及身體技能的課題。

所以，這個世界之所以存在某些秩序主要是因為我們將秩序加諸於這個世界的結果？本書的作者們會回答，我們的確將文化建構的秩序加諸於這個世界，但其程度或許不如過去人類學家們所主張地顯著。人類學家在宣示文化建構乃理解這個世界的關鍵，並進而分析訊息的體系及意涵的交換之前，可能需要考慮「體物入微」如何影響這些秩序的形成及存在的方式，人們一再地運用身體和潛藏於物質世界的某些秩序密切交涉，以建立我們生活的物質與文化環境，而物的意涵正是蘊藏在上述這些相對於物之身體感項目之中，於人們體物的過程中被譯解，如此，我們需要探究的，不只是過去強調之文本化的論述，而是人藉由體物的技能與物的互動中所體會的意涵。

三、基於上述的討論，我們提出身體感的研究取向以指出：認知是於上述複雜之身體感項目及這些項目之間體系性的關係組成之感知方式中浮現 (emerge)；如此，認知不是如過去認知人類學所主張，是概念在智性層次的運作中，結合身體接受的訊息，於內在再現外在環境，而是身體接受的訊息於身體感網絡中「直接」呈現外在環境，而概念乃於此體物的行動中浮現，所以是身體感的項目組成之感知的方式與內涵（而非概念）再現真實。也就是說，本書的作者們主張，我們之所

以對生活的世界有不同的感受，不是單純因為我們的想法不同，而是
因為我們感知的焦點與方式不盡相同。

這個假設其實並非我們首先提出，早期認知人類學家研究亦將感官知覺放
在認知的範疇進行研究，Brent Berlin 及 Paul Kay[59] 著名之顏色的研究即是一
個例子，但是這些研究仍將感官知覺視為智性之資訊處理（文化分類體系），
尤其當主要的研究集中於視覺時，現代西方社會將視覺視為「理性」的感官之
傾向[60]，似乎也影響著視覺的認知研究被置於智性的層次處理，而未探究其他
感官粗柔、輕重、香臭等常被認為「非理性」之感官知覺的項目，就如前述視
覺的項目，同屬認知，尤其未深入這些項目之間密切體系性的結合，是形成文
化概念的基礎之可能。

身體感的觀點除了提出對文化認知一個新的看法；另一方面，也容許我們
具體地說明感官知覺如何出現文化獨特性的課題。過去感官人類學只在現象的
層次上說明感官知覺具有時代及文化的特性，並據此強調感官的研究不只是生
理，更應屬於文化與歷史研究的範疇，但未在理論上具體說明，不同時代、文
化感官知覺的差異所指為何，應放在哪個層次來分析。身體感的分析概念容許
我們深入幾個相關的議題：如不同文化感知方式如何形成，各身體感項目之間
體系性的關係為何，組成何種組態 (configuration) 之具文化、歷史特色之感知
方式，而非只是於現象的層次指出，不同文化或時代的人們聽、看、聞、嚐、
觸的方式各不相同，但如何說明其差異，則少著墨。

本書第二個企圖則希望說服讀者，身體感是值得探究的主題。本書提出身
體感這個理論概念的意義並非只在強調，過去象徵、認知人類學所討論的象徵
或認知項目乃是 embodied，需要我們從體現的角度來研究這些以往單從心的
角度研究的題目。本書期望能夠進一步指出的是：在人們的日常生活中，有一
套身體感的項目，如「骯髒感」、「舒適感」、「飢餓感」、「清」、「煩」、「香」、「臭」、

59　Berlin and Kay, *Basic Color Terms*.
60　Howes, *The Varieties of Sensory Experience; Sensual Relations*.

「他界感」，乃至「性感」、「熱鬧感」、「價值感」、「親和感」、「豪華感」、「簡約感」、「方便感」、「母性感」，或商品之「流行感」、「質感」、「懷舊感」、「道地感」等，這些身體感的項目可說是最平常、顯而易見、且常被認為理所當然、無須深究的例子，但也最是根植於我們的日常生活，不只是我們日常待人接物的基礎，更是我們建構物質生活、社會交換及發展科技背後主要的動力之一。這些從文本分析較少會考慮到的項目，過去很少受到學者的注意，更遑論研究，但卻是值得開發的主題。

　　本書的作者們分別從儀式、象徵形成 (symbolization)、物及物質環境形成、社會階序、現代化、消費、政治經濟等面向來說明身體感如何是值得深究之人類學、史學、文學、建築學、心理學及宗教學的研究主題。另一些主題雖未於本書中提及，但各種發生於今日社會的例子——物的創意設計（如 iPod 的「科技感」）、食物廣告的著眼點（如各種食物 Q 的口感）、居家環境於現代社會的重視（如景觀的強調）、消費的轉變（如流行服飾「時尚感」、「復古感」的循環出現與變化）、科技的趨勢（如手機、電腦、視窗軟體提供的「便利感」）等，都說明著身體感這個主題值得我們從社會、文化及歷史的角度深入檢視，而本書希望能夠引起大家對此題目的興趣。

參考文獻

【西文】

Asad, Talal. "Remarks on the Anthropology of the Body." In *Religion and the Body*, edited by Sarah Coakley, pp. 42-52. Cambridge and New York: Cambridge University Press, 1997.

Berlin, Brent, and Paul Kay. *Basic Color Terms: Their Universality and Evolution*. Berkeley: University of California Press, 1969.

Bloch, Maurice. "From Cognition to Ideology." In *Power and Knowledge: Anthropological and Sociological Approaches*, edited by Richard Fardon, pp. 21-48. Edinburgh: Scottish Academic Press, 1985.

——. "Where Did Anthropology Go? Or the Need for 'Human Nature'." In *Essays on Cultural Transmission*, pp. 1-20. Oxford and New York: Berg, 2005.

Bull, Michael, and Les Back, eds. *The Auditory Culture Reader*. Oxford; New York: Berg, 2003.

Classen, Constance. *Worlds of Sense: Exploring the Senses in History and Across Cultures*. London; New York: Routledge, 1993.

Classen, Constance, ed. *The Book of Touch*. Oxford; New York: Berg, 2005.

Classen, Constance, David Howes, and Anthony Synnott. *Aroma: The Cultural History of Smell*. London and New York: Routledge, 1994.

Cole, Michael, and Sheila R. Cole. *The Development of Children*. 1989. New York: Scientific American Books, 1993.

Crowley, John E. *The Invention of Comfort: Sensibilities & Design in Early Modern Britain & Early America*. Baltimore and London: The Johns Hopkins University Press, 2001.

Csordas, Thomas J. "Embodiment as a Paradigm for Anthropology." *Ethos* 18(1990): 5-47.

D'Andrade, Roy G. "Cultural Meaning Systems." In *Culture Theory: Essays on Mind, Self, and Emotion*, edited by Richard A. Shweder and Robert A. LeVine, pp. 88-122. Cambirdge: Cambridge University Press, 1984.

Dant, Tim. *Materiality and Society*. Maidenhead, Berkshire: Open University Press, 2005.

Desjarlais, Robert. *Body and Emotion: The Aesthetics of Illness and Healing in the Nepal Himalayas*. Philadelphia: University of Pennsylvania Press, 1992.

Drobnick, Jim, ed. *The Smell Culture Reader*. Oxford; New York: Berg, 2006.

Edwards, Elisabeth, Chris Gosden, and Ruth B. Phillips, eds. *Sensible Objects: Colonialism, Museums and Material Culture*. Oxford and New York: Berg, 2006.

Geertz, Clifford. *The Interpretation of Cultures*. New York: Basic Books, 1973.

Gibson, James J. *The Senses Considered as Perceptual Systems*. Boston: Houghton Mifflin Co., 1966.

Godelier, Maurice. *The Enigma of the Gift*. Translated by Nora Scott. Chicago: The University of Chicago Press, 1999.

Goodenough, Ward H. "Cultural Anthropology and Linguistics." In *Report of the Seventh Annual Round Table Meeting on Linguistics and Language Study*, edited by Paul Garvin. Washington: Georgetown University Press, 1957.

Grier, Katherine C. *Culture & Comfort: Parlor Making and Middle-Class Identity, 1850-1930*. Washington and London: Smithsonian Institution Press, 1988.

Handler, Sarah. *Austere Luminosity of Chinese Classical Furniture*. Berkeley: University of California Press, 2001.

Herzfeld, Michael. "Senses." In *Anthropology: Theoretical Practice in Culture and Society*. Malden, MA: Blackwell Publishers, 2001.

Holland, Dorothy, and Naomi Quinn. "*Culture and Cognition.*" In *Cultural Models in Language and Thought*, edited by Dorothy Holland and Naomi Quinn, pp. 3-40. Cambridge: Cambridge University Press, 1987.

Howes, David. "Sense and Nonsense in Contemporary Ethnographic Practice and Theory." *Culture* 11.1-2(1991): 65-76.

———. *Sensual Relations: Engaging the Senses in Culture and Society*. Ann Arbor: University of Michigan Press, 2003.

Howes, David, ed. *The Varieties of Sensory Experience: A Sourcebook in the Anthropology of the Senses*. Toronto: University of Toronto Press, 1991.

———. *The Empire of the Senses: The Sensual Culture Reader*. Oxford; New York: Berg, 2005.

Korsmeyer, Carolyn, ed. *The Taste Culture Reader: Experiencing Food and Drink*. Oxford; New York: Berg, 2005.

Kramer, Klaus.《歐洲洗浴文化史》，江帆等譯。海口：海南出版社，2001。

Küchler, Susanne. "Materiality and Cognition: The Changing Face of Things." In *Materiality*, edited by Daniel Miller. Durham, NC: Duke University Press, 2005.

Kuriyama, Shigehisa. "The Historical Origins of Katakori." *Japan Review* 9(1997): 127-149.

———. *The Expressiveness of the Body and the Divergence of Greek and Chinese Medicine*. New York: Zone Book, 1999.

———. "The Resonance of Strings." 發表於「物質文化的歷史研究」國際學術研討會。中央研究院歷史語言所主辦，2001 年 12 月 14 至 15 日，於臺北南港。

Levi-Strauss, Claude. *The Raw and the Cooked*. New York: Harper and Row, 1969.

Lock, Margaret M., and Nancy Scheper-Hughes. "The Mindful Body." *Medical Anthropology Quarterly* 1.1(1987): 6-41.

Lock, Margaret M. *Encounters with Aging: Mythologies of Menopause in Japan and North America*. Berkeley: University of California Press, 1993.

Lyon, Margot L. "Missing Emotions: The Limitations of Cultural Constructionism in the

Study of Emotion." *Cultural Anthropology* 10.2(1995): 244-263.

Mauss, Marcel. "The Notion of Body Techniques." In *Sociology and Psychology: Essays*, translated by Ben Brewster. 1935. London; Boston: Routledge and Kegan Paul, 1979.

Miller, Daniel. "Why Some Things Matter." In *Material Cultures: Why Some Things Matter*, pp. 3-24. Chicago: The University of Chicago Press, 1998.

Ots, Thomas. "Phenomenology of the Body: The Subject-Object Problem in Psychosomatic Medicine and the Role of Traditioanl Medical Systems Herein." In *Anthropologies of Medicine: A Colloquium on West European and North American Perspectives*, edited by Beatrix Pfleiderer and Gilles Bibeau, pp. 43-58. Heidelberg: Vieweg, 1991.

Rival, Laura. *The Social Life of Trees: Anthropological Perspectives on Tree Symbolism.* Oxford; New York: Berg, 1998.

Rosaldo, Michelle Z. "Toward an Anthropology of Self and Feeling." In *Culture Theory: Essays on Mind, Self, and Emotion*, edited by Richard A. Shweder and Robert A. LeVine, pp. 137-154. Cambridge: Cambridge Unniversity Press, 1984.

Shore, Bradd. "Twice-born, Once Conceived: Meaning Construction and Cultural Cognition." *American Anthropologist* 93(1991): 9-27.

Shove, Elisabeth. *Comfort, Cleanliness and Convenience: The Social Organization of Normality.* Oxford and New York: Berg, 2003.

Sperber, Dan. *Rethinking Symbolism.* Translated by Alice L. Morton. Cambridge: Cambridge University Press, 1975.

Stein, Barry E., Mark T. Wallace, and Terrence R. Stanford. "Brain Mechanicsms for Synthesizing Information from Different Sensory Modalities." In *Blackwell Handbook of sensation and Perception*, edited by E. Burce Goldstein, pp. 710-731. Malden, MA; Oxford: Blackwell Pub, 2005.

——. Stoller, Paul. "Sound in Songhay Cultural Experience." *American Ethnologist* 11.3(1984): 559-570.

——. *Sensuous Scholarship.* Philadelphia: University of Pennsylvania Press, 1997.

Sullivan, Lawrence E. "Sound and Senses: Toward a Hermeneutics of Performance." *History of Religions* 26(Aug 1986): 1-33.

Tambiah, Stanley J. *The Buddhist Saints of the Forest and the Cult of Amulets: A Study in Charisma, Hagiography, Sectarianism, and Millennial Buddhism.* Cambridge: Cambridge University Press, 1984.

Thomas, Nicolas. *Entangled Objects: Exchange, Material Culture, and Colonialism in the Pacific.* Cambridge, MA: Harvard University Press, 1991.

Tilley, Christopher, ed. *Reading Material Culture: Structuralism, Hermeneutics and Post-Structuralism.* Cambridge, MA: Basil Blackwell, 1990.

Toren, Christina. *Mind, Materiality, and History: Explorations in Fujian Ethnography.*

London and New York: Routledge, 1999.

Varela, Francisco J., Evan Thompson, and Eleanor Rosch. *The Embodied Mind: Cognitive Science and Human Experience*. 1991. Cambridge: The MIT Press, 1993.

Vigarello, Georges. *Concepts of Cleanliness: Changing Attitudes in France since the Middle Ages*. Translated by Jean Birrell. Cambridge: Cambridge University Press, 1988.

Weiner, Annette B., and Jane Schneider, eds. *Cloth and Human Experience*. Washington: Smithsonian Institution Press, 1989.

腐物與骯髒感：
十九世紀西方人對中國環境的體驗*

李尚仁**

　　1871 年在中國廈門海關擔任醫官的蘇格蘭醫師 Patrick Manson（萬巴德）和他的同僚 August Müller，對他們負責的通商港埠有如下的描述：「廈門城就像大多數的中國城鎮一樣，是最為骯髒的 (superlatively dirty)。狹窄而不規律的街道極度污穢 (extremely filthy) 而讓人感受到各種的不潔 (every impurity)。相較於歐洲精心設計的衛生機制，這裡只有豬和狗在負責同樣的工作……」[1]。更早之前，在鴉片戰爭期間擔任英國遠征艦隊醫療船醫務長 (Inspector of Naval Hospital and Fleets) 同時也是皇家外科學院院士 (Fellow of the Royal College of Surgeons) 的 John Wilson，對他所觀察到中國人的骯髒情形描述更加詳細，他說：「中國人很少把水用到皮膚上面，洗澡對他們來講是種未知的奧秘。」他批評中國人不穿內衣，「也不穿任何可以換洗的衣服」。中

---

* 本文寫作是在擔任哈佛燕京學社 (Harvard-Yenching Institute) 訪問學人期間完成，謹在此向哈佛燕京學社提供的協助表示謝忱。本文部份內容曾經刊載於李尚仁〈健康的道德經濟：德貞論中國人的生活習慣和衛生〉，《中央研究院歷史語言研究所集刊》76.3(2005): 467-509，之第二、四、五節。

** 中央研究院歷史語言研究所副研究員。

1　Müller and Manson, "Drs. Manson and Müller's Report on the Health of Amoy for the Half Year Ended 30th September 1871," p. 11. 天津條約以及隨後的上海關稅會議 (Shanghai Tariff Conference) 規定，中國的海關的總稅務司長 (Inspector-General) 必須由英國籍人員擔任。這樣的變革使得中國海關引進西式的管理辦法，主要職務也由外籍人員擔任。關於通商港埠制度，參見 Fairbank, "The Creation of the Treaty System," pp. 213-263. 關於海關醫療勤務 (The Medical Service of the Chinese Imperial Maritime Customs) 設立的歷史，參見 Li, "British Imperial Medicine in Late Nineteenth-Century China and the Early Career of Patrick Manson," pp. 12-26.

國人一律穿著「染色的棉衣或羊毛衣，通常是藍色的。他們日夜穿著同一件衣服，衣服自裁縫完成到破爛至沒辦法穿為止，從來就不更換。」他還批評中國的房子通風不良，而且裡面住了太多人：「門是房子唯一通風處，房間都太小了，而且大多數都極度地擁擠。」此外，中國人隨處設置開放的廁所，尤其是在熱鬧的街道上。裡面的水肥則「用沒有加蓋的桶子由公共通道運到田地。」廁所和水肥桶所發出來的惡臭，「在炎熱的天氣下和水流停滯的運河、狹窄的巷子、擁擠而通風不良的小屋所發出的臭味混合，讓人感到極度的不愉快。」Wilson 的結論是：「簡而言之，裡裡外外一切事物都一致顯示這裡的住民本質上是個骯髒的種族」[2]。

　　這幾位醫官相當戲劇化的文字或許會讓人覺得有些誇張，然而，類似的形容經常出現在十九世紀西方人對中國的描述。對中國城市之極度「骯髒」的驚訝與嫌惡，似乎是這段期間來華西方人普遍的印象與感受。今天的讀者看到上述有關中國環境的描述，若仔細想像那樣的生活環境的細節模樣，很可能也會產生噁心厭惡的感覺，而和這些歐洲醫師一樣訝異那時的中國人為什麼能夠生活在這麼骯髒的環境？為什麼他們對周遭的污穢景象會無動於衷？為什麼他們不設法清潔他們的住屋和街道？他們不會感到難受嗎？難道他們的鼻子聞不到撲鼻的臭味嗎？他們對於骯髒缺乏感受能力嗎？如果讀者會有這些疑問和想法，那他們對骯髒的認識與感知或許更接近於十九世紀末的歐洲人，而遙遙遠離十九世紀末這些中國城市住民的感官世界。然而，什麼是「對骯髒的感受能力」？是敏銳的嗅覺？穢物的顏色與形狀引起視覺上的不快？還是衛生知識與教育讓我們在理智的層次能夠立即分辨某些事物是骯髒的，因而產生對感染的恐懼與排斥？

　　上述幾位英國醫師都強調他們認定中國城市骯髒不潔是根據西方的衛生法則，他們的理由與標準是科學的衛生學說，而他們寫作的時間也正是現代公共衛生興起的時代。然而，如果仔細閱讀他們的描述，我們還是會發現他們對

2　Wilson, *Medical Notes on China*, p. 23.

衛生的認知與我們有些微妙差異。例如，我們無疑會認為拋棄在街頭的動物腐
屍或是堆在家中水溝的排泄物是不衛生，但大概不會認為狹窄彎曲的街道或擁
擠的房間必然是骯髒的[3]。在人潮熙攘的街道上設置不關門的廁所，或許也會讓
我們感到骯髒，卻不一定不衛生。從今天的衛生觀點來看，廁所中的人類排泄
物所含的細菌、病毒或寄生蟲若汙染了飲水和食物，再經口傳染疾病給食用
者，那確實有可能引起疾病。這種感染可能是由於如廁後沒洗手、糞便污染了
飲用水源或是蒼蠅飛進飛出先後沾染糞便與食物而引起的。然而，十九世紀來
華醫師在描述中國城市與中國人的骯髒狀態時，並沒有提到廁所附近是否有蒼
蠅或是中國人上完廁所後不洗手。事實上，蒼蠅從來沒有出現在他們有關骯髒
與衛生的討論。這個時期的西方社會尚未把蒼蠅和蟑螂等今天所謂住家的「害
蟲」和「骯髒」關連起來。這些英國醫師的確經常討論中國人用糞便施肥的農
耕方法，但他們幾乎從沒有討論到食用如此種出來的農作物會有任何感染疾病
的危險。他們關心的其實是糞便等腐臭之物所散發出來的臭味以及它們和人群
的距離。我們今天並不認為聞到糞便的臭味或是靠近腐敗的東西會讓我們感染
疾病，但是十九世紀的醫生卻認為這是危險的致病因素。

　　近年來對於「潔淨」的歷史研究指出，不同歷史時期不同社會文化對於何
謂「潔淨」、何謂「骯髒」的認識與感受有很大的差異，而這些差異與變化又
和社會結構、階級區隔、文化風尚、政治情勢以及醫學理論有密切關聯。例如
Georges Vigarello 的研究指出，潔淨在中世紀法國主要指的是「外觀」
(appearance)，尤其是衣著擺設不合禮儀、是否光鮮美觀。長途奔波風吹雨淋
的旅人若被人批評為骯髒、不乾淨，這不是因為他們長期沒有洗澡、身上沾了
灰塵汗垢或是發出汗臭味，而是因為他們的衣服凌亂、皮裘損壞、外衣褪色縮
水，以致他們的衣著外觀不雅。當時關於個人衛生的討論幾乎沒有觸及到洗澡

3　Patrick Manson（萬巴德）描述這些街道是「極為污穢」，但是如果把他和許多十九世紀來華西方人
　　對中國城市骯髒狀況的描述放在一起閱讀，我們可以清楚看出街道的狹窄、彎曲、不規律常會引起
　　他們強烈反感，進而認定這些街道是不衛生的。本文隨後會分析這些描述以及他們之所以做出這樣
　　的判斷的醫學理由。

或是任何直接和身體清潔有關的事物。唯一的例外是手和臉部的清潔，因為這是人的外觀的一部份。「骯髒」在中世紀的法國指的是妨礙觀瞻與不合禮儀的儀表打扮。到了十六、十七世紀，個人潔淨的焦點則轉移至直接接觸皮膚的襯衣。從遺產清單的研究可以看出，相較於中世紀，這段期間貴族與富商花在襯衣的開支大為提高，他們擁有的襯衣數量也大增。然而，對襯衣的重視並不代表清潔和外觀脫勾，因為這段期間的服裝風尚也有所改變，襯衣不再被完全包裹在外衣下面。與襯衫興起同時出現的是外衣外型的改變，襯衫的領子袖口等部位開始暴露在他人的視線下，成為外觀的一部份。王室貴族與富裕的商人清潔自己身體的方式是頻頻更換襯衣，貧窮的學者清潔自己的方式則是清洗襯衣。人們在長途跋涉之後潔淨自己身體、讓自己感到清爽的方式不是洗澡，而是更換襯衣。洗澡在這個時期和清潔並無關聯，人們很少洗澡也不靠洗澡來清潔自己的身體[4]。中世紀和現代初期 (early modern period) 的法國貴族對於潔淨與骯髒的感知，今天看來是如此地奇特而陌生。這顯示西方社會的「潔淨」觀念乃至對潔淨的感知，其實有相當複雜的社會結構條件與文化養成過程，也經歷了巨大的歷史變化。

十九世紀西方人對中國骯髒狀況的記錄提供了一個難得的機會，讓我們可以由此反思這種對骯髒的厭惡與排斥究竟是怎麼產生的。這是因為他們對中國「骯髒」狀況的描述，除了歷史距離所帶來的視野之外，還出自感受性 (sensibility) 與知識觀念背景都大不相同的異文化觀察者之手筆。這些西方人的驚訝與不解反而具有文化對照所造成的反差效果，讓我們更容易入手分析「骯髒感」形成的過程與質素。人們對於骯髒事物的排斥與厭惡不只來自知識上的認知，如對於傳染源的恐懼警戒等。這種幾乎是不假思索的排斥厭惡是非常直接立即，而且帶來強烈的身體感受與反應。這樣的「骯髒感」究竟是如何產生的？它和文化習俗、社會結構、醫學知識乃至日常生活型態有怎樣的關係？本文將分析十九世紀下半來華英國人對中國城市的描述，尤其他們對於腐物的反

4　Vigarello, *Concepts of Cleanliness*, pp. 1-89.

應，來探討「骯髒感」是在怎樣的知識架構、生活慣習以及感官經驗的條件下形成的。

住在一個「巨大的墳場」

　　十九世紀來華西方人認為造成中國環境極度骯髒的重要原因之一，是中國政府既未負起維護公共衛生的責任也沒訂定相關法規，以致於城市衛生措施嚴重不足。從 1830 年代英國公共衛生運動率先崛起以來，十九世紀是西歐和北美推展公共衛生的重要年代。歐洲的公共衛生運動有其社會與經濟背景，快速工業化和都市化並沒有伴隨適切的衛生設施、都市基礎建設與法令規範，結果帶來都市地區嚴重的環境污染與衛生問題；農村人口流入都市成為興起的工業的勞動大軍，加上自由放任的資本主義造成的嚴重貧富不均，使得勞動階級居住的地區出現生活機能與設施嚴重不足、空間極度擁擠、居住環境惡劣的狀況。這些貧窮的區域成為疾病的溫床。都市環境的惡化促成十九世紀公共衛生運動興起。歷史學家 Christopher Hamlin 等人的研究指出，Edwin Chadwick 等公共衛生推動者企圖對都市環境衛生與勞動人口健康問題提出一套技術性解決方案。Chadwick 依據一套化約論的疾病理論 (reductionist disease theory)，認為疾病基本上是垃圾和污水散發出的毒素散發在空氣與水中所引起，因此只要透過垃圾清運制度、下水道工程、改善建築物與街道的通風以及建立乾淨的供水系統等衛生技術，就可以解決都市的疾病問題。在這些公共衛生的鼓吹者大力推動之下，英國率先進行大規模的下水道工程等公共衛生建設[5]。

　　相較於英國政府對公共衛生的關注以及所投入的大量資源與人力，在英國醫師眼中，中國城市幾乎沒有任何的衛生設施可言。他們認為不負責任的政府再加上中國人缺乏良好的衛生慣習，導至中國城市的環境骯髒無比。北京醫官Dudgeon（德貞）宣稱北京乃至中國各大城市都缺乏專人負責道路清潔工作，使得這些馬路變成「各種穢物的容器」。Dudgeon 觀察到北京道路過去雖曾興

5　Wohl, *Endangered Lives*; Hamlin, *Public Health and Social Justice in the Age of Chadwick.*

建相當好的排水溝，但皆因疏於維修而荒廢傾頹，下起大雨污水就會漫流路面，「形成裝滿臭泥穢物的池塘⁶」。廣西北海市的海關醫官 Lowry 批評中國城市街道的骯髒狀況說：「幾乎沒有必要去談這個城市的衛生狀況了，因為它大概就和中國其他的城市沒有兩樣。根據我們西方關於衛生法則的觀念，很難想像人類能夠活在這樣骯髒的環境。沒有絲毫清潔街道的作為，動植物四處腐爛，廁所敞開且座落在人群往來最頻繁的地方。」⁷許多地方的海關醫官對中國城市街道也有類似批評。漢口、福州、牛莊、宜昌和芝罘的海關醫官也都提到當地缺乏能有效排放污水的水溝，污水的淤積造成嚴重衛生問題⁸。上海醫官 Jamieson 則抱怨中國的水溝常用錯誤方式建造，其危害衛生比沒有水溝還糟⁹。

除了水溝設計不良或年久失修之外，中國人的衛生慣習也讓問題更加地惡化。Dudgeon 強調中國住家垃圾清理方式極不衛生，「把家裡大部份骯髒垃圾都丟到街上」的「邪惡慣習」，「是城市健康的最大妨礙」¹⁰。廣西梧州海關醫官 MacDonald 也有類似觀察，認為中國人把垃圾和死掉的動物棄置街頭，聽任「腐敗之氣污染空氣」，實在令人震驚¹¹。除了憂心任意拋棄的動物屍體外，海關醫官對中國人處理遺體的方式更是不以為然。江蘇鎮江的海關醫官在報告

6 Dudgeon, "Dr. John Dudgeon's Report on the Physical Conditions of Peking, and the Habits of the Pekingese as Bearing upon Health (First Part)," pp. 75-76.

7 Lowry, "Dr. J. H. Lowry's Report on the Health of Pakhoi for the Half Year Ended 30th September 1882," p. 29.

8 Begg, "Dr. C. Begg's Report on the Health of Hankow, for the Year Ended 31st March 1885," p. 35; Rennie, "Dr. T. Rennie's Report on the Health of Foochow for the Year Ended 31st March 1881," p. 51; Watson, "Dr. James Watson's Report on the Health of Newchang, from 1st April 1873 to 30th September 1874," pp. 7-11; Myer, "Dr. W. W. Myer's Report on the health of Chefoo for the Half Year Ended 31st March 1872," p. 40; MacFarlane, "Dr. MacFarlane's Report on the Health of Ichang for the Two Years Ended 30th September 1880," pp. 18-19.

9 Jamieson, "Dr. Alexander Jamieson's Report on the Health of Shanghai for the Half Year Ended 30th September 1871," p. 34.

10 Dudgeon, "Dr. John Dudgeon's Report on the Physical Conditions of Peking, and the Habits of the Pekingese as Bearing upon Health (First Part)," p. 76.

11 MacDonald, "Dr. Roderick J. J. MacDonald's Report on the Health of Wuchow, for the Fourteen Months Ended 30th September 1898," p. 21.

中提到：「死者無法得到莊重埋葬。下葬前往往被放在製造甚差的木箱中很久，任由自然腐爛的過程緩慢進行，而滋生出更多的疾病與死亡。」[12] Dudgeon 則指責中國人「把死者停放在家中幾個禮拜、幾個月甚至好幾年、好幾代」，斷言這種習俗在疫病好發的季節必造成嚴重災難[13]。梧州海關醫官 MacDonald 指出中國法律規定人死後三個月內就必須下葬，但許多人因為風水師建議，屍體停放家中的時間遠超過此一期限。他抱怨說：「我有個因熱病臥床的病人，鄰居房子中停放著一具棺材，裡頭擺著去世好幾個月都還沒下葬的屍體。」[14] 漢口的海關醫官則認為當初英國選擇了非常差的租界地，因為這個地點不只難以取得乾淨的用水，而且以前還是個墳場。他批評英國外交官員在選擇這個地點時一定沒有諮詢洋商和醫療專家的意見[15]。芝罘（今名煙臺）的海關醫官 Myers 則抱怨當地的「墳場完全沒有明確的範圍」，四處埋葬的屍體必然已經污染了水井，因為地下水在到達井底前必然先從墳墓濾過[16]。來華英國醫師也認為中國許多墳場的地點和墳墓建築方式都有問題。北京外國人居住區域的背後「是個巨大的墓場，點綴著墳堆，很多墳墓都已經敞開了，『屍體』要嘛就暴露在風吹雨打之下，或是遭到狗、狐狸或是豬的啃食……」。Dudgeon 曾在距離外國人住家不遠處蒐集死人遺體部位，而當地外國人簡直是住在「墳場當中」[17]。梧州海關醫官 MacDonald 則痛斥中國人埋葬死者的方式「破壞了所有的景觀也污穢了鄰近地區的所有泉水」。他諷刺地評論道：「中國人認為説出『死』這

12　Platt, "Dr. A. R. Platt's Report on the Health of Chinkiang for the Half Year Ended 30th September 1876," p. 26.

13　Dudgeon, "Dr. John Dudgeon's Report on the Physical Conditions of Peking, and the Habits of the Pekingese as Bearing upon Health (Second Part)," p. 30.

14　MacDonald, "Dr. Roderick J. J. MacDonald's Report on the Health of Wuchow, for the Fourteen Months Ended 30th September 1898," p. 23.

15　Begg, "Dr. C. Begg's Report on the Health of Hankow for the Half Year Ended 31st March 1881," pp. 44-45.

16　Myer, "Dr. W. W. Myer's Report on the health of Chefoo for the Half Year Ended 31st March 1872," p. 41.

17　Dudgeon, "Dr. John Dudgeon's Report on the Health of Peking for the Half Year Ended 31st March 1874," p. 33.

個字是很失禮的，卻以醜陋的墳堆、沒有封好的骨罈、沒有掩埋好的破棺材和四處散落的骨骸，把這個字寫在四面八方瘢痕累累的山丘與鄉間路旁。」[18] 這樣的狀況使得 MacDonald 形容整個中國其實就是個「巨大的墳場」 (a vast necropolis) [19]。

除了死屍之外，暴露的糞便是另一個讓來華英國人感到中國城市骯髒的重要因素。不少海關醫官憂心中國缺乏公廁和糞便處理設備。Dudgeon 形容說：「北京街道就是公廁，每天都堆積著大量動物糞便。公共尿池並不存在」，中國男人天黑後就蹲在街上大解，甚至大白天在最繁忙的街道也有人這麼做。巷口以及倒塌或無人居住的房屋經常成為便溺場所[20]。漢口海關醫官 Reid 說中國城市即使有廁所，建造方式也「完全不顧清潔」。此外，中國人還任由廁所糞便堆積數週，直到整個大糞坑都堆滿為止。「出清糞坑的時候，周遭充斥著最強烈的惡臭」，然而，Reid 驚訝地發現，如此惡臭的廁所不只旁有私人住家，「甚至還緊鄰生意興隆的餐館」[21]。

英國醫師乃至一般英國人之所以如此在意城市污水排放狀況是否良好、街道垃圾能否迅速清運以及人畜糞便的處理，和當時歐洲醫學的熱病理論有密切關係。十九世紀英國公共衛生運動認為腐敗的物質會散發出毒素，人類吸入漂浮空氣中的毒素就會罹患熱病。十九世紀中葉德國化學家 Justus von Liebig 進一步發展這套疾病理論，宣稱發酵和腐敗其實是類似的化學過程，吸入能夠觸發腐敗過程的微小粒子 (putrefying particles、effluvia) 就會引起熱病 (fevers)。英國重要的公共衛生推動者與統計學家 William Farr 接受 Liebig 的疾病理論

---

18 MacDonald, "Dr. Roderick J. J. MacDonald's Report on the Health of Wuchow, for the Fourteen Months Ended 30th September 1898," p. 23.

19 Ibid.

20 Dudgeon, "Dr. John Dudgeon's Report on the Physical Conditions of Peking, and the Habits of the Pekingese as Bearing upon Health (First Part)," p. 76; Dudgeon, "Dr. John Dudgeon's Report on the Physical Conditions of Peking, and the Habits of the Pekingese as Bearing upon Health (Second Part)," p. 41.

21 Reid, "Dr. A. G. Reid's Report on the Health of Hankow for the Half Year Ended 31st March 1872," p. 43.

並加以推衍，認為熱病就是體內發生類似發酵的反應 (zymosis)，每種疾病都是由特定「酵原」(zymotic principle) 引發的特定反應。「酵原」是腐敗的有機物質散發到空氣中的微小粒子，吸入體內會觸發類似發酵作用般的化學反應，導致熱病發生。公共衛生就需著重垃圾廢物清運、建立污水下水道系統和糞便處理設施，不要讓污水糞便在人群附近堆積、腐敗、散發酵原[22]。海關醫官大多熟悉疾病酵素說。《海關醫報》主編 Jamieson 規定各地醫官撰寫報告時必須遵照倫敦皇家醫師院 (the Royal College of Physicians of London) 所制定的《疾病命名學》(*The Nomenclature of Disease*)，而該手冊的疫病分類基本上就依循 Farr 的學說[23]。疾病酵原說很大程度框架了海關醫官探討中國衛生問題的理論觀點與問題意識。

來華西方另一個主要的衛生關切就是能否取得潔淨用水的供水問題。基本上英國醫師認為中國河川非常骯髒，無法提供安全的飲用水。例如，英國海軍的船醫就認為英法聯軍之役英國士兵罹患痢疾和寄生蟲疾病的主要原因，就是飲用中國河川的水。Jamieson 也認為在取得「純淨的供水從衛生的觀點來看」是上海「最迫切的需求」[24]。牛莊的海關醫官 Daly 在遭遇一位他認為因為飲水不潔而罹病死亡的病人之後，感嘆的說：「一條生命喪失了。還要丟掉多少條命，這裡的居民才會了解到飲用含有糞便 (fæcal matter) 的水和牛奶是不安全的？」[25] 來華英國醫師之所以關心供水的品質，也和歐美公共衛生運動的發展以及相關的疾病理論有關。十九世紀西歐的都市化和工業化帶來相當嚴重的

22　關於萊比、法爾以及疾病酵原說，參見 Eyler, *Victorian Social Medicine,* pp. 97-122; Pelling, *Cholera, Fever and English Medicine, 1825-1865*, pp. 81-145. 關於疾病酵原說和水肥處理方式的公共衛生運動爭議，請參見 Hamlin, "Providence and Putrefaction," pp. 381-411.

23　Jamieson, "Dr. Alexander Jamieson's Report on the Health of Shanghai for the Half Year Ended 30th September 1871," p. 33; The Royal College of Physicians of London, *The Nomenclature of Disease, Drawn up by a Joint Committee Appointed by the Royal College of Physicians of London*, pp. vi-ix.

24　Rose, "Medical and Topographical Notes on China"; Jamieson, "Dr. Alexander Jamieson's Report on the Health of Shanghai for the Half Year Ended 31st March, 1873," p. 52.

25　de Burgh Daly, "Dr. C. C. de Burgh Daly's Report on the Health of Newchwang, for the Year Ended 31st March 1895," p. 1.

環境污染問題。就以這段期間工業化程度最高的英國來說，家庭和工業廢水排入河川導致污染，導致許多河川顏色汙濁發出惡臭，不時發生魚群大量死亡的現象。這類的水污染現象導致許多人擔憂都市用水的品質問題。十九世紀倫敦用水的衛生與品質就引起許多醫師和化學家的關注與辯論。英國醫師 John Snow 基於他對倫敦蘇活區 (Soho) 霍亂疫情詳盡的流行病學調查，提出霍亂是透過飲用水來傳染的看法。John Snow 的研究更讓飲用水的衛生問題受到重視[26]。

「從搖籃到墳墓都沒清洗過的身體」

來華英國人除了指摘中國城市缺乏公共衛生設施措施之外，許多人對於中國人的個人衛生 (personal hygiene) 也有惡評。十八世紀末率領使節團來華的 Lord Macartney（馬嘎爾尼）就覺得中國人和他們的慣習「邋遢不潔」。他認為中國人由於從不使用肥皂，因此衣服洗不乾淨。他們「很少使用手帕，而且毫不留情地在房間到處吐痰、把鼻涕擤在手指上然後抹在袖子或就近任何東西上面」。不過最讓 Macartney 受不了的是有回他在公開場所看到「有個滿人高官叫僕人幫他捉蝨子」。Macartney 還批評中國人「吃大蒜和味道很重的蔬菜」，是「臭食客 (foul feeders)」[27]。類似的描述仍可見諸十九世紀來華西方人的敘述。Dudgeon 就說中國人很少洗澡，即便偶一為之，「中國式沐浴 (Baths la Chinoise) 通常只用一茶杯溫水和一小塊毛巾」，這是因為中國人很害怕他們的身體會碰上冷水。 此外，中國人洗澡通常只洗上半身，Dudgeon 說這是「根據他們的陰陽理論，或是上半身天、下半身地的理論」，中國人「害怕下半身的氣往上走會傷害上半身」。他還勸誡打算在中國行醫的英國醫師，如果想要贏得中國病人的信任，就得避免使用「用水清洗傷口、洗澡、熱敷法等這類東

26　Hamlin, "Politics and Germ Theories of Disease in Victorian Britain," pp. 110-127; Hamlin, *A Science of Impurity*. 關於 John Snow 請參見 Pelling, *Cholera, Fever and English Medicine, 1825-1865*, pp. 201-249.

27　Cranmer-Byng, *An Embassy to China*, p. 225; Roberts, *China to Chinatown*, pp. 44-45.

西」[28]。一些十九世紀來華英國醫師也有類似說法。英國海軍醫官 John Wilson 宣稱中國人「一生從搖籃到墳墓實際上都沒清洗過身體」[29]。有意思的是，對於洗澡的重視在歐洲其實是相當晚近的現象。Vigarello 的研究指出，中世紀歐洲城市雖有一些公共澡堂，但其性質主要是消遣娛樂的聲色場所，而且在裡面的活動往往還包括召妓或偷情。人們前往澡堂的目的和清潔沒有關係。這段期間歐洲人其實不常洗澡，即使是王室貴族也只有在結婚之類的大日子前夕才偶爾洗個澡。人們平常會用水清洗的只有臉部和手等露在視線下的身體部位。到了十六、十七世紀，瘟疫的蔓延引起人們的恐慌，而根據有關體液說 (humors) 的醫學理論，人們推斷洗澡水會滲透衝擊人體內部的體液，對健康有很大的傷害。這段期間的歐洲人其實是把洗澡視為一件危險的事情，通常只有在醫生為了治療特定疾病選擇用洗澡來刺激病人體液才會去從事這樣的行為。到了十八世紀中期，醫學理論的焦點從人體體液轉到固體 (solids)，冷水的粒子滲透過皮膚所產生的刺激，被認為可以促成人體纖維 (fibers) 的收縮，使得身體變得強韌。此一理論迎合了新興的布爾喬亞 (bourgeois) 對於身體強健與活力的追求，洗冷水澡成為啟蒙時代思想家推崇的保健行為，而這種風尚又隱含著對貴族鬆散柔軟的身體的批評。要等到十九世紀中期，用熱水洗澡以及泡澡才被視為一種享受、成為布爾喬亞必須每天從事的個人清潔工作[30]。十九世紀晚期西方醫師對中國人洗澡慣習的批評，其實也透露了歐洲人的潔淨觀念與對潔淨的身體感不久之前才發生的巨大轉變是多麼地徹底，以致他們完全忘了洗澡和潔淨在西方其實是相當晚近才發生關係的。

　　除了排斥洗澡之外，Dudgeon 批評中國人的戴孝習俗：「沒有梳理的頭髮、骯髒的白色喪服、沒洗的手和沒剪的指甲，這就是中國佬 (Chinaman) 在這段期間骯髒污穢的樣子。」[31] 中國人的住屋的骯髒狀況也飽受批評。北海市的海

28　Dudgeon, "Dr. John Dudgeon's Report on the Physical Conditions of Peking, and the Habits of the Pekingese as Bearing upon Health (First Part)," pp. 80-82.

29　Wilson, *Medical Notes on China*, pp. 13, 16.

30　Cf. Vigarello, *Concepts of Cleanliness*.

31　Dudgeon, "Dr. John Dudgeon's Report on the Physical Conditions of Peking, and the Habits of the

關醫官 Lowry 曾經研究過中國人住屋的衛生狀況：「今年春天我有機會進入許多屋子，並且記錄了它們的狀況。其中很多房子裡面有條沒有加蓋的淺溝貫穿其中，所有令人憎惡的東西都進入溝中；這些排水溝很少沖洗或清理，發出惡劣臭味，而排泄物則滲透到地板當中。」[32] Dudgeon 雖然認為中國的房子「令人讚賞地適合當地的氣候」，但是裡面經常住進太多人而導致過度擁擠，而且房子大多通風不良。他還批評中國人不懂得房子應該漆上白漆，木製天花板也很少更換，結果導致住戶、爐子以及油燈所散發的「有機物質」大量滲入這些木材。Dudgeon 懷疑這樣的房子是「疫病的共同素因」(common predisposing cause) [33]。

　　西方人認為中國人的骯髒與不衛生的慣習，使得他們成為帶來疾病和感染的潛在威脅。在牛莊於 1886 年爆發傷寒感染時，當地海關醫官 Morrison 就認為疫情是起源於中國人，雖然他承認依照「目前不完整的知識」這樣的歸因或許證據「不是很充分」，然而，由於「過度擁擠、骯髒和貧窮在當地中國鎮民是太普遍了」，他還是相信此一推論沒錯[34]。許多來華英國人因此希望外國人居住的區域能夠和中國人居住的區域隔離開來。廈門的外國人大多居住在鼓浪嶼，而和當地居民有所區隔。在 1877 年廈門海關醫官 David Manson（萬大敝，Patrick Manson 之弟）就擔心鼓浪嶼上「日漸增多的中國人住宅」會構成霍亂傳染的嚴重威脅，因為「在上次的疫情，唯一遭到感染的外國人就住在緊鄰骯

Pekingese as Bearing upon Health (First Part)," p. 81.

32　Lowry, "Dr. J. H. Lowry's Report on the Health of Pakhoi for the Half Year Ended 30th September 1882," p. 29.

33　Dudgeon, "Dr. John Dudgeon's Report on the Physical Conditions of Peking, and the Habits of the Pekingese as Bearing upon Health (First Part)," pp. 77-78. 福州醫官 Somerville 對中國木製房子的建造方式也有類似批評，他認為中國房屋木板和木板之間常常接榫不良，日久各種污穢就積在隙縫之中。他曾觀察當地風災倒塌或火災燒毀的房子，看到「在地基有大批腐敗狀態的污物」。他認為這樣的房子嚴重威脅到住戶的健康。Somerville, "Dr. J. R. Somerville's Report on the Health of Foochow (Pagoda Anchorage) for the Half Year Ended 31st March 1873," p. 41.

34　Morrison, "Dr. W. Morrison's Report on the Health of Newchang for the Two Years Ended 31st March 1886," p. 1.

髒的中國人住宅聚落的地方……該區有很多中國人死亡」。Manson「幾乎可以確定」這位外國人「就是在病死前一晚經過那個『中國人』村落時染上疾病的」。他希望當地的英國領事能夠阻止中國人遷移到鼓浪嶼，否則外國人社區將會被「感染的中心所包圍」[35]。有幾位歷史學家的研究指出，十九世紀末二十世紀初歐洲殖民醫學大力主張殖民地的西方人居住區應該和當地人區域隔離開來。而這段時間英國、法國與德國在非洲殖民地的城鎮規劃確實也有這樣的設計，雖然原因並不僅止於醫學考量，還有其他的經濟和政策因素[36]。中國通商港埠的外國人社區也有這樣的傾向，許多當代的描述都提到西方人儘可能要維持歐洲的生活風尚並減少和中國人的接觸。遲至 1925 年美國記者 Harry Franck 還觀察到上海租界區的西方商人「以盡量不接觸中國人為榮」[37]，1859 年接任香港總督的 Hercules Robinson 則宣稱「我經常思考……要如何讓『中國人』待在他們自己的地方，防止歐洲人和美國人的社區因為和他們混在一起而受到傷害與造成不便」[38]。然而，這種隔離的理想在大多數的通商港埠卻很難達到。Dudgeon 指出中國大部份的外國人社區原先或許都可稱得上和當地人生活範圍區隔開來，然而，做生意的機會卻吸引許多中國人進入西方人的居留區域。Dudgeon 在 1873 年估計大約有七萬名中國人長久居留在英國人和美國人的區域[39]。他也認為天津、上海和芝罘等城市的英國社區和中國人居住區域太過接近，「一旦疫病發生將是嚴重危險的根源」[40]。Jamieson 則認為上海「租界區

35　Manson, "Dr. David MANSON'S Report on the Health of Amoy for the Half Year Ended 30th September, 1877," p. 32.

36　Arnold, *Colonizing the Body*; Curtin, "Medical Knowledge and Urban Planning in Tropical Africa," pp. 594-613; Headrick, "Cities, Sanitation and Segregation," pp. 145-170.

37　Wood, *No Dog and Not Many Chinese*, p. 4.

38　Headrick, *The Tentacles of Progress*, p. 150.

39　Dudgeon, "Dr. John Dudgeon's Report on the Health of Peking for the Half Year Ended 31st March 1874," p. 31.

40　Dudgeon, "Dr. John Dudgeon's Report on the Health of Peking for the Half Year Ended 31st March 1875," p. 43.

內當地人的房子日漸增加擁擠，這必然會影響衛生條件」，「光是在外國人區域
內出現中國人居住的房子的聚合，就註定了未來的歲月難保健康和舒適」[41]。

西方疾病理論的例外狀況

　　Dudgeon 在 1870 年代初對中國衛生狀況的強烈負面觀感與批評，和海關
醫療勤務諸多同僚的看法並無二致。然而，這段期間他也注意到一些難以解釋
的異常現象。例如，Dudgeon 發現北京的挑糞工人「似乎既健康又強壯，而且
就我所知他們並沒有因為置身這樣的空氣而生病」[42]。他驚訝地指出：「我們會
以為熱病和各種疫病在此將極為致命……然而，最不尋常的是儘管我們這裡有
著難以形容且西方人根本無法想像的骯髒、污穢和惡臭，卻對熱病有著奇妙的
免疫力。如果光是惡臭就足以產生熱病，那麼北京應該無法免於這些疾病。那
些負責在街上灑水的差役或是拾荒的人應該最先罹病……但他們卻是這裡最
健康、強壯的人。」[43] 有些海關醫官也注意到，根據英國公共衛生理論推斷應
該疫病充斥的通商港埠，不僅沒有爆發疫情而且居民似乎都還很健康。Manson
和 Müller 以戲劇性文字形容他們在廈門觀察到的異常現象：「一個只具備本國
經驗的科學衛生專家 (scientific sanitarian)，一定會斷言此地充斥著疫病和死
亡。然而，在這個他會連豬都不敢養的地方，中國人卻活得好生興旺」[44]。有
些海關醫官批評當地難以確保乾淨飲水的取得，卻發現居民很少因此生病[45]。

41　Jamieson, "Dr. Alexander Jamieson's Report on the Health of Shanghai for the Half Year Ended 31st March, 1873," p. 52.

42　Dudgeon, "Dr. John Dudgeon's Report on the Physical Conditions of Peking, and the Habits of the Pekingese as Bearing upon Health (First Part)," p. 77.

43　Dudgeon, "Dr. John Dudgeon's Report on the Physical Conditions of Peking, and the Habits of the Pekingese as Bearing upon Health (Second Part)," p. 41.

44　Müller and Manson, "Drs. Manson and Müller's Report on the Health of Amoy for the Half Year Ended 30th September 1871," p. 11.

45　參見 Myer "Dr. W. W. Myer's Report on the health of Chefoo for the Half Year Ended 31st March 1872," 關於通商港埠水源、水質問題的討論。也可參見 Platt, "Dr. A. R. Platt's Report on the Health of Chinkiang for the Year Ended 30th September 1877," p. 63; Reid, "Dr. A. G. Reid's Report on the Health

不少海關醫官觀察到中國城市骯髒的環境，和當地中國人乃至歐洲居民的健康狀態形成強烈對比，因此感到相當困惑。宜昌醫官 MacFarlane 的報告指出，大多數外國人住在城內當地人蓋的房屋，無法避開不良衛生環境所散發的致病惡臭氣體。然而，在 1878、79 這兩年，這些外國人的健康卻相當良好。MacFarlane 宣稱宜昌雖然有衛生不良的惡名，但其實是個相當健康的地方。不只中國人，連住在城內的歐洲人都安然無恙[46]。福州醫官 Somerville 指出當地「除了所有已知會導致酵原疾病的一般因素之外，還加上有利於發酵和腐化過程的高溫。然而，我們卻享有高度的健康，而且這個港埠已有十一年未曾有外國人感染疫病。」Somerville 無法對這種異常狀態提出理論解釋，因此謙稱其報告只是「陳述事實」和「蒐集材料」供未來研究之用[47]。

　　一些歐美醫師對於飲用水問題也有類似的觀察。他們驚訝地發現雖然飲用水的衛生品質惡劣，但大多數的居民似乎安然無恙，彷彿他們對受到汙染的水已經具有免疫力了。芝罘的海關醫官 Myers 表示，「當地的供水絕對無法令人滿意，化學與微生物學檢驗顯示水中充滿了有機物質和微生物」，但是「長居此處的人似乎沒有受到任何的妨礙，但是停泊船隻的船員如果使用這裡的水，幾乎馬上就會罹患腹瀉」。江蘇鎮江的海關醫官 Platt 也有類似看法。他指出當地的「用水取得之處隔主要污水溝排放口只有幾碼距離」，但此地住民「長年以來的免疫力使得他們難以瞭解這樣的飲水其實還是很危險的」[48]。上海英租界在建立起供水系統之前，當地西方醫師認為當地水源受到污染相當骯髒，不衛生的飲用水構成嚴重的健康威脅。然而，當他們在 1871 將上海的水樣本

---

of Hankow for the Half Year Ended 30th September 1871," pp. 44-60; Begg, "Dr. C. Begg's Report on the Health of Hankow, for the Year Ended 31st March 1885."

46　MacFarlane, "Dr. MacFarlane's Report on the Health of Ichang for the Two Years Ended 30th September 1880," p. 18.

47　Somerville, "Dr. J. R. Somerville's Report on the Health of Foochow (Pagoda Anchorage) for the Half Year Ended 31st March 1873," p. 41.

48　Platt, "Dr. A. R. Platt's Report on the Health of Chinkiang for the Year Ended 30th September 1877," p. 63.

送到英國，委託以水質分析與淨化技術知名的化學家 Edward Frankland 分析
鑑定，得到的結果卻是上海租界區水源的水質相當優良[49]。

　　不少英國醫師觀察到中國城市雖然骯髒卻沒有瘟疫橫行，反而居民健康相
當良好。這樣的狀況和歐美公共衛生運動所持的理論明顯產生矛盾，卻無法做
出有效解釋[50]。有些醫師試圖透過其他環境因素來解釋這樣的異常狀況。
Jamieson 觀察到上海附近農地在夏天與秋天施肥時，使得當地居民「遭到水肥
的包圍」，中國人先將水肥保存在桶中相當一段時間，「直到根據某個我所不了
解的標準斷定已經達到某種成熟程度」，才拿出來施肥[51]。Reid 則認為「酵原
疾病的病菌」(the germs of zymotic disease) 在此一儲藏過程中發生變化，失去
了引起疾病的能力，使得「施肥的工人和活在惡臭空氣中的人能免於熱病」[52]。
然而，Reid 並沒有說明糞便在這段期間究竟發生了怎樣的變化，以及為何會
發生這樣的變化。Myers 則提出更多環境因素來解釋這種異常現象。他認為這
些骯髒狀況之所以沒有危害住民的健康，是因為「當地土壤很疏鬆」，吸收了
氣體中有害的粒子。其次，當地經常風很大，稀釋了空氣中有害的氣體。此外，
城中的糞便很快就會被收集運走充作肥料，不會累積在城內發酵腐敗而散發出
致病因子[53]。除了尋找理論依據來解釋他們在中國觀察到的異常現象之外，也
有些英國醫師使用他們在中國的經驗與觀察，反過來質疑當時公共衛生運動的
理論基礎與實際效益。Dudgeon 在長期觀察中國城市環境與住民健康狀況之
後，改變了原先認為中國城市的公共衛生狀況惡劣而中國人的個人衛生不良的

49　Macpherson, *A Wilderness of Marshes*, pp. 71-72.

50　Rose, "Medical and Topographical Notes on China," p. 631; Dudgeon, "Dr. John Dudgeon Report on the Health of Peking for the half year ended 31th March 1873," pp. 11-13; Dean, "Dr. A. S. Dean'S Report on the Health of Wuhu, From 1st October 1880 to 31st March 1886," pp. 23-28; Lynch, "Dr. J. A. Lynch's Report on the Health of Chinkiang for the Half Year Ended 30th September 1888," pp. 3-4.

51　Jamieson, "Dr. Alexander Jamieson's Report on the Health of Shanghai for the Half Year Ended 30th September 1871," p. 33.

52　Reid, "Dr. A. G. Reid's Report on the Health of Hankow for the Half Year Ended 31st March 1872," p. 44.

53　Myer, "Dr. W. W. Myer's Report on the health of Chefoo for the Half Year Ended 31st March 1872." p. 40.

看法，反過來根據這類醫學觀察來反駁歐洲公共衛生理論。Dudgeon 宣稱：「西方城市的衛生立法所根據的觀念，是令人不舒服和難受的臭味必然有害健康。北京的環境和死亡率似乎打破了這樣的信念。」[54] 因為中國雖然沒有歐洲的公共衛生措施，中國人也不懂得現代西方的衛生科學，整個城市臭氣四溢十分骯髒，但居民卻能夠維持良好健康。

　　Dudgeon 等醫師借重他們在中國的觀察與經驗，回過來介入當時歐洲醫學界有關衛生問題的辯論。就以這段期間西方公共衛生運動最關心的糞便的處理方式來說，不少來華的醫師在經過一段時間的觀察之後，發現中國人利用糞便來製作水肥的方法，雖然看起來很骯髒，但卻不見得有礙健康。十九世紀英國主要有三種污水處理方法。Chadwick 主張經由下水道直接將污水排放到城外的農地，利用陽光曝曬和土壤吸收來消毒回收這些水肥。第二個辦法則是將水肥沈澱處理後，固態物質回收利用，液態部份淨化後排入河川。第三種「乾式處理法」(Dry Method) 根本不用抽水馬桶和下水道，而由市政當局派遣水肥車定期回收糞便。英國維多利亞時代的公共衛生推動者對有機物質腐敗過程憂心忡忡。根據 Liebig 的農業化學理論和疾病酵原說，腐敗過程既是肥料來源也可釀成疫病。從自然神學 (natural theology) 的角度來看，人類吃了土地生長的食物之後，排泄的糞便轉而製成肥料，用來灌溉農地以恢復土地的生產力，此一循環充分彰顯了上帝制定自然法則的高明智慧，在糞便中就可以看到上帝對人類的恩典。根據疾病酵原說，水肥萬一處理不當將會釀成疫病大禍。如何處理水肥以增進農業生產並預防疾病，在英國既是緊迫的公共衛生問題，也被賦予了政治經濟學的重要性與宗教意涵[55]。中國一般的水肥處理方式和「乾式處理法」類似。Dudgeon 指出「中國根本就沒有抽水馬桶」，城市也沒有下水道系統，從糞坑蒐集的水肥由挑夫和糞車用沒有加蓋的桶子運到鄉下充作肥料，卻不會引發疾病，這也是因為空氣流通的氧化作用加上陽光曝曬消毒以及土壤

54　Dudgeon, "Dr. John Dudgeon's Report on the Physical Conditions of Peking, and the Habits of the Pekingese as Bearing upon Health (Second Part)," p. 41.

55　Hamlin, "Providence and Putrefaction," pp. 393-394.

的吸收效果，使疫病威脅消弭於無形[56]。英國城市要以水肥車挨家挨戶蒐集糞便，會有實際執行上的困難。蒐集工作若要符合衛生原則就必須普及、切實且次數頻繁，不只得動用大量人力而且需要有效管理監督[57]。這些問題在中國卻不存在，因為中國城市街頭總是有大批拾荒者靠蒐集水肥過活：「人糞是如此有價值的肥料，以致於有大批人於傍晚或清晨在街上蒐集。」Dudgeon 認為奢華浪費的歐洲已經看不到這種勤儉美德了，他感嘆說：「難道我們得進口中國人來教導我們的窮人如何過活嗎？」在 Dudgeon 看來，中國人勤儉的生活方式要比英國的公共衛生設施更能防止疾病發生。因此他同情香港的中國居民抗拒殖民政府強制引進的抽水馬桶[58]。

雖然有許多英國醫師在中國城市居留一段時間之後，都發現西方醫學理論有關臭味和疾病之間的因果關聯不見得成立，散發惡臭不見得就是不衛生，而開放的廁所、沒有蓋子的糞桶、白天在通衢大道運送糞便的敞篷車輛乃至施滿水肥發出撲鼻異味的田野，通常不會導致疫病的蔓延。然而，更多的醫師仍舊一再嚴厲地強調中國城市的惡臭與骯髒。即使不構成對健康的威脅，這些醫師仍舊認為中國的城市是「骯髒」的，而且這種骯髒令人難以接受。這顯示即使在醫療論述中，骯髒也不完全是由衛生學說來界定的。來華西方醫師關於中國城市骯髒狀況的認知雖然和當代的衛生學說有密切的關係，但是他們對於潔淨與骯髒的區分標準以及他們對骯髒的厭惡和恐懼，並不純然出自於醫學學說和專業知識。人類學家 Mary Douglas 認為：「我們對於骯髒的概念是兩件事情的合成物，亦即對於衛生的關切和對於習俗 (conventions) 的尊重」。Douglas 的

56 Dudgeon, "Diet, Dress, and Dwellings of the Chinese in Relation to Health," pp. 436-445. Dudgeon 認為乾式回收法「和中國的處理方式類似」，顯然是向中國人學來的。Ibid., p. 444. 海關醫官對於中國水肥處理方式的觀察和評論，參見 Jamieson, "Dr. Alexander Jamieson's Report on the Health of Shanghai for the Half Year Ended 30th September 1871," p. 34; Rennie, "Dr. T. Rennie's Report on the Health of Foochow for the Year Ended 31st March 1881," p. 51; Dudgeon, "Dr. John Dudgeon's Report on the Physical Conditions of Peking, and the Habits of the Pekingese as Bearing upon Health (First Part)," p. 76.

57 Hamlin, "Providence and Putrefaction," pp. 393-394.

58 Dudgeon, "Diet, Dress, and Dwellings of the Chinese in Relation to Health," pp. 429, 432.

研究強調骯髒與潔淨的區分經常是由文化分類系統所決定，如果純粹從科學衛生理論的角度來看，特定社會與文化對骯髒污穢的認定在很多情況下是相當任意專斷而缺乏醫學根據的[59]。

　　英國醫師對中國環境之骯髒的認知與反應，確實彰顯了習俗是構成骯髒與潔淨之別的要素。不過，誠如近來一些身體人類學者如 Michael Jackson、David Howes 等人對 Douglas 的批評所指出，光以抽象的文化分類系統或是社會秩序來解釋特定人群對於骯髒的感知、反應與作為，忽略了身體的感知與實作 (practice) 在知識與意義的生產過程中所扮演積極且重要的角色，而將身體視為表現社會秩序與象徵意義之完全被動的媒介。Douglas 的理論忽略了身體的能動性以及身體實作和認識與意義之間不可分割的關係，以類似涂爾幹的方式「用『社會』取代了『心靈』來作為認知的主體」，從而陷入傳統的「自然／社會」二分與笛卡爾式身心二元論的理論困境[60]。本文下一節的討論將指出身體感知對於十九世紀來華英國人對中國環境清潔的認識與判斷的重要性。

氣味、空間與骯髒感

　　漢口海關醫官 Reid 認為中國人處理糞便的方式「有效率、有利潤但令人討厭」[61]。這樣的說法就明白顯示出，骯髒感的形成除了對衛生的認知之外，還包含其他的因素，而這些因素會使得西方人在沒有健康顧慮的情況下仍會感到不舒適不自在。這種和衛生問題無關但是仍會讓人感到骯髒、不舒適的因素是什麼？從上述英國醫師的描述，「臭味」帶給嗅覺的衝擊很明顯地是其中重要的因素。然而，以十九世紀晚期的西方人對於空氣中的味道的敏感以及把臭

59　Douglas, *Purity and Danger*, pp. 2-3, 8-9.

60　Jackson, "Knowledge of the Body," pp. 327-345; Asad, "Remarks on the Anthropology of the Body," pp. 42-52; Howes, *Sensual Relations*, pp. 29-32. Douglas 對這類批評的回應，參見 Douglas, "Forward," pp. ix-xxiii.

61　Reid, "Dr. A. G. Reid's Report on the Health of Hankow for the Half Year Ended 30th September 1871," p. 44.

味和疾病關聯起來，也不過是近一百餘年來的歷史過程的產物。正如法國歷史學家 Alain Corbin 的研究指出，在 1750 年與 1880 之間法國人的嗅覺感產生了巨大的變化與許多的轉折。消除臭味追求芳香成為中產階級的關切、品味的表現以及重要的醫學與衛生保健措施。對氣味的關切和化學研究與醫學理論有密切關係，古希臘醫學的希波克拉底著作早就強調空氣對於健康的重要性，嗅覺更在醫學診斷中一直佔有一席之地。然而，要等到十七、十八世紀的化學研究確立「空氣」並不是單一的氣體，而是由許多成分所構成，而這些成分又和生命的維持、有機體的構成以及死亡的因素有密切關聯。從 1750 年代起醫師和科學家開始進一步探究空氣成分和疾病發生的關係。Corbin 指出在 Antoine Lavoisier（拉瓦錫，1743-1794）提出呼吸和燃燒是類似的過程之前，關於「接觸傳染原」(contagion) 的討論很少提到氣味，而這點意義重大。對於腐化和發酵過程的研究指出，空氣的成分與氣味和疾病發生、死亡過程以及生物體的崩解有著密切的關聯。此外，都市化過程引起的衛生問題和隨後的公共衛生運動，浪漫主義運動強調氣味、情感與自我的關聯以及新興中產階級的身份營造以及透過生活風尚來和勞動階級相互區隔的作法，都使得氣味的重要性高漲，人們對氣味的感受性也更加地複雜敏銳[62]。英國也出現類似 Corbin 描述的對臭味的敏感、恐懼與排斥日漸提高的歷史過程，雖然其內容細節和歷史進程不盡相同。例如，Corbin 認為「在十九世紀巴斯德的微生物學說獲勝之前」，十八世紀以來所強調的「土壤、死水、屍體以及稍後引起重視的動物屠體所發出的臭味」越來越少為人所提及，十九世紀的「公共衛生論述、小說語言與剛剛萌生的社會研究」強調的是人體所發出的味道，尤其是窮人身上的臭味。「對社會臭味 (social odor) 的日益注意是十九世紀嗅覺史的重大事件」，Corbin 甚至認為這是個「從生物移換到社會的轉變」。在 Corbin 筆下，法國社會所關切的臭味的種類有個明確的歷史替換過程，就類似他書中所描述不同時期流行不同的香水和香味一般。十九世紀引起不安的臭味和十八世紀大不相同[63]。在英

---

62   Corbin, *The Foul and the Fragrant*.

63   Ibid., p. 142. 此外，相較於法國醫師描述臭味所使用的複雜語言和細膩的形容，英國醫師在描述臭味時很少對其味道做詳細的鑑別、分類與描述，顯得相當地大而化之。Howes 指出，塞內加爾的

國則沒有見到這樣的取代關係。對窮人身體與居住環境的味道的關切或許是十九世紀才變得顯著的現象，然而，醫學界乃至受過教育的士紳與中產階級對屍體等有機物腐敗味道的憂慮並沒有減少，反而因為疾病酵素說而更為強化。由於瘧疾被認為是潮濕的腐植土或沖積土所散發出來的氣體所引起的疾病，擁有龐大熱帶殖民地的大英帝國其醫學論述在十九世紀從未輕忽土壤和積水所帶來的威脅。

　　強烈的臭味經常構成來華西方人對中國印象的重要一部份，而這些不盡相同的味道來源也不一。有時候它們來自墳場與棺材，有時來自糞便肥料，也有時來自長期停滯的死水。英法聯軍之役的英軍將領 G. J. Wolseley 率軍駐紮浙江舟山島時，發現附近山丘偏僻處有間孤立的寺廟，「四周環繞著高聳的竹林和陰沈的柏樹，憂鬱的氛圍相當吻合此處的精神，因為周遭有著上百座墳墓和沒有埋葬的棺材。充斥的霉臭味大大減損風景的魅力，也使人不得不頻頻以手帕掩鼻。」英國人更常碰到的是來自糞便的味道，尤其是施了肥的田地所散發出的氣息。Wolseley 經過上海附近鄉間時，感嘆「真正置身這個帝國高度施肥的田野時，嗅覺器官會遭受到各種不同的惡臭所攻擊」[64]。此外還有人口密集通風不良的城市與呆滯的死水所散發出的味道。John Wilson 對廈門的印象則是：「連續數週的氣溫都在〔華氏〕八十度到八十八度之間……人口密集、建築低劣的城市被高牆所環繞，阻止外邊較為清淨的和風吹入以沖淡裡面惡臭的空氣……這樣的地方居然沒有年年發生瘟疫還真讓人驚訝」。他尤其怪罪城內和城四周的渠道，因為它們「不是死水一灘就是流動非常緩慢……它們要麼就該經常清理，要麼就該填平……」[65]。來華西方醫師建議的衛生措施當中，有不少是要消除空氣中的異味，雖然這些想法很少能夠付諸實行。不過歐洲人雖然無力改變中國城市與田地的氣味，他們至少還可以控制自己的住家。Jamieson

---

Sereer Ndut 族區分出五種臭味、日本人分辨出兩種臭味，而英文卻「沒有精確描述臭味的詞彙」。Howes, *Sensual Relations*, p. 9. 英國人對於氣味的分類與描述的粗疏，和這段期間他們對於臭味的密切關心與重視形成強烈的對比。

64　Wolseley, *Narrative of the China War in 1860*, pp. 29, 65; Rogaski, *Hygienic Modernity*, pp. 83-85.

65　Wilson, *Medical Notes on China*, pp. 115-116.

就建議居留在中國的歐洲人使用「Pettenkofer 配方」(Pettenkofer's formula) 來保持廁所的清潔。此一配方成分主要是「硫化鐵與石炭酸溶液」。歐洲人住屋的廁所應該隨時擺著這麼一瓶溶液。馬桶中至少要有一夸特 (quarter) 水。每次如廁之後，就「倒個幾盎司的溶液進去。如此空氣就可以保持徹底純淨，甚至微微浸染著酒石酸」[66]。化學藥品味或許說不上芳香，但空氣中這樣的味道卻意味著衛生、安全與清潔的感受。

醫學史學者 John Pickstone 認為十八世紀「新古典醫學」的疾病理論是種「時間模型」(temporal model)，十九世紀公共衛生運動的疾病理論則是種「空間模型」(spatial model)。前者強調疾病之所以發生是因為身體失去平衡、個人和環境的關係不協調。要保持健康就得透過飲食、運動、衣著和生活方式來調和身體、改善體質。這是種長時間自我照顧調養的過程。Chadwick 等公共衛生運動推動者則貶低飲食與生活方式對健康的重要性，他們強調從腐敗物質和垃圾所散發出來的有害臭味是造成疾病發生的原因，接觸與吸入這些氣體就會罹病。預防疾病保持健康的方法就是透過衛生工程將這些有害物質迅速地從城市中移除，讓人們和這些腐化物質以及它們所散發出的毒素隔離開來[67]。分析來華英國醫師對中國骯髒狀況的描述，我們可以很清楚地看出此一「空間模型」的疾病理論並不只是抽象的學理推演的結果，也和日常生活的感官經驗相吻合。Wolseley 的感嘆或許最為生動地捕捉到這種空間距離和骯髒感之間的密切關係，他在日記中寫道：「距離帶給風景更大的魅力，這點全世界沒有任何地方比得上中國」，因為「沒有經驗而想尋找鄉間情趣的旅人」，最後總是會被周遭的臭味搞得敗興而歸，然而，「如果從水肥的臭味所無法滲透觸及的高地或

66　Jamieson, "Dr. Alexander Jamieson's Report on the Health of Shanghai for the Half Year Ended 30th September, 1875," p. 57. Max von Pettenkofer (1818-1901) 是十九世紀德國化學家和著名公共衛生學者。

67　Pickstone, "Dearth, Dirt and Fever Epidemics," p. 127. 關於新古典醫學的特色，參見 Rosenberg, "The Therapeutic Revolution," pp. 3-25; Jewson, "Medical Knowledge and Patronage System in Eighteenth-Century England," pp. 369-385. 關於此一醫學傳統和十九世紀公共衛生運動的矛盾衝突，參見 Hamlin, "Predisposing Causes and Public Health in Early Nineteenth-Century Medical Thought," pp. 43-70.

高的建築觀賞，相同的地點會呈現出最為悅人的圖畫」[68]。西方醫師和許多西方人常覺得自己被骯髒污穢和臭味所包圍威脅。廣東海口的海關醫官對如此描述這樣的處境：「……問題是到底該放棄戶外運動的樂趣，或是走在街上忍受水溝和從屋裡扔出的垃圾所散發出來的瘟疫臭味 (pestilential odours)」，他認為如此骯髒的環境「必然大有助於霍亂之類的疾病的散播」[69]。這種日常生活需要對某些事物與地點保持距離的禁忌，更強化了西方人對中國城市的骯髒感受。

除了期望和中國人所製造的骯髒與臭味保持距離之外，英國醫師還希望西方人的居住環境也能和某些中國的自然環境隔離開來。例如房屋如果沒有地板以至於住戶會感受到泥土散發出來的氣體，那麼這個房子不只不乾淨而且會有引發疾病的危險。假使當地的泥土是腐植質或是河水沖積的土壤，那就更加地危險。因為這樣的土地最容易散發出瘴氣 (malaria)，引發可怕的間歇性熱病 (intermittent fevers)。Jamieson 就引用德國化學家與衛生學者 Max von Pettenkofer (1818-1901) 的「地下水理論」，來強調房屋建築方式的重要性。此一理論認為傷寒與霍亂等疾病的發生和地下水的水位變化有密切關係，因為地下水的水位和土壤的溼度有直接而密切的關連，而「某種會影響地面空氣成分的有機過程 (organic process) 又有賴於土壤的溼度才能達成」。「根據物理法則」，地面只要稍微有任何的細孔，「房子內的熱氣會帶動從地下向上的氣流，而輕易從地板底下帶出任何（土壤中）的氣體產物」。為了防止這樣的情況發生，Jamieson 推薦德國醫師 Paul Niemeyer 設計的建築方法：「房子整個地面的地板下都要有個中空一呎的隔間，覆以水泥或瀝青使其完全不透氣」。這埋在地板下的不透氣夾層可以防止房子住戶吸到「所有從土壤發出的各種臭氣和病菌」。當然，住戶還是要避免睡在一樓以防止感染疾病的危險[70]。牛莊的蘇格

68　Wolseley, *Narrative of the China War in 1860*, p. 65.

69　Aldridge, "Dr. E. A. Aldridge's Report on the Heath of Hoihow for the Half Year Ended 30th September 1881," pp. 6-10.

70　Jamieson, "Dr. Alexander Jamieson's Report on the Health of Shanghai for the Half Year Ended 30th September, 1875," p. 57.

蘭醫師 James Watson 也建議歐洲住戶要把地板墊高，以防止泥土地面散發出來的氣體引發疾病。他之前有位肺部突然發炎的女病人，其症狀具有漸歇性熱病的性質「而且更糟的是帶有瘧疾的特徵」。這位病人原本住的是「建築方式令人無法滿意的房子」，等到她搬到一棟「建築良好且地點令人愉快的房子」，「瘧疾的症狀幾乎立刻消失，肺部的病症也縮短了」[71]。

除了遠離各種帶有臭味而不健康的氣體之外，來華英國醫師主張外國人也必須和中國人保持距離。許多歐美醫師認為喜愛擁擠是中國人的慣習，一群中國人總是想辦法擠成一團，而且越擠越好。Jamieson 引用舊金山衛生當局 1885年的報告中對中國人喜好擁擠的慣習的描述：「盡量緊密地擠在一起，幾乎是中國人普遍共通的習俗。」這份報告形容只要一進入舊金山中國城，放眼所見這種擁擠骯髒的狀況，其恐怖景象就有如「但丁神曲所描寫的第八層地獄中的第二道深淵」[72]。自 1863 年起就在廈門傳教的英國牧師 John Macgowan 則驚嘆「中國家庭居然可以生活在這麼狹窄的空間，一間根據我們的觀念只夠一個家庭住的房子居然可以住進這麼多個家庭，這真是讓人嘖嘖稱奇」[73]。對西方醫師而言，擁擠意味人體可能發生的碰觸、身體與呼吸所散發出的氣息以及汙濁不流通的空氣；擁擠也意味著危險：從他人身上直接接觸感染 (contagion) 的危險、呼吸到病氣 (miasma) 引發疫病的危險。西方人沒辦法改變中國人擁擠的狀況，但是他們可以和中國人保持距離、不和他們擠在一起。如 Jamieson 所說：「我們不能保護中國人免受中國人之害……我們最多只能保護我們免受他們之害。」[74]

71 Watson, "Dr. James Watson's Report on the Health of Newchang, from 1st April 1873 to 30th September 1874," p. 10.

72 Jamieson, "Dr. Alexander Jamieson's Report on the Health of Shanghai for the half year ended 31st March, 1888," pp. 9-11.

73 Macgowan, *Christ or Confucius, Which? Or The Story of the Amoy Mission*, p. 32.

74 Jamieson, "Dr. Alexander Jamieson's Report on the Health of Shanghai for the two years ended 31st March 1891," p. 39.

　　英國人希望他們居住的區域能夠和中國居民在空間上區隔開來，但是實際上他們大多無法做到這點，這是因為十九世紀在東方的西方家庭為了要維持體面的外觀與生活方式，幾乎都需要僱用當地僕人來處理各種日常庶務。然而，擁有當地傭人的服務就意味著必須與當地人密切接觸。這種狀況讓一些英國醫師感到非常不安。Jamieson 就警告說：「除非外國人家庭能夠確實做到經常檢查傭人的房間，他們將難以防止某些最危險的傳染病被引入他們的住所」。西方主人第一次做這樣的檢查，通常會是令他們極度震驚的經驗，因為西方人會發現「最體面的僕人居住的地方是無法置信的骯髒，房間裡有著他們（中國僕人）最珍愛的害蟲 (vermin)」。西方主人給了這些中國傭人足夠寬敞的空間，但後者總是會把這地方弄得過度地擁擠[75]。James Clifford 形容布爾喬亞家庭中的佣人是「馴化的外人」(domesticated outsiders)。在殖民地的歐洲家庭中，本地佣人、女傭以及褓母「監督管理私領域的疆界，擔任『街頭』與家的中介，身處布爾喬亞私密生活的內部。簡而言之，他們是性別、階級與種族區隔的看門人，而他們的出現就已經逾越了這些界線。」[76]。西方主人家庭的私生活經常暴露在傭人目光之下，傭人的生活空間卻隱藏在主人的視線之外，這更有顛覆兩者權力關係的危險。西方主人對中國僕人生活空間骯髒狀況的疑慮和想像，不僅是出自於衛生的考量，也是對於未能保持種族和階級的距離產生的不安和焦慮。

　　這種對於空間距離的敏感不只表現於要和腐化之物保持距離的焦慮，也表現在對於狹小的空間的不安。狹窄的街道或是狹小的住屋與房間，由於可能有通風的問題而和疾病與骯髒連結在一起。通風不良的空間很可能會產生令人憂懼的氣味，但除了氣味之外，對空氣動態的感覺也是這段期間西方人判斷骯髒與否的感官依據。氣體的流動與風的吹拂是清潔的要素，空氣遲滯沈悶的感覺則是十九世紀來華西方人骯髒感的構成要素。除了狹小封閉的空間之外，隱藏

75　Jamieson, "Dr. Alexander Jamieson's Report on the Health of Shanghai for the Half Year Ended 30th September, 1882," p. 42.

76　Stoler, "A Sentimental Education" p. 77.

但容易積蓄腐化物質的空間，也會引發西方人的骯髒感和健康顧慮。福州海關醫官 Rennie 除了批評福州城的街道「狹窄骯髒」之外，他還認為街道路面建得不好，「花崗石鋪的街道，街心石板下面有條狹小的水溝，除了糞便之外的所有污水都流入其中」[77]。另一位福州的海關醫官 Somerville 觀察到中國房子鋪的木頭地板，木板和木板之間並沒有接榫。各種穢物都累積在木板收縮後產生的隙縫當中。當發生颱風或火災，「房子被燒毀或吹倒時」，他注意到「在房子地基處有大量處於腐化狀態的穢物」。Somerville 認為這樣的房子不只骯髒，而且對住戶的健康構成嚴重的威脅[78]。這些容易累積微量液體或細微汙垢的狹小空間，由於其不起眼而容易受人忽略，反而引起這些醫師的不安。歷史學家 Vigarello 的研究指出，中世紀法國的學校或修院規定僧侶或是學生要維持宿舍的整潔，不可以亂丟垃圾。但這不是因為垃圾本身是骯髒的或是會引起疾病，而是因為它們阻擋了通道、扭曲了建築空間的筆直線條和平順表面。

Vigarello 認為這些規定以及城市禁止亂倒垃圾以及當局清運垃圾的努力，「主要不是清潔的問題，而是清走堆積的垃圾，讓這些經常遭到威脅的空間保持淨空……」，主要目的是要保持這些建築與空間高尚的形式外觀[79]。Vigarello 的研究主要在於追溯中世紀以來這種將合宜高尚的外觀等同於清潔的概念，如何轉變到十九世紀布爾喬亞注重身體皮膚與個人私密空間的清潔概念。他沒有探討過去那種重視形式外觀，尤其是把焦點放在衣服、建築與街道空間的表面與線條的整齊、流暢或美觀的清潔概念，是否隨著新的清潔概念與關切焦點的興起而消失掉？或是它們仍舊繼續存在，只是對外觀的要求標準與審美品味有所改變？來華英國醫師關心路面石板和建築物木板之間的隙縫、房子木頭是否有上漆以及建築材質是否容易吸收細微粒子。這樣的關切固然和當代醫學理論認為發酵腐敗的粒子會引起疾病的看法有關，但也和偏好平滑無隙

77　Rennie, "Dr. T. Rennie's Report on the Health of Foochow for the Year Ended 31st March 1881," p. 51.

78　Somerville, "Dr. J. R. Somerville's Report on the Health of Foochow (Pagoda Anchorage) for the Half Year Ended 31st March 1873," p. 41.

79　Vigarello, *Concepts of Cleanliness*, p. 56.

的表面、平直整齊的線條、寬敞的房屋與開闊的空間等美感要求不無關係。
Dudgeon 就認為北京常見「破落荒廢的房屋和街道」，這種景象「很容易且很
快就會對心理、道德和身體」產生不良影響[80]。

　　瑕疵、隙縫、不整齊、混亂、破落……這些狀態都會引起或強化骯髒感。
Douglas 指出：「骯髒本質上就是失序 (disorder)。沒有絕對的骯髒這回事，它
只存在於觀看者的眼中。」而「我們找出骯髒、整理清潔與裝飾的行為，不是
受到避免疾病的焦慮所驅使，而是為我們的環境重新建立秩序，讓它和我們觀
念一致」[81]。這種有關骯髒與秩序的關聯，清楚出現在英國人對中國人不合宜
的舉止的批評。John Wilson 用來佐證「中國人是個骯髒的種族」的例子之一，
是有一回他和一批軍官前往接受一個位階不低的地方官員的招待。這位官員
「住的是大宅第，穿的是絲綢和皮裘，有許多文職和軍職的侍從」，用餐的房
間「很寬敞，眾多的侍者殷勤敏捷」，這餐總共上了二十四道各種肉類的菜餚，
「其中許多道的調味都很可口」。一切都非常令人愉快，直到主人捲起「大袖
子露出他手腕上厚厚的疥癬……」。坐在隔壁 Wilson 被此一舉動嚇了一跳。
Wilson 發現這位官員顯然罹患此一疾病已經有相當長的時間了，更驚訝他自
曝皮膚病卻「絲毫不感到不雅」，而身分地位如此高的人物竟然「自甘於染患
這個很容易治療的骯髒下流疾病 (sordid disease)」[82]。這位官員之所以「骯髒」
不只是因為他罹患的皮膚病而已，更是他在正式宴會場所讓外國官方客人看見
他的患部。此人與其身份地位不相稱的疾病以及與場所不協調的行為，激起了
旁邊的人更強烈的骯髒感。

80　Dudgeon, "Dr. John Dudgeon's Report on the Physical Conditions of Peking, and the Habits of the Pekingese as Bearing upon Health (Second Part)"; Dudgeon, "Dr. John Dudgeon's Report on the Physical Conditions of Peking, and the Habits of the Pekingese as Bearing upon Health (First Part)," p. 76.

81　Douglas, *Purity and Danger*, pp. 2-3.

82　Wilson, *Medical Notes on China*, pp. 23-24.

人類學者 Michael Jackson 的研究指出，思考與行為的模式、身體的概念與隱喻，乃至身體與社會、身體與世界的「大宇宙／小宇宙對應關係」的思想模式，是植基於日常生活中特定的身體使用方式以及人們與周遭環境日常而長時間的互動方式。例如獅子山共和國的 Kuranko 族經常用「通路」(kile, path, road) 的比喻來表達與理解社會，仔細觀察他們居住村落的空間安排就會發現，他們的社區充滿了複雜的小徑，而不論人際交往、生產工作或是舉辦儀式，都必須透過這些小徑來進行。錯綜的通路構成了他們每天的生活環境，通路的隱喻和思考方式是和身體在這樣的環境中行動所產生的慣習 (habitus) 緊密相關的。同樣的方式，我們也可以了解馬利的 Songhai 族如何使用通路的概念來描述血液、熱或呼吸在身體內的流動，並以此來了解身體的運作、健康的維持與疾病的發生與治療。禁忌、包含西方人眼中與「清潔」有關的禁忌，也往往來自人們與周遭環境長期互動。北美的 Yurok 族認為某些身體的體液，例如血和水、精液和水，不能混雜在一起的，否則就會導致疾病。而小便到河中使得尿液和水混雜更是一大禁忌。這是因為 Yurok 族生活在河口，淡水與海水的分界對於他們而言意義重大：只有鮭魚和鱒魚等作為食物來源的魚可以跨越兩者的分界，除此之外，這兩者的混雜意味著生態環境的混亂破壞，如海水倒灌等自然災害[83]。同樣地，十九世紀來華英國人對於中國環境「失序」的厭惡和排斥，並以「骯髒」來界定與抨擊這樣的失序，這種認知與反應不只是遵循某種外在的「價值觀」、「信念」或「象徵秩序」，更是來自長久的教育與身體實作所養成的慣習。例如，英國人對於中國城市空間擁擠的批評，並不純粹出自醫學顧慮與衛生要求，也不是因為英國文化的某種特有象徵系統遭到冒犯，而更是和空間使用的慣習有關。Macgowan 就認為在廈門的狹窄街道使得生活其中的人每天都有密切的接觸，「這是永遠不會適合西方的，因為那裡的人精神高昂又容易被冒犯，而且生活中的急務讓他們難以容忍拖延」[84]。擁擠與狹窄空間所帶來的不舒服，並不完全取決於物理空間的寬窄，也和日常生活與工

---

83 Jackson, "Thinking through the Body," pp. 127-148.

84 Macgowan, *Christ or Confucius, Which? Or The Story of the Amoy Mission*, p. 28.

作的節奏以及對於人與人之間無意中的身體碰觸的容忍度密切相關。這也是西方人對中國城市狹窄街道的骯髒體驗的面向之一。

結語

本文所分析的材料大多是醫師的著作，尤其是負責記錄通商港埠衛生狀況的海關醫師的報告為主，但也包含西方傳教士與軍人的敘述。醫師的著作構成這個研究最主要的史料，這是由於他們的專業訓練和工作性質使得醫師要比其他背景的來華西方人留下更多關於這段期間中國城市骯髒狀況的敘述，而且他們的描寫與討論也更加詳細、觸及的面向更廣、內涵也更豐富。此外，衛生理論提供了當時來華西方人認識與感知中國環境的架構。這段期間主流的醫學理論認為腐化的有機物所散發出來細微的粒子 (particles) 瀰漫在空氣中形成疫氣 (miasma)，使得吸入者罹患疾病。雖然這些極為微小 (subtle) 的粒子肉眼無法看見，但是這並不表示人們完全無法得知它們的存在。既然它們是腐化的有機物的產物，傳播的主要媒介又是空氣，那麼人們還是可以從腐物所散播出來的氣味——不論是堆積的垃圾、積水、或是兩者混合而成的汙泥與河畔沖積的泥土，只要是處於停滯、堆積與缺乏流動的狀態——都有可能構成健康的威脅。對這些物質狀態的身體感知，成為西方人對中國環境的骯髒體驗的重要質素。

Douglas 的研究指出潔淨與秩序、骯髒與失序之間有對應關係。Hamlin 的研究則指出維多利亞時代關於糞便處理方法的不同主張，與倡議者的社會觀點、政治經濟主張乃至神學立場都關係密切。Corbin 也認為一個社會對待排泄物的態度與處理排泄物的方式，展現出這個社會對秩序的看法和權力運作的方式[85]。正因為清潔與秩序、骯髒與失序之間有對應關係，因此骯髒也就經常被視為是種道德缺失。十九世紀的公共衛生論述常認為窮人與勞動階級的骯髒和疾病是他們缺乏紀律、道德敗壞的徵象與產物，而這段期間的公共衛生措施往

85　Hamlin, "Providence and Putrefaction"; Corbin, *The Foul and the Fragrant*.

往也是種道德矯正與紀律規訓的手段[86]。因此來華西方醫師會從中國的廁所問題推導出對中國人的道德教訓和改革中國的外交議程，也就不令人感到意外了。例如，MacDonald 就宣稱：「每天使用這麼污穢的地方的人，怎能期待他們的言語會有禮？女孩子無法避免看到這些破落的公廁的內部，又怎麼可能保持端莊婉約？任何關心自己子女的母親能夠自在地生活在梧州的廁所附近嗎？」MacDonald 進而宣稱：「由於完全地忽略衛生，尤其是在外國人居住和觀察得到的開放港埠，中國在全世界面前蒙羞」[87]。對許多十九世紀的西方人而言，中國人對於衛生的忽略和他們對於骯髒的麻木不仁，證明了其文明的低劣和道德之敗壞。若企圖要教化中國人，衛生知識的教育和清潔慣習的培養是不可或缺的一環。Dudgeon 在他尚未改變對中國衛生狀況的看法之前，曾經建議歐洲應該透過外交努力，幫助「對化學無知」的中國人學習糞便處理方式。「如果讓中國大使在訪問西方國家時參觀消毒糞便再加以利用的各種化學方法，會是深具啟發性的課程。例如，可以帶他們去參觀巴黎附近 Bondy 的巨大化糞池……」[88] 清潔與衛生是西方教育與改革中國政府與人民的絕佳手段。然而，除了上海租界之外，大多數來華的西方醫師並沒有足夠的資源和權力來推動他們認定是當務之急的衛生改革，也無法說服中國政府官員建立他們認為不可或缺的衛生設施。Watson 在分析芝罘的水源污染狀況之後抱怨要取得乾淨的供水其實並不困難，但是「中國人就是不會去做這些對他們自己有利的必要工作」[89]。無法建立衛生設施和改善環境的挫折和焦慮，加深了來華西方人對中國城市的強烈骯髒感受，並使他們發出激昂而顯得誇張的批評言詞。

86　Hamlin, *Public Health and Social Justice in the Age of Chadwick*; Bashford, *Purity and Pollution*; Corbin, *The Foul and the Fragrant*, pp. 142-160.

87　MacDonald, "Dr. Roderick J. J. MacDonald's Report on the Health of Wuchow, for the Fourteen Months Ended 30th September 1898," pp. 22-23.

88　Dudgeon, "Dr. John Dudgeon's Report on the Physical Conditions of Peking, and the Habits of the Pekingese as Bearing upon Health (First Part)," p. 76.

89　Watson, "Dr. James Watson's Report on the Health of Newchang for the Year Ended 31st March 1879," p. 9. 類似的批評抱怨也可參見 Begg, "Dr. C. Begg's Report on the Health of Hankow for the Half Year Ended 31st March 1881," pp. 44-45. 關於上海建立用水供應系統的過程以及遭遇的困難與波折，參見

　　西方人在中國的骯髒感和他們的種族主義與文明優越感，以及他們教化改革中國人的姿態與努力，以及這種文明化的努力所遭到的困難與挫折感是密不可分的。骯髒與潔淨的區別以及對中國環境的骯髒感受，也強化西方人的優越感以及確保他們和中國人之間的種族區隔。Corbin 認為歐洲人對於腐化過程的關切與著迷，「不只是要偵測疾病傳染的危險威脅，也產生出對於個人和自我的消解 (the dissolution of individuals and the self) 的恆久監控」[90]。近年來身體史和醫學史研究則指出，歐洲人在殖民地對於當地習俗與生活方式的態度，像是是否穿著當地服裝、採用當地烹飪與飲食方式以及使用當地醫學的治療方法，以及他們日常生活中和當地人的關係與距離，在很大程度上取決於殖民統治者和當地社會的政治緊張關係以及種族主義的影響力。一般而言，十八世紀歐洲殖民者較為樂於接納當地社會的事物與習俗，認為這有利於適應當地環境與保持健康。到了十九世紀，隨著歐洲種族主義的高漲以及對西方科學、醫學乃至一般文明的優越性產生高度的自信自滿，殖民者隨之刻意和當地社會保持區隔和距離，抬舉己身與當地人的差異[91]。英國在十八世紀還認為透過適當的保健措施是可以適應熱帶的環境與氣候，但到了十九世紀隨著歐洲科學種族主義 (scientific racism) 的高漲，英國人開始普遍認為難以適應印度的氣候，也日益強烈認為印度人的生活方式不可取、骯髒不衛生。這種態度隨著 1857 年印度士兵的叛變而更加地強硬鞏固[92]。Collingham 的研究也指出，英國人對印度的身體經驗 (physical experience) 在十九世紀初發生相當大的轉變，十八世紀在印度的英國人認為自身「是開放的身體，和周遭環境保持流通的狀態」，但隨著十九世紀初英國在印度推動「英國化改革」(Anglocizing "reform")，英國人和印度人的身體疆界隨之鞏固確立，英國人認為自己的身體「是個獨立的實體，對周遭環境保持封閉。封閉身體的過程又拉大了英國人和印度人的種族距

　　　Macpherson, *A Wilderness of Marshes*, pp. 83-122.

90　Corbin, *The Foul and the Fragrant*, p. 21.

91　Stoler, *Race and the Education of Desire*; Stoler, *Carnal Knowledge and Imperial Power*.

92　Cf. Harrison, *Climates and Constitutions*; Arnold, *Colonizing the Body*.

離」[93]。正如 Douglas 所指出，對於某件事物骯髒與否的判斷，往往和人際關係的遠近親疏有關。共同使用一個沒洗的杯子通常被認為是種骯髒的行為，但這也可以是友誼的表現。Macartney 在列舉中國人的骯髒行為時，會提到他們「彼此共用杯子。雖然他們偶爾會用水沖沖 (rinse) 這些杯子，但是從來不會洗 (wash) 它們或是把它們擦乾淨」。這樣的行為細節會讓身負重任的外交官員如此在意並且仔細記錄，其實也不令人太過意外[94]。在中國的西方人對於骯髒的恐懼與迴避，以及和當地人及其社區保持距離，對於當地房屋、街道、土壤等環境的疑慮，這些禁忌與區隔同樣也是封閉身體和保持種族距離的實作 (practice)。而這些實作又反過來確定與強化西方人對中國環境的骯髒感。

　　來華西方人在中國城市的骯髒感，並不僅是由 Douglas 所指出的衛生與習俗這兩件事物所組成而已。除了衛生理論的智性認知、文化差異，乃至種族優越感之外，十九世紀來華西方人對中國環境骯髒的體驗是建立在城市建築、居家空間安排、清潔環境與個人衛生行為等生活環境的建構與具體實作 (practice) 的基礎上面，其中牽涉到個人在長期教養規訓下所養成的慣習與管理都市與人群的權力運作。此外，感官體驗與身體反應也是來華西方人的骯髒感的質素。Vigarello 的歷史研究指出，潔淨概念與清潔行為的改變，其實也伴隨著身體感的改變。當西方人把對潔淨的關注從外衣轉到襯衣時，對於「粗糙與精緻的衣服的區分也更加細緻微妙」，此時「皮膚的感覺更加明晰，也更直接地提及汗水」。當對潔淨的關切從襯衣轉到身體皮膚時，身體的敏感度又大為不同了。「簡單地說，比起由襯衣的清洗與潔白所界定的那種潔淨，規律地清潔身體所界定的潔淨預設了更為敏銳的知覺和更強的自我規訓」[95]。來華西方人對狹隘的空間、不明顯的細縫、和當地人的距離、空氣和水流的停滯悶積、暴露在視線中的排泄過程與排泄物、混雜各種濃郁臭氣的強烈味道……的感官經驗，構成了他們對中國骯髒環境的主要體會。「骯髒」不只是衛生學說所界

93　Collingham, *Imperial Bodies*, p. 79.

94　Douglas, *Purity and Danger*, p. 8; Cranmer-Byng, *An Embassy to China*, p. 225.

95　Vigarello, *Concepts of Cleanliness*, pp. 2, 227.

定的疾病傳染威脅，也不只是種族主義或階級意識的反映而已，它還是種非常直即的身體感。身體感並不是某種人類原初而普同的身體經驗或是生物性的感官功能，而是長久的身體實作以及身體與特定環境特定的互動方式所養成的慣習的產物。用 Asad 的話來說，重要的是「*身體感 (body-sense) 和身體學習 (body-learning) 相互構成的關係*」[96] 相較於 Douglas 那般把潔淨與骯髒的區別視為某種靜態的象徵體系與文化分類系統的產物，透過身體感來入手分析這樣的區分，並且將身體感視為一種慣習，使得我們可以把時間的面向納入我們的分析當中。例如，十八世紀啟蒙哲學家和醫師提倡洗冷水澡，根據新的醫學理論來申論與強調這種作法對身體的好處。然而，不少同意並支持這些理論的「進步人士」，自己卻很少付諸實行。同樣地，十九世紀晚期的細菌理論其實否定了過去不少有關清潔環境和身體的作法的有效性。但是這類作法在細菌學說興起後卻仍舊持續流行相當一段時間，甚至不少醫師和作家都嘗試著對細菌理論做出各種具有創意的延伸解釋，來正當化這類的清潔作法[97]。這些看來奇特而不合理的現象之所以產生，正因為身體感牽涉到學習的過程以及人與環境的互動模式，需要長時間的教養訓練來養成，而已經養成的慣習也不會隨著醫學學說的更替而立刻改變消失。因此我們可以理解為何在歷史上，有關清潔的衛生理論和實際作為常會出現這樣的「時間落差」。透過身體實作、身體學習和慣習的概念來分析身體感的形成與改變，可以讓歷史學者對於許多歷史現象提出更適切的分析與解釋。

96　Asad, "Remarks on the Anthropology of the Body." 在這篇文章中 Asad 也批評了現象學取向的研究所預設的「原初身體經驗」(primordial bodily experiences)。

97　Cf. Vigarello, *Concepts of Cleanliness*; Tomes, *The Gospel of Germs*.

參考文獻

【西文】

Aldridge, E. A. "Dr. E. A. Aldridge's Report on the Heath of Hoihow for the Half Year Ended 30th September 1881." *Customs Gazette: The Half-Yearly Medical Reports of the Chinese Imperial Maritime Customs* 22(1882): 6-10.（以下簡稱 *Med. Rep.*）

Arnold, David. *Colonizing the Body: State Medicine and Epidemic Disease in Nineteenthe-Century India.* Berkeley: University of California Press, 1993.

Asad, Talal. "Remarks on the Anthropology of the Body." In *Religion and the Body*, edited by Sarah Coakley, pp. 42-52. Cambridge: Cambridge University Press, 1997.

Bashford, Alision. *Purity and Pollution: Gender, Embodiment and Victorian Medicine.* Basingstoke: Macmillan, 1998.

Begg, Charles. "Dr. C. Begg's Report on the Health of Hankow for the Half Year Ended 31st March 1881." *Med. Rep.* 21(1881): 44-47.

——. "Dr. C. Begg's Report on the Health of Hankow, for the Year Ended 31st March 1885." *Med. Rep.* 29(1885): 33-39.

Collingham, E. M. *Imperial Bodies: The Physical Experience of the Raj, c. 1800-1947.* Cambridge: Polity Press, 2001.

Corbin, Alain. *The Foul and the Fragrant: Odour and the French Social Imagination.* Translated by M. L. Kochan. Cambridge, MA: Harvard University Press, 1986.

Cranmer-Byng, J. L., ed. *An Embassy to China: Being the Journal Kept by Lord Macartney during His Embassy to the Emperor Ch'ien-lung 1793-1794.* Hamden: Archon Books, 1963.

Curtin, Philip D. "Medical Knowledge and Urban Planning in Tropical Africa." *American Historical Review* 90(1985): 594-613.

De Burgh Daly, C. C. "Dr. C. C. de Burgh Daly's Report on the Health of Newchwang, for the Year Ended 31st March 1895." *Med. Rep.* 49(1895): 1-2.

Dean A. S. "Dr. A. S. Dean'S Report on the Health of Wuhu, From 1st October 1880 to 31st March 1886." *Med. Rep.* 31(1886): 23-28.

Douglas, Mary. *Purity and Danger: An Analysis of Concept of Pollution and Taboo. 1966.* New York: Routledge, 2002.

——. "Forward." In *The Gift* by M. Mauss, pp. ix-xxiii. London: Routledge, 2002.

Dudgeon, John. "Dr. John Dudgeon's Report on the Physical Conditions of Peking, and the Habits of the Pekingese as Bearing upon Health (First Part)." *Med. Rep.* 2(1872): 73-82.

——. "Dr. John Dudgeon's Report on the Physical Conditions of Peking, and the Habits of the Pekingese as Bearing upon Health (Second Part)." *Med. Rep.* 4(1873):

29-42.

——. "Dr. John Dudgeon Report on the Health of Peking for the half year ended 31th March 1873." *Med. Rep.* 6(1874): 11-13.

——. "Dr. John Dudgeon's Report on the Health of Peking for the Half Year Ended 31st March 1874." *Med. Rep.* 8(1875): 29-39.

——. "Dr. John Dudgeon's Report on the Health of Peking for the Half Year Ended 31st March 1875." *Med. Rep.* 9(1875): 34-44.

——. "Diet, Dress, and Dwellings of the Chinese in Relation to Health." In *Health Exhibition Literature.* Vol. XIX, *Miscellaneous including Papers on China.* pp. 253-486. London: William Clowes and Sons, 1885.

Eyler, John M. *Victorian Social Medicine: The Ideas and Methods of William Farr.* Baltimore: Johns Hopkins University Press, 1979.

Fairbank, John K. "The Creation of the Treaty System." In *The Cambridge History of China.* Vol. 10, *Late Ch'ing*, edited by Denis Twitchett and John K. Fairbank, pp. 213-263. Cambridge: Cambridge University Press, 1978.

Hamlin, Christopher. "Providence and Putrefaction: Victorian Sanitarians and the Natural Theology of Health and Disease." *Victorian Studies* 28.3(1985): 381-411.

——. "Politics and Germ Theories of Disease in Victorian Britain: The Metropolitan Water Commission of 1867-9 and 1892-3." In *Government and Expertise: Specialists, Administrators and Professionals, 1860-1919*, edited by Roy MacLeod, pp. 110-127. Cambridge: Cambridge University Press, 1989.

——. *A Science of Impurity: Water Analysis in Nineteenth Century Britain.* Bristol: Hilger, 1990.

——. "Predisposing Causes and Public Health in Early Nineteenth-Century Medical Thought." *Social History of Medicine* 5.1(1992): 43-70.

——. *Public Health and Social Justice in the Age of Chadwick: Britain, 1800-1854.* Cambridge: Cambridge University Press, 1998.

Harrison, Mark. *Climates and Constitutions: Health, Race, Environment and British Imperialism in India, 1600-1800.* New Delhi: Oxford University Press, 1999.

Headrick, Daniel. *The Tentacles of Progress: Technology Transfer in the Age of Imperialism, 1850-1940.* Oxford: Oxford University Press, 1988.

Howes, David. *Sensual Relations: Engaging the Senses in Culture & Social Theories.* Ann Arbor: University of Michigan Press, 2003.

Jackson, Michael. "Knowledge of the Body." *Man* 18(1983): 327-345.

——. "Thinking through the Body: An Essay on Understanding Metaphor." *Social Analysis* 14(1983): 127-148.

Jamieson, Robert Alexander. "Dr. Alexander Jamieson's Report on the Health of Shanghai for the Half Year Ended 30th September 1871." *Med. Rep.* 2(1872): 33-43.

——. "Dr. Alexander Jamieson's Report on the Health of Shanghai for the Half Year Ended

31st March, 1873." *Med. Rep.* 5(1873): 50-58.

——. "Dr. Alexander Jamieson's Report on the Health of Shanghai for the Half Year Ended 30th September, 1875." *Med. Rep.* 10(1876): 53-66.

——. "Dr. Alexander Jamieson's Report on the Health of Shanghai for the Half Year Ended 30th September, 1882." *Med. Rep.* 24(1883): 39-46.

——. "Dr. Alexander Jamieson's Report on the Health of Shanghai for the half year ended 31st March, 1888." *Med. Rep.* 35(1888): 1-14.

——. "Dr. Alexander Jamieson's Report on the Health of Shanghai for the two years ended 31st March 1891." *Med. Rep.* 41(1891): 36-46.

Jewson, N. D. "Medical Knowledge and Patronage System in Eighteenth-Century England." *Sociology* 8.3(1974): 369-385.

Li, Shang-Jen. "British Imperial Medicine in Late Nineteenth-Century China and the Early Career of Patrick Manson." Unpublished PhD thesis, London: University of London, 1999.

Lowry, J. H. "Dr. J. H. Lowry's Report on the Health of Pakhoi for the Half Year Ended 30th September 1882." *Med. Rep.* 24(1883): 27-30.

Lynch, J. A. "Dr. J. A. Lynch's Report on the Health of Chinkiang for the Half Year Ended 30th September 1888." *Med. Rep.* 36(1889): 3-4.

MacDonald, Roderick J. J. "Dr. Roderick J. J. MacDonald's Report on the Health of Wuchow, for the Fourteen Months Ended 30th September 1898." *Med. Rep.* 56(1899): 16-27.

MacFarlane, E. P. "Dr. MacFarlane's Report on the Health of Ichang for the Two Years Ended 30th September 1880." *Med. Rep.* 20(1881): 18-21.

Macgowan, John. *Christ or Confucius, Which? Or The Story of the Amoy Mission.* London: London Missionary Society, 1889.

Macpherson, Kerrie L. *A Wilderness of Marshes: The Origins of Public Health in Shanghai, 1843-1893.* Hong Kong: Oxford University Press, 1987.

Manson, David. "Dr. David MANSON'S Report on the Health of Amoy for the Half Year Ended 30th September, 1877." *Med. Rep.* 14(1878): 27-35.

Morrison, W. "Dr. W. Morrison's Report on the Health of Newchang for the Two Years Ended 31st March 1886." *Med. Rep.* 26(1886): 1-6.

Müller, August, and Patrick Manson. "Drs. Manson and Müller's Report on the Health of Amoy for the Half Year Ended 30th September 1871." *Med. Rep.* 2(1872): 10-23.

Myer, W. W. "Dr. W. W. Myer's Report on the health of Chefoo for the Half Year Ended 31st March 1872." *Med. Rep.* 3(1872): 37-42.

Pelling, Margaret. *Cholera, Fever and English Medicine, 1825-1865.* Oxford: Oxford University Press, 1978.

Pickstone, John V. "Dearth, Dirt and Fever Epidemics: Rewriting the History of British 'Public Health', 1780-1850." In *Epidemics and Ideas: Essay on the Historical*

Perception of Pestilence, edited by Terence Ranger and Paul Slack, pp. 125-148. Cambridge: Cambridge University Press, 1992.

Platt, A. R. "Dr. A. R. Platt's Report on the Health of Chinkiang for the Half Year Ended 30th September 1876." *Med. Rep.* 12(1877): 26-27.

——. "Dr. A. R. Platt's Report on the Health of Chinkiang for the Year Ended 30th September 1877." *Med. Rep.* 14(1878): 62-67.

Reid, A. G. "Dr. A. G. Reid's Report on the Health of Hankow for the Half Year Ended 30th September 1871." *Med. Rep.* 2(1872): 44-60.

——. "Dr. A. G. Reid's Report on the Health of Hankow for the Half Year Ended 31st March 1872." *Med. Rep.* 3(1872): 43-54.

Rennie, Thomas. "Dr. T. Rennie's Report on the Health of Foochow for the Year Ended 31st March 1881." *Med. Rep.* 21(1881): 50-56.

Roberts, J. A. G. *China to Chinatown: Chinese Food in the West.* London: Reaktion Books, 2002.

Rogaski, Ruth. *Hygienic Modernity: Meaning of Health and Disease in Treaty-Port China.* Berkeley: University of California Press, 2004.

Rose, J. "Medical and Topographical Notes on China." *Lancet*, June 14, 1862, I: 631-632.

Rosenberg, Charles E. "The Therapeutic Revolution: Medicine, Meaning and Social Change in Nineteenth-Century America." In *The Therapeutic Revolution: Essays in Social History of American Medicine*, edited by M. J. Vogel and Charles E. Rosenberg, pp. 3-25. Philadelphia: University of Pennsylvania Press, 1979.

The Royal College of Physicians of London. *The Nomenclature of Disease, Drawn up by a Joint Committee Appointed by the Royal College of Physicians of London.* London: J. W. Golbourn, 1868.

Somerville, J. R. "Dr. J. R. Somerville's Report on the Health of Foochow (Pagoda Anchorage) for the Half Year Ended 31st March 1873." *Med. Rep.* 5(1873): 37-46.

Stoler, Ann Laura. *Race and the Education of Desire: Foucault's History of Sexuality and the Colonial Order of Things.* Durham: Duke University Press, 1995.

——. *Carnal Knowledge and Imperial Power: Race and the Intimate in Colonial Rule.* Berkeley: University of California Press, 2002.

——. "A Sentimental Education: Native Servants and the Cultivation of European Children in the Netherlands Indies" In *Fantasizing the Feminine in Indonesia* edited by Laurie J. Sears, pp. 71-91. Durham: Duke University Press, 1996.

Tomes, Nancy. *The Gospel of Germs: Men, Women and the Microbe in American Life.* Cambridge, MA: Harvard University Press, 1998.

Vigarello, Georges. *Concepts of Cleanliness: Changing Attitudes in France since the Middle Ages.* Cambridge: Cambridge University Press, 1988.

Watson, James. "Dr. James Watson's Report on the Health of Newchang, from 1st April 1873 to 30th September 1874." *Med. Rep.* 8(1875): 7-11.

——. "Dr. James Watson's Report on the Health of Newchang for the Year Ended 31st March 1879." *Med. Rep.* 17(1879): 8-13.

Wilson, John. *Medical Notes on China.* London: John Churchill, 1846.

Wohl, Anthony S. *Endangered Lives: Public Health in Victorian Britain.* London: Methuen, 1984.

Wolseley, G. J. *Narrative of the China War in 1860.* London: Longman, 1862.

Wood, Frances. *No Dog and Not Many Chinese: Treaty Port Life in China 1843-1943.* London: John Murray, 1998.

衛生、城市現代基礎設施與商品化過程中的身體經驗——上海里弄住宅的社會形構[*]

郭奇正[**]

在專業的教學領域，居住的空間想當然爾應為舒適的目的服務。採光通風良好、乾淨衛生、不潮濕、窗明几淨、個人空間私密……，建築設計師可以畫出百種空間關係的示意圖 (diagram) 去追求物理環境上與心理上的舒適。但倘若我們回過頭檢視過往人們所居住生活過的空間，即或不到百年前的同一塊土地，我們卻可發現與我們當下對舒適的定義與價值有極大的差距；有些甚至可以判定為極不舒適，毫無隱私。許多老市街中的「店屋」就是最鮮明的例子。

「店屋」，是幾乎在每一個城市中都會出現的最普遍的住宅形式。為求發揮有限土地的最大經濟效益、並且回應高昂的土地價格，這些出現在市區的住宅，往往以沿街連棟的形式高密度發展，並構成了我們現在對老市街空間的普遍印象。不僅在歐美世界，同一類型的連棟式住宅也普遍出現在亞洲城市；華人的城市自然也不例外。大量住宅基於生產與交易的需要，朝商業繁盛的街肆集中，並在城市中特定的區域形成「住—店」或「住—工」合一的集居型態。無論「下店上住」或「前店後住」，空間需求不斷累積的住宅或作坊沿著有限的沿街面一字排開，使得「長條型」的店屋成為一種「看似合理」的居住型態，並透過形式上的不斷積累，構成了我們今日對老市街的普遍共通印象。

---

 * 本文原刊登於《臺灣大學考古人類學刊》65(2006): 135-176。
** 東海大學建築系副教授。

　　這一些普遍出現「看似合理」的長條型店屋卻在晚近城市現代化的過程中逐漸消聲匿跡，漸漸取而代之的是約略一致面寬與縱深的「新」店屋（在上海稱為「里弄住宅」，在台灣通稱為「透天厝」）。是居住者的舒適意識萌芽，開始刻意修改世世代代居住的空間？或是另有其他原因？我們追溯長條型店屋與近代透天住宅的消長關係，發現近百餘年的城市發展史中，水、電、瓦斯乃至於城市污水下水道等公共服務 (public utilities) 的建設，緊密關連著近代城市的規劃論述，也影響著城市街廓紋理的變遷與居住單元發展的型態。為求引入現代化的基礎設施 (infrastructure)，許多舊城區面對「開膛剖肚」的命運，直接被一套現代化的都市格子狀系統覆蓋，傳統街巷紋理蕩存；有些則在現代化的城市建設部署過程中被遺漏，與鄰近的現代化格子狀紋理產生明顯的斷裂，形構了許多所謂的雙城 (dual city) 型態。但終究，幾何理性的格子狀紋理與被視為「合理」的店屋面寬與縱深、成為絕大部份城市現代化過程中的主流形式，支配城市地景的生產與再生產。

　　倘若居住者追求舒適、便利的動機可暫被視為持續再生產的主流集居形式的諸多表徵 (representation) 之一[1]，則都市格子系統背後的「理性」與追求舒適、便利的身體經驗之間的對應關係就是一值得探究的問題。實質居住空間「物性」[2] 上的改變如何透過可感知的身體經驗被界定為「舒適」或「進步」，並在空間發展的社會過程中藉由「價值」的賦予完成形式的再生產？即是本文所欲探討的第一重點。

1　蓋居住形式的變遷不一定只是基於居住者追逐舒適的目的。

2　建築空間不是紙面上存在的方框圖像，而是真實的空間中佔據某一方土地，有地基、有頂蓋、有垂直的建築元素（牆或柱子）三者共同界定並圍閉出的一種實質狀態 (physical enclosureness)。居住空間的「物性」因此意指專為居住目的而排列組合的諸多建築元素（地坪、屋頂、柱子、牆及牆上的開口部）彼此間相對存在的一種實質狀態。不只是元素間排列組合的方式，也包括空間中的裝置（家具、衛浴設備、廚具、電器用品等）與界定／分隔空間的元素（具視覺阻隔性的牆面或是可隱約穿透的牆面，可以阻絕聲音的厚實牆體或是像窗簾、屏風等薄的軟性隔斷材）相對的位置。

　　上海，是中國率先在城市中部署水、電、瓦斯等現代基礎設施的城市，也是中國第一個以房地產業的發展帶動空間商品化歷程的都市；顯然是要回答前述的發問一個不錯的田野。

　　作為中國近代第一批開放的沿海都市，基於地理區位上的優越，上海在十九世紀開埠前即已迅速發展，也成為西方帝國主義覬覦的主要標的。開埠前的上海老城廂即已遍佈各式的長條型店屋 (shop house)[3] 與中大型宅院[4]，沿著重要的水圳與通道一字排開，小船與獨輪車並用，也構成了普遍出現於江南地域的傳統水鄉紋理。開埠後的上海透過租界政府 (state) 不斷挹注的基礎設施投資，在舊縣城（今「南市」環狀的人民路以內的區域）北端闢建了一個以外籍僑商為主要對象的居住區。不及多時，太平天國之亂席捲江南，將此一富庶區域的極富階級紛紛掃入有外籍軍團保護的上海租界，也提前開展了由房地產業領軍的空間商品化進程。

　　在空間商品化的過程中，住宅空間形式的變遷尤其令人注目。當在南市老城廂市街空間中主流的建築形式仍是長條型店屋時[5]，北方空盪的租界界址內已悄悄興建了大量的里弄住宅，齊高的樓層與縱深的住宅單元透過「共同壁」的方式相互連結，以整齊的配置計畫形成了與南市舊城廂地區截然不同的聚落景觀。這一類以「里」或「坊」為名、普遍被稱為里弄（Li-nong or Alleyway houses；也有英文文章寫為 Li-long）的住宅形式很快地取代了「長條型店屋」的主流位置，成為住宅的支配形式，進而蠶食鯨吞地置換了老城廂中的街巷空間。自此，里弄住宅作為江南一種城市集居型態發展的「原型」 (prototype) 不斷地演繹，不只在上海租界一地，也隨著江南商戶的流動逐漸蔓延至寧波、杭州、揚州、

3　在上海本地部份碑刻文獻也稱之為「市房」，似亦與英文 town house 的字面意義近似。

4　過去一般上海居民習慣將租界形成之前即已存在的南市圍城區內稱為老城廂，也有許多上海人直接以「南市」泛指此區；稱其為「南市老城廂」者多指特定的圍城區域與緊鄰這一區的周邊社區。現今一般上海市民已不再使用「老城廂」之名，但多仍以新行政區名「黃浦區」之前的舊行政區名「南市」稱呼此區。

5　《上海碑刻資料選輯》中稱為「市房」者。上海博物館圖書資料室編，《上海碑刻資料選輯》，上海史資料叢刊，以下簡稱為《碑刻資料》。

南通等處。由舊式石庫門而新式石庫門里弄到廣式里弄、新式里弄[6]，租、華兩界都見證了里弄住宅中最普遍常見的「石庫門里弄」在實質形式上的變異與形式積累。

「里弄住宅」作為上海城市地景紋理主要基本元素，在本文中試圖連結住宅實質空間與城市現代化基礎設施，探討住宅如何將城市基礎設施併入，藉由乾淨、衛生、方便與安全等理由，重新建構居民居住的身體經驗。也期望透過住宅形式與區位的轉變，進一步探討住宅形式演變的社會過程；亦即，除了瞭解「物性」的再生之外，本研究也好奇價值本身如何持續地修正並再生？誠如Shove 指出：家庭衛生的習慣不能僅被視為個人習慣的培養，現代大量的消費文化與社會「舒適乾淨的家」的定義事實上強加了這些價值在我們身上[7]。Ierely亦指出：現代的家用科技塑造了我們每日的例行活動，使得美國家屋成為一個「舒適的地方」[8]。隨著水、電、瓦斯等城市基礎設施進入家戶空間內的「科技」產品（瓦斯爐、水龍頭、沖水馬桶、電燈、冷氣）與廣告、媒體所宣揚的生活風格，如何聯袂改變了當時城市居民對舒適的想像與定義，甚至透過房地產商的操弄擴大這一種想像與定義的範圍，向建築的外顯形式與區域風格支取「差異」的認同，尤其是值得本文特別分析處理之處。在本文的後半段宅地空間形式與身體感的對應關係將被進一步放在城市成長與擴張的脈絡中解析。里弄住宅的形式生產是否可被視為安置使用者新的身體經驗之所在，並透過社會的過程同步地安置使用者的社會關係？舒適的身體經驗是可獨立於社會關係之外一組獨立自主的價值判斷？抑或不可避免地向外牽扯，聯繫形式與社會關係？

6　上海里弄的發展過程中，因為地價、營造價格、不同時期對衛生設施的要求差異、以及針對不同的形式偏好等，由 1870 年代之後陸續發展出多種不同的形式。舊式與新式石庫門里弄都有一共同特徵，即在於高聳封閉的外牆與以石為框打造的漆黑木門，牆內是一與外隔絕的小天井。廣式里弄一般咸認為源於大量廣東移民的入駐上海，為求更精簡地使用土地，縮短房屋縱深，故已取消牆內的天井，主廳直接對外。新式里弄則多配備衛生設施，石庫門里弄封閉的外牆已為視覺可穿透的鏤空磚牆或帶有鑄鐵欄杆的圍牆所取代，天井成為前院。細節的描述與圖面詳王紹周，《里弄建築》；沈華主編，《上海里弄民居》。

7　Shove, *Comfort, Cleanliness, and Convenience.*

8　Ierely, *The Comforts of Home*, p. 24.

這是本文意圖進一步發展的第二主題。期望經由上海里弄的重新解析，豐富過往就形式論形式的住宅研究，並架構物與身體之間更為準確的對應關係。

宅地傳統空間形式的演繹

如果宅地空間的改變部份源於身體經驗的改變，那麼在傳統的宅地形式過渡到現代宅地形式的過程中，身體經驗究竟有何作用？是哪些宅地空間中的設備或是使用情境改變了宅地空間中的身體？這樣的身體僅是一個感官經驗的載體，還是也在宅地空間變遷的過程中扮演主體的角色，藉由對特定空間形式的喜好干預空間形式的變遷？上海由舊聚落過渡到一個現代的亞洲都會，宅地空間如果可以視為社會與身體之間互動的介面，隱藏在宅地形式轉變背後身體經驗的社會意涵是本文關注的首要課題。

素來，人類的集居形式，即往往與水源的取得、能源再製與利用的便利性有關；水與可以生熱的材料（煤或木材）的獲取，關係著聚落發生的地點與聚落成長的形式。隨著聚落功能的複雜化與社會分工，人類的集居形式漸漸地脫離取用水與能源的種種限制，而發展出不同的集居形式。單就水的取用與排放而言，由「水車送水」與「糞車打糞」的時代演進到自來水與污水下水道管線的鋪設，即可使集居形式產生了明顯的變化；不僅是使用者對管線可及性的種種要求，也源自於計費制度的改變。水、電、瓦斯等城市現代基礎設施的進入上海，實質上衝擊著長期以來存續於市街空間中的長條型店屋，召喚著一種新的住宅形式。

開埠前的傳統「市房」

早在北宋年間，上海即已形成聚落。宋咸淳三年 (1267) 前後設「上海鎮」，至元二十八年 (1291) 設「上海縣」；自此，「居住用房與商業用房日漸增多，鱗次櫛比，日趨繁榮」[9]，上海作為沿江一商業交換聚落的功能與型態也告確定，

9　上海住宅建設志編纂委員會編，《上海住宅建設志》，頁52。

並逐漸衍生出一類「磚牆立柱、木椽屋面、青瓦蓋頂」的矮平房，作為平民住宅的主要形式。此類平民住宅面寬以一根椽條的寬度計為一「開間」，並多以「幾上幾下」（例如二上二下、三上三下）作為開間數目描述之慣用方式[10]。深度上則以「進」為主要的計算單位；縱向軸線上只要前後棟建築物之間圍閉出一類似天井的合院形式之空間，即以「進」稱呼之；因此「進」的數量，除了昭示宅第之規模與縱深尺寸外，也同時說明著相對應的天井數量。

　　過去對上海民居住宅相關的文獻記載有限，但由《上海碑刻資料選輯》（以下即簡稱《碑刻資料》）中可以發現，在上海開埠以前，早已存在一種稱為「市房」的建築類型（圖 1）；並可由文字上的「市樓房」與「市平房」描述去區別同一種住宅類型的不同樓層高度[11]。由曾出現「市房」或其他相關住宅類型描述的碑刻資料立碑時間——1808、1812 或 1831 等年代，說明了即或是在開埠以前，上海城廂內外的確早已存在著一種沿街排列的住宅類型，並且也早已存在著住宅的交易市場；空間的交易已經發生[12]。

10　一般多為奇數開間，從三開間、五開間，到偶有七開間不等。

11　清嘉慶十二年 (1808) 一月〈上海縣為浙紹各店公捐中秋會告示碑〉中即已出現「絕賣小東門外廿五保七圖十舖，海關南首鄭姓『市樓房』一所；隨屋基地，東至大街、西至顧屋、南至汪屋、北至顧屋」的描述。這是目前在上海相關的文獻資料中，可以發現較早出現的關於「市房」之記載。上海博物館圖書資料室編，頁 207。

12　至少許多會館公所都已經明文記載相關的房產與地產交易與產權記錄。經由勒石「永為會館香火公產，不准盜賣」等昭示，也同時可以推估：這一類作為維護同鄉團體體制運轉功能的房地產，不論住宅或店舖多以「招租」的形式進入市場；上海老城廂並不只有零星買賣房地產的一級市場，還有租賃房地產的另一市場存在。

圖1　上海「市房」外觀樣貌

資料來源：《上海近代建築風格》，頁14（左圖）；《追憶近代上海圖史》，頁243（右圖）。

　　除此之外，不僅「平屋天井」、「弄內樓房」、「弄內平房」之描述常常出現在碑刻資料的記載中[13]，較後期的碑刻資料中也開始出現多「進」的描述，例如：「契買李春筠市房一所，……計四進，後帶水閣，上下樓房廿九間，隨帶屋地一片。」、「契買倪天衢房屋一所，……計五進，後一小弄外至城河岸」[14] 等之描述。無論「四進」或「五進」，都說明這一類的住宅大多因具有天井而形成多進的配置形式。此種多「進」的建築形式源於沿街面的面寬限制，使得住宅本身不得不採取窄面寬、長縱深的配置形式；放在高密度的城市集居狀況中，基於每一家戶搶佔有效沿街面寬的假設前提，一種狹長型的基地似已可視之為市街中普遍存在的事實（詳圖2）。天井的安置則使得過深的縱深可以局部地解決通風與採光的問題，是一種在高密度集居的型態下權宜但卻有效的處理方式。

13　道光十一年 (1831)〈上海縣為泉漳會館地產不准盜賣告示碑〉中針對泉漳會館所擁有的公產作了詳實的紀錄；由每一類型住宅其「兩廂」的描述可以與「平屋天井」相互對應，勾勒出當時城廂空間中存在的帶天井的合院類型之平房住宅；並且這一種住宅類型多出現在大街之外的小弄內，故往往以「弄內平房」名之。參考上海博物館圖書資料室編《碑刻資料》。

14　同前註，頁251-252。

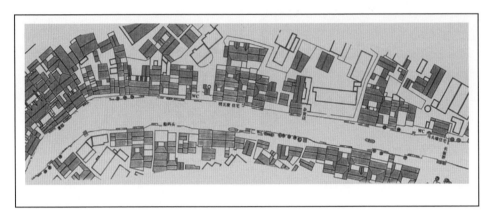

圖 2　長條型住宅中的天井與住宅平面（以南潯水鄉住宅為例）。

資料來源：阮儀三《南潯水鄉》。

　　《碑刻資料》中所記載多「進」與多房間的空間特質，也牽引出了關乎「隱私」與身體經驗有關的空間議題。上海這一個移民社會移民者普遍的單身身份，以及《碑刻資料》中以同鄉組織起造住宅租予鄉民的描述中所呈現的租屋市場，「平屋天井計四十七間」、「兩進兩廂上下計廿間，後連一披」[15] 等大量房間數目的描述，勾勒出多戶共用一宅地的集居型態。它標誌了前現代的城廂空間在尚未將自來水、自來火（瓦斯）與電力引入宅地前，居民得藉「走動」來解決「打水」、「倒馬桶」、「引柴火」與傳遞訊息等等基本的日常生活需求。無論入駐者是否有血緣或地緣的聯帶；約定俗成的默契允許對私領域的穿越；借道鄰戶門前的「走動」面對的是私領域中的人際網絡。如上海這般商業高度發展的城市中，高密度的集居型態似尚無足夠的物質條件支持「分戶分住」的集居型態要求[16]。然而，隨著上海開埠後水、電、瓦斯等基礎設施的逐步架設，

15　同前註，頁 234。

16　此處所指的「分戶分住」，是指個別的居住單元擁有非供公眾使用的浴室、廁所、廚房等服務性空間。蓋在《碑刻資料》中所顯示的一棟住宅多「間」的描述，仍有可能是一間一戶；但當時的物質條件，不可能一個單「間」之中具有此「間」居住成員私自管理使用的固定性服務性設施空間在其內。研究者對上海南市耆老的訪問中也得知，許多自來水沒有引進戶內的居住單元中（自來水管線僅牽管至一樓入口處的天井，在此有一公共的洗槽或僅有一公共水龍頭），不方便移動的住戶（年長者、病患或不便下樓的纏足婦女）的確是在僅有的家戶單元空間中使用手提式木造馬桶方便，以

「牽管入戶」與按使用量計價的要求遂進一步召喚著新的宅地分割形式，並藉「建築線」的概念與新默契表現為具有「合適」面寬與縱深的住宅開發單位[17]。

城市基礎設施以「建築線」重組集居形式

　　上海是中國境內城市中第一個開展水、電、瓦斯等公共服務 (public utilities) 的城市。自來水廠與瓦斯工廠的設立與「牽管到戶」的服務也加速了住宅形式轉變的進程。煤氣事業的發展最早：1861 年英租界即開始著手設立「大英自來火房」，為租界內道路與住宅照明供應煤氣。1865 年通管啟用，並免費在花園弄（今南京路）裝設十盞新式煤氣燈以廣招徠；1867 年開始向英租界（中區）之外的虹口及卡德路、廣東路、霍山路、四川路、吳淞路一帶地區供氣。1881 年全英租界的用戶已達 714 戶、路燈 489 盞。此後，儲氣櫃大舉增設，租界範圍內的接管率與日俱增，至 1911 年上海公共租界的總煤氣管長度已達 155.27 公里，服務範圍早已涵蓋至界外築路區的愚園路、兆豐公園、泗涇路等地區。法租界的煤氣供氣也早在 1864 年即已開始，基於經濟規模考量，1891 年與大英自來火房合併，之後法租界的相關基礎設施即併入公共租界的建設計畫內一併設置。

　　自來水事業的發展緊跟在後；上海公共租界 1875 年設立了最初的楊樹浦淨水廠，但以「水車送水、計程收費」的模式提供服務；1879 年法租界大火後，

臉盆打水擦澡淨身；但行動自如的居民還是使用公共廁所與澡堂。

17　通常住宅的面寬必須是該面寬中可以容納「特定面寬」的房間數目的整數倍；不是一間就是兩間或三間。房間的「特定面寬」又與房間中預期擺放的設施中尺寸最大者有關：做為臥室的房間，單人床或雙人床、橫放或直放直接影響到房間面寬的需求；也可以說，面寬直接影響了房間中可以放得下哪一種尺寸的床？如何放？因此，在房地產的開發中，開發者與設計者往往會以家具或設備的尺寸去回推房間的面寬，再由房間的面寬決定集合住宅的單元最小的面寬。同理，深度也必須是房間數目的整數倍，一個三房兩廳的住宅單元三個臥室一旦必須在單一樓層中安置完畢，往往會出現一間次臥室面寬兩倍的主臥室，後側的採光面排放兩間次臥室。因此，在不留設出無法直接採光與鄰接室外以換氣的「暗室」的前提下，建築物勢必會出現近似的面寬與縱深，這些尺寸都是由人體的工學尺寸與市場上可輕易購得的普遍（非訂製）家具尺寸有密切的關係。故在本文中以「合適」的面寬與縱深尺寸描述之。

「出於消防需要，迫切希望建立上海給水事業」[18]，於是遂在 1880 年取得納稅人會議批准，於 1883 年 6 月完成上海第一座水廠與通往租界中區與法租界的自來水管路及水塔的架設，八月開始對市政用水、外僑宅地、黃浦江上各國外輪船與軍艦、部份華籍民居等送水。四年後每日供水量已超過當初水廠每日 6,819 立方米的設計容量，被迫加建。遲至 1901 年，登記供水的用戶已達 25,386 戶；已是當時兩租界住宅數量的 59.31%。

電力的需求發展較晚；公共租界遲至 1882 年才著手設置上海電氣公司，次年開始沿街架設路燈；1888 年上海電氣公司倒閉，改設新申電氣公司，1889 年開始「上海居民室內用上了白熾燈」[19]。在基礎設施的「供給」面之外，家庭排污的處理模式也直接被引進上海租界。1845 年租界開始道路與碼頭的建設，溝渠與排水系統等其他現代都市的基礎設施也一併發展。1862 年公共租界工部局開始在新闢的公共道路兩旁磚砌下水道，1866 年後改用陶製排水管道，截至 1870 年代結束前，公共租界內的雨水排水管道已初步建設完成，初期也同步以此系統擔負家庭污水的排放。1920 年之後工部局才著手試驗污水處理系統，1921 年開始在南京路與外灘一帶鋪築污水管道，1926 年完工，從此開始污、雨水分流的排水系統。法租界亦同時由 1870 年代開始鋪築雨水管道，1920 年代整個法租界的下水道系統也告完成。

1860 年代中旬後自來水廠與煤氣火房及兩者相關管線的建設，在租界設置初期本不是針對房地產市場而來，而是單純就海外僑民居住舒適性的考量；「開埠後，隨著西方僑民的不斷遷入，西方生活習慣與生活環境逐漸在租界內移植，煤氣、自來水、電等先進技術在西方產生後很快地被引進租界」[20]。由於是基於租界外人使用舒適性的考量，使用端多設定在個別的家戶內，而非街頭的公共水龍頭，「牽管（線）到戶」的需求遂使得上海公共租界早在廿世紀初

18　上海租界志編纂委員會編，《上海租界志》，頁 387。

19　同前註，《上海租界志》，頁 388-389。

20　同前註，頁 372。

葉推動建築登記管理制度之前，民間的營建市場即已開始浮現「建築線」概念，並影響了其後城市土地的分割模式與營建形式。

「建築線」事實上就是任一宗城市土地面對城市公共通道或公共產權範圍時的「臨接介面」。透過一定寬度的「建築線」，每一宗基地即可不借道鄰地而直接連通公共的道路；在現代化的城市建設中，「建築線」的意義在於透過此一「介面」使基礎設施管線（水、電、瓦斯、電話等）得以直接接入私有的宅地，不用取道鄰地；「建築線」因此也同時是安置水、電、瓦斯錶與指定懸掛門牌之位置。因此，在已經實施建築管制條例 (Building By-laws) 的都市，「建築線」是營造行為中一項重要的基地條件[21]；在租界開埠以前即已存在的多進長條型市房，說明了沿街一定深度範圍外的基地因為無法取得供人員出入的第二建築線，只得延伸利用原先的沿街面作為唯一的建築線，並被動地利用天井以解決縱深過深所帶來的採光通風問題；長條狀的基地形狀成為一種權宜下的必然[22]。

但這一種形式上的權宜，顯然在水、電、瓦斯等城市現代基礎設施陸續佈施之後，面臨了新的挑戰。「建築線」概念的浮現，不止左右了城市空間中新的營建行為，也循著市民生活中越見普及的水、電、瓦斯等的申設，反過頭來重組市街空間中既成的集居形式。

---

21 在雜亂無章的市街聚落中如果要遂行「合法」的營建行為，官方往往會透過「指定建築線」的權宜方式來協助不臨接公共通道的土地取得建築許可；「私設巷弄」的法律認定亦應運而生。在臺灣的地政法規與建築管理規則通稱這一種為取得「指定建築線」，而挪用私人土地權宜性地作為出入公共通道部份的用地稱為「私設通路」。

22 如果是一塊大面積基地可以整體單次進行規劃，自然可以規避這一類型（極窄的面寬但極深的縱深）的基地分割，改採「總弄」與「支弄」串連起各塊分割土地的方式，以使得每一塊分割地塊均有鄰接巷弄的「建築線」存在。

城市現代化過程中要求的宅地合適比例

　　根據《上海里弄民居》一書，上海早在 1880 年代即已存在成片規劃、整齊畫一的里弄住宅[23]。驗證於《老上海地圖》一書中一份 1866 年上海工部局委託測量的〈上海英租界圖〉（詳圖 3），的確可以看到租界範圍內具有一致面寬與縱深，且面寬─縱深之間呈一定比例的里弄住宅群。這些線索說明了早於建築管理制度的「建築線」規範開始之前，上海租界內的個別使用單元（家戶或個人）早已基於管線的可及性與計費制度的要求[24]，提前接納了一套虛擬自發的軟性建築管理規範，並循此重新調整宅地建築的深度與寬度。亦即，在建築管理制度開始運作前，民間的房地產開發早已存在一套自我調整的體系，調整每一宗基地的配置形式以鑲嵌其自身於現代化的城市建設體系內。尤其是對幾乎是一片未開發素地的上海租界範圍，既無先前住宅紋理與街道的限制與引導，也無既有民間營建慣習的扞格，「牽管（線）到戶」的需求遂能夠更直接地演繹為單一宗開發基地內廣泛地「私設巷弄」，以獲取每一住宅開發單元的虛擬「建築線」，憑以通行出入並安設管溝；在高昂的土地價格下「租地造屋」的開發慣例，直接消弭了里弄巷道部份，所謂「私設的公共」區位的面積[25] 在產權持分上的尷尬與爭議。里弄的開發型態已不再只是尺寸上的錙銖必較之結果，而是反映商品化的住宅生產體系面對現代城市設施時的一種集體意志；要在有限的土地上以最小的公共持分面積去獲取最大的可租／售面積或可租／售單元數目。現代化基礎設施的提供催化了民間市場的自我調節，也是成就里弄型態的集居形式的重要動力。

23　沈華主編，《上海里弄民居》，頁 8-9、23、33-35。

24　上海里弄中（上水）給水與（下水）污水、瓦斯、電力管線的管理維修與計費，都各有規定辦法，並清楚地區分表內與表外的責任歸屬；表內屬申裝者負責，表外則歸專業公司。詳沈華主編，頁 27。

25　在臺灣房地產界一般稱之為「大公」與「小公」。「大公」面積意指全社區共同持有的公共設施面積，「小公」則指小範圍的住戶（例如同一個樓梯間的兩三戶，或同一個死巷的住戶）共同持有的面積。

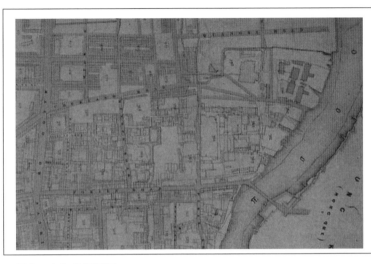

註：圖中的河道為蘇州河（又名吳淞江），圖左方較寬的馬路即為北京路。

圖3　上海英租界圖

資料來源：《老上海地圖》，頁 38-39。

　　和南市上海老城廂相較，房地產資本大舉進入開發的上海公共租界由於單一的土地坵塊如非用作單一大型宅地使用而必須分割，在此面對的是單次的土地分割。公共的道路之外的其他巷弄可以預作規劃留設，以使得欲開發土地坵塊未臨路的深處部份可以透過私設的巷弄而獲得有效的「建築線」（圖 4）；到了 1890-1910 年代，當開發的觸角伸及當時尚處郊區空曠而較價廉的西區與北區時，更大面積的土地在「獲得建築線」的原則下，遂開始有「總弄」與「支弄」的區別，藉此聯繫基地分割後的每一塊宅地預定地（圖 5）。

　　從僅僅要求人貨可出入通行到人貨通行之外基礎設施管線的連結，是一逐步發展的過程；城市不同區域對建築線的要求應該也有程度上的差別。蓋對既成發展區域裡任一筆需要借道鄰地而通的基地，每一次的基礎設施管線鋪設以及所引發的費用負擔比例問題，都有可能是又一次鄰戶間爭端的開始。隨著城市建設各區現代化要求程度之不同，營造體系 (building society) 內相應對「建築線」的默契從而有了與租界地區不同步的發展過程。

　　前述《碑刻資料》中諸如「弄內市房」之類的描述，出現在城市基礎設施
的要求並不嚴謹的南市老城廂地區，這一類公共屬性模糊之私設通路，應是從
傳統的長條型市房向「合適」面寬—縱深比例的里弄住宅轉移的一種過渡。

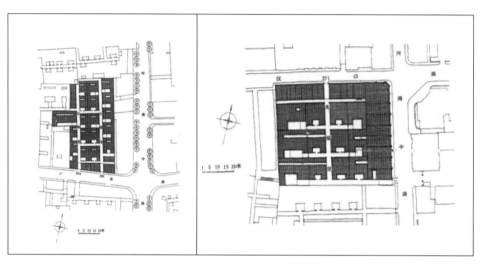

圖4　公共租界中區「公順里」（左）與「兆福里」（右）配置

註：圖中兩里弄為十九世紀末葉的地產開發案，「公順里」之沿街面僅有網點區塊下方沿廣
東路的一小段，故開發商必須要在沿街面上留設兩條南北縱向的私設通路；「兆福里」則因
地處角地，但開發商為求在沿街面取得較多的店面以開設商號，故北向與東向的沿街面均
為無天井的「市房」，其餘的土地則由北向的道路沿街面損失一間市房店面，開設一條南北
向的私設巷弄進入，並留設三條橫向的支弄。兩圖中無網點之條狀空間即為巷弄之所在，
在巷弄空間沿邊存在的許多無網點的小方塊則為石庫門里弄「天井」之位置。

資料來源：《上海里弄民居》

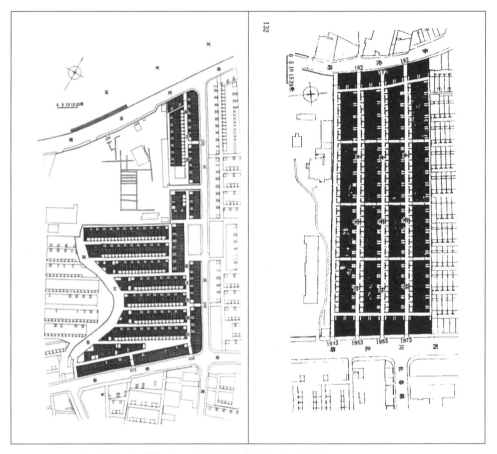

圖5　公共租界北區的「斯文里」（左）與「永安坊」（右）

註：圖中兩里弄為廿世紀初葉的地產開發案，「斯文里」三面臨街，沿街面均開發為店面為主之「市房」，將天井留在後側；街廓的內部則開發為單開間的石庫門住宅，藉由犧牲北向、東向與南向三個沿街面的八個店面來取得出入之私設通道，以便利街廓內部的開發單元取得建築線。「永安坊」則是南北向兩向臨路。兩者皆在獲利極大化的前提下，極致地細分 (subdivide) 街廓內土地，以求取最多的可售單元；每一單元均在最窄面寬上求取最適縱深，故形成圖中整齊一致的紋理。另因街廓尺度太大，故除了連通對外道路的「總弄」外，尚有「支弄」。

資料來源：《上海里弄民居》

　　由於《碑刻資料》的記載有限，無法由其中判別每一地產聯繫的是公共的通道或私有自行留設的巷弄。但在刻意描述的「弄內」之後，多半不再出現「多進」的空間敘述，意味著權宜性的「多進」長條型基地與建築配置模式已漸不適應於越趨複雜的城市集居生活需求，尤其是現代化的城市基礎設施引介後的上海租界。由是，不僅在上海租界的房地產發展脈絡裡看不到「多進」的市房商品，就是在南市老城廂中，一度以「多進」、「多間數」為其主要特徵的市房，也已逐步改為單進後加披房的空間群組。

　　比對於開埠之後將近五十年的另外一份碑刻資料，光緒廿二年 (1896)〈上海縣為長生會將房產助入四明公所告示碑〉中對於產權所有的十六幢市房的登載記錄中已不再出現「進」的描述，「小東門內、康家弄內，朝南市樓房上下四間，一披屋基地七厘」、「縣橋東首果子巷大街、朝北市樓房上下十二間，兩披屋，基地三分六厘」或「……市樓房三上三下，一披屋，基地一分」等之描述已取代了過去「進」的市房特徵[26]。顯然，基礎設施管線的聯繫、私有產權與「使用者付費」的計費需求等，在空間中已進一步演繹為對任一街廓或開發計畫中的任一最小開發單元均直接可及的明確要求。不只是在上海租界範圍內，也連帶影響到華界內新的營建行為。

　　因此，我們一方面可以看到上海公共租界里弄住宅形式追求「合適」面寬——縱深比例的暫時性結論（圖 4 與圖 5），另一方面，我們也可以透過南市住宅形式的演變，看到現代城市基礎設施對既有住宅形式所遭受的拉扯。沿街一字排開的「多開間」住宅型態（圖 6-左）固然已隨著土地價值的高漲而不易存

26　上海博物館圖書資料室編，《上海碑刻資料選輯》，頁 266-267。另根據對每一筆土地房產所在區位的追蹤發現：舉凡「小東門內」、「新北門」、「四舖界」等地區，就南市的都市發展過程來看，多是既成發展區，而非新興的發展區域。亦即，這些不再有「多進」特質的新市房極有可能是既有長條型市房宅地的拆除重建；故有可能將舊有的房屋配置形式加以調整。當中，許多筆地的四址描述中皆有一址為不具名的「濱」、「河濱」，或有確切溪流名稱的「方濱」、「肇濱」的記載，僅有 25 保一區五圖的兩筆地塊並不是單邊臨「濱」。對照著南市後來陸續的拆城牆與填濱造路等都市建設，這些可能「拆除重建」的基地極有可能是以原先的長條型基地對半區分為兩塊，重新以「河濱」上加蓋新修的道路或「河濱」小徑作為出入道路。

續，但在有水、電、瓦斯等管線穿越的區域，隨之而起的不再是過去習見的長
條型市房，反而開始出現犧牲沿街一個住宅或店鋪單元的「私設巷弄」，藉以
出入並使現代管線可及（圖6，中與右）。

　　至於縱深過深的基地，則往往逕自將原先存在的長條型住宅修整切割，犧
牲一至兩個沿街的住宅或店鋪單元作為出入道路（圖7，左上與左下），進而直
接拆除既有的長條型市房或大型宅院，另行起造具有現代基礎設施要求之「建
築線」的合理住宅形式；總弄與支弄的住宅遂告一併在南市的街區中發生（圖
7，右）。

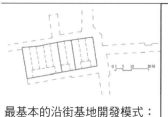

最基本的沿街基地開發模式：
街一字排開五開間、三開間至
開間不等的建築單元。

‧當基地縱深較深時，如不另行開闢私設巷道
（如上圖左側部份的橫向巷道），就必須要維持
大型宅院多開間、多進的單元型態。並在沿街
的「市房」中犧牲一個單元作為出入道路。

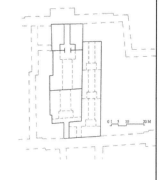

圖6　單位基地開發時「建築線」示意圖

資料來源：掃瞄自《上海行號圖錄（下）》，並加工描繪整理。

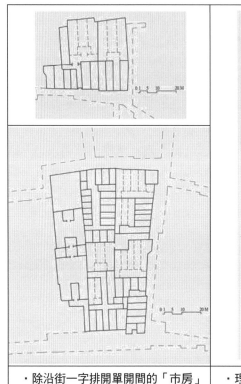

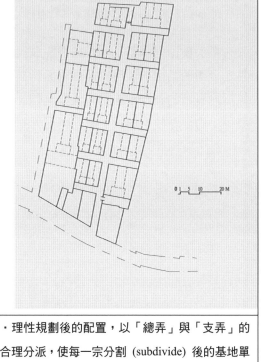

| ・除沿街一字排開單開間的「市房」單元外，縱深過深的基地必須另行開闢兩條私設巷道，以獲取基地深處開發單元之「建築線」。 | ・理性規劃後的配置，以「總弄」與「支弄」的合理分派，使每一宗分割（subdivide）後的基地單元均有適當的面寬與縱深，且管線與人行動線直接可及本基地。 |

圖 7　南市區十九世紀後期房地產業開發之住宅單元形式

資料來源：同圖 6。

里弄住宅遂不止逐漸貫穿城市空間成為合理且必要的集居形式，也透過其內部新增的衛生設備，開發活動其間的身體新的空間經驗。也藉由這些已經接納城市新的現代基礎設施的新身體，反身進一步引導此後百餘年間商品住宅的生產。

現代化的里弄空間中新的身體經驗

城市空間中的嶄新體驗

　　1860 年代中旬開始於租界的煤氣、自來水、電力等現代城市基礎設施漸漸在 1870 年代中期前後步上營運軌道[27]。此時，恰逢太平天國之亂平定後返鄉的江浙資產階級又陸續回籠上海發展之際，水、電、瓦斯等現代基礎設施的進入上海，在公共領域帶來了市民強烈的視覺感受，並將城市生活向夜晚延伸。關於煤氣燈，清末王韜在其《瀛壖雜志》即具文指出：

> 「富貴之家或多至數十盞，以小鐵管暗砌堂壁，令火迴還從上而下，宛如懸燈。每家於鐵管總處設燈表，可測所用煤氣多寡；局人按月驗表以徵費。其人工之巧，幾於不可思議矣！」[28]

　　租界現代化的城市建設也在居民的感官上優勢地拉開了租界與華界的差異，尤其是視覺可感受到的入夜照明，以及下水道系統所隔離的臭氣與污穢：

> 「西人於衢市中設立燈火，遠近疏密相間，……遙望之燦如明星。後則易之，以煤氣更為皎徹。……煤氣有局，各家欲燃是燈，則告局為之製造。其法……（煤氣）灌入鐵管，鐵管埋於土中，連接綿亙，數里不絕。其火皆由鐵管以達各家，雖隔河小巷，曲折上下皆可達。街衢間遍立鐵柱，柱空其上置燈火，至晚燃之，照耀如畫。」[29]

> 「租界內康莊如砥，車馬交馳，房屋多西式，軒敞華麗；……入夜則燈光輝煌，明如白晝」；「租界馬路四通，城內（則）道路狹隘；租界內異常清潔，車不揚塵，居之者幾以為樂土；城內雖有清道局，然城河之水，穢氣觸鼻，僻靜之區，

27　上海租界志編纂委員會編，《上海租界志》，頁 372。
28　王韜，《瀛壖雜志》，頁 179。
29　同前註，頁 178。

坑廁接踵；較之租界，已有天壤之別。」[30]

　　然而，真正開發了新的身體經驗者，要屬透過「接管到戶」以「自來」的形式將水與瓦斯引入居住者的個別私領域。許多私密的身體照顧得以由公共空間 （使用公共茅房、公共澡堂等）移回個別的私領域中進行；這也提供了這些移民的江南華籍菁英一種前所未有的居住經驗。「同治九年（1870 年），（租界）開始大量建造適應中國人一戶獨居習慣的石庫門房屋，以『幢』為單位出租，房租昂貴」[31]。雖然昂貴，但在置入自來水與煤氣照明等設施後，整體城市已足以令回籠的資產菁英驚豔不已。對空間正快速商品化的上海租界，私密行為向純然的私領域移動的可能性遂順勢成為一種空間的消費，聯繫著排列整齊且嶄新的里弄空間與石庫門外觀，在高階的房地產市場上，一同對抗著南市在地大院宅地裡水車、糞擔、蠟燭、油燈與高懸的燈籠後迷濛而陳年的氣勢與恢弘，召喚著極富的資產階級消費上的新認同。

　　正因前述關乎個人隱私追求的消費在住宅買賣與租賃中尚未成為單一的選項[32]，付得起相關空間消費的族群也必須同時「配套」地接受住宅商品市場所提供私密、舒適、便利之外的其他空間表徵。亦即，在身體經驗的開發初期，如果舒適、便利、私密是一種難以形體化描述的身體經驗，但透過商品市場，使用者卻可以透過整套住宅的購置或租用來完成舒適、便利、隱私的空間消費，關係著身體經驗關鍵性的配備（新式馬桶、洗槽、淋浴設備等）因此不可避免地連結到可以區別差異的建築物外顯形式[33]；對舒適的認知與對價值的認定因而開始有了複雜的形貌與過程。

30　《上海鄉土志》，轉引自賴德霖〈從上海公共租界看中國近代建築制度之形成（上）〉，《空間》3 月，頁 47。

31　上海房地產志編纂委員會，《上海房地產志》，上海：上海社會科學院出版社，頁 478。

32　晚近的住宅裝修工程中，舊宅地的改建可以單獨進行浴室或廁所的改建，其前提是自來水管、排水管與糞管已經設置完竣，或僅需要配合洩水坡度小範圍地延伸更改排污水管走線位置；因此，私密的提升在管線配備已臻完善的住宅中是可以成為單獨的選項。但在管線尚未普及的上海老城廂，由於既有建築物多無管線基礎設施的物質條件尚未容許支持前述的更動成為空間消費的單一選項。

33　對現代基礎設施管線尚未進入配置的區域（例如老城廂）不具空間改善的物質條件，因此，絕大部

　　面對這群付得起房價的華籍菁英,視覺上可以感受到的外在都市環境的整齊清潔,不可避免地與家居的衛生經驗結合,轉換為另一種吸引力與驕傲;1880-1890 年的《海關十年報告》中即指出:「中國人有湧入上海租界之傾向,在這裡房租之貴、捐稅之重超過中國的多數城市,但是由於人身和財產更為安全,生活較為舒適,有較多的娛樂設施,又處於交通運輸的中心位置,許多退休和待職的官員現在在這裡住家,還有許多富商也在這裡。……。」[34] 舒適、隱私與便利的居住身體經驗完成於房地產商「投其所好」的里弄空間生產中,在商言商的房地產已不可能不調整自身的基地配置以容納或安置即將引入的基礎設施管線;透過「私設通路」的留設,保留各單元基地的虛擬建築線已是一種商品邏輯下的理性必然。但居住的身體經驗也因而不可避免地夾帶著「看似」舒適、便利的視覺特質來完成空間的消費,透過商品市場簇群而生的里弄住宅有了超出實質身體感受之外的想像貼附其間;此種想像尤其透過南市老城廂的「華界」與租界間在視覺與嗅覺感官上巨大的感官經驗所強化。

　　相較於已經著手、有系統進行城市基礎設施並漸具現代化城市景觀的租界,華界區域由於市政運作邏輯之不同,連帶地使城市的基礎設施供應嚴重不足:「除主要寥寥通路外,(道路) 大都迂迴曲折,狹小不整,既不便於交通,復不適於美觀。……水火設施,上下水道也都因陋就簡。」[35] 無論在使用上或景觀上都與租界形成極大的反差[36]。外無水、電、煤氣等基礎設施臨門的推拉,南市老城廂在集居形式的演變上,速度顯然緩慢許多。光緒二十六年 (1900)〈泉漳會館房產四址碑〉固然已可見另一種轉了型的「弄內市房」──「石庫

份可以配備新式衛生設備與廚房的新建住宅得發生於配置管線的公共租界與法租界。這些區域中開發計畫尺寸上錙銖必較的精算,使得開發的住宅多盡其可能地避免不必要的退縮與立面凹凸處理,更要規避排列失序所產生的畸零無法販售的角落;這也往往使得住宅整體外觀呈現一種整齊畫一的視覺特質,僅在局部的營造上添附許多回應華籍菁英文化偏好的裝飾性建築語彙。循此,使得整個的街區或鄰里巷道擁有一種不同於南市老城廂的空間風貌。這部份關於形式的描述,詳郭奇正〈上海里弄──集居型式的社會生產與表意的流變〉,《睹物思人論文集》,頁 222-227。

34　徐雪筠等編譯,《上海近代社會經濟發展概況,1882-1931》,頁 21。

35　同註 30。

36　張輝,《上海市地價研究》。

門內，兩上兩下，一廂樓，共六間」或「石庫門內，三上三下，一廂樓，共八間」等描述[37]。但在所有四址的介紹中，卻仍有多起住宅形式延續開埠前的規模與形制[38]。在這些記載中，「弄內……」的描述已不多見，但「石庫門內……」的描述開始增多。若不將石庫門視為一種商品住宅類型，而僅作為一種門面的構造形式，這一類對於「石庫門內……」之描述已開始看到南市的住宅市場與上海租界市場間的互動關係；具有可開店之「店屋」(shop house) 功能的「市房」[39]至此已漸漸為租界內主流的商品化趨勢所修正。但在此，「石庫門內……」已是全然的私領域，並不具有「私設通路」的功能意義，而僅僅是一個私人家戶的對外立面；石庫門所在的立面也同時是建築基地對外的建築線之所在，區分了截然不同的公與私，作為過渡性的公與私之介面區帶的私設里弄在此並不存在。

　　由此，在開埠後不再出現長條型的建築基地與「多進」的「市房」配置的上海租界，整齊的秩序不僅只是節約用地與節省構造上的共同壁的單純考量；被房地產市場刻意調控出的縱深—面寬比例，搭配著私設通路的留設，一個準備接納現代城市基礎設施的住宅「原型」(prototype) 已經在開埠後的上海租界悄然浮現。在工部局保障私有產權制的基本立場上，配合移民社會核心家庭的逐漸主流化，這一種慣常被組織成里弄形式的住宅「原型」也同時通過房地產的商品交易，協調於獲利的極大化與使用者對居住消費標的舒適、便利、關係著身份認同之需求之間，反覆驗證其自身。一種可以在空間商品化的過程裡不

37　上海博物館圖書資料室編，《上海碑刻資料選輯》，頁 245-249。

38　例如：肆號（地產）「座落鹹瓜街，門面三上三下；第貳進，三上三下、兩廂樓；第參進、四上四下；兩廂樓、一披屋。又南首門面兩上兩下；後進一上一下，壹廂樓，壹披屋，共參拾捌間」；伍號「石庫門內三上三下，兩廂樓；第二進三上三下，兩廂樓，兩披屋，共廿二間。……」同前註，頁 245。

39　一般上海文獻中對於「市房」的描述不多，遑論定義。但陳炎林編《上海地產大全》民國叢書第三編第三十二輯，在談及「租地造屋」的開發如何選擇建築形式時指出：「入手之初，當親自考察沿臨公路之長度與距公路之深度，以能建市房者為最佳。」（頁 297）「根據地區、地段、地點、地形等狀況，揣測市人心理，應以何種房屋最為需要。有利家居者，宜造住房；需用商店者，宜造市房；不切需要而造之房屋，必致得不償失」（頁 323）；可見「市房」有「店屋」(shop house) 的意思。

斷進行形式積累的「合理」形式遂漸次入主租界，作為城市集居模式中日後發展的主流形式。

城市私領域中的身體照顧

上海的開埠緣於《南京條約》，泛稱的「租界」位於南市老城廂的北面，初期係為保護英法籍外商而設置[40]。前述洗浴經驗關鍵性的物質條件——自來水與自來火（瓦斯）的管線基礎設施即是由上海租界開始。因此，與華界不同的對待身體方式應濫觴於租界；這也是不同的身體經驗在城市集居行為中碰撞的重要起點。

基礎設施管線的牽進住宅內，對家庭生活產生了明顯的影響，尤其是居住者對自己身體可能的照顧。正如同 Bonneville 在其《原始聲色：沐浴的歷史》一書中所提及：「多虧水和燒水的煤氣的合作，結合了工程師和水管工的智慧，這種家庭的舒適在一個一切盡在手邊的場所裡完全實現了……。」[41] 但事實上，宅地空間中的衛生設備從來就不是一個理所當然原本就存在的裝置；衛生設備進入宅地空間是一個漸進的過程：洗浴設備的材料與手工技術等物質條件的配合[42]、源於疫情的衛生意識覺醒，以及城市基礎設施的逐步整備等，都極關鍵。

從十六世紀有一短暫時期宗教上的禁浴，逐步演進到放棄遮掩體味[43]，並開始意識到環境中存在種種令人不快的氣味[44]；以及巴黎與法蘭克福相繼於

40　上海租界的最開始其實是由英租界 (British Settlement) 與法租界 (French Concession) 所組成，其後才發展出蘇州河北岸的虹口日租界與美租界，並在最後合併為公共租界 (International Settlement)；法租界除外。

41　Bonneville，郭昌京譯，《原始聲色：沐浴的歷史》，頁 134。

42　從中古時期流傳下來笨重的木澡盆，到材料上的鍍錫白鐵、鍍鋅鐵板與黃銅等耐高溫金屬材，白鐵工匠手工技術上的「折邊咬合」、「錘打卯合」或「軟銲法銲縫」等技術，以及與銅匠在水管及黃銅片加工（例如以「箍」的方式強化以對抗水壓與人體重量的外擴）等施工介面的整合等。詳 Kramer，江帆等譯，《歐洲洗浴文化史》，頁 36-47、52。

43　同前註，頁 49-51。

1760 與 1774 年設置的河上「沐浴船」到較為普及的公共浴池[45]，我們可以看到，自從城市居民開始對衛生與氣味有感應，對於身體的清潔維護一直是在城市的公共空間中以「暫闢一處空間」的方式來處理。在上海，一直到十九世紀末葉，現代基礎設施已經在城市某些局部區域開始設置時，南市老城廂居民淨身的行為卻還是延續著明清江南普遍的洗浴文化，在公共浴堂中進行。「人們上浴堂泡澡聊天成為一種享受，也成為一種時尚」[46]。公共的浴堂在明代一度被稱為「混堂」，面向社會全面開放，付錢即能入內洗浴，浴資又極低。因此三教九流共浴一池，「有的帶病，有的『穢氣不可聞』，混堂的衛生狀況，也就可想而知了」[47]。時至清代富裕的江南，以揚州為首，也發展出更為豐富的公共浴池文化，並成為一種風尚；「請澡」成為一種在公共場所兼具社交性質的身體照顧，也因而帶動了擦背、扦腳、採耳等相關的商業性身體護理服務[48]；上海亦不例外。

　　一旦城市本身的物質條件可以支持在特定公共場所蓄水以提供集體性的洗浴服務時，在這些引水渠道或管線可以連通的區域，隨著取水與排水難易程度之不同，洗浴的行為也會漸次被引入私有空間。中世紀時，源於取水之不易，可以透過城市的集體水利設備直接正常取用乾淨水源者，僅限於「罕見的幾處修道院以及豪門顯貴」，一般市民僅能「靠雙手從井裡、河塘裡或流動水域汲水」[49]。想要在家中洗浴者，「一浴缸水要運二三十趟，還要加熱並倒進浴缸」；

44　Corbin, *Odor and the French Social Imagination*, pp. 89-99.

45　Kramer，江帆等譯，《歐洲洗浴文化史》，頁 51-57。

46　殷偉、任玫，《中國沐浴文化》，頁 156。

47　同前註，頁 157。

48　「扦腳」是一種江南公共浴室常見的身體服務；源於江南濕氣重，一般人容易得腳氣（臺灣俗稱的「香港腳」），因此，澡堂裡提供一種商業服務，在客人以熱水浸腳並使表層皮膚都濕潤柔軟之際，由師傅拿多種小刮刀替客人刮掉腳趾間及足踝周邊已遭霉菌滋生的皮膚；一般在江南稱這一種服務為「扦腳」。「採耳」，則是以在客人頭部已經被熱水濕潤放鬆之際（通常是在洗頭之後），由師傅輕輕地以竹製的耳刮刮除客人耳中的耳垢。兩者由於都以極細緻的工具及細微的手部動作重複輕輕碰觸到身體極為敏感部位的皮膚，故多被視為一種愉悅且可令人放鬆的身體服務。

49　Kramer，江帆等譯，《歐洲洗浴文化史》，頁 59-60。

送水加熱因而成為勞務密集的工作。洗完澡的排水亦然：「排水在沒有任何排水設施的情況下，就是反向地走一遍，除非不管不顧，直接打開窗戶……。[50]」因此，要在家居空間中取足夠的水以淨身，還只是「少數有錢、雇用家務勞力的人家的特權」[51]。歐洲直到十九世紀中葉之後，大城市中才開始出現「租車把熱水運到家裡」、並「出租浴盆和出賣熱水」[52] 的「上門浴室」服務[53]。而在上海，這種享受本僅止於來滬的外籍商人；早期租界外灘附近專為租界外商與領事興建的花園洋房即為管線設置最初期的受益者，旁及受益於華洋雜處規定而入駐租界並購置外商釋出的花園洋房的華籍富裕官商[54]。在上海置產、出入租界的富裕官商，顯然也在同一都市時空以其身體出入於私領域的個人洗浴空間與公領域的浴池之間。透過私人「浴室」與公共「浴池」的氛圍差異，「隱私」的概念得以由此開始被經驗。

從家屋空間的內部區劃與發展歷程檢視，我們可以發現，洗浴行為被搬進富者宅第，並不是一開始就有一處名為「浴室」的空間被留置出來等著接管安置浴缸與馬桶。查考歐陸的家庭洗浴發展歷程，英國的經驗即說明了浴室並不是宅地空間「本來就有」的配備；水被引入住宅空間時，在許多英國家庭中，浴缸是上上下下地隨處擺置；甚至，為求打水的便利，「把浴缸放在門廳的作法非常普遍」[55]。淋浴是浸浴行為的一種替選模式，也被認為較為節省用水。最初期的淋浴裝置是一個四支腳的支架在頭頂架起一個水盆，由僕傭將加熱後

50 事實上有些地方已開始使用排水管沿樓梯直接排水，但在軟管的技術還未成熟前，過多彎折的室內空間還是得用雙手配合水管分段送走髒水。Bonneville，郭昌京譯，《原始聲色：沐浴的歷史》，頁139。

51 Kramer，江帆等譯，《歐洲洗浴文化史》，頁52。

52 Ibid.

53 「上門浴室」是用馬車拉著中空雙層筒的熱水容器及浴缸上門服務。為求方便穿越住宅中較為狹窄的樓梯與迴旋處，甚至發展出一種皮製的折疊式浴缸與帶滑軌的金屬浴缸。Bonneville，郭昌京譯，《原始聲色：沐浴的歷史》，頁136-143。

54 張鵬，《都市型態的歷史根基——上海公共租界的都市空間與市政建設變遷研究》，頁137。

55 Bonneville，郭昌京譯，《原始聲色：沐浴的歷史》，頁134-135。

的淨水一壺接著一壺倒進水盆，透過盆底的孔隙利用重力漏水直接沖擊身體[56]；隨伺在側的貼身僕役還是不可少。自來水的引入住宅，前述在宅地空間中淨身的過渡性作法遂都一一被重新梳理：一來，必須要固定浴缸與淋浴空間的位置，以方便配管，因此一個專門作為洗浴淨身功能的空間在宅地裡被固定留置了出來，給水與排水一併考量，連帶地廚房與衛生間在宅地空間中的相對位置也被管線所重新架構。二來，則是沐浴時不再需要動員洗浴者之外的勞務人力，除非針對幼童或年長者；這也意味著使用者可以真正享有一處完全私密的個人空間，勞務量的減低也意味著在私密空間洗浴得以不再是富有階級的專斷特權。

透過重力原則使用水來潔淨身體，也使得自來水引入家居生活後，往往遵循一套寰宇性的模式被使用；殖民的經驗則加快普及一些特定的區域引水淨身的技術，並直接跳過在殖民母國或其他殖民地嘗試與過渡的階段，直接引用較為成熟的用水技術，並具體反映在家居空間的配置概念上。

自廿世紀二〇年代後，幾處華籍菁英自行聘任設計師鳩工興建非房地產的獨立住宅個案中，我們可以發現，浴室已經成為一種必要的配備，正式地進入宅地空間中；遑論由外籍商人或領事自行興建的豪華住宅[57]。這一種身體經驗的開發與接觸，事實上不限於菁英階層，透過許多新學校的設置，更有大量的華籍知識份子由校園建築中經驗衛生的身體照護，或是在就業之後透過就職機構的宿舍去體驗衛生的家居生活情境[58]。

雖然，絕大多數十九世紀末葉、廿世紀初興建的石庫門里弄均只有灶房而無衛生間的設置[59]。「在城市供水系統建設完成之後，有些里弄在弄堂中設置（公

---

56 Ibid., p. 135.

57 上海住宅建設志編纂委員會編，《上海住宅建設志》，頁 96-108。

58 例如中國銀行的宿舍，即在該銀行的內部刊物《中行生活》中概略地介紹過宿舍設立的目的與實際的社區生活。詳見郭奇正〈上海租界時期中產階級城郊宅地的社會生產〉，《地理學報》第 35 期，頁 63-67。

59 伍江，《上海百年建築史，1840-1949》，頁 137。

用）自來水龍頭供居民使用」。但 1910 年代開始逐漸盛行的「新式石庫門里弄」，已經開始有裝置衛生設備的案例出現[60]。區位上更接近城郊的「新式里弄」，則「除具有上述（瓦斯）設施外，普遍裝有衛生設備與污水排放設施」[61]。可見整個的房地產市場也正快速地吸納正在發展、成形的衛生概念，並將其納編入空間的商品系統之中；在宅地空間中植入一組可以關起門來照護身體的私密空間已漸漸成為一種普及的要求。

正因為絕大部份上海市民的居住需求都由房地產市場解決，里弄住宅絕大部份亦是透過房地產市場所生產[62]，因而使得宅地空間實質的「物性」——從外觀、比例到室內的機能性設備（馬桶、水龍頭、電燈等）與隔間模式、乃至於宅地空間整理所形成的氛圍，都係透過市場的機制才得以決定其價值，「舒適」的實質內涵與項目也因此愈見複雜；尤其是在城市功能與輻員不斷擴張、新的集居形式得以不同的密度與外觀浮現的 1910 年代之後。

新身體在城市空間中的自我安置

基礎設施與集體消費擴張導致的內城區再結構

上海租界地區城市基礎設施的改善，相對於周遭華界地區不良的投資或居住環境，很快地吸引了大量的資本與人員進駐。無論是房地產的開發，或是商業活動的進駐，對於租界當局都是稅收的重要來源。以公共租界為例，基於工部局獨立之「城市國家」(city state) 體質[63]，財務平衡是其維持自主性的重要

60　張鵬，《都市型態的歷史根基——上海公共租界的都市空間與市政建設變遷研究》，頁 137。

61　沈華主編，《上海里弄民居》，頁 27。

62　上海除了房地產部門所生產的大量里弄住宅外，也有為數不少由非正式的營造體系所生產被稱為「棚戶」的住宅，此類住宅多被視為貧民窟。從廿世紀初葉開始，也存在一些由宗教機構設置的社會福利住宅，以及配合工廠經營者設置的「工房」；區位上大多沿著蘇州河兩岸配置，為數不少，且部份提供予職員等級以上居住者，標準甚高。詳見上海住宅建設志編纂委員會編，頁 117-127、129-133。

63　根據 1931 年上海公共租界工部局委託來自於南非的費唐法官針對租界問題所撰寫的報告書，書中即具文指出上海之「市制」：「雖與英美兩國之市組織法有大略相同之處，然有某種特色，使其具有

憑藉，也因此，工部局對於維持財政收入與支出間的平衡向來不遺餘力[64]。這種務實的性格此後一直在工部局對租界的徵稅處理過程中表露無遺；既表現在地稅或房捐的稅率的逐年機動調整，也顯示在碼頭捐、執照捐或屠宰稅等稅賦名目的增設與權宜取消[65]。

1880 年代之後，佔工部局年度歲收極高比例的地稅與房捐儼然已對租界的市政建設起了積極推動的作用[66]。房捐與地稅對歲入貢獻比例的逐年增加，說明了城市基礎設施的提供對應於房地產發展間的正向關係；由是，更促使了納稅人會議不斷強化租界範圍內的城市基礎設施 (infrastructure)，甚至於進一步以地稅房捐之間的餘裕用於城市集體消費 (collective consumption)[67] 的投資。

基礎設施部份，對於可以有定期性收入的公用事業，由於具有生產與服務的雙重功能，且是維持現代城市運轉的重要依據，尤其受到租界當局的重視。

一種特殊性質，……，有以別於任何其他市制之屬於習見方式，融合於範圍較廣國家治制之中。」且認為從政策的制訂、行政的運作、乃至於財政上的收支平衡，皆遠比在一國家政治權利之下行使其職能之市府更為完全有賴其自身。」詳《費唐法官研究上海公共租界情形報告書》，頁 165-166（收藏於上海檔案館）。

64 早在 1862 年虹口美租界尚未併入英租界之前，當年 3 月 31 日的租界納稅人會議已通過決議，決定在虹口地區先行進行估價徵稅；彼時虹口美租界尚未開始徵稅，但同年 5 月 20 日租地人會議已開始討論由工部局推薦的防衛委員會提出之租界排水系統計畫，以及發行公債的籌款建議，並通過授權工部局發行 132000 兩的公債用於籌款建設下水道。遲至 1863 年 9 月 21 日虹口美租界租地人會議才通過決議，虹口地區的市政管理有關的一切權力移交給工部局，工部局財政的來源頓時正式擴大。詳上海租界志編纂委員會編，頁 315。

65 例如 1879 年公共租界許多洋行為避開碼頭捐而遷入法租界，納稅人會議為長期稅賦利益著想，同意取消碼頭捐以作為補償，但調整地稅、房捐與執照捐的收額；然由於 1884 年起工部局又逢入不敷出，遂又決定重新開徵碼頭捐，同時擴大徵收茶館捐（執照捐項下的一種新名目）。同前註，頁 318。

66 根據《海關十年報告》：地稅與房捐在工部局的年度歲收中在 1880 年以前約佔 40% 左右，1890 年前後 45% 左右，到了 1905 年之後則高達 65%。參見徐雪筠等編譯《上海近代社會經濟發展概況 (1882-1931)——海關十年報告譯編》。

67 集體消費意指在集體的基礎上生產、管理以及分配不經由市場選擇的公共服務之消費。故集體消費無法單純經由個人或營利企業提供，必須經由國家機器而發生；舉凡都市之運動、醫療、教育、文化與大眾公共運輸等設施均包含其中。

工部局素來多以「特許權」委託的方式允許特定的企業經營水、電、瓦斯與電話等公用事業，但在價格與服務內容上嚴格監控，同時設法增加在這些民營公用事業中的股份，以加強對企業經營的干預。此外，租界當局也通過訂立「特許專營協定」[68]，以彈性收取「專營報效金」的方式對相關公用事業進行約束與限制。

循此機制，1865 年中國第一家私營的煤氣廠——「大英自來火房」開始向公共租界供應煤氣，1875 年上海租界建成中國第一家自來水廠，1882 年中國最早的電廠——私營的「上海電氣公司」在上海正式成立並供電，1883 年自來水廠開始向公共租界正式供水。1893 年工部局收回電力營業的專斷權利，改設工部局電氣處，以公部門的資金擴大電力供應規模，終在 1923 年建成當時遠東最大的火力發電廠。租界地區公用事業的投資已見完備，並逐步將基礎設施管線佈設的範圍向華界地區擴張；一方面擴及華界地區已開發的南市地區，另一方面則以「越界築路」的方式向租界的郊區擴張。

在道路碼頭委員會時期，過低的人口數與微量的私人建設，「可憐的經費（收入）曾使該會自顧不暇」[69]。但根據年報，1876 年公共工程處和查勘處的開支總數只達同年地稅與房捐收入的 99.7%；亦即，房地稅收入除滿足前述的基礎設施之外，已有餘裕興辦其他事業[70]。為此，工部局開始探索《土地章程》規範範圍的游隙，尋求其他可經營事業[71]。租界納稅人會議透過權宜性地詮釋，

---

68 詳上海租界志編纂委員會編，《上海租界志》，頁 372。

69 賴德霖，頁 33。

70 S.M.C. Annual Report 1877.

71 「1869 年以來，工部局所辦市政頗多進展。但此項進展均為地產章程所未特別規定，亦未嘗按照章程第十一款之規定，而正式訂立關於各項進展之附則。下列之機關團體，如萬國商團、醫院、學校、圖書館、菜場等為工部局現在所設備管理者，均未經地產章程或其附則特別說明，認為可由工部局設立或維持。其中且有數項於 1866 年頃即由工部局管理。不過當時的工部局未嘗負責辦理萬國商團及火政處之責任，亦未嘗設立任何學校。除按照第九款『辦理界內清潔』之一般規定外，即經於 1898 年創立之衛生處，其一切設施亦未經明白包括於地產章程內。」詳《費唐法官研究上海公共租界情形報告書》第二編第八章，頁 297-298。

解除了土地章程可能的限制，加速租界地區的集體消費投資[72]：萬國商團、公辦的醫院、學校、圖書館、菜場、救火隊等設施之經營開始出現，在租界之外設立公墓，並逐步接管一些私人經辦的公共事業[73]；工部局經管的行政業務也得以由攸關城市運作的基礎設施轉而擴張至商團、警務、衛生及音樂隊、圖書館、學校、法律服務處、華文服務處等城市集體消費之設立與經營，可以說幾乎涵蓋了租界公共領域社會生活的絕大部份面向。亦即，地稅房捐除滿足市政實質的基礎建設需要外，還有餘額從事其他事業；此種趨勢持續發展到廿世紀的三〇年代。

身體焦慮的源頭——城市空間的再結構

租界功能的越見完備，顯而易見的效果就是產業型態的轉變與人口的急遽擴張。上海開埠六十年間，最基本的變化首屬大規模的貿易活動由廣州漸次移往上海，上海本地既有的商貿活動自太平天國亂後即開始呈現由對內貿易往對外貿易部門傾斜的趨勢。此一趨勢也結構性地以其拓殖效應入主上海的產業活動中，並在開埠後短短六十年間進行了一輪城市空間中的再結構。

開埠之初，隨著內外貿易的開展，泊靠船舶數目的逐年增加，外貿與航運業接續作為產業轉型的動力來源，連帶使得進口農產品的運輸、報關與倉儲活動隨之興旺。食品加工與洋雜貨買賣業隨後興起[74]，其後著眼於前述源源不絕的低廉勞動力及穩定的稅賦法律制度的外資陸續流入，華資二級產業亦隨之漸次移入上海。工業資本的流入，上海港的吞吐量也隨之增加[75]，泊靠後的修護、

72　「工部局之隨時擔承責任以辦理各項新創事業，其意見似為：就《地產章程》第九款所載『為使本界秩序進步與治制完善起見』之一般字句而言。關於公共利益之各種機關或事業，凡經納稅人於其年會時願意投票通過所需經營者，則此各種機關或事業，雖未經地產章程或附則特別規定，但為納稅人團體執行委員會之工部局亦經授有設立並維持之權。」同前註，頁 298-299。

73　1870 年代，工部局收購了一家造橋公司，在蘇州河上架設「外白渡橋」；1894 年收購了上海電器公司，將租界路燈由瓦斯燈改為電燈，並透過入股方式管控英商的自來水與電話（德律風）公司。

74　陳正書，〈上海第三產業歷史的再考察〉，《史林》，1994(3): 53-60。

75　羅志如，〈統計表中的上海〉，《中央研究院社會科學研究所集刊》第 4 號，頁 52。

補給、卸貨、裝貨，都帶來岸上大量的商業活動；五金與機械業密集地沿江發展，低階搬運工的集聚也帶動了沿江與碼頭周邊的小型零售商業活動，泊靠期間船員的活動則為餐飲娛樂業注入了大量的活力。綜合市場的拓殖效應，也同步活絡了從屬的經濟活動，金融、房地產、資訊傳遞、法律諮詢等相關的服務性商業活動。這些新興的產業活動，對甫開埠不久的上海租界都是全新的刺激，也從而造成了既有街鎮空間巨幅的再結構。

大量的商貿、貨運活動以十六舖碼頭為基地朝黃浦江下游一字排開。南市老城廂東門外大街區域的小商品交易外無地方政府力量的介入，相對缺乏大型資本挹注其間的誘因，改善無門，很快地即為城鄉移民中的低階勞動力充斥取代。以江北籍貫為首的搬運工、廢五金撿拾工等集聚南市十六舖以南區域，原先城廂中服務在庄地主的低階商業活動很快地轉移了其服務的對象。經濟門檻較高的「錢業會館」因而轉移他處，並成為一種地產價值評估的指標性依據，直接牽動了大量的錢業資本放棄南市據點、或以設分行的方式轉進公共租界，進而在租界範圍內形成新的金融內貿區。

資本在範圍極為有限的租界空間中之競逐，在此得到了初步的驗證：由《行號圖錄（上）》[76] 中可發現，不僅是沿街的店面與里弄已全數為商號、錢莊……等所填滿，就連個別里弄的內部，也充斥著旅館、妓院、餐館等使用機能。各里弄內三開間或兩開間石庫門住宅在地面層彈性調配的可能性，以及後弄可出入所形成的「雙入口」等兩項特性，權宜性地安置了住宅之外的商業活動[77]，也大幅墊高了地價；過高的地租門檻在空間中直接以地租價格篩檢入駐者。「這裡的里弄一般闢有縱（橫）向貫通的弄道，里內弄道便具有小馬路的功能，錢莊分佈相對靈活，眾多的錢莊可以散處在該區的各街區」[78]。可以「穿弄堂」的特性也助長了既有里弄空間內部使用的重新結構[79]。在這個區域中，仍作為

---

76 葛福田編，《上海行號圖錄（上）（下）》。上海：福利營業。

77 郭奇正，《上海租界時期里弄住宅的社會生產》（臺灣大學建築與城鄉研究所博士論文），頁 93-96。

78 羅蘇文，〈路、里、樓——近代上海商業空間之擴展〉，《史林》，頁 80。

79 原本作為房地產開發單位的「里」或「坊」中的里弄巷道應屬私設性質，許多里弄因而形成死巷，

單純居住使用的里只佔少數，信託公司、金號、銀樓、證券號充斥其間，並夾雜航運公司、內貿申庄、貨棧、綢庄、藥行、棉花號、棉布號等大量商號（圖8）。開埠短短五十年間，商業行為對里弄空間的滲透，具體標誌了上海城市屬性上的劇烈轉變；南市老城廂非但無法概括承納開埠後新的商業行為，反而自外於港埠功能的發展，迅即為低階的城鄉移民所穿透，由服務在庄地主轉而服務在地勞動力。而新開發的租界卻利用馬路與里弄內部的級差地租篩檢產業獲利能力，動態地安置了不同屬性與規模的資本，進行沿街空間中的重新排序，租界城市發展的內在矛盾也因而逐漸浮現。

對外連通僅有單一大門。上海人習稱的「穿弄堂」意指許多里弄配置上具有兩個以上的多重開口；要不聯絡同一街廓中的前後兩側道路，要不就是以總弄與相鄰里弄的支弄以開小門的方式相通。里弄間的聯繫不用走出大街再進入另一里弄，可以抄近路之謂。

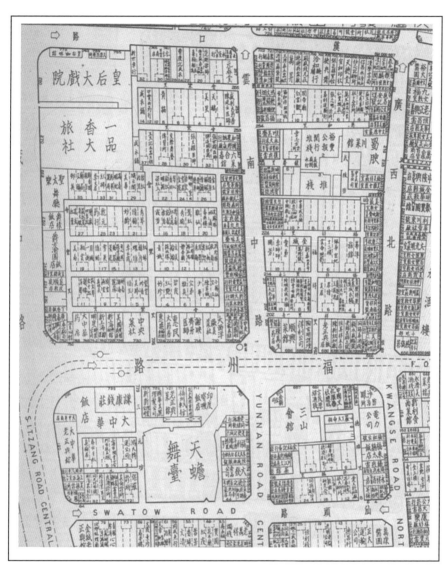

圖 8　寧波路、天津路沿線錢業分佈狀況示意圖

資料來源：《上海行號圖錄（上）》圖號 5 & 6

　　有限的租界地本已無能容受城市屬性轉變下的自我調節，遑論大量的江浙資產與外籍資金的聯袂來滬競逐。事實上，上海租界早在 1880 年代擴張的結構性壓力即已確切形成；基於內城區街廓內越來越擁擠的居住密度，大量的外

籍人士空出中區範圍內的莊園舊地，西遷城郊。為此，工部局一方面向北京爭取擴張租界範圍，一方面將城市擴張的結構性壓力選擇性地與地產利益結盟，默許地產資本「越界築路」的擴張行為；兩者皆為城市新集居形式的浮現預埋伏筆。

擁擠與衛生考量下的身體焦慮

在開滬短短六十年間，透過城市現代基礎設施的佈設以及開始植入「現代」衛生設施的里弄住宅，城市居民中部份經驗過「衛生」與「便利」的「新身體」，事實上是促成上海郊區擴張的另外一個重要力量。在資本主義的城市發展史中，擁擠與疾病向來就是城市空間對人口與資本的快速集結效應的副產品[80]。大量城鄉移民的湧入，形成了租界區域之外過度擁擠的居住狀況，再加上華界地區不完整的基礎設施建設，自來水的供給與污水下水道的配備缺乏，的確衍生了不少的傳染病問題。從十九世紀末租界的鼠疫問題一直就困擾公共租界不已，這類的困擾尤其集中在外來人口出入頻繁的蘇州河與其支流沿岸區域。

相對於擁擠與疾病的傳染，「衛生」素來即為許多大型城市治理時正當化 (legislation) 國家干預的重要理由[81]；上海亦然。「衛生」訴求一直是工部局對外正當化其公權力行使的基本依據。從十九世紀末葉開始，工部局就不斷地以衛生條件的改善作為越界擴張的理由；面對華界與租界不同的衛生習慣與要求，工部局自認「……不能不出任何代價，以改良鄰近華界地區之不衛生情況，以免危及租界。」並以「無論租界若何推廣，總需與華為鄰。華界果盡污穢，彼亦何所容身？」之理由，強調「……由西人看來，理所當然需要有（處理衛生）的必要法令」[82]，藉「衛生指施」來正當化其對界外區域的行政干預。

80　Hall, *Cities of Tomorrow*, pp. 16-19.

81　Melosi, *The Sanitary City*, pp. 103-105.

82　《申報》，1914 年 2 月 15 日。

　　關乎衛生條件的「居住密度」問題尤其成為擴張租界地範圍可以量化的有利訴求之一。1894 年的工部局年報中,衛生處官員引用了來滬訪視的倫敦營造法案委員會 (The Building Acts Committee) 主委 Dr. Longstaff 在利物浦 1893 年衛生機構年度研討會 (The Annual Congress of the Sanitary Institute) 甫發表的一篇文章中的觀點:「環繞建築物的空氣流通空間 (air space) 顯然比對排水渠道的要求更為迫切且重要。」同時藉每英畝土地 214.04 人的密度說明英租界 (English Settlement) 「顯已比歐陸任何一個城市擁擠」[83]。這一類說法除了意圖進一步合理化租界的擴界行為外,同時也指向在工部局掌握租稅權力前即已存在於租界範圍內的避難住宅以及在地老舊的中式住宅。衛生處強化了「鄰棟間隔」不足的衛生顧慮,並將原因導向不足的建築管制規定:「由於在上海我們缺乏禁制性的(建築)管理規則 (By-laws),絕大部份的中式住宅在實際的營造完成後建築物後側幾乎已無流通空間」;該項報告最後又搬出鼠疫的潛在威脅,「……強烈堅持並警告工部局全面警戒萬一鼠疫侵襲此一港埠」[84]。

　　1900 年公共租界中式建築管理規則正式施行,開始了對於中式住宅的衛生整頓;這也同時是租界中式與西式里弄管制法令正式分道揚鑣的起點。由 1905 到 1906 年的年報中顯示,衛生處官員顯然將改善衛生的希望全部寄託在 1904 年實施的建築管理規則上,「我們最大的期望是以(建築)制度的訂定對抗擁擠;若不循此,其他的作法都枉然無效」[85]。擁擠顯然已是當時環伺蘇州河南北兩岸最為嚴重的住宅問題,而中式住宅不良的衛生條件明顯源於「一屋多戶」、「多戶共住」模式下的「無處不炊」:「往往一棟 22 呎乘以 11 呎的住宅可以擠上四戶人家,原先的廚房被拿來提供給分租的房客居住,因此,原先僅存的最後可通風的建築物後(巷)也往往因此被加蓋作廚房使用;當中甚至有許多家戶並沒有適當的自來水管線。」[86] 工部局衛生處雖然也頒布《公共衛生須

83　S.M.C. Annual Report 1894, p. 182.

84　Ibid., p. 183.

85　Ibid., p. 148.

86　S.M.C. Annual Report 1906, pp. 171-172.

知》 (Public Health Notice) 之要求[87]，但顯然此類非制度性的「道德籲求」效果不大，在 1905 年當時顯然僅獲造價較昂的「半西式」(semi-foreign) 住宅的建築師青睞重視[88]。造價所形成的租價門檻顯然已經開始聯繫起實質的衛生條件；衛生與否影響著租價的高低判別。

廿世紀初工部局開始透過調查員 (inspector) 查訪取締不合衛生條件的老舊建築物，意圖透過拆除／騰空土地獲取擁擠的市區新建築用地。放在市政運作的角度觀之，此舉除了意味著對新建築更為衛生的期待外，也代表著地價的重估、密度的提升，以及更豐厚的租稅收入。但擁擠問題卻凸顯了國家制度的侷限性；當非正式部門營造接手正規的營建體系，以「二次施工」的方式增改建原有建築形態時，也同時將符合起碼衛生條件的「新建」建築再次帶向高密度的擁擠狀態。國家制度性的干預至此只能消極地以調查員的查訪零星而片面地進行，否則毫無置喙能力。1907 年的年報中，衛生處官員沮喪地陳述：

「除了對既有中式住宅系統性的石灰水清洗 (lime washing) 與消毒外，我們還藉由打開住宅後側的房舍、拆除覆蓋的樓地板與房間中增設的過高隔間牆等方式，試圖改良宅地間的通風與照明。但我們所遭遇的擁擠問題根本無解。……衛生調查員直率而善心地直接與中式住宅中的華民接觸，鼓吹並說明消毒、接種牛痘及其他一些衛生處理方式的好處。部份住宅在消毒過後三四個月調查員再次視察時，衛生與清潔依舊。但更大部份的住宅故態復萌，又回復到它們原先那種僅見於東方的髒亂 (oriental squalor) 狀態。」[89]

87　例如「廚房」類即明文要求建築物「要有一個脫離主屋的樓梯、廚房及備膳間 (serving room)，備膳間要配備一具洗槽 (washing-up sink)，收藏餐桌用品及雜物的櫥櫃，還要預留冰櫃 (ice chest) 的空間」。脫離主屋的概念被衛生處視為是避免食物被污染或被污染的蔬菜帶進房舍的重要辦法。S.M.C. Annual Report 1905, pp. 148-149.

88　S.M.C. Annual Report 1906, p. 148.

89　S.M.C. Annual Report 1907, p. 87.

　　衛生處官員極度歧視地以「僅見於東方的髒亂」來闡述他們對租界中式住宅中之擁擠狀態的無奈。於是，擁擠遂取代了髒亂，成為衛生處新的主要治理對象。「經過了相當地嘗試，我們有了如下的結論：除非有抑制擁擠狀態發生的有效制度，趨向衛生的狀態才得以期待」[90]。事實上擁擠的問題固然引起衛生方面極大的顧慮，但擁擠問題的發生盤根錯節，難以單方面地解決。不待擁擠的問題得到結構性地處理，1908 年在閘北區爆發的鼠疫使得衛生處官員立刻被推上了火線，也更合理化了「越界築路」——利用郊區擴張抒解擁擠問題之必要性。

移動的集體消費下被移動的中產階級身體

　　開始取締不合衛生條件的中式住宅之同時，另一方面，租界工部局與法租界公董局透過電車線的佈設向外延伸的郊區擴張策略也同步地啟動。

　　1905 年開始，公共租界開放電車路線的「專營權」予民營電車公司行駛界外的路線，1908 年 1 月第一條電車路線正式開駛，聯繫了租界極西郊的愚園路、靜安寺與外灘，全程 6.04 英里，貫穿了租界最核心的金融商業中心與當時最偏僻的西郊。公共租界單單 1908 年，就開通了一共八條有軌電車路線[91]，總長 42.1 英里。法租界第一條電車路線也開始於 1908 年，路線由十六舖碼頭至徐家匯，也是貫穿東西的重要路線，全長 8.5 公里；1912 年 8 月公共租界與法租界開始互通電車[92]。

　　電車路線的擴充代表城市輻員的擴大，也同時意味著租界當局可以徵稅的土地面積同步地放大，可以更大規模地徵斂地稅與房捐挹注城市基礎設施建設

90　Ibid.

91　分別是 1.靜安寺至廣東路外灘；2.靜安寺路至北火車站；3.北火車站至廣東路；4.北火車站至東新路；5.楊樹浦路底至廣東路外灘；6.卡德路至之罘路；7.卡德路至茂海路；8.卡德路至虹口公園等八條。可見北火車站、靜安寺、卡德路、廣東路外灘與楊樹浦為幾個重要的電車路線集散點。詳上海租界志編纂委員會編，頁 420。

92　在此之前，兩界的電車路線並不相通，乘車者必須換車，且必須另購不同電車公司的票證搭車。同前註，頁 421。

與集體消費的需要，並吸引房地產資本的持續投入，形成公——私部門間資本不斷挹注滾動的「良性循環」。為此，1916 年工部局董事會決議開始大規模「越界築路」，工務處必須逐年撥出一定款項作為購買地皮「越界築路」之用；此數額更是幾近跳躍式的變化。十年之間一共支出近 156.86 萬兩[93]；法租界公董局的狀況亦類似[94]。

隨著路線不斷擴張，房地產資本大幅挹注，有軌電車很快地就不敷使用。1914 年上海電車公司開始申請興辦無軌電車路線，法租界 1926 年起也跟進；但多作為短程轉乘用的支線 (feeder line) 使用。亦即，倘若有軌電車路線是西向城郊擴張的「線狀」延伸，無軌電車則是環伺主線編織起「面狀」的擴張網絡。1920 年代，連通租界郊區的電車路線網已初具規模，轉乘換車的系統也逐步完備。1931 年上海電車公司的電車路線擴充為十七條，當中有軌路線 10 條，無軌路線七條；由有軌電車到無軌電車，電車路線就像一張綿密的網（圖 9），逐步將租界西區與北區大部份的區域網羅並編入其系統內。至 1936 年底，上海電車公司有軌路線總長已達 2.89 萬公里，無軌路線 3 萬公里；行駛郊區至市中心區的幾條通勤路線也一直是電車公司收益最高的路線[95]。這也顯示了當時居住在西區與北區的人口已大大增加，通勤的生活模式也早已入主大部份上海市民的生活之中。

固然，道路與軌道交通的大規模佈設提升了城郊與市中心內城區往來的便利性，可以有更多的房地產資金循著闢成的道路由內城區向外部署。但是，初期的「越界築路」區，往往是僅具有私人運具的有錢或有權階級，才得以支應得起界外居住的交通成本[96]；郊區集居的模式受限於私人通勤支出的門檻，並

---

93 1916 年為 21,659 兩，1917 年即暴增至 114,900 兩，隨後又回到 1919 年的 17,721 兩與 1920 年的 8,521 兩；但之後又暴增為 1923 年的 215,580 兩，1924 年的 316,107 兩，以及 1925 年的 753,960 兩。同前註，頁 333-334。

94 同前註，頁 361-362。

95 上海租界志編纂委員會編，《上海租界志》，頁 421-422。

96 1901 年起上海租界才開始有私人的小汽車通行，在此之前多靠馬車運輸。一般市民的通勤距離多以步行可及的範圍為限。詳周武，《上海通史——晚清社會篇》。

不普遍。但電車路線的設置卻實質降低了城郊居住的門檻，並以越來越高的「便利性」進一步擴大中產階級郊區居住的意願，電車與公車也開始在城市的社會生活中扮演不可或缺的重要角色。

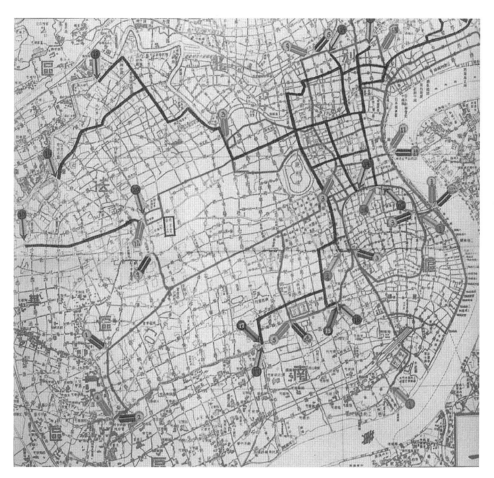

圖 9　Map of the Shanghai Trolley Line　(Published by Shanghai Public Utilities Bureau, 1937)

資料來源：《老上海地圖》，頁 122

　　城郊，至此成為另一種生活情境的想像，成為那些已經被新的住宅現代化生活設施開發出隱私的身體概念，且焦躁不安於擁擠不堪且有傳染病顧慮的內城區的中產階級身體暫時的烏托邦。

隔離的城郊生活情境

移動門檻所引動的隱性社會隔離

　　大量的電車與公共汽車路線陸續開駛，工部局與公董局也由特許的「專營權」的釋放中獲得了相應的實質與非實質報酬[97]：從有軌電車、無軌電車而至汽柴油的公共汽車，再一次凸顯了工部局作為一個城市國家 (city state) 在城市統理模式上的理性與務實。工部局不必額外進行實質的路軌或站體建設，就可以透過公共權利的分享機制坐擁與都市發展期待相應的交通建設。而事實上此一機制的背後緊緊連結著地產利益；特許專營權當中，工部局對發車間隔、經營時段與行車品質的管控實際上是國家對地產資本另一種形式的擔保，由工部局的公權力確定路線的存在與服務品質，地產資本則以開發後的地稅與房捐回饋工部局，進一步交換工部局對此開發區域既成環境品質的干預與維持。土地使用分區管制 (zoning) 就是常常發生的後續效應，尤其在發展較晚的法租界西區[98]。

　　因此，票價、發車班次與電車的擁擠程度事實上都不僅是電車公司投資成本與開支間不帶意識型態的理性計算，背後都包含著地產的利益與隱性的社會隔離。1908 年電車開始行駛初期，車廂即被分為頭等與二等兩級，票價按路程

---

[97]　每季電車公司得將收入之 5% 以「特許權費」名義繳交給工部局，工部局則有權在路線上執行道路交通管制、同時對發車與收班時間、發車間隔、分段計價與收費的標準都有干預的權力。當同樣的契約要延伸涵蓋無軌路線時，由於並無軌道的基礎設施工程，工部局進而要求承攬專賣的電車公司在前述的權利義務條件下，另行繳納使用道路的「養護道路（橋樑）費用」，且必須在限定期限內另行延伸或改進現有的無軌路線；同時契約明訂工部局有權視路線經營狀況另行允許第二家公司經營相同路線。

[98]　詳郭奇正，〈上海租界時期中產階級城郊宅地的社會生產〉，《地理學報》第 35 期，頁 75-78。

遠近計算，每段 1.25 英里，頭等廂每段白銀 5 分，全程 15 分；二等廂每段白銀 2 分，全程 6 分。同年 10 月開始出售月票，初期甚至月票只販售予外籍人士，每月八元；1909 年 8 月之後才開始出售華人月票，但僅限於二等車廂，每月 5 元，但無論如何均已超過一般工薪家庭的每月平均薪資所得[99]；交通路線在一般居民普遍收入仍然不豐厚的狀況下，與公共運具之便利性相對應的運輸價格，也仍然是可否在郊區居住的一項重要門檻，並由此區隔出城市居民中「可以移動」與「不易移動」的兩大群體；城郊的居住因此帶有隔離的社會意涵。尤其在「低移動能力」城鄉移民大量的流入上海後，此門檻也深化了郊區與內城區的社會差異。

　　商品化後的里弄住宅市場，以特定的商品住宅形式安置了前述的社會差異。

　　透過「越界築路」，因著城郊較便宜的土地租價，以及可以跨越移動門檻入駐城郊社群之特殊屬性，上海的房地產市場逐步推出不同於內城區石庫門里弄的新空間商品。在城市空間中具有良好移動能力的極富階層一度佔有極西的界外區域，關乎「身份區辨」的「認同」操弄，同步地透過不同的資本屬性，建構市民對集居行為的價值取向，並回溯至內城區，逐步建立不同財富能力與社會位階的中產者集居的各類型空間。

在城郊新集居形式中自我安置的新身體

　　十九世紀末葉以降，飽受鼠疫與霍亂威脅的城市中產階級隨著租界國家的宣導，開始重視居家環境的衛生與清潔問題。在習而不查的日常生活身體經驗裏，具有完善的水、電、瓦斯、污水下水道等一應俱全的郊區環境裡的新宅地空間，遂成為一個身體經驗開發的新基地，安置了由內城區遷徙而出的中產階級身體。在內城區大量配置的石庫門中式里弄，逐步因工部局衛生處的衛生檢

99　詳《工部局工業社會處檔案》，U1-10-160，上海租界職工生活狀況手抄稿。

查而逐漸被「污名化」之後，房地產業者遂陸續在郊區興建起外觀上極不同於
中式石庫門里弄的「新式里弄」[100]。

　　幾乎被視為新式里弄標準配備的「衛生間」，正好與租界宣導的衛生指標
與下水道污水系統的設置呼籲相呼應。衛生間的設置與否指向了住宅本身對
「設備」的追加投資，是土地價格與營造價格折衝協調的「投資成本」議題；
自來水與污水系統指向了城市下水道基礎設施的走線位置，則是「區位」的議
題。兩者，都恰恰好因為內城區的極度擁擠、騰出空間更改追加衛生間不易且
所費不貲、以及不易在既成發展區重新開挖配置污水管線等因素，使得城郊的
新式里弄住宅得以因基礎設施較為齊備的區位條件、較為低廉的土地成本及較
寬裕的基地分割 (subdivision) 所形成宅地條件優勢，壟斷了針對衛生條件在意
者的新住宅商品市場。為求與屢屢爆發疫情的中式里弄區隔而刻意經營的西式
建築外貌（圖 10），因而得以趁隙與衛生間／下水道等進步而衛生的印象籠統
地整編在一起。新的集居生活形態被嵌置在刻意安排且配備新式「衛生間」與
西式廚房設施的城郊花園洋房與新式里弄社區中，透過媒體的渲染與訴求，成
功地打造了新宅地空間本身與石庫門里弄的「差異」，召喚著當時租界社會中
產階級白領工作者對城郊居住的認同。

100　詳《上海里弄民居》與《里弄建築》；兩書中石庫門里弄、新式里弄、花園里弄到公寓里弄等的類
　　型學分類在 1980 年代後被提出後，一直被建築學者沿用至今。僅有郭奇正曾指出前述類型學分類
　　是住宅回歸至甫興建完成的單戶狀態再進行分類，無法具體反映上海長期以來的擁擠與多戶共
　　住的窘境；郭的觀點指出了類型學上的形式分類與住宅的社會意義建構間恆有落差；詳郭奇正，〈上
　　海里弄住宅的社會生產──以城市菁英及中產階級之城郊宅地形成過程為探討對象〉，《透視老上
　　海──上海史青年學者國際研討會論文集》，頁 267-268。

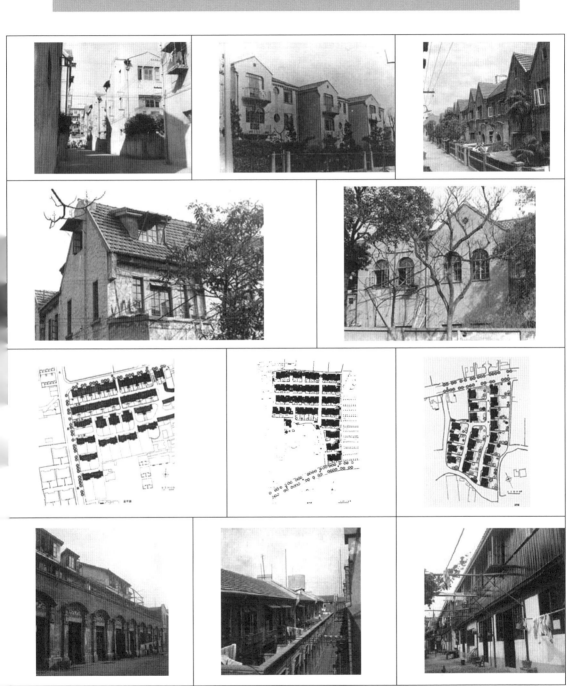

圖 10　郊區花園洋房里弄（上海通稱為「花園里弄」）的外觀及典型配置平面

資料來源：相片部份由王紹周先生提供，第三排配置圖部份則摘自《上海里弄住宅》；配置圖（左一）沿街的兩排連棟式建築物與配置圖（左二）沿街的前三排連棟式部份即為所謂的「新式里弄」；配置圖（右）與（左一／左二）其餘的部份，或是獨棟、或是雙併，即為典型的「花園里弄」。在商品市場上，開發個案有部份花園里弄格局者，通常即會主動以「花園里弄」自況整個開發案，藉以提高身價與賣相。第四排（配置圖下方）三張圖面則為傳統的中式里弄，左一與左二為「新式石庫門里弄」，右為廣式里弄，與「新式里弄」及「花園里弄」外觀上有明顯的差異。

　　此類對居家衛生條件的在意，生動地被描繪在《時事新報》〈國人樂住洋式樓房新趨勢〉一文中：

> 「如窗戶之四辟，樓房之舒適，自來水盥洗抽水馬桶浴盆等設備，均屬應用便利，清潔而無污濁之存留，足使住居之人易於養成衛生之習慣」，「如欲使之重返其故居，已覺格格不相入；其受教育之知識份子，尤將感覺難堪。」

　　乾淨清潔的身體顯然無法接受反向的身體經驗，衛生因此成為中產階級擇屋的重要判準，難以逆轉；文章中談到：「自今之後，凡欲組織新式的小家庭者，又似必須有洋式住房。否則不但在親友面前將失面子，即好美成性之新婦，亦將拂然不悅。」面對越趨高昂的房價，文章中甚至建議：「若經濟不充裕，寧省節其他耗費，以賃租價較昂之洋房，否則只賃一層樓或單房間，亦無妨事。只需其為洋式，亦較勝於寬闊軒敞之舊式住宅也。」[101]

　　這一類訴求於「清潔」、「衛生」的群眾心理，積極地指向了以核心家庭為主流、作為商品社會新的經濟消費單位的上海新式小家庭，但也同時模糊地聯繫著宅地空間「洋式」的外在形貌。伴隨著人口數暴漲、與內城區擁擠所造成的居住品質惡化，這一種新的消費取向連結著對傳染病的衛生顧慮，迅速在城市中產階級間擴散；1910 至 30 年的廿年間，在上海租界西郊、北郊大量出現前述的「新式里弄」與花園里弄，其分布區位多配合租界的「越界築路」由內

101　競舟，〈國人樂住洋房的新趨勢〉，《時事新報》，1931 年 8 月。

城區向西發展，亦即今日的靜安、盧灣、徐匯和長寧等區。遠離了煩囂的內城區中式里弄住宅，這一類住宅商品以清幽的環境、齊全的衛生設備、緊湊的平面佈局訴諸於獨立的核心家庭購置使用。為求在區位之外有更明確的商品差異，西式洋樓的構造細部取代了中式的石庫門式樣，漸漸支配了這一類新建建築物的外觀；封閉高聳的石庫門門牆不再，鏤空的鑄鐵門、牆後草木扶疏的小花園取而代之。連結著流動的室內外光影與白瓷的臉盆、馬桶及西式沙發，共同打造經驗過現代化的住宅設施的新身體對未來家庭生活的想像。

至此，城郊居住不再僅僅是一種上層社會所獨有的集居模式。隨著內城區房荒日益嚴重，以及全面發展的城郊電車與公共汽車路線，敏銳的房地產部門提供了大量較獨棟花園洋房廉價的新式里弄住宅商品。配合媒體的鼓吹，城郊居住遂逐步普及化為中產市民普遍可以共有的居住經驗；城郊住宅與以中區為發展核心的中式石庫門里弄逐步分道揚鑣。持續大量流入的城鄉移民與不足的住宅供給，顯然是內城區中式里弄持續擁擠惡化的結構性因素，促成了都市衛生問題與擁擠現象恆常掛上等號。在衛生處對公共衛生觀念的鼓吹與宣導下，難以脫離擁擠狀態的中式里弄即或可以藉由條列式的防鼠營造規範擺脫鼠疫的陰影，或經由工部局持續的公共水龍頭與公共廁所等設施營造微幅地改善，但卻擺脫不了被結構性框定了的貧窮、不衛生、傳染病感染源等負面形象。鼠疫大肆蔓延的年代也正是華界的資產菁英逐步在上海各產業界嶄露頭角的年代；在既有的中式里弄之外，大規模的越界築路與「洋式」的郊區住宅提供了另一種城市居住的可能性；一種可以經由視覺掌握的空間消費。

衛生不同於低頻率的災難之預防，它牽連著日常生活裡長年累月的身體經驗；由是，工部局衛生考量下的營造行為干預，因而浮現了文化的面向，每一次干預就是又一次的「標籤化」，再一次讓郊區的新式里弄藉由半西式的營造行為由中式構造群體裡支取差異。在空間商品化的脈絡下，衛生概念下的營造形為干預，反諷地以現代的形象正當化了國家對商品意義生產過程的參與，同時在郊區花園洋房與洋式外觀的「新式里弄」浮現的過程中，安置了中式住宅新的象徵意義。

結論

　　本文透過上海里弄住宅由傳統長條型「店屋」到合適面寬——縱深比例與尺寸的「原型」平面、再到郊區花園洋房及新式里弄等之發展過程，意圖解析物的「物性」與關乎舒適的價值體系之間浮動的對應關係。研究指出：關乎居住的身體經驗係透過宅地空間的中介而形成，但宅地空間的形成與發展，卻往往源自於產權、分割、通道、建築線及營造技術與材料等種種與身體經驗無關的因子，也同時建構於商品的過程，並非全然遷就衛生、舒適的身體經驗法則。宅地空間的「物性」與身體經驗和商品化過程之間因而產生極其微妙的連結關係。城市基礎設施的進入上海，使得宅地空間透過水、電、瓦斯等設施的引入，在「牽管／線入戶」與計費的種種考量下，單元空間形式與組織方式上遂有了新的規範；具有合適的面寬——縱深比例與尺寸的住宅「原型」遂告浮現。家居衛生的身體經驗濫觴於此類可以使用水、電、瓦斯等設施的宅地空間中，循此，個人照顧身體的經驗得以在一特定的居室空間中反覆被嘗試、修正並成為習慣。

　　但普遍的家居衛生與舒適概念卻不能視為單純個人習慣的累積；蓋宅地本身承受現代城市基礎設施進入之同時，也恰好是上海城市人口急遽發展、短期膨脹的房地產市場帶動的空間資本化濫觴之際。宅地本身以具備水龍頭、馬桶、瓦斯燈或電燈等現代生活設施的狀態被編入商品市場，並以配備、規格與整體空間格局 (layout) 及外觀的相對差異等集結而成的完整商品形貌在市場上被賦予價格。口耳相傳漸次形成的「舒適／乾淨／便利／隱私的家」的定義，透過頻繁且大量的居住消費在習而不查間讓居住者對居住的追求有了一個漸漸具體的形貌。正因為諸多現代設施項目無法自外於宅地成為一種獨立選項——衛生間無法獨立選配，污水管線亦無法單獨申請安裝；可以鑲嵌身體經驗相關設備的合理空間形式配套 (space-utilities sets) 遂往往超越了舒適、衛生、便利經驗發生當下之設備本身，反構成了舒適經驗得以投射的主流商品形式。身體既是空間價值緣起的要項之一，管線設施的引入住宅是基於身體的目的；但資本化的空間生產過程中，透過商品市場由外賦予的價值也讓居住者必須同時

面對並經歷實際的身體經驗與經驗向外投射的想像消費。媒體與消費大眾的口耳相傳，遂在逐步以新基礎設施的「物性」強化消費群眾對舒適、衛生、便利等需求的同時，也進一步將「家」建構為一套「隱私且舒適、衛生的地方」；接手其後，空間的專業者與工程人員透過給「家」一個可以區辨差異的實體空間形式，左右後繼住宅消費者的價值判斷。

由是，具有合適面寬——縱深比例與尺寸的里弄住宅之原型，是房地產主動地自我鑲嵌其空間商品於新的市政建設中，以形成配備規格上的新賣點投合於消費者的結果。而內城區與城郊集居空間外顯形式上的不同，則源於資本為求在形式上攫取了清晰可辨的視覺「差異」，方便初階的商品市場藉由形式「差異」的區辨簡化其消費抉擇。由具有合理面寬與縱深的舊式「石庫門里弄」，到廿世紀初葉，以合理尺寸的「原型」再衍生出「帶『衛生間』的新式里弄」，事實上都是住宅的商品市場片面賦予住宅價值的過程：透過與「長條型店屋」在形式上的清楚差異，一併象徵著向傳統告別，進入現代。

廿世紀初葉後的「花園『洋房』里弄」與洋式外觀的「新式里弄」住宅，是巨觀的城市結構性變遷中，區位與宅地空間層次微觀的應變，透過新興階級的新身體經驗，持續在空間商品化的過程中，具體而微地以宅地空間形式書寫了階級區辨的社會意義。資本主義城市積累的邏輯貫穿了租界的城市發展政策，結構性地導引城市透過「越界築路」遂行其郊區擴張，既抒解了內城區資本對空間競逐的壓力，也順勢引導了資本的向外部署。面對所有資本主義城市內城區高密度的集居形式，國家財政既無力於干預種種非正式的營造行為，亦無意於解決城市中低收入市民居住的集體消費不足之困境，卻反身與地產資本結盟，透過移動的集體消費投資，降低城郊居住的生活門檻，召喚中產階級居住消費的新認同。

郊區的里弄住宅因此可以被視為由國家的政策、市場的邏輯所操弄與穿透的中產階級「舒適」經驗之再現。前一階段經驗過現代城市衛生的基礎設施與宅地環境的身體，重新在宅地的商品交易中，選擇藉由通勤的移動自我安置在郊區的里弄住宅中；基於衛生的顧慮，種種國家對中式里弄的營造行為干預，

通過了中產階級對疫病的恐懼，中式的里弄成為新的里弄商品支取「差異」的來源。巧妙操弄「衛生」、「清潔」、「舒適」與「城郊」、「西式住宅」之間的模糊連結，新式里弄、花園里弄與公寓里弄大量地在城郊興建，並以套裝的方式「包裹」販售，藉由住宅消費的門檻與隱性的隔離，安置覓居而不安的中產階級身體。租界國家對中式里弄持續不斷的衛生取締，身體的焦慮也不斷被召喚，城郊宅地至此成為國家與資本聯手打造的安身基地；在具體的社會實踐中，實質的身體經驗無法斷裂於視覺層次的空間消費，「城郊花園」中閑靜而衛生的家居生活不斷透過媒體轉譯為城市中產階級普遍認同的浪漫想像。在刻意塑造的明確的視覺差異中，通往郊區的林蔭道、電車、紅瓦、鋼窗、鑄鐵欄杆陽臺等意象順利地安置了新興中產階級對居家衛生、舒適、健康的期待，也維持了城郊空間商品化下的再生產。

　　上海里弄透過身體的中介，具體而微地表徵了身體經驗與集居形式、現代城市空間營造及社會關係建構之間共同演化的關係。衛生、舒適的身體洗禮連結著商品空間的消費，在晚近城市的現代化經驗中從不曾脫離過資本積累與循環再生的邏輯。透過上海里弄百年來形式上的紛紛嚷嚷，讓我們看到了的居住消費中不自主的居住者身體。

參考文獻

【中文】

上海住宅建設志編纂委員會編，《上海住宅建設志》，上海專志系列叢刊。上海：上海社會科學院出版社，1998。

上海房地產志編纂委員會編，《上海房地產志》，上海專志系列叢刊。上海：上海社會科學院出版社，1999。

上海租界志編纂委員會編，《上海租界志》，上海專志系列叢刊。上海：上海社會科學院出版社，2001。

上海博物館圖書資料室編，《上海碑刻資料選輯》，上海史資料叢刊。上海：上海人民出版社，1980。

上海文史資料委員會編，《舊上海的房地產經營》，上海文史資料選輯 第 64 輯。上海：人民出版社，1990。

上海圖書館（張傳 等）編，《老上海地圖》。上海：畫報出版社，2001。

王紹周，《上海近代城市建築》，江蘇科學技術出版社，1989；《里弄建築》，上海科學技術出版社，1987。

王韜，《瀛壖雜志》。臺北市：廣文書局，1969。

史梅定主編，《追憶近代上海圖史》。上海：上海古籍出版社，1996。

伍江，〈近代上海建築形式及其社會文化背景〉，刊於《上海研究論叢》第 10 輯，頁 211-220。上海：上海社會科學院出版社，1995。

───《上海百年建築史，1840-1949》。上海：同濟大學社出版，1996。

阮儀三編著，《水鄉名鎮南潯》，馬元浩攝影。上海：同濟大學出版社，1993。

何重建、胡本榮，〈對借鑑歷史經驗加強城市建設行業管理的思考〉，刊於《建築業改革與發展研討會論文集》。北京：中國建築工業出版社，1990。

李維清編，《上海鄉土志》。上海市：上海古籍出版社，1989。

沈祖煒，〈租界房地產業之興起〉，刊於《上海研究論叢》第 2 輯，頁 146-159。上海：上海社會科學院出版社，1989。

───〈租界房地產業之興起〉，刊於《上海研究論叢》第 2 輯，頁 146-159。上海：上海社會科學院出版社，1996。

沈華主編，《上海里弄民居》。北京：中國建築工業出版社，1993。

周武，《上海通史──晚清社會篇》。上海市：上海人民出版社，1999。

徐雪筠等編，《上海近代社會經濟發展概況（1882-1931）──海關十年報告譯編》。上海：上海社會科學院出版社，1985。

殷偉、任玫，《中國沐浴文化》。昆明市：雲南人民出版社，2003。

陳正書，〈上海第三產業歷史的再考察〉，《史林》(3): 56，1994。

陳炎林編，《上海地產大全》，民國叢書第 3 編第 32 輯。臺北：上海書局，1933。

馬長林，〈上海公共租界的開關與早期工部局職能考察〉，《上海研究論叢》第 7 輯，頁
　　221-233。上海：上海社會科學院出版社，1990。
袁燮銘，〈工部局與上海路政〉，刊於《上海研究論叢》第 2 輯，頁 169-205。上海：上
　　海社會科學院出版社，1989。
郭奇正，〈上海里弄：集居型式的社會生產與表意的流變〉，《睹物思人》，頁 211-70。臺
　　北：麥田出版社，2003。
───《上海租界時期里弄住宅的社會生產》。臺灣大學建築與城鄉研究所博士論文，
　　2003。
───〈上海租界時期中產階級城郊宅地的社會生產〉，《地理學報》第 35 期，頁 56-80，
　　2004。
───〈上海里弄住宅的社會生產──以城市菁英及中產階級之城郊宅地形成過程為探
　　討對象〉，《透視老上海──上海史青年學者國際研討會論文集》，頁 267-291。
　　上海：上海社會科學院出版社，2004。
張仲禮主編，《近代上海城市研究》。上海：上海人民出版社，1990。
張仲禮、陳曾年，《沙遜集團在舊中國》。上海：上海人民出版社，1985。
張濟順，〈論上海里弄〉，刊於《上海研究論叢》第 9 輯，頁 59-77。上海：上海社會科
　　學院出版社，1993。
───〈上海里弄──論街道基層的生態演變〉，刊於《上海百年風華》，頁 291-332。
　　臺北：躍昇文化事業有限公司，1999。
張輝，《上海市地價研究》。上海：正中書局，1935。
張鵬，《都市型態的歷史根基──上海公共租界的都市空間與市政建設變遷研究》。上海：
　　同濟大學建築與城鄉規劃學院博士論文，2005。
葛福田編，《上海行號圖錄（上）（下）》。上海：福利營業，1949。
鄭時齡，《上海近代建築風格》。上海：教育出版社，1999。
賴德霖，〈從上海公共租界看中國近代建築制度之形成（上）〉。《空間》3 月，1993。
鄒依仁，《上海人口變遷的研究》。上海：上海人民出版社，1984。
羅志如，〈統計表中的上海〉，《中央研究院社會科學研究所集刊》第 4 號。南京：中央研
　　究院社會科學研究所，1932。
羅蘇文，〈路、里、樓──近代上海商業空間之擴展〉，《史林》1997(2): 80。上海：上海
　　社會科學院歷史研究所，1997。

【西文】

Corbin, Alain. *Odor and the French Social Imagination.* Cambridge, MA: Harvard University
　　Press, 1986.
Bonneville, Francoise de, 郭昌京譯，《原始聲色：沐浴的歷史》（法文版原書名：*Le Livre
　　du Bain*）。天津：百花文藝出版社，2003。
Grier, Katherine C. *Culture and Comfort: Parlor Making and Middle-Class Identity,
　　1850-1930.* Washington: Smithsonian Institution Press, 1988.
Hall, Peter. *Cities of Tomorrow: An Intellectual History of Urban Planning and Design in the*

20th Century. London: Basil Blackwell Ltd, 1987.

Ierley, Merritt. *The Comforts of Home: The American House and the Evolution of Modern Convenience*. New York: Clarkson Potter Publishers, 1999.

Kramer, Klaus, 江帆等譯，《歐洲洗浴文化史》（德文版原書名：*Das Private Hausbad 1850-1950 und Die Entwicklung des Sanitarhandwerks*）。海口：海南出版社，2001。

Melosi, Martin V. *The Sanitary City: Urban Infrastructure in America from Colonial Times to the Present*. Baltimore: Johns Hopkins University Press, 2000.

Shove, Elizabeth. *Comfort, Cleanliness, and Convenience: The Social Organization of Normality*. Oxford; New York: Berg Publishing Ltd, 2003.

【檔案資料】（均藏於上海檔案館或上海圖書館）

《工部局工業社會處檔案》，U1-10-160，上海租界職工生活狀況手抄稿。

《費唐法官研究上海公共租界情形報告書》。上海：上海公共租界工部局。收藏於上海檔案館。

《申報》1914 年 2 月 15 日。收藏於上海圖書館。

《時事新報》1931 年 8 月 13 日。收藏於上海圖書館。

S.M.C. Annual Report《工部局年報》：1876、1894、1905、1906、1904、1907、1908。收藏於上海檔案館。

The Municipal Gazette《工部局公報》：1922 年 6 月 8 日：207。收藏於上海檔案館。

The Shanghai Municipal Council Archive《上海工部局檔案》：U1-10-160。收藏於上海檔案館。

脈，視覺到聽覺再到觸覺診查：
運用「身體感」對漢代早期醫學手稿
的新解讀[*]

許小麗[**]

　　戰國末期和漢代早期有三份手稿涉及應用查脈來進行診斷，即張家山的《脈書》、馬王堆的《脈法》和馬王堆的《足臂十一脈灸經》[1]。要更充分地理解這些診斷方法，則需要研究其中的感官模式——視覺、聽覺、觸覺，特別是它們所蘊含的「身體感」。

　　最初，在開始本文所涉及的研究時，筆者還未如此書中的其他作者一樣從事這個領域的研究，也未曾開始思考「身體感」。筆者的研究是受 David Howes[2] 影響，主張某些文化體系對某類知覺的強調不同於另一些文化體系。有些說法認為科學普遍依賴於視覺多過任何其它感官乃始於歐洲啟蒙運動。現今，醫生仍將溫度、電磁、聲音轉化成視覺診斷代碼，如熱度曲線、ECG 和超聲波。

---

* 本文英文稿刊登於 Elisabeth Hsu 2001 *The Telling Touch: Pulse Diagnostics in Early Chinese Medicine -- With Translation and Interpretation of 10 Medical Case Histories of Shi ji 105.2 (ca. 90 BC)*. pp. 419. Habilitationschrift im Fachbereich Sinologie, Fakultät für Orientalistik und Altertumswissenschaft, Universität Heidelberg. 徹底的修訂的文章中一章節的翻譯，即將發表，由劍橋大學出版社出版。本文之撰作，承蒙甄黷博士翻譯，陳若旻女士擔任執行編輯，筆者由衷感謝二位的幫忙，謹此申謝。

** 英國牛津大學人類學系副教授。

1　參見馬王堆漢墓帛書整理小組編，《馬王堆漢墓帛書》4 卷，第 4 卷醫學卷，下文稱馬王堆，譯文見 Harper, *Early Chinese Medical Literature*；關於張家山《脈書》，參見張家山二四七號漢墓竹簡整理小組編《張家山漢墓竹簡》。

2　e.g. Howes, *The Varieties of Sensory Experience*, and his more recent works.

然而，正如筆者在其它發表的文章中所認為的，中國醫學文化在古代發展了精確的接觸診療[3]。這篇文章是對筆者之前的觀點更為詳盡的闡述，著重強調醫師在觸覺診斷盛行之前，是如何通過視覺和聽覺進行診斷的。

「身體感」這一觀點對於理解在此文部份章節中所論述的「聽」和「動」很有幫助。毫無疑問，「聽」自然被廣義地使用，或在某些古代文獻中作為屬性來使用，意為「感知」。在早期診斷中，被聽到的聲音認為是「動」，之後被認為是觸覺所感知的運動。也可被認為「動」是視覺影像。根據西方科學對感官的理解，「動」非聲音即運動，即因上下運動而引起的聲音震動。

「身體感」是基於對身體、人們和宇宙的綜合理解，並不區分為物質或非物質。這和西方科學認為感官是人體本能的觀點相駁。在很多人類學著作中，感官體驗被認為是內發的。然而，「感」和「感應」含有共鳴的意思，這轉而暗示了相關聯和相依存的基本要素。「感應」不是人體自發的，而是產生於人與人、或人與物之間的。另外，「身體感」這個說法不表明人只有五種基本感官，而和廣泛的感官刺激有關，如慾望、感覺、情感或思想，包括飢餓、躁煩和激動等。

戰國和漢代早期醫學情況簡述

正如本文開頭所提到的，早期的三份手稿凸顯出在戰國末期和漢代，醫生的文化群體遍及中國許多不同的地方，從湖南到湖北，從安徽到甘肅，及其他地區。儘管手稿的發現存在著空間上的距離和時間上的差距，特別是在詞彙和筆跡上存在著顯著的區別，這些手稿仍然顯示出了跨區域的交流，在醫學上亦是如此。相同的醫學名詞在各種手稿中以新的面孔出現，它們也體現出與公認的醫學文獻的連續性。

3　Hsu, "Tactility and the Body in Early Chinese Medicine," pp. 7-34.

　　在這方面最顯著的是「脈」的概念，集中出現在張家山的《脈書》、馬王堆的《脈法》和《足臂十一脈灸經》，以及《史記‧倉公傳》第一百零五卷裡記載的淳于意的二十五個診籍中。儘管西元前二世紀中期的手稿中對脈的路線的描述與西元前 118 年綿陽的黑漆人形上畫的紅色線路之間有明顯的相似[4]，但還沒有明確的證據表明淳于意構想的脈是在體表的線路。然而，鑑於這些手稿和《靈樞》第十，以及《內經》和《倉公傳》之間有諸多的類似，常導致人們認為淳于意對它們有相同的理解。在這些手稿中的「脈」通常不與內臟連接，但是淳于意診籍中的脈卻與內臟有關聯，儘管其中特殊的脈和特別的內臟之間的確切關係與《靈樞》第十章中的不一樣。然而進一步審視這些有關脈的原文，一些脈被認為與心和肝／腎相聯繫（參見第 147-148 頁）。同樣明顯的是，一些與內臟相聯繫的脈在正常狀態下被認為是「動」的，但是在那些原文中並沒有明確地提到「氣」。淳于意的診籍第一次連續記錄了醫生診「脈」以及來自內臟的「氣」。

　　因此，在淳于意的診籍中，「臟」和「氣」最早被肯定了它們在醫學理論中的重要位置。這提出了一個問題，即是否內臟在醫學語言中獲得顯著的地位是因為它們是貯藏感情和「氣」的地方，而不是因為被看作原始解剖的實體。那些對情感與疾病之間的聯繫有興趣的醫生們也許發展了用內臟的語言表達感情的過程。奇怪的是，雖然如孔子所提倡，音樂和儀式對情感具有調節的作用，漢學家在最近幾年才開始關注到情緒是戰國時期哲學爭論的中心問題[5]。因此，很可能在重視身體的醫學和歷史上，情感的重要性被忽視了。

　　正如現在的醫療人員，當時的醫家地位也不盡相同，其中一些人用比別人更深奧的詞彙交談。有一些人精通文學，寫作並背誦原文，而其他一些人則並非如此（儘管後者是基於猜測而不是基於明確的考古證據）。即使在《倉公傳》中出現的那些地名可能是已經經過選擇而編入原文的，但淳于意的遊歷說明當

4　He and Lo, "The Channels," pp. 81-123.

5　如 Nylan, "On the Politics of Pleasure," pp. 73-124.

時人們已經常頻繁活動，有時會去很遠的地方，這也被手稿原文中那些介紹旅行期間防護醫學的內容所證明[6]。淳于意往來於封建君主之間，並治療他們的侍從，但是其他醫生則像別的方士一樣待在宮廷之中[7]。儘管他們所實踐和不輕易傳授的技術與科學被稱作「秘術」(“occult”) 或「巫術」(“magical”)，但人們應當記住，這些技能在當時是被貴族器重的，所謂的「秘術」和「巫術」與古老「科學」進行跨文化的比較，它們的品味、地位、差別和感受被上層人士所肯定。

從基於視脈的醫學診斷到摸脈和聽氣

我將在下面討論西元前二世紀的三份關於查脈方法的手稿原文。第一份原文涉及用「相脈」和「視脈」的方法來確定疾病。從「相」和「視」的字面上來看，這種方法主要依靠視覺察脈。如果遵從這個結論，馬王堆的《脈法》以及《脈書》中相應的原文則需要用不同於現代學者所做的翻譯來解釋。新的解釋顯示診斷首先主要依靠的是視覺上的察脈，轉而強調「聽氣」的重要性，無論「聽」這個詞在這段原文中意味著什麼。第三份原文是關於通過觀察各種不同的徵兆來預言死亡的，其中包括了那些用觸覺，如「循脈」探查出的徵兆。

這三份手稿原文的比較，顯示了《史記》第一百五十卷中淳于意的診斷方法明顯的連續性。如我們所見，他診脈的方法是一種新的形式，即「切脈」以了解氣的情況。除了在一個診籍中記載了他「循其尺」，但我們無從考證「其尺」是足部的皮膚還是如《難經》中提到的從肘到腕一尺長的前臂皮膚[8]。

6　見馬王堆，《養生》第 172 條 (1985: 115)。

7　Sivin, *Medicine, Philosophy and Religion in Ancient China.*

8　關於腕一尺長的前臂上的「尺」，見《難經》，第二難。參見 Unschuld, *Nan-Ching: The Classic of Difficult Issues*, p. 88.

下面的兩節將詳細討論翻譯問題。這部份討論的必要性，顯示在目前存在的翻譯沒有充分地考慮張家山《脈書》中的第三部份第七節第 63-66 條，這一部份涉及視覺，而不僅僅是脈的觸覺探查。

「相脈之道」

張家山《脈書》和馬王堆《脈法》都部份殘缺，後者比前者更為嚴重[9]。張家山《脈書》第三部份被編成七節[10]，在最後一節中討論了「相脈」的方法。以下的解釋是將幾個短小的原文編纂在一起。手稿上的部份文段在西元前二世紀已經有了一定的歷史，其中還被加入了纂者自己的注釋，所以西漢當時的手稿已經反映了不同時期和不同學派的觀點。下面來討論張家山《脈書》這七節的內容。

前三節，即 49-52 條，相當於馬王堆「陰陽脈死候」的內容，第一節闡述了三陽、第二節是三陰和它們各自的死亡徵兆[11]，以及五種身體組織（肉、骨、血、氣和筋）中的一種組織死亡時的症狀[12]。值得注意的是，開端的這些條文是關於死兆的，而文獻最後所提到的相脈的方法是診病的。

文獻的第四節，即 52-53 條，闡述了通過運動以保持身體健康的原理。有趣的是，這裡使用的動詞「動」有正面的意思[13]，含有如《莊子》或者《呂氏春秋》等哲學典籍中的道教意味，而與其在醫學文獻中消極否定的意思形成對

9　參見〈江陵張家山漢簡《脈書》釋文〉1989《文物》7: 72-74。頁 74：「相脈之道，左□□□□案之，右手直踝而簞之。它脈盈，此獨虛，則主病。……」；張家山二四七號漢墓竹簡整理小組編，《張家山漢墓竹簡》，頁 245。

10　參見高大倫《張家山漢簡脈書校釋》，頁 89-107，與 Lo, "The Influence of Nurturing Life Culture on the Development of Western Han Acumoxa Therapy," pp. 19-50.

11　亦見瀧川龜太郎著《史記會注考證》，卷 105，診籍 7，頁 36 及馬王堆《陰陽脈死候》（馬王堆 1985: 21）。

12　在《靈樞》論 10，頁 299-306，後者有相同說法。參見任應秋主編《黃帝內經章句索引》。

13　「動」的概念不完全清楚，見本文頁 149、153-154。「使動」試圖傳達否定含義。

比[14]。此外，條文中還主張五臟應虛，這是養生的特點，與醫學的教導相矛盾。換句話說，這段條文是來自於另一學派的一段獨立的文字，被插入了論述「死」和「痛」的兩段原文之間。確實，手稿中這段文字的前面被冠以圓點，與之前的內容相分隔開。

在第五節中，即 54-56 條，圓點把這一段文字分成不同的小段落。這些圓點可能反映了編纂者的理解，即將兩份相當沒有關係的原始文獻區別開來。

第一段編輯的原始文獻，即 54-55 條，涉及到上面提到的人體的五種組織（但是不同於第三節的順序提出），並加上了第六種，即「脈」。原文概括了它們各自的功能，以及功能失調時所產生的痛。

第二段編輯的原始文獻，即 55-56 條提到了「君子」，並涉及了「氣血」的概念，假如氣血過多則會引起腐爛，會轉而走入心／胸部。雖然這段原文可以理解為前一段文字的一部份，但也有幾個原因可以將其看作為另一個獨立的原文。首先，主題有所不同，前一段是關於痛的，而這一段，在 Harper 看來，是關於肥胖的。再次，雖然這兩段文字都提到了名詞「氣」，但前一段中的「氣」是人體六個組織之一，而在這一段中是指一種流動的氣。似乎這段文字是一段基於生理學的氣之上的評釋，被加到了前一段文字的後面[15]。

《脈書》的第六節和第七節，即 56-66 條很容易被認為是獨立的文段，因為馬王堆《脈法》中有相類似的條文。第六節的開端，即 56-57 條提到了「聖人」，而不是剛提到的「君子」，可能說明這段文字來源於另一份原始資料，它涉及了「脈」和「氣」（見第 150 頁）。從接下來的 57-62 條的內容來看，這裡

---

14 參見 Engelhardt, "Dietetics in Tang China and the First Extant Works of Materia Dietetica," pp. 173-191.

15 將其解讀為單獨的原始文獻或者是一種後世對早期文獻的注釋是基於一種新的分析文章的方法。參見 Keegan, "The Huang-Ti Nei-Ching," 及 Chan, "The *jing/zhuan* Structure of the Chuci Anthology," pp. 293-327. 這一理解與 Harper, *Early Chinese Medical Literature*, 頁 144 相同，但與 Lo, "The Influence of Nurturing Life Culture on the Development of Western Han Acumoxa Therapy," pp. 19-50. 不同，後者忽視了分析文章方法的實際含意。他將兩段文字視作一個文獻。

論述了用灸和砭的方法來治療，尤其是針對「膿」。第七節，在文獻幾近結尾的 63-65 條，討論了「相脈之道」[16]。在最後一行，即 66 條，論述了「治病之法」，但在此不做進一步討論。

下面，筆者將分析一下張家山《脈書》第三部份第七節的最後幾行。筆者的白話解釋尤其注重診斷過程中的感覺。這一節標題和其後的四對文字在這兒被看作是「成對」的，將一步步予以討論[17]：

標題（63 條）：

相脈之道

內容一（63 條）：

左 ××××× 案之，

右手直踝而箄之。

內容二（63-64 條）：

它脈盈，此獨虛，則主病。

它脈滑，此獨澀，則主病。

它脈靜，此獨動，則生[18] 病。

內容三（64-65 條）：

16　第 6 節和第 7 節的部分內容被 Harper, *Early Chinese Medical Literature*, pp. 213-218; Lo, "The Influence of Nurturing Life Culture on the Development of Western Han Acumoxa Therapy"; Pfister, *Sexuelle körpertechniken im alten China*, vol. 1, ch. 2, 3, 4. 和 Hsu, "Tactility and the Body in Early Chinese Medicine" 翻譯過，這些翻譯的某些方面與所有此前的翻譯均有所不同。

17　儘管這些句子在手稿中並不成對，但是在這裡它們成對被列出，其中的一對實際上是由三句組成（張家山《脈書》第三部份第七節，內容二），但是最初可能只是兩句，討論請見本書頁 150。

18　見高大倫《張家山漢簡脈書校釋》，頁 104，校〔三〕和注釋 6。

夫脈固[19] 有動者，骭之少陰。臂之鉅陰、少陰，是主動[20]，疾則病。

內容四（65 條）：

此所以論有過之脈殹，

其餘謹視當過之脈[21]。

如果有人問這些診斷方法是基於何種身體感，他立即會看到在標題和第四段文字中的連續性（張家山《脈書》第三部份第七節，內容四）。「視」這個詞在最後一行，使得將「相脈」譯為「審視脈」的翻譯得以加強[22]。相同的，在57 條中，也提到「視有過之脈」。這說明有一種視覺的方法來觀察脈的「有過」與「不及」。

不同於視覺診斷法，張家山《脈書》第一對第一行中意指「按」的觸覺動詞「案」並沒有出現在馬王堆《脈法》中[23]。馬王堆《脈法》，這份很有可能寫成於幾十年前的文獻[24] 中有「走而求之」的短句[25]。雖然不確定這個短句實際上是否描述了一種診脈的方法，但如果它是，其中也沒有什麼有關身體感的特殊之處。有意思的是，馬王堆《脈法》中「眽」是「目」字旁，暗示了視覺的察脈；而張家山《脈書》中的「脈」是「月」字旁（月肉旁），暗指像肌肉一樣，最好用觸覺的體驗來加以理解。

19　「固」意思是「牢固、堅實」，此處理解為一種健康狀態。參考 Hsu (in press)。

20　「是主動」與馬王堆《陰陽十一脈灸經》中反復出現的「是動則病」中的「是動」是同一個意思。

21　「當脈」指的是對應於「過」的一條或幾條脈，也許所查的陰脈是陽脈，反之亦然。

22　「相」字以「目」為偏旁（可能預示了它的原意，即觀察），也有占卜的意思。

23　張家山《脈書》用「案」和「箄」這兩個動詞清楚地提出了一種觸覺的探察，這在馬王堆《脈法》中很含糊，有些原稿甚至被破壞了。

24　對這份手稿的年代有相當多的說法。在馬王堆的《脈法》中，「眽」是目字旁的，而在張家山《脈書》中，「脈」是月肉旁的。參見韓健平《馬王堆古脈書研究》，頁 99-100。認為馬王堆《脈法》寫於秦朝（215-206 BCE），而張家山《脈書》寫於漢代早期。（注：手稿的成書年代與抄寫年代並不一定相一致。）

25　馬王堆《脈法》（馬王堆 1985: 17）。

　　張家山《脈書》的第二行[26] 也是有關觸覺的。有所爭議的詞「簞」，是「彈」的假借字（在《脈法》中脫漏）[27]。根據《素問》第二十中相類似的原文，Harper 提出這一殘句的意思應該是「左手（足上，去踝五寸）按之」[28]。從現代醫學的觀點來看，脈動可以在手腕和足踝被感知。然而重要的是應該承認在張家山的原文中有一點並不明確，即是否觸摸「脈」實際上是去感覺脈動。根據這段原文中出現的動詞「動」字，很容易讓人草率地推論出是觸摸動脈。因為手稿被損毀，所以更加不能夠完全確定張家山的原文實際上指的就是足踝。

　　如果它的確指的是足踝，那麼我們會想知道為什麼是足踝被伸展而彈，而不是手腕，因為在手腕觸摸動脈比在足踝處觸摸更加容易。然而，正如各種記錄中顯示的那樣[29]，論述脈的作者們對於足脈的循行路線比手臂之脈的循行路線描述得更詳盡，他們把更多的疾病歸結於足脈，因此可以想像，早期相脈的方法強調腿上的脈。如果最初這些脈是被察看而不是被觸摸，則其所被探察的性質可能就是那些可以被看見的靜脈，皮膚的粗糙和光滑，或者腿的腫脹（彈肌肉為典型的探查方法）[30]。

　　在接下來的三對文字中使用了三個動詞，它們並不是指定的某一種身體感，這些性質看似來自於健康狀態與疾病狀態的對比。因此，在整個醫學歷史

26　參見張家山《脈書》第三部份第七節，內容一。

27　馬繼興《馬王堆古醫書考釋》，頁 294。認為是「簞」，但 Harper, *Early Chinese Medical Literature*, 頁 216 認為是「探」的假借字。Pfister, *Sexuelle körpertechniken im alten China*, vol. 1, ch. 2, 3, 4. 將其修改為「簞」，認為是「彈」的假借字；他解釋說「探」不是「簞」的假借字，因為在古漢語中這兩個字的韻不一樣。

28　Harper, *Early Chinese Medical Literature*, 頁 216 根據馬繼興《馬王堆古醫書考釋》，頁 292 和高大倫《張家山漢簡脈書校釋》，頁 104 的見解。也請參考任應秋主編《黃帝內經章句索引》之《素問》論 20，頁 65；（晉）皇甫謐《鍼灸甲乙經》張燦玾、徐國仟主編《鍼灸甲乙經校注》，卷 4.3，頁 848 以及馬繼興、王淑民、陶廣正、樊飛倫輯校，《敦煌醫藥文獻輯校》(*Collected Collations of the Medical Texts from Dunhuang*)，以下稱「敦煌卷子」，頁 9，編號：伯 3287，行 8-12。它們是相近的文章，但是各自有一定的區別。

29　如 Keegan, "The Huang-Ti Nei-Ching," p. 147.

30　例如《靈樞》論 74 第 454 頁提到了按壓足和手以診察腫脹的診斷方法：「按其手足上，窅而不起者，風水膚脹也」。

中，「虛」、「澀」[31] 和「動」是明確的疾病的信號，這三種未特別指出的性質後來成為《脈經》中顯示疾病的標準的二十四脈中的內容[32]。「盈」、「滑」和「靜」在這兒似乎是指健康，然而在其他的文獻中，它們是疾病或死亡的信號。由此，「盈」在養生當中是積極的意義[33]，但如果將其解讀為「實」的同義詞[34]，則是一個消極的信號[35]。在養生文獻中的動詞「滑」，指的是光滑的、內藏光澤的，然而在醫學文獻中它經常顯示出疾病[36]。「靜」的狀態在《倉工傳》第二十一則診籍中延長了生命，而在扁鵲的診籍中意味著死亡[37]。

「盈」、「滑」和「靜」這三個動詞似乎反映出與上面提到的動詞「動」相同的情形，即在養生中的積極概念與醫學文獻中的消極概念相對。儘管在後世這些動詞描述的是一種觸覺的感知，但是在這份文獻中卻不必這樣做。張家山的文獻在原文中沒有提供這幾種性質是由「切脈」這一診斷方法而得來的證據[38]。事實上，「盈」和「滑」極可能指出其視覺上的性質，可能是指皮膚的充盈和光滑，而第三種性質「靜」，則暗指一種不同的感覺體驗，這一點將在下文第154 頁中討論。

31　此字是否為「澀」的假借字（高大倫《張家山漢簡脈書校釋》，頁 105）並不確定，參見 Pfister, *Sexuelle körpertechniken im alten China*, vol. 1, ch. 2, 3, 4. Harper, *Early Chinese Medical Literature*, 頁 217 認為是「率」。

32　(晉) 王叔和《脈經》沈炎南主編，《脈經校注》，卷 1.1，頁 1-3。

33　見馬王堆《十問》第 40 條（馬王堆 1985:147），Harper, *Early Chinese Medical Literature*, 頁 405-406 譯為：「目明耳蔥（聰），被（皮）革有光，百脈充盈」。

34　馬繼興，《馬王堆古醫書考釋》，頁 170。

35　例如《史記會注考證》，卷 105，診籍 10，頁 39。

36　例如《史記會注考證》，卷 105，診籍 8，頁 37。

37　《史記會注考證》，卷 105，頁 15，《靈樞》論 3，頁 273 提到：「無氣以動，故靜」，認為「靜」是一種消極的屬性。在淳于意的第 1 則診籍中，「靜」也許被地用於一種積極的意義，在第 21 則診籍中的確是這樣的。見《史記會注考證》卷 105 第二部，頁 24、48。

38　Kuriyama 對「澀」沒有疑問，他著重指出了「滑」和「澀」在「切脈」這一診脈方法中被經常提到，參見 Kuriyama, *The Expressiveness of the Body, and the Divergence of Greek and Chinese Medicine*, pp. 48-50. 的確如此，這兩個詞最初可能指的是皮膚的視覺性質，在經典著作中有時指的是氣的性質，與血的性質相對，如《靈樞》論 38，頁 373 中的那樣，或者是指「氣道」，如《靈樞》論 18，頁 325 中的那樣。

　　從以上敘述中可以看出，在觸覺診脈成為更重要的診斷方式之前，有一種診脈的方法是由原始的視覺探察構成的[39]。我們將在之後的第 146 頁繼續對張家山《脈書》的探討，但讓我們首先來討論一份中世紀敦煌的手稿。有兩個原因值得對其進行論述。首先，它提供了觸摸和視覺被應用在診脈的明確證據[40]：

　　「循其脈，視其經」

　　儘管這個句子出現在中世紀的編纂中，但它可能是 Keegan[41] 所指出的小文本之一，它們從未被更改過，並且反映出漢代對身體知覺的理解。在中世紀，「脈」和「經」的概念通常被互換使用。然而，這個句子卻區分了「脈」的觸覺診斷和「經」的視覺診斷。我們本應期望「脈」被視而「經」被循，但這裡值得關注的是不同的身體感可以被用於診脈中。

　　同一份敦煌手稿中在其他的地方出現了另一個「經」與「脈」之間的對比，即「經」與「絡脈」的對比。這與張家山《脈書》中第三對原文的解釋有關聯。由於《倉公傳》的第一和第六則診籍有關，淳于意區分了「經病」和「絡脈之病」[42]，有趣的是，上述的敦煌手稿也明確地提到了「經」和「絡脈」的一個區別：

　　其中部脈乍疏乍數者經亂矣，亦死。

　　其上部脈來代而鉤者，病在絡脈也[43]。

39　可能是在馬王堆《脈法》和張家山《脈書》兩者編撰時代之間的那段時期。

40　「敦煌卷子」，頁 11，編號：伯 3287，行 26，在《素問》論 20，頁 65 中有相應內容。

41　Keegan, "The Huang-Ti Nei-Ching."

42　《史記會注考證》，卷 105，頁 25、33。亦見《素問》論 28，頁 86。

43　「敦煌卷子」，頁 10，編號：伯 3287，行 13-14。在《倉公傳》診籍的第一和第二則診籍中有驚人相似的內容。見《史記會注考證》，卷 105，頁 26、28。《敦煌》第一行與《史記》第一則診籍中的內容相似，如果將「中部」譯為「中」，則脈的性質「乍疏乍數」譯為「代」，而「經亂」則為「經病」。第二行與第二則診籍中的內容相似，如果把「上部」譯為「心」，則脈的性質「鉤」則為「脈來數疾，去難而不一者」，而「病在絡脈」則為「陽絡病」。

這兩段文字區分了「經亂」與「絡脈之病」。它還將「經」與「中部」聯繫在一起，而「絡脈」與「上部」聯繫在一起，將身體分為兩個部份[44]。在馬王堆《灸經》中也可以看到將身體分為兩部，即將下肢的脈與上肢的脈加以區分的觀點。張家山《脈書》中亦有這樣的論述[45]，我們之後進一步討論。

然而，「經」與「絡脈」的對立也可以指身體內部和外部之間的區別，像《倉公傳》中的第一則診籍中敘述的那樣。將筋髓之病起於經，和由於放縱「酒且內」的生活方式而來的外部原因引起的絡脈之過相對。有趣的是，《素問》第二十論中保留了漢代對「中」的理解，意思是內部，並與在身體表面的「絡脈」相對。

> 中部乍疏乍數者，死。

> 其脈代而鉤者，病在絡脈[46]。

在《素問》第二十論中，「中」指的是內部，與身體表面的「絡脈」相對。身體內部與外部之間的對比可能是在漢代時就已出現[47]。然而，它沒有提到「經亂」，也許是因為對這個詞沒有更多的理解。相反，敦煌手稿反映了漢代對「經」與「絡脈」相對立的理解。但是，它沒有將「中」解釋為內部，而是提出了「中部」，間接指出身體被分為「上」、「中」、「下」三部份，儘管原文中只提到了「中部」和「上部」。因為敦煌手稿中只隱約地提出了身體分為兩部份的概念，這和在戰國和漢代早期身體分為上下兩部份的概念很相似。這種二分身體的概念是《倉公傳》中第一和第六則診籍中所固有的，這兩個診籍中分別提到了「肝」和「心」，在第二則診籍中亦有證據，並且也出現在張家山《脈書》中。早期西漢的醫生也將身體看作是上下兩部份，讓我們來討論一下張家山《脈書》第三部份第七節，內容三。

44　提到中部與上部相對是不通常的，在被分為兩部份的身體中，本應該是上、下兩個部份相對。

45　參見第三部份第七節，內容三。

46　《素問》論20，頁65。

47　也見《素問》論28，頁86。

夫脈固有動者，骭之少陰。

臂之鉅陰、少陰，是主動，疾則病。

堅實狀態下（此處意為健康）的脈動，是小腿的少陰（脈）。

臂的太陰、少陰（脈），當它們為動的時候，它們變疾，則
人病。

　　筆者很清楚以上白話文的解釋與迄今任何一位現代學者的詮譯都不相同[48]，
它將「動」解釋為少陰脈之正常和健康的狀態，與被看作是明顯的疾病的徵兆
的「動」相反[49]。在給張家山的文獻加標點的時候，這種譯文考慮了上文附帶
討論中提到的敦煌文獻，如上肢和下肢的區分。這個少陰脈是指足少陰，與手
臂之二陰脈相對。

　　由此提醒了我們，脈的相關文獻提到了足和臂的三陽脈，但是就陰脈來
說，足有三條而臂只有兩條。這與戰國時期宣揚陰陽宇宙論的數字命理學是一
致的，對於宇宙萬物的「陽」來說，六是標準的數字，而對於陰，則是五[50]。
足少陰脈是與身體內部相連的唯一的足脈：根據馬王堆《足臂十一脈灸經》，
與肝相連；或者根據馬王堆《陰陽十一脈灸經》，與腎相連[51]，這一點可以討論。
根據《陰陽十一脈灸經》，手臂的太陰、少陰都與心相連[52]。上面的白話文的解
釋顯示只有那些與內臟，如肝／腎、心相聯繫的脈才是這段文字討論的主題，

48　高大倫，《張家山漢簡脈書校釋》，頁 106 援引《靈樞》論 62，頁 424 來證明譯文，這沒有任何
　　意義，並且《靈樞》提到了其他的脈。

49　注意《素問》論 46，頁 129 中關於「陽脈」的類似條文：「陽明者　常動　巨陽少陽不動　不動而動
　　太疾　此其候也」。

50　韓健平，《馬王堆古脈書研究》，頁 17。

51　根據馬王堆《足臂十一脈灸經》，在灸少陰脈的時候，我們應該特別小心。見《史記會注考證》，
　　卷 105，診籍 6，頁 34。

52　Harper, *Early Chinese Medical Literature*, 頁 212，註腳 5，指出前臂的陰脈到達心，但是沒有更加深
　　入。在《陰陽十一脈灸經》中是這樣的，但《足臂十一脈灸經》中不是，而《脈書》顯然與《陰陽
　　十一脈灸經》中的內容相類似。

提出足少陰脈的「動」與肝／腎相聯繫，是正常的，而與心／胸相聯繫的脈如果「動」，將會變成「疾」[53]。如果我們將「躁」看作是「疾」的同義詞的話，那麼這種解釋則在《靈樞》第九和第四十八中相類似的文字得到證實[54]。總而言之，這個理解是基於「身體分為上下兩部」以及將「固」視為褒，而將「動」視為貶的概念。

最後，應如何來解讀上面提到的張家山《脈書》中的這四段文字（即 63-65 條）呢？或許有人會認為它們描述的是一種診斷方法，這很可能是漢代《脈書》編纂者的解讀。然而，還有一種可能性不能被排除，即這四段文字最初是四段簡潔的原文，每一段都論述了一種不同的診斷方法，而在漢代早期被張家山手稿的編纂者將其並置在一起。正如前面所提到的，張家山手稿可能代表了一類的編纂，它們在西元前二世紀就有了幾十年的歷史。

因此，在第二對文字中最後提到的「動」脈，佔據了第三對文字的主體。好像第三對文字就是對「動」的注釋。然而，這裡的「動」似乎又與前面一對文字中的意思不相同。在第二對文字中，「動」與「靜」相對，是一種病理性質，而在第三對文字中的「動」似乎與「運動」有關，它既可以是健康的表現，也可以是疾病的徵兆。實際上，第二對和第四對文字都將一條脈與其他脈相比較，從這一點來看，兩者在一定歷史期間似乎是有所關聯的。因此，一種可能的解讀是將第一、二和四對文字看作是兩段並置的原文[55]，而第三對文字則是插入於第二和第四對文字之間的一對。

如果進一步探究，第二對原文中的三行文字可能也代表了一種編纂。其原因是，首先，其他所有的段落都是兩行；其次，第三行文字顯示出一點不尋常之處，它用動詞「生」代替了「主」；再則，正如將在下面第 154 頁以更長的

---

[53] 《素問》論 20，頁 65 中將「疾」與「遲」相對，而馬王堆《天下至道談》（1985，頁 165）第 46 條中，則與「徐」相對。

[54] 《靈樞》論 9，頁 33 和《靈樞》論 48，頁 397。值得注意的是《史記會注考證》，卷 105，診籍 2，頁 27 中，「躁」亦為心的一種脈性。

[55] 另一個將它們視為兩段單獨的原文的原因是它們在《素問》論 20，頁 65 中以相反的順序出現。

篇幅來討論的那樣，「動」這一診斷的性質是由「聽」引出的（不管在文中的「聽」意味著什麼）。因此可以想像，這一行文字對於兩種視覺感知性質來說，是其後添加進去的，可能是在西漢早期。

為支持這種解讀，即脈的視覺性質最初是成對提出來的，我們必須考慮到脈可能曾成對出現。韓建平提出太陽、少陽和太陰、少陰是最初的四脈[56]，然而，在《倉公傳》前十則診籍中主要提到了少陽和太陰，陽明和厥陰，也有一次提到少陰。不管它們準確名稱為何，在戰國後期脈是成對出現的這個可能性是不應該被忽視的。

總之，張家山《脈書》提到的「相脈」似乎基本上是依賴於視覺的觀察，我將在下文中更詳細地論述。很可能兩對動詞在戰國後期主要的文獻中被用於描述脈的視覺性質，而張家山手稿便是基於此。也許，西元前二世紀張家山《脈書》的編纂者已經將它們看作是觸覺的性質，就像他們在後來的醫書中所作的那樣。

聽氣

因此，對身體形態的最初視覺理解強調的是「身體結構組織」(body architecture)，包括「形」和「肉」、「脈」和「色」，是外部可以觀察到的。相對來說是一個靜態的身體，就像植物和玉石，有外部的結構和內部的腔隙。這是一個可被觀察的活體，而非通過解剖屍體而了解到的身體，因為它是從外部來看，而不是通過對屍體所進行的解剖。然而，任何通過視覺對人體進行的評估都有欠缺，與體會到人生基本經驗並不相符。生命和身體的其他不可看見的方面，如感覺與情感、思想和靈魂，因不能看見，在戰國時一些文獻就用「氣」來理解。

56　韓健平，《馬王堆古脈書研究》，頁31。

　　正如在其他地方詳細提到的，戰國後期和漢代前期的醫家將外部可見的「形」與內部不可見的「氣」區分開來[57]。「脈」是視覺感知的。人體中不可見的是形體內的「氣」，如果它「動」了，則引致強烈的情緒。這個人體由陰陽所架構。內在的「有情感的身體」只由「喜」或「憂」和「怒」兩種情緒組成。它們位於上陽和下陰，也就是後來說的心和肝。這裡因超出本文討論範圍，故不在此討論。

　　對身體感有興趣的人類學家注意的問題是醫生如何感知人體內的這種「氣」。對馬王堆《脈法》72-73 條的新解讀給了一個答案，它與張家山《脈書》第三部份第六節 56-57 條的部份文字相類似[58]：

　　　　馬王堆《脈法》

　　　　以脈法[59] 明[60] 教下，
　　　　脈亦聽人之所貴毆

　　　　若用脈學去描繪可視世界，這是教地位低下的人，
　　　　而脈學卻是被用聽覺為主的（聖）人所重視的。

　　　　氣毆者，到下一……焉
　　　　聽人寒頭而煖足

57　Hsu, "The 'Sentient Body': Outward Form Xing 形 and Inward Qi 氣 in Early Chinese Medicine."

58　與馬繼興《馬王堆古醫書考釋》，頁 276 和 Harper, *Early Chinese Medical Literature*, 頁 213 的解讀不同。

59　在這裡「法」是一個動詞，像淳于意的第 23 則診籍中那樣。《史記會注考證》，卷 105，頁 51。

60　「明」見於《禮記》卷 37.19，頁 1530a 的《樂記》：「明則有禮樂，幽則有鬼神」。亦見於《漢語大辭典》冊 5，頁 594。「明」是眼睛的一種屬性，指的是視覺性質。Cook 將「明」和「幽」譯為「明亮」和「黑暗」。參見 Cook, "Yue Ji," p. 44.

至於氣，到達下面的那個……
用聽覺為主的「聖」人降低他們的頭部溫度而溫暖他們的腳

張家山《脈書》

夫脈者，聖人之所貴毆

氣者，利上而害下，
從煖而去清，
故聖人寒頭而煖足

　　儘管上述對《脈法》第一段文字的解讀不為中醫學者所遵從，但在語法上來說是可能的。它建立在最初主要通過視覺對脈進行研究的觀點上，馬王堆《脈法》便成書於那個時代。有趣的是，在這種假設上，張家山《脈書》中沒有提到《脈法》的第一行。如果同意張家山《脈書》寫於《脈法》幾十年後的觀點，那麼可能張家山的抄寫者由於不懂這一行的意思而將其刪去[61]。

　　第二段條文對「聽」字進行了字面上的解讀。「聽」通常被理解為是「聖」的假借字，但此處解讀為它的本意「聽、確認、服從」[62]。在《尚書》中，「視」和「聽」組成了一對[63]，就像在戰國時期和西漢很多其他文獻中的那樣，正如在這段白話文的解釋中所暗示的那樣。

　　根據筆者對上面第一句的解讀，《脈法》指出對脈的研究不僅僅要通過視覺的觀察，而且還要運用聽覺，這究竟是什麼意思呢？既然《脈法》中的「聽人」被《脈書》中的「聖人」所替代，那麼我們可以假設，「聽」在當時有相

61　韓健平，《馬王堆古脈書研究》，頁 99-100。當然，也有可能馬王堆《脈法》和張家山《脈書》有不同的來源，它們不一定反映出診斷的線性歷史發展。然而，因為上述的章節幾乎是一樣的，所以它們可能還是不同時代的產物。

62　參見 Karlgren, *Grammata Serica Recensa*, pp. 222, 835d.

63　《尚書正義》〈周書·泰誓中〉，卷 11，頁 181c。

當廣泛的含意。可能在《脈法》中視覺與聽覺的對立也有廣義的理解，將由量、算、仿而來的認識與通過直覺而得來的認識相對比，這種「無為」也許是聽覺最典型的特徵之一。

眼睛可以閉上，嘴和鼻可以被封閉住，手也可以使其不動，但是耳朵卻始終對外在和內在的變化開放著，確保與外界相「通」[64]。視覺要求有個焦點才能讓人看見，但聽覺可以同時全方位地注意到來自於不同方向和不同距離的聲音。聲音相當短暫，需要在它發生的那一刻即被感知，這就要求「聖人」（即「聽人」）內心機敏，換言之，就是「無為」。

Ingold 正確地提出，我們不要認為視覺屬性比任何其他感官更具客觀性（他因此質疑了 Merleau-Ponty 的著名觀點）[65]。那種把視覺與認知相結合，將聽覺與情感的能力和社會性相結合的傾向或許反映了特定文化的後啟蒙時代情感，而不是生物學上的客觀體驗。Ingold 說，從現象學的觀察，視覺和聽覺是一種沈浸於光或聲之中的體驗，兩者比通常所賦予的含意更接近。換句話說，要公正評判《脈法》中出現的視覺和聽覺之間的對比，應該認真地調查一下戰國時期哲學思想[66]，以及它在何種程度上影響了醫家們的醫療實踐。這一點已經超出了本文的討論範圍。

因為《脈法》在接下來的句子中提到了「氣」，以及對比視覺感知之脈和「聽人」所重視的運用聽覺之脈，所以可以設想《脈法》的編纂者有傳達「聽人」能夠感知氣之意。的確，在西元前二世紀中期的《周禮》中[67]，據說人能夠「聽氣」。在那個句子中，「聽」和「氣」具有相當廣泛的含義[68]：

64　「通」是「聖人」的特徵。參見 Sivin, "Change and Continuity in Early Cosmology," pp. 3-43.

65　Ingold, *The Perception of the Environment*.

66　Geaney, *On the Epistemology of the Senses in Early Chinese Thought*.

67　Boltz, "Chou li," pp. 24-32.

68　《周禮注疏》〈秋官司寇〉、〈小司寇〉，卷 35，頁 873c。

> 以五聲聽獄訟，求民情：一曰辭聽，二曰色聽，三曰氣聽，
> 四曰耳聽，五曰目聽[69]。

即使不深入研究闡明這段複雜的關於司法程序的段落，我們也注意到文中提到了人能夠「聽氣」。西元一世紀的注釋者談到「氣息」，並間接指出了呼吸的聲音[70]。然而，考慮到前文也提到了「色」是可以被「聽」的，所以這裡的「氣」也許有更廣泛的含義。顯然「聽」這個詞的含義比「聽到、聽見」更為廣泛，似乎是指引發普遍感官上的專注和警覺。

有趣的是，醫學文獻間接指出了聽可以被作為一種診斷方式，據說聽覺被用來探察「靜」和「動」的性質。比如，《靈樞》第一、第三、第十九和《素問》第三論中提到：「一其形，聽其動靜，知其邪正」[71]。這段文字有很多有意思的方面[72]，在此引用是因為它清楚地預示了一種身體的概念，這一概念將可以觀察到的「形」與「精神」和「氣」相對比。它也提示「氣」可以在「動」中表現出來，它們可以被聽到。

這樣看來，「動」這個詞是不是顯示了可以被聽的性質呢？Pfister 提出「動」的基本意思是「敲打」或「重擊」，是運動的一種形式，並導致聲音的產生[73]。他探討到在房術中，作為「動」的假借字，其中一個就是「銅」，是「捅」的

69　「聲」本義為「聲音」，可以指「話」，但是可能在這裡指「表現」更為準確；「聽」指的既是感覺上的感知，又是一種為他人所接受的內部的屬性，就像一個服從命令的人，表現出「專注」或「專心」。

70　與《素問》論 5，頁 23 中的「視喘息」形成對比，如觀察胸部的活動。

71　《靈樞》論 1，頁 265。亦見《靈樞》論 3，頁 273、《靈樞》論 19，頁 331 和《素問》論 3，頁 273。

72　在《靈樞》論 1 中，其緊接著的前文提到：「神氣之所遊行出入也，非皮肉筋骨也。覩其色，察其目，知其散復」。很明顯，人不是去「望色」，而是去「覩色」。此外，應該注意的是，要觀察眼睛以確定「神」的情況，這種在現今仍被運用。參見 Hsu, "The Spiritual (shen), Styles of Knowing, and Authority in Chinese Medicine," p. 205.

73　Pfister, *Sexuelle körpertechniken im alten China*, vol. II, ch. 5.1.

同聲字，原指敲擊鐘而產生聲音。而在房中術中指陰莖的一種運動，即對陰道的擊打。

鑑於「靜」和「動」可以被聽到，很明顯，在張家山《脈書》「相脈」的原文中「盈」和「虛」、「滑」和「澀」最初組成了兩對，用來指視覺上可以確定的脈。而「靜」和「動」這第三對是在之後，可能是在幾十年之後的漢代早期，被加進去的，因為它是通過不同的感官專注模式取得的。

Pfister 指出還有其他的字被用作為「動」的假借字的同聲字，即「挏」，用來指明上下的搖動，不僅在關於房術的文獻中提到，而且也出現在關於烹飪的文獻中（馬奶被搖動以形成酸馬奶）[74]。這個「動」的假借字強調的是上下的運動，也指氣動作的幅度。有趣的是，上述《脈書》第三部份第六節的第二段中說到了氣的上下運動。繼而論述了熱和冷的上下運動[75]。

有人可能想知道為什麼《脈法》和《脈書》要將上面兩個句子並列在一起。如果對《脈法》中第一個句子的白話文解釋是正確的，即對比了視覺的感覺與聽覺的感覺，也就是說視覺世界中的脈對比一個「聽人」所能感知的脈，那麼為什麼下面的句子將氣與病人從內能夠感覺到或者醫生通過觸覺能夠體察到的寒和暖聯繫在一起呢？在這裡，我們要再次想到《脈法》和《脈書》是編纂成書的。這兩段文字不一定來自相同的出處。它們最好被解讀為對同一問題的注釋。因此，它們只是鬆散地包含了與主題相關的資訊，有時甚至互相矛盾[76]。

74　見顏師古的「挏馬」注釋，班固，《新校本漢書》卷 19 上〈百官公卿表第七上〉，頁 729-730。

75　亦見《史記會注考證》，卷 105，診籍 9，第 37 頁。

76　Jürgen Kovacs and Paul U. Unschuld 提到中醫歷史是一個「未被解決的爭論的歷史」。這表明了在對文獻的深入詳細分析時，我們要想到早期的編纂者將同一主題的不同學派觀點編纂在一起。因此在同一文段中會出現貌似不合邏輯、相駁的觀點。參見 Kovacs and Unschuld, *Essential Subtleties on the Sliver Sea*, p. 19.

　　第一句和第二句的修正版本出現在《內經》裡完全不同的卷中。這可能說明它們的確來自不同的原始文獻。比如，《素問》第十三論提到「色脈者，上帝之所貴也」[77]，　而《素問》第六十二論談到「血氣者，喜溫而惡寒[78]」。

　　在早期的醫學手稿，《倉公傳》和《內經》中，氣的運動與寒熱的行法有密切聯繫[79]。而問題是，何時、以何種方式，熱和寒在這些文獻中佔據了中心地位。大家公認陰和陽最初指的主要是陽光和陰影、明亮與黑暗這種視覺上的對立[80]。自然，有陽光的地方溫暖，而陰影處寒冷；有長期強烈陽光照射的季節是炎熱的，而白天越來越短的季節是寒冷的。隨著對藥論的日益普遍，陰和陽主要指明了所攝取的食物、飲料以及藥物的熱性和寒性。問題是什麼時候、以什麼方式，陰陽最初那種視覺的隱喻被開始用於內部感覺與觸覺感知的熱和寒。

　　也許，當醫學文獻更著重於對「身」而非「形」的討論時，醫家對視覺和聽覺的注意便轉向了觸覺[81]。《淮南子》的一段文字中出現了一個這種轉變的線索，它暗示形體可以被看見，聲音可以被聽見，身體可以憑借觸覺上的「循」來瞭解：

　　　　夫於形者，物之大祖也。無音者，聲之大宗也。（……）
　　　　是故視之不見其形，聽之不聞其聲，循之不得其身[82]。

77　《素問》論 13，頁 41-42。

78　《素問》論 62，頁 169。

79　例如馬王堆《天下至道談》頁 163 第 15 條及頁 166 第 56 條：「堅而不熱者，氣不至也」，與《養生方》頁 116 第 198 條相類似。或者《素問》論 5，頁 23：「形不足者，溫之以氣」。《靈樞》論 36，頁 369：「三焦出氣，以溫肌肉，充皮膚」。亦見於《靈樞》論 81，頁 480。

80　在前面提到的原文中，它們進一步被用來描述部位，即身體下部為陰、上部為陽，內部為陰、外部為陽。

81　「形」也常作「形肉」。「肉」是典型地通過觸覺而知。

82　參見 Pregadio, "The Notion of 'Form' and the Ways of Liberation in Daoism," p. 101. 除了他對第三句的翻譯："You follow it and cannot get to its person"，於此，他給予另一種譯法。

筆者的解釋是《淮南子》將「視」、「聽」和「循」相互關聯成為一個序列，「形」通過視覺來瞭解，「音」通過聽覺來感知，而「身」則可以通過觸覺來探察。轉而來看醫藥文獻，我們可以說觸覺關注的是身體，即「身」。這個身體由筋骨、肉血組成，血濁而溫，血往上行而人死，正如淳于意的第二則診籍中明確地提到的那樣，而在第一和第六則診籍中也提到[83]。血的運動與氣的運動息息相關。人在生氣的時候，氣會上行，正如《引書》中所提到的[84]。而《脈書》告訴我們這是應該避免的（見前文第 150-151 頁）。

漢代早期，濁和熱的血為陽，與清寒的水為陰相對，熱血易上升，而寒水往往向下流。在這種情況下，我們注意到在《倉公傳》診籍的第四部份，他回答第四個問題時，氣不是根據上下的運動來定義的，而是以水的流動方式「瀉」來說明。

> 所謂氣者、當調飲食、擇晏日、車步廣志、以適筋骨肉血脈以瀉氣。

張家山《脈書》第三部份第四節中也提到了氣不應停滯的觀點，見前面第 140 頁的討論，這一觀點也出現在經常被引用的《呂氏春秋》第三卷中：「流水不腐……精不流則氣鬱」[85]。指明這些運動的動詞就是「瀉」（排出，使開始流動），以及「流」（流動）。它們都以「水」為偏旁，暗指水的流動，而不是像動詞「動」那樣指的是上下的跳動。這種對氣的流動之見解在後世的醫學著作中佔有主導地位，但是，正如我們在這裡所爭論的那樣，這種見解在戰國和漢代早期的醫學診斷學中並不重要，那時對身體視覺和聽覺上的探察才是主要的。

83　《史記會注考證》，卷 105，頁 27-28、34。

84　「貴人之所以得病者，以其喜怒之不和也。喜則陽氣多，怒則 氣多」，見張家山漢簡整理組〔編〕，〈張家山漢簡（引書）釋文〉《文物》10: 82-86，頁 86。

85　《呂氏春秋》「盡數」卷 3，第 2 篇，頁 136、140。

循脈得到的死兆

上述《脈法》72-73 條在第一句中談到「脈亦聽人之所貴」，的確，據《靈樞》中不同章節中的內容來看，氣的「靜」和「動」可以被聽到（前面第 154頁）。鑑於《脈法》的第二個句子論及了氣，我們可以假設這符合氣在脈的研究中佔有重要位置，並可能是指脈中有氣的運動。然而，無論《脈法》還是《脈書》都沒有清楚地提到氣和脈之間的關係。可以說，《史記・倉公傳》是中國醫學歷史上第一次清楚地闡述了脈的探察與氣之間的關係，這可以從前十則診籍中看到。之所以這麼說，正如筆者在這篇文章中所言，氣反映了情感的過程，情感積聚在內臟之中（喜／憂在心，怒在肝），氣便也積聚在內臟之中。只有在脈與內臟相聯繫的時候，氣才能對脈產生影響。

不過值得注意的是，馬王堆《陰陽十一脈灸經》和張家山《脈書》的第二部份在經常出現的短語中都談到了脈動：「是動則病……」。如果氣的運動可以被看作是「動」，則有人會推測這些章節含蓄地指出了氣動。

的確，在前文對張家山《脈書》第三部份第七節內容三的譯文中，我們注意到，那些與內臟相聯繫的脈是能夠「動」的。與肝相聯繫的足少陰脈動，就是正常的，但是如果「動」出現在與心相聯繫的臂太陰脈和少陰脈上的話，則預示了疾病。因為這些脈與內臟肝和心相連，而氣貯存於臟中，我們便可推測，這種躁動是由氣引起的。

然而，正如前文指出的那樣，張家山《脈書》提到了多種不同意思的「動」。儘管在醫學歷史的一定時期裡，「動」等同於氣的存在（淳于意的前十則診籍便可為證）[86]，但是並不能確定是否各種各樣的「動」都暗示了氣的存在。例如，馬王堆《陰陽十一脈灸經》中談到，所有的脈如果「動」的話都會產生疾病，然而，只有足少陰和兩條臂脈與內臟相聯。因此，我們不能完全確定被攪

86　Hsu, *The Telling Touch*.

動的脈之定義就是氣在脈中流動。這也可能是脈動被感知，而當時還沒有形成氣在脈中流動的概念。

只有在《倉公傳》的前十則診籍中，診脈才明確地與氣的性質聯繫在一起。淳于意的診籍是現存第一份把脈與內臟聯繫在一起的文獻，他的「切脈」是一種創新的「診脈」方式，即而「切脈」得以通過觸覺來感知氣。

可以肯定，除了淳于意，還有其他的醫生使用觸覺來探察脈。我們以上指出了《脈書》第三部份第七節，雖然以視覺為主，而也講到「案」和「簞」的觸覺診斷方法。馬王堆《足臂十一脈灸經》有關死兆的原文中提到了「循脈」。然而，我們並不完全清楚為什麼醫生們開始有系統地循脈。正如上面《淮南子》的引文中論述的那樣，要「視」「形」而「循」「身」，即身上的脈。此處，「身」含有溫寒的血和堅弱的肉，它們是通過觸覺感知的。然而，馬王堆《足臂十一脈灸經》的作者們沒有明確地說出他們循脈的方法能夠讓他們感知到氣。相反，淳于意在第十九則診籍中清楚地闡述了循可以讓他查氣。

從上面的論述可以看到，觸覺的診斷方法，比如「循」，在醫生們認識到這種方法可以用來探察氣之前就發展出來了。鑑於觸摸任何一個活著的人體所得到的最初的性質就在於感知其溫暖，所以這種「循」的觸覺診斷方法最初可能在靠視覺探察鑑別陰和陽的醫學實踐中發展起來，而明顯與觸覺感受到的「陰為寒、陽為熱」區別。《脈書》第三部份第六節就含有此意，如果我們把「頭」理解為身體的陽部、「足」為陰部。另外，張家山《脈書》第三部份第七節內容二暗示皮膚的「盈」和「虛」、「滑」和「澀」起初是通過視覺感知的，而後由脈被觸覺所感知。

從早期的醫學手稿，《倉公傳》和《內經》的豐富辭匯中看出那個時代的醫生從事各種占卜和診斷工作。那些主要與視覺觀察有關的動詞有時候被更廣

義地使用，如「相」[87]、「視」、「觀」、「候」、「睹」或「覩」以及「辨色」。還有「聽」、「聞」、「見」、「得」，以及許多有關觸覺的字，如「彈」、「按」、「循」、「切」、「舉」、「捫」、「持」。此外，與診斷的認知過程相關的動詞也包括「察」、「審」、「占」、「診」。醫生注意到不同身體部位，從色到脈，從膚到筋，從肉到骨，從體毛到頭髮，從眼睛到指甲，從聲音到氣味，從尿液到糞便，從出汗到流血和嘔吐的形式等等。在現存最早將「循」作為一種診斷方法的馬王堆《足臂十一脈灸經》中，「循」於各種探索診斷體症之方法的討論中被提及。

馬王堆《足臂十一脈灸經》先論及了六足脈，然後五臂脈[88]，在六足脈的討論之後有一段關於死兆的文字，似乎行文一度在此處結束[89]。這一段討論了死兆脈以及其他症狀。比如病狀「胸煩」併和「腹脹」就成為死兆；同樣地，「心煩」併和「不得臥」，唐「溏」恆出（腹瀉），以及「三陰病亂」都是死兆[90]。就在這裡提及了兩種可被觸覺感知到的死兆脈。它們都以三個詞的比喻來加以描述：

　　　　揗脈〔溫〕　如三人參舂[91]，不過三日死。

　　　　脈〔溫〕　絕如食頃[92]，不過三日死。

　　《足臂十一脈灸經》之所以值得研究，有三方面的原因：第一，它在有關死兆的內容中討論了脈；第二，它提出了「循」脈，就是以觸覺探察脈預示死亡的方法；第三，它提及死兆脈是其他死兆之一，此於後世醫書中亦常出現。

87　張家山，《脈書》，只提到「相脈」，而《素問》論 3，頁 273 則更進一步提到「相五色於目」，《靈樞》論 49，頁 308「相氣」。

88　馬王堆，《足臂十一脈灸經》，頁 5，第 21-23 條。

89　《陰陽十一脈灸經》沒有在六陰、陽脈前加上「足」，似乎指的是全部的脈（韓健平《馬王堆古脈書研究》，頁 9）。張家山《脈書》中認為「相脈」在足踝而不在手腕便不足為奇了。

90　注意馬王堆「陰陽脈死候」（1985: 21）和《史記會注考證》，卷 105，診籍 7，頁 36 中相類似的內容。

91　這個短語也出現在《素問》論 20，頁 65 中。

92　這些死兆脈的比喻亦如後來一些文獻所言。見《脈經》卷 5.5，頁 161。這類比喻也用來表達另一類死兆「陽病北（背）如流湯，死」，意為「得陽病，背上汗流如注，人即死」。

淳于意的「切脈」是一種新的診斷法。他也講到在「脈口」診脈的方法，後世的注釋者將其等同於「寸口」和「氣口」，可能它被認為是脈開始循行的地方。在第十九則診籍中他一次提到「循之」（「之」即指「膚」），一次是「循其尺」。他說到「上膚」，根據筆者理解即為頭部皮膚。然而，他沒有明確指出「脈口」和「尺」的確切位置[93]。在後世的醫書中，前者被推斷為位於腕部，而後者是前臂一尺長的一個區域[94]。儘管淳于意沒有談及尺寸法，但他的診脈技巧可以被看作是「寸關尺」診脈方法的先驅。

小結

綜上所述，在養生學的實踐中，比如在《管子》中，對身體的理解是將外部可見的形體與內部的氣區分開來。外部的形體是堅實的、有光澤的，就像新生的植物和磨光的玉石。形體也有脈，它們的「色」是「澤」或「乾」，「青」或「紅」，同時也表現為「盈」或「虛」，「滑」或「澀」。然而當時「氣」的概念被表述為人類生存中內部的、不可見的，指的是感覺與情緒、思想和意圖、以及精神。

有趣的是，一些文獻明確地提到了體內「動」這一身體感應該用聽覺來瞭解。這種外部可看見的和內部可聽見的身體之間的區別是符合視覺和聽覺之間的對比的。這種推斷也出現在非醫學文獻中。由此，與身體感有關的動詞常以廣泛的含義被使用，像「視」與「聽」。

早期的文獻手稿中有一些篇章指出了醫生也以觸覺探察身體，然而，沒有線索可以讓我們知道最初是什麼因素推動他們去從事對身體的觸覺探察。淳于意的前十則診籍提出對脈的觸覺探察能夠識別不同性質的氣（如肝氣、心氣等），換言之，不僅僅是「動」，還有各種不同性質的氣都能夠通過觸覺來感知。

93　《素問》論 28，頁 86，提到在「脈口」和「尺」查脈；《靈樞》論 74，頁 454，比較了「脈」和「尺膚」。

94　如見《脈經》，卷 1.4，頁 7 和《難經》第 2 難，頁 81。

　　馬王堆和張家山的手稿在有「相脈」，「循脈」、「案」和「簞」脈的部份都沒有明確地提到氣。通過「切脈」的診脈方法才可以感覺到不同性質的氣。這種觀點的出現可能歸因於身體知覺的變化，如淳于意的診籍中記載的那樣，這一變化將脈與內臟聯繫在一起，使氣成為診斷和醫學理論的重要概念。

參考文獻

【中文】

（秦）呂不韋撰，（漢）高誘註，《呂氏春秋》四部叢刊。上海：上海書店，1989。

（漢）鄭玄注，（唐）賈公彥疏，《周禮注疏》十三經注疏，阮元校刻。北京：中華書局，1980。

（晉）皇甫謐編《鍼灸甲乙經》參考張燦玾、徐國仟主編，《鍼灸甲乙經校注》北京：人民衛生出版社，1996。

（唐）孔穎達疏，《尚書正義》十三經注疏，阮元校刻。北京：中華書局，1980。

任應秋，《黃帝內經章句索引》。北京：人民衛生出版社，1986。

馬王堆漢墓帛書整理小組（編），《馬王堆漢墓帛書》四卷。北京：文物出版社，1980-85。

沈炎南主編《脈經校注》。北京：人民衛生出版社，1991。

馬繼興，《馬王堆古醫書考釋》。長沙：湖南科學技術出版社，1992。

馬繼興、王淑民、陶廣正、樊飛倫輯校，《敦煌醫藥文獻輯校》（Collected Collations of the Medical Texts from Dunhuang）。南京：江蘇古籍出版社，1998。

高大倫，《張家山漢簡脈書校釋》。成都：成都出版社，1992。

張家山二四七號漢墓竹簡整理小組（編），《張家山漢墓竹簡》。北京：文物出版社，2001。

張家山漢簡整理組（編），〈張家山漢簡（引書）釋文〉，《文物》10: 82-86，1990。

韓健平，《馬王堆古脈書研究》。北京：中國社會科學出版社，1999。

瀧川龜太郎著，《史記會注考證》。東京：東方文化學院東京研究所，1934。

素問，見《黃帝內經》。

靈樞，見《黃帝內經》。

【西文】

Boltz, William G. "Chou li" 周禮. In *Early Chinese Texts: a Bibliographical Guide*, edited by Michael Loewe, pp. 24-32. Berkeley, CA: Society for the Study of Early China & the Institute of East Asian Studies, University of California, Berkeley, 1993.

Chan, Tim Wai-keung. "The *jing/zhuan* Structure of the Chuci Anthology: a New Approach to the Authorship of Some of the Poems." *T'oung Pao* 86(1998): 293-327.

Cook, Scott. "Yue Ji 樂記—Record of Music: Introduction, Translation, Notes, and Commentary." *Asian Music* 26.2(1995): 1-96.

Engelhardt, Ute. "Dietetics in Tang China and the First Extant Works of Materia Dietetica." In *Innovation in Chinese Medicine*, edited by Elisabeth Hsu, pp. 173-191. Cambridge: Cambridge University Press, 2001.

Geaney, Jane. *On the Epistemology of the Senses in Early Chinese Thought.* Honolulu: University of Hawaii Press, 2002.

Harper, Donald John. *Early Chinese Medical Literature: the Mawangdui Medical Manuscripts.* London; New York: Kegan Paul International, 1998.

He, Zhiguo, and Vivienne Lo. "The Channels: A Preliminary Examination of a Lacquered Figurine from the Western Han Period." *Early China* 21(1996): 81-123.

Howes, David, ed. *The Varieties of Sensory Experience: a Sourcebook in the Anthropology of the Senses.* Toronto: University of Toronto Press, 1991.

Hsu, Elisabeth. "The Spiritual (*shen*), Styles of Knowing, and Authority in Chinese Medicine." *Culture, Medicine, and Psychiatry* 24(2000): 197-229.

——. *The Telling Touch: Pulse Diagnostics in Early Chinese Medicine--With Translation and Interpretation of 10 Medical Case Histories of Shi ji 105.2 (ca. 90 BC).* pp. 419. Habilitationschrift im Fachbereich Sinologie, Fakultät für Orientalistik und Altertumswissenschaft, Universität Heidelberg, 2001.

——. "Tactility and the Body in Early Chinese Medicine." *Science in Context* 18.1(2005): 7-34.

——. "The 'Sentient Body': Outward Form Xing 形 and Inward Qi 氣 in Early Chinese Medicine." *Early China,* in press, 2005.

Ingold, Tim. *The Perception of the Environment: Essays on Livelihood, Dwelling, and Skill.* London; New York: Routledge, 2000.

Karlgren, Bernhard. *Grammata Serica Recensa. Bulletin of the Museum of Far Eastern Antiquities (BMFEA)* 29(1957).

Keegan, David. J. *The "Huang-Ti Nei-Ching": the Structure of the Compilation; the Significance of the Structure* PhD diss., Berkeley: University of California Press, 1988.

Kovacs, Jürgen, and Paul Ulrich Unschuld, trans. and annot. *Essential Subtleties on the Silver Sea: the Yin-hai jing-wei, a Chinese Classic on Ophthalmology.* Berkeley: University of California Press, 1998.

Kuriyama, Shigehisa. *The Expressiveness of the Body, and the Divergence of Greek and Chinese Medicine.* New York: Zone Books, 1999.

Lo, Vivienne. "The Influence of Nurturing Life Culture on the Development of Western Han Acumoxa Therapy." In *Innovation in Chinese Medicine,* edited by Elisabeth Hsu, pp. 19-50. Cambridge: Cambridge University Press, 2001.

Nylan, Michael. "On the Politics of Pleasure." *Asia Major* 14.1(2001): 73-124.

Pfister, Rudolf. *Sexuelle körpertechniken im alten China: seimbedürftige männer im umgang mit lebens-spenderinnen: drei manuskripte aus Mawangdui: eine lektüre.* Books on Demand, Norderstedt, 3 vols, forthcoming.

Pregadio, Fabrizio. "The Notion of 'Form' and the Ways of Liberation in Daoism." *Cahiers d'Extrême-Asie* 14(2004): 95-130.

Sivin, Nathan. "Change and Continuity in Early Cosmology: The Great Commentary to the Book of Changes." In *Chūgoku kodai kagaku shiron, zokuhen*《中國古代科學史論・續》 (*On the History of Ancient Chinese Science 2*), edited by Yamada Keiji and Tanaka Tan, pp. 3-43. Kyoto: Institute for Research in Humanities, 1991.

———. *Medicine, Philosophy and Religion in Ancient China: Researches and Reflections.* Aldershot, UK; Brookfield, VT: Variorum, 1995.

Unschuld, Paul Ulrich, trans. and annot. *Nan-Ching: The Classic of Difficult Issues: With Commentaries by Chinese and Japanese Authors from the Third through to the Twentieth Century.* Berkeley: University of California Press, 1986.

疾病場域與知覺現象：
《傷寒論》中「煩」證的身體感*

蔡璧名**

緒論

從身體觀到身體感：研究焦點的轉變

十九世紀末葉以來，諸子學說重獲我國學界正視，彼時亦正值東西文化交鋒際會。回顧民國以來有關傳統思想的研究，無論研究領域或視域、規範與方法，率奉西方為圭臬。是以西方哲學聚焦之所在，如宇宙論、本體論、認識論等，亦為我國傳統思想學者所熱衷。中西思想與哲學的論域，雖有互通之處，然而假使研究視域理當相應於文化特質[1]，則許多已傳之千年、卻因不在西方視

* 本文之撰作，承蒙中央研究院院內主題計畫（總計畫名稱：「感同『身』受：日常生活與身體感的文化研究（〔Why body matters? Cultural categories of body experience in daily life〕）」）項下子計畫之經費贊助，謹此申謝。未是草曾宣讀於「臺大中文系第二九五次學術討論會」、「中央研究院民族學研究所醫療與身體經驗研究群討論會」暨「物與身體感 Workshop」（主辦單位：中央研究院民族學研究所醫療與身體經驗研究群院內主題計畫「感同『身』受：日常生活與身體感的文化研究」計畫），會中幸蒙與會先生多所提點，衷心感念；並發表於《臺大中文學報》(23: 61-104)，三位審閱先生的寶貴意見使筆者獲益匪淺，並據以修訂初稿。本論文係依據〈疾病場域與知覺現象：《傷寒論》中「煩」證的身體感〉(《臺大中文學報》23(2005): 61-104。) 增補修繕而成。

** 國立臺灣大學中國文學系副教授。

1 栗山茂久曾論及異文化的身體認知差異：「希臘與中國的醫生對於身體認知的不同源自於他們對身體的『感受』不同。……我們研究古人對於人體的觀念時，不但是在研究他們的思想結構，也是在研究他們的感官認知。……醫學傳統中令人困惑的相異性絕對包含了不同的感知方式。」參見（日）栗

域內而鮮受學界重視的傳統思想文化命題，或正是體現我國文化特質之處，亟待研究。

例如傳統「通天地之一氣」的基本理念，「同聲相應，同氣相求」的感應原則，以及志——氣、心——身之間雙向循環，而互為因果[2]，皆為我國自古對人身的「整體論」之要義。具知覺能力的人與被知覺的現象，始終是無可分割的整體。此類觀點迥異於西方文化[3]，卻為我們開啟一個現當代思想學者所未見的新領域。本文將聚焦於古人對「身體感」的重視，探討傳統醫家對「身體主體」[4]暨「感官經驗」(sensory experience) 的主張。

「身體感」之研究不同於「身體觀」。近年以「身體觀」為視域的研究，逐步在漢學、哲學界興起（楊儒賓，1993、1994、1995、1999；石田秀實，1993、1995；湯淺泰雄，1981、1986、1990、1991、1994、1997、1999）。而史學界對於醫療史的關注（杜正勝，1991；吳光明，1992；祝平一，1996；張嘉鳳，1998；李建民，1999；黃俊傑，1999；Charlotte Furth，2000）、人類學界對於醫療暨感官人類學的興味（Arthur Kleinman，1986、1988；Margaret Lock，1993；Judith Farquhar，1994；張珣，1994），也間接催化了此新視域的開展。「身體觀」屬於認識論，係針對「具體」的存在物——身體——作一抽象的理解，意即把原初的「經驗」加以「觀念」化。然而觀念指向「真實」，身體觀所要指涉的依舊是實實在在的具體身體。易言之，「身體觀」的理論描

山茂久，陳信宏譯《身體的語言：從中西文化看身體之謎》，頁 61-65。由栗山氏所首揭、卻未嚴格義界之「身體的『感受』」、「感官認知」、「感知方式」等，係本研究聚焦之所在。

2　詳拙著，《身體與自然——以《黃帝內經素問》為中心論古代思想傳統中的身體觀》，《文史叢刊》102，頁 146-158、191-282。以下簡作《身體與自然》。

3　這種認識方式與觀點，明顯有別於西方傳統哲學對知覺主體的看法：以為意識，或全主動地建構、賦義予對象，或全被動地接受與件刺激，以為心、物之間如同科學實驗般，具主、客對立的關係，而被感知的對象，可以獨立於意識之外、絲毫不為意識所污染。參見 Merleau-Ponty, *Phenomenology of Perception*（以下引括此書者，簡稱 "Merleau-Ponty"） pp. 32, 258, 289, 321. 睽諸傳統的整體論，則近代以來，學界基於西方傳統對知覺主體之說而聚焦於「心性論」，以之為考掘諸子學說的主要論域，是否相應、或得以窮盡傳統文化論述中的知覺主體，誠有待商榷。

4　關於「身體主體」一詞的義界，筆者將於另文：〈《傷寒論》中的認識取徑〉中，詳加討論。

述雖用以把握真實而具體的身體，然而具體的身體不斷改變，「身體觀」不過是將「具體身體」暫作抽象的描述。則「身體觀」顯然不是魚，而是筌；不是目的 (end)，而是工具、途徑 (means)。因此，只著重於身體觀，尚不足以充分揭示傳統對具體身體的了解。

如果說「身體觀」是一種理論性、概括性的「認識」[5]，則「身體感」所指涉的是「現象」，是以身體為主體，而面對世界所產生的感知與認識。以身體為「主體」，乃是中國古人不同於西方傳統認識觀之處。在西方的心物二元傳統中，感知主體被歸類於「心靈」的範疇。感知主體有意識、能思考、有意志；它不是物質性的，故完全不佔空間。至於「物」與「身體」則沒有意識，具物理擴延性而佔空間。所謂「認識」活動，就是由主體的心靈或意識出發，而感知處於客體地位的對象物。人在這種主客對立、以心識物的認識活動中，扮演感知主體的角色。而因為感知主體本質上是一意識，不具空間性，故人被期待超越他身體所在的時空限制，而客觀如實地感知那獨立於意識之外的對象原貌。扼要地說，西方二元論傳統下的感知主體是一種意識性的、心靈主義的 (mentalistic) 主體[6]。

但傳統中國的感知主體則不然，它是以具體時空中的身體為認識、感知世界的主體。面對世界，這種身體主體所追求的不是抽象與概念式的認識，而是直接的感官經驗、是有關世界的具體現象。同時，對於認識活動所獲得的結果，也是以感官經驗為本位來進行分類與安排。值得注意的是，「身體感」固然與感官經驗密不可分，但兩者不宜等同。感官經驗是中性的，它有可能被認知主體以抽象概念的方式來重新安排與解釋[7]，甚至脫離我們原始的視覺與聽覺經

5　此謂「身體觀」所對應的「認識」，係指西方哲學傳統中的認識論，相較於筆者著另文：「《傷寒論》中的認識取徑」之「認識取徑」，前者義界較狹，後者較寬。

6　笛卡兒的心物二元論主要見於其《沉思錄》(*Meditations on First Philosophy*, 1641)。不過，西方的心物二元論傳統，最早可以溯及柏拉圖《對話錄》的 Phaedo 篇。關於心物二元論的深入探討，詳參 Descartes, *Meditations on First Philosophy*.

7　譬如看到閃電、聽到雷鳴，認知主體可以用抽象的大氣科學觀念來解釋這些現象。

驗。至於「身體感」這概念，則是強調以身體作為認知主體，以「身體」這個具體時空中的立足點，來安排主體所獲得的感官經驗。倘若我們肯定傳統文化特重體驗、內省、修鍊與超越的特質[8]，則直接就現象層面探究具體的感官經驗，較之將具體而流變的身體加以觀念化、抽象化，似更切合古人認識身體的方式。因為細微的感官經驗，未必受觀念化的身體圖像所範圍。有太多在時間中流動且細緻、獨特的身體感受，難以收編到共時性的身體結構圖像暨作用機制之中[9]。

身體感與思想史的研究

對情緒起伏採取負面態度，與主張情緒致病的觀點，屢見於先秦道家、秦漢黃老道家、雜家暨宋、尹等學派。《莊子》曾以樂音出於虛孔與菌蕈生於氣蒸雙喻，生動地描摹了情緒的諸般變化：

> 喜、怒、哀、樂，慮、嘆、變、慹，姚、佚、啟、態，樂
> 出虛，蒸成菌。日夜相代乎前，而莫知其所萌。已乎已乎！
> 旦暮得此，其所由以生乎！（〈齊物論〉）

成玄英疏云：「凡品愚迷，喜則心生懽悅，樂則形於舞忭，怒則當時嗔恨，哀則舉體悲號」，喜、怒、哀、樂、憂慮、咨嗟等擾動，既屬「凡品愚迷」所有，則理當是得道超凡者所無。莊子更以人與存有世界「相刃相靡」，而衍生諸般情緒，為人生的盲昧與大哀[10]，並據此開展「不以好、惡內傷其身」的「无

8　說詳李亦園〈和諧與超越的身體實踐──中國傳統氣與內在修鍊文化的個人觀察〉，《氣的文化研究：文化、氣與傳統醫學學術研討會》，頁 1-27。

9　筆者於《身體與自然》一書中，已就「身體觀」一題，對於傳統醫家之代表經典《黃帝內經素問》，進行深入的探討。

10　《莊子‧齊物論》：「其形化，其心與之然，可不謂大哀乎？人之生也，固若是芒乎？其我獨芒，而人亦有不芒者乎？」參見王叔岷《莊子校詮》，上冊，頁 53。

情」論述[11]。其所致力於「无」者，正是「情緒」之情，而非「情感」之情，殆能深情而不滯於情者。

《呂氏春秋》則謂「畢數之務，在乎去害」，以為人倘期望養生以終其天年，則「大喜、大怒、大憂、大恐」與「大哀」等情緒的大幅起落，與飲食之厚味、天候之失調，並為首當除卻之「三害」[12]。《淮南子‧精神》篇也說：

> 夫悲樂者，德之邪也；而喜怒者，道之過也；好憎者，心
> 之暴也。

可見悲、樂、喜、怒、好、惡等過度的情緒擾動，無不被賦予負面意義。〈精神〉篇還指憤怒、狂喜、大憂、驚怖，將具體導致傷陰血、墜陽氣，以及內崩、發狂等諸疾病，強調情緒與疾病之間有密切的關聯[13]。

將諸子動心致病的觀點，對勘醫家的身體論述，誠見其彼此之相通相契。傳統醫家的代表著作《黃帝內經》載錄不少由情緒衍生、導致的疾病，如：「有所失亡，所求不得」，導致「肺熱葉焦」；而「悲哀太甚」，將使得「心下崩，數溲血」[14]；又如起因於「思想無窮，所願不得，意淫於外」的「白淫」之疾[15]；

11　《莊子‧德充符》：「吾所謂无情者，言人之不以好惡內傷其身，常因自然而不益生也。」見王叔岷《莊子校詮》，頁200。

12　（秦）呂不韋《呂氏春秋‧季春紀‧盡數》：「何謂去害？大甘、大酸、大苦、大辛、大鹹，五者充形則生害矣；大喜、大怒、大憂、大恐、大哀，五者接神則生害矣；大寒、大熱、大燥、大溼、大風、大霖、大霧，七者動精則生害矣。故凡養生莫若知本，知本則疾無由至矣。」收入《百部叢書集成》，冊441，卷3，頁4。

13　詳（漢）劉安《淮南子‧精神》，收入《百部叢書集成》，冊148，卷7，頁5。

14　參見郭靄春主編《黃帝內經素問校注‧痿論》，卷12，頁571。

15　所謂「白淫」，王冰注云：「白淫，謂白物淫衍，如精之狀，男子因溲而下，女子陰器中綿綿而下也。」（見郭靄春主編《黃帝內經素問校注‧痿論》，卷12，頁571）此疾致病因素除文中引括之「『思想』無窮」、「『意』淫」外，導致白淫的另一原因，則為「入房太甚」。可見傳統醫家認為過度的意念與情緒對身體的影響，並不亞於行為。

且情緒擾動不僅衍生多種疾病，併可破壞正常的傳病次第[16]。情志的刺激之損傷心神、甚至危害臟腑，正所謂：「悲哀愁憂則心動，心動則五藏六府皆搖」[17]。

為凸顯情緒擾動在傳統思想中的關鍵地位，茲就（一）理想心靈境界；（二）所主聖人的典型；（三）對人生的根本關懷、價值取向暨本此標的而開展的思想類型，對勘儒、道、醫家之同異，如下表 1：

表 1　儒、道、醫之價值取向、理想心境、聖人典型對照簡表

	儒	道	醫
理想心境	「凡有四端（惻隱之心、羞惡之心、辭讓之心、是非之心）於我者，知皆擴而充之矣」[18]。	「不將不迎，應而不藏，故能勝物而不傷」、「哀樂不能入」、「懸解」、「無待」[19]。	「守神」「全神」「無恚嗔之心」、「內無思想之患，以恬愉為務，以自得為功」[20]。
聖人典型	孟子謂「可以踐形」的聖人[21]——屬致力於	莊子稱「肌膚若冰雪」的神人[22]——為致力	「真人」「至人」「聖人」、「賢人」[23]——

16　就傳統醫學的觀點言，臟腑間有著規律的傳病次第。例如：病先舍於「肺」，倘未治療妥善，肺將傳病到「肝」；弗治，肝傳之「脾」；弗治，脾傳之「腎」；弗治，腎傳之「心」；又弗治，心即復反傳而到「肺」。是故當病初在「肺」時，便可對即將傳病的臟腑「肝」，採取保護措施。而於此情況下，尚仍能破壞傳病規律的，便是憂、恐、悲、喜、怒等情緒現象。《素問‧玉機真藏論》云：「或其傳化有不以次，不以次入者，憂恐悲喜怒，令不得以其次，故令人有大病矣。」見郭靄春主編：《黃帝內經素問校注》，卷 6，頁 277。
17　河北醫學院校釋《靈樞經校釋‧口問》，上冊，頁 478。
18　詳《孟子‧公孫丑上》第六章。見（宋）朱熹《四書章句集注‧孟子集注》，卷 6，頁 328-329。
19　《莊子‧應帝王》：「至人之用心若鏡，不將不迎，應而不藏，故能勝物而不傷。」（王叔岷：《莊子校詮》，頁 300）；《莊子‧大宗師》：「安時而處順，哀樂不能入也。此古之所謂縣解也。」（頁 241-242）；《莊子‧逍遙遊》：「若夫乘天地之正，而御六氣之辯，以遊无窮者，彼且惡乎待哉！」（頁 17-18）。
20　詳參《黃帝內經素問‧上古天真論》（郭靄春主編《黃帝內經素問校注》，卷 1，頁 17-18）。
21　《孟子‧盡心上》：「形色，天性也；惟聖人，然後可以踐形。」見朱熹《四書章句集注‧孟子集注》，卷 13，頁 506。
22　《莊子‧逍遙遊》：「藐姑射之山，有神人居焉，肌膚若冰雪，淖約若處子。」見王叔岷《莊子校詮》，頁 24。
23　同註 20。

	「心」、成就於「心、身」的境界型態。	於「心」、成就於「心、身」的境界型態。	係身、心境界的同時朗現。
根本關懷／價值取向／思想類型	在人倫的網絡中成就內聖外王，將生命價值立基於精神主體——屬「即『心』言心、身」之類。	齊同生死、物我的逍遙無待，將生命價值建構於精神主體——屬「即『心』言心、身」之類。	以卻老全形為終極目的，而兼有「治神」、「調氣」雙重工夫——屬「即『心、身』言身」或「即『心、身』言『心、身』」之類。

　　體道與否，又何謂得道，各家自有不同理境：儒家視主體的德性修養與實踐為最高價值，因此即使孟子主張「志」、「氣」雙向互動，且所描摹「可以踐形」的聖人，亦屬身、心境界的同時朗現；但所主「盡心」、「養氣」的工夫論述，仍只著力於「心／志」一端，故歸類為：致力於心（「求其放心」〔《孟子·告子上》〕），而成就於心、身（「可以踐形」〔《孟子·盡心上》〕）——所謂「即心言心·身」的思想類型。同理，道家亦歸屬於此類（詳表一）。工夫論既是傳統思想的核心論述，而此種不另闢修行時段、不刻意調息導引之無時不習、無有間斷的工夫，為儒、道二家所同宗[24]，則情緒之發露與節化——包括「煩」之徵候的有無，遂為儒、道之徒判定一己是否「體道」的重要關鍵。

24　《莊子》內篇明文「脩行无有」（〈大宗師〉第六），外篇更確指「吹呴呼吸，吐故納新」等導引之術，非莊學之徒所作為，而如彭祖之流的「養形之人」，亦非莊學之徒所企慕：「吹呴呼吸，吐故納新，熊經鳥申，為壽而已矣。此道引之士，養形之人，彭祖壽考者之所好也；若夫不刻意而高，無仁義而脩，無功名而治，無江海而閒，不道引而壽，無不忘也，無不有也。澹然無極，而眾美從之。此天地之道，聖人之德也。」（〈刻意〉）意謂莊學的工夫踐履，原在日常生活中，並不另外從事吐納、導引等「刻意」的修鍊行為。同樣的，《論語》開宗明義曰：「學而時習」（〈學而〉）。「時」字學者或解為「適時」、「在適當的時候」，見（南北朝）王肅《論語注》；或解為「時常」，見（宋）朱熹《四書章句集注》。「習」則當解為「實習」、「演習」，見楊伯峻《論語譯注》，頁3。宋儒更解「時習」為「無時而不習」，強化了「時」字的時間密度，更將工夫的實習、踐履，延展至無有間斷的極至：「謝（良佐，1050-1103）曰：學而時習者，無時而不習。坐如尸，則坐時習也。」見（宋）朱熹《論孟精義》，收入文淵閣《四庫全書》，冊198，頁7下。「無時而不習」，則日常生活盡為工

　　醫家的根本關懷與價值取向雖在「寶命全形」，而有別於生命價值建構於精神主體的儒、道二家；但從醫家對「道」與「得道」的界定來看[25]，無論其工夫抑或境界，均非只在「形軀」上立說。醫家基於志、氣互為因果的認識，主張「治心（神）」與「調氣」雙軌並進的工夫。而所標舉的理想典型：「真人」、「至人」、「聖人」或「賢人」，不僅身強壽益，並各有「守神」、「全神」、「無恚嗔之心」、「內無思想之患」、「以恬愉為務，以自得為功」等心靈境界[26]。故筆者歸之於「即心、身言身」（「心」、「身」工夫並存，而以「身」之成就為鵠的）、甚至可謂「即心、身言心、身」（「心」、「身」工夫並存，且以兼具「心」、「身」之境界為鵠的）的思想類型[27]。

　　對勘儒、道、醫三家之工夫論述、理想心境暨聖人典型，不難發現：節制、滌除、化解情緒波瀾，是各家工夫輻輳之所在；而了無情緒紛擾，更屬各家之聖人典範、理想心境所同具。情緒擾動在傳統思想中的關鍵地位由此可見。於是，情緒的義界與解讀、現象與場域、生滅與機轉，遂為研究者所不可輕慢的課題。尤其該根究的是，純粹心靈或說精神主體的探討，是否足以窮盡傳統文化中情緒論述的真義？

　　《莊子・大宗師》載錄子輿雖病，而其「心」卻迥異於世俗之人：

夫之所在。此不復於家常之外，別立修鍊之途，頗為後代儒者所承襲。

25　如《黃帝內經》所述「得道」的理想境界，既非儒家在人倫的網絡中成就內聖外王，亦非道家齊同生死物我的逍遙無待，而是身處於大化流行之中，能夠「知萬物」、「應四時」（《素問・寶命全形》），可以「先知日之寒溫，月之虛盛，以候氣之浮沈，而調之於身」（《素問・八正神明論》），亦即將身體與自然間的關係安頓得融洽和諧，使天地成為滋養身體的源頭活水，終能「壽敝天地」而「與道合同」。說參拙著《身體與自然》，頁328。

26　心境得以「恬愉」、「自得」，而無「恚嗔」、「思想之患」，自迥異於凡夫俗子的「魂不守舍」（「守神」）或「其形化，其心與之然」（「全神」）。

27　說本拙著《身體與自然》，頁319-328。然此處將醫家的工夫論述歸屬於「即心、身言身」一類外，並含括「即心、身言心、身」工夫類型的可能性說法，係為對舊作之反省與補正。相較於大傳統中的儒、道二家，如果莊子稱「肌膚若冰雪」的神人，孟子謂「可以踐形」的聖人，我們認為孟、莊筆下致力於「心」、成就於「心、身」的境界型態，已非僅是「即心言心」，更為「即心言心、身」的思想類型。那麼，以卻老全形、守神全神為終極目的，而兼有「治神」、「調氣」雙重工夫、境界可說的醫家，自可歸屬於「即心、身言身」甚或「即心、身言心、身」之思想型態。

　　曲僂發背，上有五管，頤隱於齊，肩高於頂，句贅指天，
　　陰陽之氣有沴，其心閒而无事。

莊子筆下的典範人物，即使體內陰陽之「氣」凌亂相傷、拂戾不和，其「心」卻猶不為所動，閒而無事。此道家哲學命題的背後預設了正常（而非超凡入聖）身體的情況：倘子輿非體道者而僅為凡俗之人，則「情緒」勢將隨體內之「氣」的逆亂而攪擾不安。傳統思想（包括醫家身體論述）所謂「情緒」與「氣」的互動，不當理解為一種機械式的化約關係；「情緒」擾動的現象，不能片面地化約為臟氣、脈氣的作用。拙著《身體與自然》曾借孟子「志壹則動氣；氣壹則動志」以論情緒與氣之相應關係：「過」或「不及」的歲時陰陽之氣影響了體內之氣，進而引發心理上「怒、喜、悲、憂、恐」種種變化，是謂「氣壹則動志」；但心志的主導作用，又足可決定「氣」勢的運行，是謂「志壹則動氣」。懷孕婦女之「心」可影響胎「氣」的說法，正是立於心可使氣之說[28]。可見形氣與心神之間的牽引互動，乃是一種對等開放的迴路[29]：從個體主動的立場而言，過度的「喜、怒、悲、憂、恐」會擾動脈氣的正常運行；另一方面，人既置身於天地「氣交」之間，自然與身體交通中氣的盛衰、多少、通阻，又相對地影響了情緒的表現。

28　詳見拙著《身體與自然》，頁 146-158、264-274。

29　湯浅泰雄對氣的能量與情緒間的深層關係，曾作如下表示：「そして東洋医学の病因論は、右にもいったように、情動のゆがみが及ぼす影響を非常に重視している。ところが気は、この瞑想法と刺針による治療法の両方にかかわる概念である。瞑想の訓練は、心理面から気のエネルギーを活性化して情動のゆがみをコントロールしようとし、刺針による治療は、同じ目的を皮膚の外側から刺戟によって達成しようとしている、といえるであろう、この点からみると、気は、情動と深い関係のある無意識下の潜在的エネルギーであるように思われる。そして経絡は、この潜在的エネルギーが循環する回路を表わしている。」（謂：東洋醫學的病因論，已如前述，非常重視情緒的偏差。而『氣』則是一種關係著瞑想法與刺針療法兩者的概念。或許可以這樣說：瞑想的訓練是試圖從心理將氣的能量活性化而控制情緒的偏頗；而刺針療法，則是從皮膚的外側施以刺激以試圖達成同樣的目的。從此點觀之，則令人不得不認為：氣是一種與情緒有著深層關係的、無意識之下的潛在性能量。而經絡，則是顯示出了這種潛在性能量的循環迴路。）」（自譯）（日）湯浅泰雄〈気・修行・身体〉，《湯浅泰雄全集第 14 卷・心身論》，頁 491。

　　綜上所述，中國古人不僅認為情緒與形氣、疾病之間有密切的牽引互動，甚至認為情緒不徒為心理現象，同時在存有論上 (ontological) 還具有身體的面向。所以，聚焦於純粹心靈、意識的層面、或心性論乃至精神主體的探討，恐無法周延地掌握情緒的生滅、機轉與作用場域。尤有甚者，若情緒的義界無法究明，則後學又將如何解讀展演於自身的情緒現象，遑論致力於體證情緒的遮撥與空無。

　　研究古代的「身體」論述[30]，無可避免地需用「當代」的語彙與觀念，來揣摩「古代」的思維。許多古今觀念的隔閡，並非缺乏現代用語以對應傳統理念所致；而是字面意義相近的用語或類似的指涉範疇，易使當代研究者忽略同一詞語在「古典」與「今義」間，可能存在關鍵性的歧異。例如，「煩」在中國古代的語言脈絡裡，乃是兼括心靈、意識層面暨口舌、肌骨、四肢等軀體各部的知覺體驗，而非現代用語所狹義指稱的情緒課題。儘管今日我們依舊常用「煩」這個字彙，但對於「一把燒到『頭』部的『火』」的概念意義、抑或存有意義為何，卻不甚了了。昔日符號具與符號義之間牢繫的臍帶，不知何時，已然一刀劃斷。今日欲理解因何「煩」中有「火」、為何火燒在「頭」，並體會諸子思想（包括「煩」等情緒有無關乎體道與否），我們必須經由文本的橋樑，投身傳統語意系統。

　　因此，本研究將以《傷寒論》為本[31]，探討醫家如何對治諸子百家共同關懷之情緒、如何體會「煩」證[32]。茲以「煩」證為實例，來揭示傳統醫學對於

30　「身體」一詞在中國古代的語言脈絡裡，乃是兼括形、神之全體，而非現代用語所狹義指稱的相對於神魂的形骸骨肉之軀。其論證過程，詳見拙著《身體與自然》，頁 45-55。

31　《傷寒論》原著名《傷寒雜病論》，東漢末年張仲景（名機，公元 150-219 年）所著，全書首綱領、次具證、次出方，兼論因誤致變、因逆成壞，係傳統醫家首部理法方藥較為完善，理論與實際相聯繫的經典著作（上古本有法無方，自此始有法有方）。於此引用版本為（晉）王叔和撰次，（宋）林億等校正，（明）趙開美校刻，路振平整理之《傷寒論》。

32　歸納《傷寒論》中涉及情緒性症狀之字詞及其次數，可得十五大類如下：（一）概括性之煩：包括煩、微煩、虛煩、內煩、大煩、煩熱、熱煩、小煩、自煩、發煩、反煩、乾煩、暴煩、煩亂、煩逆、煩極、乾嘔煩、鼻塞而煩、靜而復時煩，共見於 41 條經文計 47 次。（二）心之煩：包括心煩、心中煩、心內煩、心苦煩、心中飢煩、心中太煩、心中悸而煩、心（中）懊憹、心中懊憹而煩，共見

身體感的重視。在同一時空文化脈絡中，怒、喜、悲、恐、驚、煩等情緒字彙，是一組傳遞共通意義的符碼 (code)，其意義與價值，是由社會或文化傳統所賦予、並為社會群體共同認定。是故無論儒家、道家或醫家言煩，抑或辭章家、思想家、文字學家說煩，「符號具」既同，則「符號義」理當大致有同情共感。以下將討論《傷寒論》對「煩」證的身體感之認識，而「煩」字型之所以然亦將隨之明朗。

煩證的自體感與他體感

「煩」證的作用場域

　　傳統醫家認為，情緒與形氣彼此牽引，故難為當代的心靈、意識之類的範疇所拘囿。從下文論述「煩」證疾病場域的分布，可知除了心靈、意識的層面之外，「煩」證也出現在口舌、肌骨、四肢等軀體各部。古人藉由知覺體驗來認識人體與疾病，疾病的場域 (field of illness) 並非獨立於疾病、與疾病本身無關的偶發性身體部位。事實上，疾病場域內在於疾病，它是一疾病之所以為該疾病的構成要件。在傳統醫家看來，人之病不是疾病恰好發生在 (happen to) 某一場域而使該場域生病，而是該場域自身之變而形成疾病。易言之，疾病就是有變的身體場域，疾病場域（或有變的身體場域）就是疾病的本體。因此，

於 23 條經文計 24 次。（三）口之煩：包括煩渴、大煩渴、口燥煩、舌上乾燥而煩，共見於 5 條經文計 5 次。（四）胸之煩：包括胸煩、胸中煩、胸脅煩滿、胸中滿而煩，共見於 4 條經文計 4 次。（五）胃之煩：包括心下滿而煩、胃中煩熱、胃燥而煩、胃中燥煩實，共見於 5 條經文計 5 次。（六）肌裏骨節／全身具體之煩：包括骨節煩疼、骨節疼煩、支節煩疼、四肢煩痛、關節疼痛而煩、身體疼煩，共見於 7 條經文計 7 次。（七）煩躁：見於 17 條經文計 17 次。（八）躁煩：見於 9 條經文計 9 次。（九）躁：包括躁、躁擾、手足躁擾、躁不得臥、躁無暫安時，見於 10 條經文計 10 次。（十）恍惚心亂：見於 1 條經文計 1 次。（十一）心憒憒：見於 1 條經文計 1 次。（十二）悸：包括悸、心下悸、心悸、心中悸而煩、心動悸、臍下悸，見於 14 條經文計 15 次。（十三）叉手自冒心：見於 2 條經文計 2 次。（十四）惕而不安：見於 1 條經文計 1 次。（十五）驚：包括驚、煩驚、驚狂，見於 4 條經文計 4 次。此外尚有「喜忘」、「不識人」、「循衣摸床」、「獨語如見鬼狀」等精神重症之描述，未列入計算。觀此十五大類，可發現自第一項「概括性之煩」至第六項「肌裏骨節／全身具體之煩」皆係「煩」證範疇，而其餘如「煩躁」、「躁煩」、「躁」等又皆與「煩」具有系譜關係，本文乃以《傷寒論》中的「煩」證，為探究情緒證之身體感的核心議題。

對一疾病場域的判認，同時也是對一疾病的判認。傳統醫家也不會認識、判定或治療一疾病而不探究其場域，因為沒有脫離具體場域而存在的疾病，而治療一疾病也必從對治其發生場域入手[33]。

一、「心」之煩：煩證的空間意涵與形神相融

以下先檢索《傷寒論》中關於「心煩」的表述，進而分疏「心煩」的基本要素。「心煩」成詞者（包括「心中煩」、「心苦煩」、「心中太煩」、「心中飢煩」、「心中懊憹」等），計 23 條經文，約佔《傷寒論》中 101 條煩證相關論述的五分之一。試舉其中數例：

> 傷寒下後，心煩、腹滿，臥起不安者，梔子厚朴湯主之[34]。

> 傷寒，無大熱，口燥渴，心煩，背微惡寒者，白虎加人參湯主之[35]。

> 陽明病，不吐不下，心煩者，可與調胃承氣湯[36]。

> 少陰病，下利六、七日，欬而嘔、渴，心煩不得眠者，豬苓湯主之[37]。

33　疾病場域與疾病本身的關聯一說，受到 Merleau-Ponty 論動作場域 (the background to the movement) 的啟發。(Merleau-Ponty, pp. 110-111)

34　（漢）張仲景述，（晉）王叔和撰次《傷寒論・辨太陽病脈證并治中》，卷 3，頁 14。本文引用《傷寒論》，均依日本覆刊明・趙開美校刻本。同條（清）吳謙註：「熱與氣結，壅於胸腹之間。」（清）沈明宗註：「但邪陷胸膈，擾亂於上，則心煩。」見吳謙等編《御纂醫宗金鑑・訂正傷寒論註太陽中篇》，卷 2，頁 88。以下引本書簡稱《醫宗》，版本皆同此。

35　《傷寒論・辨太陽病脈證并治下》，卷 4，頁 13。本條吳謙註：「口燥渴、心煩，知熱已入陽明也。」（明）喻昌：「其人口燥渴、心煩，是裡熱已大熾。」見《醫宗・訂正傷寒論註太陽下篇》，卷 3，頁 117。

36　《傷寒論・辨陽明病脈證并治》，卷 5，頁 6。本條（金）成無己：「今陽明病，不吐不下，心煩，則是胃有鬱熱也。」見《醫宗・訂正傷寒論註陽明全篇》，卷 4，頁 139。

37　《傷寒論・辨少陰病脈證并治》，卷 6，頁 9。本條吳謙註：「是少陰熱、飲為病也。……熱耗津液，故渴；熱擾於心，故煩、不得眠。」見《醫宗・訂正傷寒論註少陰全篇》，卷 7，頁 232。

　　對勘經文，歸納注疏，並相參對治方劑，可見上舉「心煩」之證無不具二項特質：一是係屬傳統文化所共識、醫家所界定的「火」、「熱」之證，或「熱」壅胸腹，或「熱」入陽明，或胃有鬱「熱」，或「熱」擾於心；一是其「火」、其「熱」的作用場域，適皆在心胸、腹胃之間，簡稱作胴體之「裏」。即使部份經文並未直接明言煩證病位所在，然檢索經絡循行路線，如足少陰腎經：「從肺出、絡心，注胸中」[38]，將發現其空間部居仍在心胸之際。

　　值得注意的是，《傷寒論》中「心煩」證的作用場域之空間指涉，正基於與《黃帝內經》一致的身體觀。《黃帝內經》謂「神」舍主於「心」：形體中具空間意義的「心」，乃無形之「神」寓居的所在（此「神」不是「靈魂整體」的共名，而是專指靈魂佈居相當於形軀之心窩部位的別名）[39]。因此「神」所舍止的心胸部位，既是傳統「心之官」（其功能在思考，故得稱「君主之官」）運作的空間所在，同時也是《傷寒論》中情緒受擾動、或者擾動情緒（如「煩」證）的作用場域之一。

　　由上述煩證的空間知覺，可知煩證不是一類純粹的「意識」狀態或活動，而總是反映著病人置身於世界的生存與生活。因此我們可以說，身體（此指肉體，而非知覺主體）的存在和心理現象之間桴鼓影響、相互表示，或者說身體事件的發生始終有心理原因。這樣的說法固然有助於清除身、心二元論中的因果思維[40]，但必須究明的是，所謂精神和肉體、靈魂和身體、心理和生理之分，僅屬於觀念上的區別，而不契合傳統醫家的身體觀[41]。要言之，「相互作用」之

38　吳謙註：「少陰之脈，循喉嚨。其支者，從肺出、絡心，注胸中，是以少陰之熱邪上逆，則所過之處無不病也。」見《醫宗·訂正傷寒論註少陰全篇》，卷7，頁237。

39　詳見拙著《身體與自然》第三章「心神的認識」之第四節『「心者，神之處也」：神與形的空間繫連」，頁129-135。

40　可參見拙著《身體與自然》第二章「生命歷程中的身體觀」，頁45-90、第三章「心神的認識」之第六節「『志壹則動氣』：怒喜思悲恐影響於氣者」，頁146-158、第四章「氣的認識」之第六節『「氣壹則動志」：氣影響於怒喜思悲恐」，頁264-274。

41　湯淺泰雄曾論東洋醫學的身心關係如下：「身体を場とする心理作用と生理作用は、常に全体的（ホリスティック）な同時同調の関係において起っている、ということである。心理作用と生理作用の間に因果関係を考えることは、局部的に可能な場合もあるが、それによって心身関係の全体を

概念因為仍然預設了靈魂與身體為兩種分別的存在物 (entity)，故僅屬一種權宜的表述方式。事實上，生理現象和心理現象的聯繫，靈魂和身體的不可分，無時無刻皆在生存生活中實現。換句話說，在傳統醫家的身體論述中，神與形、靈魂和身體的結合，絕非假定了一個是主體、一個屬客體的配置。

假如煩的知覺只屬於一種意識狀態，而視意識為可以凌駕、超越肉體的存在，煩的知覺便難以從身體的角度來解釋。在此前提下，要理解經驗中意識的多樣性（如病態的意識），唯一重要的只是心性論，或者全以意識為研究對象。

茲引《傷寒論‧辨陽明病脈證并治》之病態意識為例：

> 傷寒若吐、若下後不解，不大便五、六日，上至十餘日，
> 日晡所發潮熱，不惡寒，獨語如見鬼狀。若劇者，發則不
> 識人，循衣摸床，惕而不安，微喘直視，脈弦（吳謙按：「弦
> 字，當是滑字。」）者生，濇者死。微者但發熱讝語者，大
> 承氣湯主之，若一服利，則止後服[42]。

若身心分屬二元，則讝語症重者之「獨語如見鬼狀」、「發則不識（人）」、「循衣摸床」、「惕而不安」，可逕理解為他在發讝妄、自言自語、妄見妄聞、躁動於手、心神不寧。簡括言之，患者只不過是自制力的墮落、或缺乏誠意定

説明しようとすると、生理学的唯物論かその逆の観念論や心身平行論など、近代哲学の認識論上の争いと同じ解決のない論争におちいってしまうだろう。（謂：以身體為場域的心理作用以及生理作用，一直都是以整體的 (holistic) 同時同步關係在發生的。當然，如果以因果關係來考量心理作用與生理作用之間，也有片面性可能存在的狀況；但，若要僅以此而試圖說明心身關係的全貌，就會如同生理學的唯物論、或是與其相反的觀念論、身心平行論等等近代哲學中認識論的爭議一般，陷入無解的論爭之中吧。）」（自譯）（日）湯淺泰雄《身体の宇宙性》，頁 69。

42 《傷寒論‧辨陽明病脈證并治》，卷 5，頁 7。本條清‧汪琥曰：「獨語者，即讝語也。病人自言為讝，獨語如見鬼狀，乃陽明府實而妄見妄聞。劇者，甚也。」成無己注云：「熱甚昏冒正氣，故不識人。循衣摸牀者，陽熱偏勝而躁動於手也。惕而不安者，胃熱沖膈，心神為之不寧也。」見《醫宗‧訂正傷寒論註陽明全篇》，卷 4，頁 144-145。

靜。實則不然，患者既沒有對刺激的自發意識，也沒有對反應的自發意識。患者不能被等同於他的自我意識[43]，此時患者的身體是知覺能力運作的場域。

除此之外，「煩」證的產生，在空間部居相仿的前提下，心、胸、腹、胃之交的「火」與「熱」，亦得為「燥（乾）」、「陰弱（竭）」（津液衰少、枯竭）所取代。茲舉數例以明：

> 傷寒二、三日，心中悸而煩者，小建中湯主之[44]。
>
> 少陰病，下利咽痛，胸滿、心煩[45]，豬膚湯主之。
>
> 少陰病，得之二、三日以上，心中煩，不得臥，黃連阿膠湯主之[46]。

43　石田秀実曾強調「氣的醫學」與當代醫學之殊異所在：「それとともに、気の医学にあっては精神疾病者の気の状態と普通者のそれとが、アナログ的に連続するもとして捉えられていることも忘れてはならない。精神疾病とは、気の連続的変化の一つの極点、陰陽の気の偏った亢進がもたらすものにすぎないのである。この偏りを調和のとれた位相に戻すことが、すなわち治療である、しかも、つねに調和の位相に気を保っている人などいるわけがないから、その意味では人はつねに何かしら狂っていて普通だということになる。『靈枢』通天篇などに見られるこうした人間理解は、私達にとって今なお新鮮である。（謂：我們必須記得，在氣的醫學中，精神病患的氣的狀態，與一般人的氣的狀態，也被視為系統變化的連續。所謂精神病患，亦只不過是氣的連續變化的一個極端，陰陽之氣偏差的亢進所招致的罷了。將此偏差回復而取得調和的相位，即是治療。況且，人不太可能恆常地將氣保持在調和的相位，所以，人往往因為某些因素而發狂錯亂，也就不是很稀奇的事了。《靈樞·通天》等篇章中可以得見的這種對人類的理解，對今日的我們而言反倒是非常新鮮的。）（自譯）（日）石田秀実《中国医学思想史》，頁146。

44　《傷寒論·辨太陽病脈證并治中》，卷3，頁17。本條吳謙註：「傷寒二、三日，未經汗下，即心悸而煩，必其人中氣素虛。雖有表證，亦不可汗之。蓋心悸，陽已微。心煩，陰已弱。故以小建中湯，先建其中，兼調榮衛也。」（明）王肯堂：「胃不和，則煩而悸。大抵先煩而後悸者，是熱；先悸而後煩者，是虛。」見《醫宗·訂正傷寒論註太陽中篇》，卷2，頁78-79。

45　《傷寒論·辨少陰病脈證并治》，卷6，頁6。本條吳謙註：「是少陰熱邪也。少陰之脈，循喉嚨。其支者，從肺出、絡心，注胸中。是以少陰之熱邪上逆，則所過之處無不病也。」喻昌曰：「蓋陽微者，用附子溫經；陰竭者，用豬膚潤燥，溫經潤燥中，同具散邪之義也。」見《醫宗·訂正傷寒論註少陰全篇》，卷7，頁237。

46　《傷寒論·辨少陰病脈證并治》，卷6，頁5。本條吳謙註：「乃熱也，故主以黃連阿膠湯，使少陰不受燔灼，自可愈也。」（清）程知曰：「心煩不得臥者，是陽明之熱，內擾少陰，故不欲寐也。當

動氣在右，不可發汗，發汗則衄而渴，心苦煩，飲即吐水。
動氣在左，不可發汗，發汗則頭眩，汗不止，筋惕肉瞤。
動氣在上，不可發汗，發汗則氣上衝，正在心端。動氣在
下，不可發汗，發汗則無汗，心中大煩[47]，骨節苦疼，目運
惡寒，食則反吐，穀不得前。

欸者則劇，數吐涎沫，咽中必乾，小便不利，心中飢煩[48]。

可見「火」、「熱」與「燥」為同消共長的一體兩面：燔灼之後，津液理應
衰少；而津枯液竭，火熱自然更熾。因此，「燥」證一如「火」、「熱」之屬，
當「陰弱」[49]、「陰竭」[50]、「腎水枯少」[51]、「腎水虛竭」[52]、「肺傷液耗」[53] 等
證見於靈臺、心胸之際，便產生情緒的擾動不安。

二、「口」之煩：煩證的口感與現象

「煩」字的基本構形，既非火燒到心，而是一把火燒到頭部，則就空間而
言，煩證的作用場域理應有上達頭部者。但遍覽《傷寒論》全書，卻不見眼煩、

以解熱滋陰為主治也。」見《醫宗·訂正傷寒論註少陰全篇》，卷7，頁236。

47　《傷寒論·辨不可發汗病脈證并治》，卷7，頁6。本條吳謙註「動氣者，築築然氣跳動也。臍之上
　　下左右，四藏之位也。四藏之氣，不安其位，故動也。」「動氣在右，肺氣不治，心不恆德。若誤
　　汗之，則心氣愈熱，血脈沸騰，故衄而渴苦煩也。」「動氣在下，腎氣不治，脾不恆德。若誤汗之，
　　腎水虛竭，故骨痛，惡寒，無汗，心煩，目暈也。」見《醫宗·訂正傷寒論註不可汗病篇》，卷15，
　　頁323。

48　《傷寒論·辨不可發汗病脈證并治》，卷7，頁6。本條吳謙註：「數吐涎沫，肺傷液耗矣。故咽乾，
　　小便不利，心中飢煩也。」見《醫宗·訂正傷寒論註不可汗病篇》，卷15，頁324。

49　吳謙註：「心煩，陰已弱。故以小建中湯，先建其中，兼調榮衛也。」見《醫宗·訂正傷寒論註太
　　陽中篇》，卷2，頁78-79。

50　詳註45。

51　沈明宗集註：「彼條（指黃連阿膠湯）之心煩不得眠，而無下痢，乃腎水枯少。」見《醫宗·訂正
　　傷寒論註少陰全篇》，卷7，頁233。

52　詳註47。

53　詳註48。

耳煩、抑或鼻煩，五官中唯獨口舌得見煩證，足見口舌為頭部特能呈顯煩證、感知煩證的場域。《傷寒論・辨太陽病脈證并治上》：

> 服桂枝湯，大汗出後，大煩渴，不解，脈洪大者，白虎加
> 人參湯主之[54]。

「大煩渴」意指口舌既渴且煩，乃係口腔的感受[55]。而於《傷寒論・辨太陽病脈證并治中》「白虎加人參湯」條下[56]，明・喻昌云：「是裡熱已大熾。更不可姑待，而當急為清解，恐遲則熱深津竭，無濟於事矣[57]。」則口腔的知覺體驗究竟何屬，方被歸類為不「急為清解」不行的「煩」證？《傷寒論・辨太陽病脈證并治下》：

> 傷寒，若吐，若下後，七、八日不解，熱結在裡，表裡俱
> 熱，時時惡風，大渴，舌上乾燥而煩，欲飲水數升者，白
> 虎加人參湯主之[58]。

清・吳謙註：「大渴，舌上乾燥而煩，欲飲水數升者，結熱在裡已彰也[59]。」由此可見，飲水數升的現象乃是口、舌覺「煩」的指標。且吾人可由「口」覺燥渴之際所欲飲水量的多寡，判別「煩」證的重輕。則於口煩證中有「不能飲」者，自當屬證之最輕者。例如《傷寒論・辨痙濕暍脈證》：

54　《傷寒論・辨太陽病脈證并治上》，卷2，頁12。本條吳謙註：「大煩渴，陽明證也。……津液為大汗所傷，胃中乾燥故也，宜與白虎加人參湯，清熱生津，而煩渴自除矣。」見《醫宗・訂正傷寒論註太陽上篇》，卷1，頁38。

55　「大煩渴」一詞，依句讀上音步點的不同，可作二解：一是「大煩、渴」，將「大煩」與「渴」，分別釋為作用在不同場域的病症，如「情緒」之大煩與「口腔」之渴；二是「大一煩渴」，視「煩」與「渴」併為作用在口腔的身體感受。而此二解何為正詁，乃視《傷寒論》所謂煩證，是否見得無關乎情緒之描述而定。筆者乃據《傷寒論・辨不可下病脈證并治》「骨節煩疼」（卷9，頁3）；暨《傷寒論・辨太陽病脈證并治下》「舌上乾燥而煩，欲飲水數升」（卷4，頁12）等，解得《傷寒論》所謂煩證，確有專指作用於「骨節」、「舌上」者。乃採後解。

56　《傷寒論・辨太陽病脈證并治中》，卷3，頁13。

57　《醫宗・訂正傷寒論註太陽下篇》，卷3，頁117。

58　《傷寒論・辨太陽病脈證并治下》，卷4，頁12。

59　《醫宗・訂正傷寒論註太陽中篇》，卷2，頁76。

> 濕家，其人但頭汗出，背強，欲得被覆、向火。若下之早，
> 則噦，胸滿，小便不利。舌上如胎者，以丹田有熱，胸中
> 有寒，渴欲得水，而不能飲，口燥煩也[60]。

清‧程應旄：「雖渴欲得水似熱，而不能飲可辨，則只是口燥煩，而實非胸中燥煩可知[61]。」意謂只是一直有「渴欲得水」之口感，卻無大量飲水的現象，則尚屬輕證。然如上舉「欲飲水數升者」，其火、熱之盛與病位之深，自非「渴欲得水」而「不能飲」者所能比擬。

要言之，口，是「煩」證的作用場域；渴，為口煩之證必有的身體感受；而渴欲飲水的「口感」與其後飲水量的多寡，則標誌著「煩」證之輕重緩急。

三、「肌裏骨節/全身具體」之煩：病位深度的知覺體驗

《傷寒論》所涉及感知「煩」的場域，除前述心胸、口舌外，尚有四肢骨節、一身骨節，乃至全身具體，這似乎比口舌之「煩」證寬闊許多。但必須特別注意的是，此證的展演深度，也就僅止於體表的肌、骨而已。茲舉大青龍湯證中的「熱兼肌裏」、「骨節煩疼」為例：

> 太陽中風，脈浮緊，發熱，惡寒，身疼痛，不汗出而煩躁
> 者[62]，大青龍湯主之。

> 傷寒，脈浮緩，身不疼，但重，乍有輕時，無少陰證者，
> 大青龍湯發之[63]。

60　《傷寒論‧辨痓濕暍脈證》，卷2，頁7。本條吳謙註：「丹田有熱，故口燥渴。欲得水，而不能飲，由胸中有寒濕故也。」見《醫宗‧訂正傷寒論註痓濕暍病篇》，卷13，頁307。

61　《醫宗‧訂正傷寒論註痓濕暍病篇》，卷13，頁307。

62　《傷寒論‧辨太陽病脈證并治下》，卷3，頁7。本條吳謙註：「不汗出而煩躁者，太陽鬱蒸之所致也。……陰寒鬱於外，則無汗。陽熱蒸於內，則煩躁。」見《醫宗‧訂正傷寒論註太陽下篇》，卷3，頁109。

63　《傷寒論‧辨太陽病脈證并治下》，卷3，頁7。本條詳《醫宗‧訂正傷寒論註太陽下篇》，卷3，頁111-112，吳謙註。

> 脈浮而緊，浮則為風，緊則為寒，風則傷衛，寒則傷榮。
> 榮衛俱病，骨節煩疼，當發其汗，而不可下也[64]。

儘管作用場域各異，形構「煩」證的內蘊氣機卻同為火、熱、燥，此由「骨節」等之煩疼，並見「陽熱」、「亢熱」可知[65]。然而，《傷寒論》中證兼體表發熱者，為數甚夥，則既同屬體表有「熱」，何以又有身體煩躁或不煩躁、骨節煩疼與不煩疼的差別？對勘二者，發現雖皆屬於「表證」，卻有病位深、淺的不同。譬如大青龍湯證強調「熱兼肌裏」、「其熱在肌」[66]，病位在於肌肉、骨節，則相較於桂枝湯證或麻黃湯證的「熱在皮毛」，自是較為深入。

也就是因為「熱」鬱較深，距「玄府」（汗孔）較遠，可想見散熱之不易，則肌肉、骨節間的不適之感，自比熱僅止於膚表者嚴重許多。先民或即因對此肌裏、骨節火、熱、燥感的不適「深」有「體」會，乃將此身體感受命名為「煩」。對於病位深淺的知覺體驗，頗能彰顯自體感中的個人角度，以及我和患者之間、我得以處在患者前面的某種不可分離的關係[67]。

另外，榮氣的不足，行於脈中營陰、營血的不足[68]，亦可歸為津液衰少。而前文既言「火」「熱」之證與「燥」證津液衰少為一體之兩面，可知榮氣不足亦可與「火」「熱」之證交互詮釋、相互取代[69]。

---

64 《傷寒論·辨不可下病脈證并治》，卷9，頁3。本條吳謙：「雖發熱、煩躁，其熱在肌，而不在胃，不可下也。」見《醫宗·訂正傷寒論註太陽下篇》，卷3，頁112。

65 詳《醫宗·訂正傷寒論註太陽下篇》，卷3，頁109，吳謙註；頁111，吳綬註。

66 吳謙：「仲景於表劑中，加大寒辛甘之品。則知麻黃證之發熱，熱全在表。大青龍證之煩躁，熱兼肌裏矣。」見《醫宗·訂正傷寒論註太陽下篇》，卷3，頁111。

67 此論酌參 Merleau-Ponty, p. 256.

68 言「榮氣不足」，意指營陰、營血不足者，可參《傷寒論·辨太陽病脈證并治上》「太陽之為病」條下吳謙按云：「榮、衛二者，皆胃中後天之穀氣所生。其氣之清者，為榮；濁者，為衛。衛，即氣中之慓悍者也；營，即血中之精粹者也。以其定位之體而言，則曰氣、血；以其流行之用而言，則曰營、衛。營行脈中，故屬於陰也。衛行脈外，故屬於陽也。然營衛之所以流行者，皆本乎腎中先天之一氣，故又皆以氣言，曰營氣、衛氣也。」（《醫宗·訂正傷寒論註太陽上篇》，卷1，頁27-28。）明言「營」即「血中之精粹」、「行脈中」者，並說明亦可稱「榮氣」的緣由，則「榮氣」所指可知。此且為歷來傳統醫家之共識，而非吳氏一家之言。

　　綜觀上述煩的自體感，其知覺場域是由心——口——肌裏——骨節——四肢，以及身體之間的空隙構成的。「煩」的知覺體驗始終是身體場域的一部份，沒有分明的界線，而在被注目的心——口——肌裏——骨節——四肢周邊漫延。追本溯源，「我」作為身體主體，知覺能力向世界開啟，我（亦即我的身體）便構成一個知覺場域，我乃是一具必須藉由身體來收受知覺的主體。我的整個身體本具有收受各種知覺體驗的潛在感受力，而一旦某種知覺體驗發生了（亦即該種知覺潛能從混沌中被實現了），它就會被記憶在身體裡，即使它並不總是出現。個別的疾病場域，固然是為便於標幟某種症狀體驗而劃出的身體局部，但它並不是一個臨時的知覺部位，被動地讓疾病來落腳，待病癒之後又被動地與該疾病知覺脫離關係，有如船過水無痕。事實上，如前所說，身體具有收受各種知覺體驗的潛在感受力，而一旦某種知覺體驗在身體某部位發生、實現了，身體會形成辨認此種知覺的能力；即使一時的知覺體驗後來消逝了，感受同類知覺的能力還是留在身體裡。所以，疾病場域、或疾病被體驗的知覺部位一旦建立，就不可能被取消[70]。「煩」既屬於感覺場域的一部份，則一旦被感知，其後的體驗便只能是不同程度、不同部位的「煩」或者「不煩」。「不煩」並非分辨煩感的知覺力之闕如，而是煩感暫時不在。所以，「不煩」仍然聯繫著我們和煩證之存有，因為我們已形成了對煩證的感受能力。

69　如《傷寒論・平脈法》有云：「寸口脈微而濇，微者，衛氣不行，濇者，榮氣不逮，榮衛不能相將，三焦無所仰，身體痹不仁。榮氣不足，則煩疼（吳謙註：「榮氣不足，故身煩疼。」），口難言；衛氣虛者，則惡寒，數欠。三焦不歸其部，上焦不歸者，噫而酢吞；中焦不歸者，不能消穀引食；下焦不歸者，則遺溲。」（卷1，頁10）並見「榮氣不足」，則身體煩疼之說。（吳謙註見《醫宗・訂正傷寒論註辨脈法篇・二十一》，卷16，頁366）

70　此說酌參 Merleau-Ponty: "The field is a setting that I possess for a certain type of experiences, and which, once established, cannot be nullified." (Merleau-Ponty, p. 328) 姜志輝譯為：「場是我為某種體驗建立的連接，場一旦建立，就不可能被取消。」見梅洛龐蒂著，姜志輝譯《知覺現象學》，頁415。

煩證中的「火」性：火的概念意義與存在意義

　　已知煩證的作用場域，有心胸、口舌、肌裏、骨節、全身具體之別；同屬傳統醫學中的「火」、「熱」之證，卻展演為身體各場域之煩。是以如何解讀《傷寒論》中的「火」與「熱」，遂為毋可輕忽的課題。

　　首先探究「火」、「熱」性質的由來。先民所以在心胸──口舌──肌裏──骨節──全身體表等處覺察到「火」、「熱」，是否係意識 (consciousness) 中既有的「火」、「熱」等概念應用到身體之中？例如先有陰陽五行說在思維中成形，其後纔將「火」暨陰、陽、金、水、木、土等特性套用於人體？

　　在某種意義上，身體（無論醫者抑或患者的）在進入某個知覺主體的生活之前，只是一個自然物體。而一旦知覺能力啟動了[71]，那麼身體──知覺能力運作的場域──就由顏色、聲音、觸覺等具體而個別的感覺性質所構成[72]。尋繹經文不難發現：在《傷寒論》置身處境、呈顯知覺體驗的認識進路中[73]，孤立的

71　參考 Merleau-Ponty: "Every object will be, in the first place and in some respect, a natural object, made up of colours, tactile and auditory qualities, in so far as it is destined to enter my life." (Merleau-Ponty, p. 347) 姜志輝譯為：「每一個物體首先是一個自然物體，如果物體能進入我的生活，那麼它應該由顏色、觸覺性質和聲音性質構成。」見梅洛龐蒂著，姜志輝譯《知覺現象學》，頁 437。

72　此等具體而特別的感覺性質，山田慶兒謂之「直觀的性質」，他曾為文對勘中國醫學與近代科學的相異之處：「近代科学あるいは機械論的自然観の特徴として、自然を認識するばあい、量をとおして対象を捉える、また要素に分解して対象を捉えるということがあります……中国科学にかぎらず、一般に伝統科学にぉいては、熱いとか冷たい、乾いているとか湿っている、甘いとか辛い、赤いとか黒いといった、感覚的な性質によって自然を捉えようとします。中国医学でいえば、診断するばあいの熱証・寒証とか、薬の性質をいうばあいの辛・酸・鹹・苦・甘の五味とか温・冷とか、そういう基本的な概念に感覚的な性質が入りこんでいる。ところが近代科学では、感覚的な性質は主観的性質であって、物に本来そなわる性質ではないとみなすようになりました。」（日）山田慶兒《中国医学の思想的風土》，頁 91-92。廖育群、李建民譯為：「近代科學或機械論自然觀的特徵在於，認識自然時以量來把握對象，以及分解為要素來把握對象。……不僅是中國科學，一般而言在傳統科學中，都是通過熱或冷、乾或濕、甜或辣、赤或黑這樣的直觀的性質來把握自然的。具體到中國醫學，診斷時的熱證、寒證；談藥之性質時的辛、酸、鹹、苦、甘之五味；溫、冷，在這些基本性概念裏，直觀的性質皆深入其中。然而近代科學卻將直觀的性質視為是主觀的性質，而不是事物本來具有的性質。」

73　關於《傷寒論》的認識取徑暨可由之彰顯的「中國學問」的「方法」，筆者將另撰專文討論。

知覺共相（譬如「紅」「黃」本身，不考慮它出現在哪裡、明晦淺深又如何）是找不到的，純粹的性質也是感覺不到的。醫家並不用純粹的性質來描述他對病人的所見、所感，他所論的性質都是落實在身體某部位的一種屬性。只有當顏色展現在身體表面上，如「面熱赤」、「面色青黃」，「目赤」、「（目）內際黃」，「口傷爛赤」、「舌上白胎滑」，「屎雖鞕大便必黑」或者「身發黃」時，顏色纔能被確定。一種顏色不僅是顏色，且是身體某個部位的顏色。面熱的赤色、目疾的赤色和口傷爛的赤色，不是同一種赤色；目內際黃的黃色、面色黃的黃色和身發黃的黃色，也不是同一種黃色。同樣的，唯有當「熱」、「溫」、「涼」、「寒」展現在身體上時（如「發熱」、「惡熱」、「煩熱」、「面熱赤」、「心中疼熱」、「熱上衝胸」、「一身手足盡熱」、「手足溫」、「足心必熱」、「潮熱」、「身大熱反欲得衣」、「惡寒」、「振寒」、「背惡寒」、「指頭寒」、「手足冷」、「膚冷」、「身涼」、「小便已灑灑然毛聳」、「身大寒反不欲近衣」、「惡風寒」、「惡風」、「寒熱往來」等），其熱、溫、涼、寒纔能被確定。同理推之，同歸屬於煩證，心覺煩、口覺煩、肌裏覺煩、骨節覺煩和全身具體覺煩，不是同一種煩。沒有純粹的煩，只有歸屬於具體身體場域中的煩。性質（如火、熱）必顯現在身體的場域裡，不能脫離身體場域而論之。在感覺經驗中，我們所得到的不是固定、抽象的性質，而是活的屬性[74]。醫家置身處境、重視知覺體驗的認識取徑，賦予感覺性質一種生命意義，此意義乃是由我們具有重量的知覺主體——身體來把握。相反地，只有在忽略知覺體驗的認識進路中，纔會單論絕對意識與純粹性質。

　　考察《傷寒論》經文中的「火」，可以發現同條經文中並見物理之火與體內火、熱者多例，而彼此間更每見相因、相契的密切關聯，試舉數例：

> 太陽病，二日，反躁。反熨其背，而大汗出：大熱入胃，
> 胃中水竭，躁煩，必發讝語[75]。

74　參見 Merleau-Ponty, p. 52.

75　《傷寒論・辨太陽病脈證并治下》，卷3，頁19。本條吳謙註：「不以青龍湯發汗，反以火劫熨背，逼汗大出。火邪入胃，胃熱水竭，則煩躁、讝語，所必發也。」見《醫宗・訂正傷寒論註太陽下篇》，卷3，頁112-113。

太陽病，醫發汗，遂發熱，惡寒。因復下之，心下痞，表裏俱虛，陰陽氣並竭，無陽則陰獨。復加燒針，因胸煩[76]，面色青黃，膚瞤者，難治。今色微黃，手足溫者，易愈。

太陽病，以火熏之，不得汗，其人必躁。到經不解，必清（案：當作「圊」）血，名為火邪[77]。

脈浮，熱甚，而反灸之。此為實，實以虛治，因火而動，必咽燥吐血[78]。

微數之脈，慎不可灸。因火為邪，則為煩逆[79]，追虛逐實。血散脈中，火氣雖微，內攻有力，焦骨傷筋，血難復也。

榮氣微者，加燒針，則血留不行，更發熱，而躁煩也[80]。

　　上舉六例，均誤以物理之「火」療病。首例當發汗而不發汗，反以火熨其背[81]，逼汗大出；二暨六例誤施以燒針[82]，或患者已經汗、下表裏俱虛，或患者

76　《傷寒論·辨壞病脈證并治》，卷4，頁9。本條吳謙註：「復加燒針，火氣內攻，陰陽皆病，故胸滿而煩。」見《醫宗·訂正傷寒論註壞病篇》，卷11，頁285。

77　《傷寒論·辨壞病脈證并治》，卷3，頁20。本條吳謙註：「太陽病，以火熏之，不得汗，其人必內熱躁甚，陰液愈傷。」（明）方有執：「躁，手足疾動也。」見《醫宗·訂正傷寒論註壞病篇》，卷11，頁293。

78　《傷寒論·辨太陽病脈證并治中》，卷3，頁20。本條吳謙註：「脈浮，熱甚，實熱在表也，無灸之之理，而反灸之，此為實。實，謂其誤以實為虛也……故熱因火動，其勢炎炎，致咽燥，而吐血必矣。蓋上條火傷陰分，迫血下行，故令圊血。此條火傷陽分，迫血上行，故吐血也。」見《醫宗·訂正傷寒論註壞病篇》，卷11，頁293-294。

79　《傷寒論·辨太陽病脈證并治中》，卷3，頁20。本條吳謙註：「微數之脈，乃陰虛血少之診，斷不可灸。若誤灸之，艾火內攻，為煩為逆。煩者，陰為陽擾也。逆者，追虛逐實也。陰本虛，而加以火則愈虛，是為追虛。陽本實，而加以火則愈實，是為逐實。然血已耗散，脈中艾火之氣雖微，而內攻有力矣。故致焦骨傷筋，血難復也。」見《醫宗·訂正傷寒論註壞病篇》，卷11，頁294。

80　《傷寒論·辨脈法》，卷1，頁1。條下程知註：「陰虛則內熱，若加燒針以助陽，則兩熱相合，而榮血不行，必更外發熱，而內煩躁也。」見《醫宗·訂正傷寒論註壞病篇》，卷11，頁294。

81　所謂「火熨其背」，屬熱熨療法的一種。將藥物炙熱，或以磚瓦燒熱，外用布包以熨體表，有散寒取汗的作用。參見李培生主編《傷寒論》，頁216。

82　燒針者，疑同《黃帝內經靈樞》所謂「焠刺」，即今所謂「火針」者，係以火將針燒紅，用治寒痹

榮血素虛而復加燒針；三例亦當發汗而不汗，反以火炕溫覆取汗[83]；四暨五例誤以艾火灸之，或患者素熱反灸，或患者血少氣微反灸，則只要是誤以物理之「火」，作為施治手法中的主要元素或重要元素，每將導致施治對象產生所謂「火邪」入胃，胃「熱」水竭；「火氣」內攻，胸滿而「煩」；「火邪」而躁（手足疾動）、圊血；熱因「火」動，而咽燥吐血；因火為「邪」而煩；以及外發熱、內煩躁等，皆屬古代文化情境或傳統醫家所義界的「熱」證。

必須深究的是，醫家誤治所持的「物理之火」，與遭誤治患者解讀作「熱」象的疾病徵候 (symptom) 間的關係為何？又要如何看待「火邪」、「火氣」的概念，及其與包括煩證等諸熱證間的繫聯？

倘前言心中、口舌、肌裏、骨節等煩感各殊的身體知覺，屬內部認識，則用以溝通其間的詞語如「火」、「火邪」、「火氣」等，當屬內部認識的外部符號。然而外部符號對於內部認識並不起作用，即便沒有外部符號，內部認識照樣能產生[84]。

在《傷寒論》憑藉知覺體驗的認識進路中，火、火邪、火氣等概念，與心中之煩、口舌之煩、肌裏之煩、骨節之煩等「身體感」，係兩相涵括，一者包含在另者之中。知覺體驗包含在概念中，而概念用以概括某一類的知覺體驗。身體，無論自體或他體，皆是透過顏色、氣味、聲音、觸摸……等各種知覺匯合叢集而顯現的有機體。在初始狀態的知覺體驗中，在一切話語之前，加諸感官知覺的號記及其意義，是不可分離的。每一種身體感，都含有一種意義。確

在內之症。其法源於《黃帝內經靈樞·壽夭剛柔篇》云：「黃帝問曰：刺寒痹內熱奈何？伯高曰：刺布衣者，必以火焠。」〈經筋篇〉云：「焠刺者，刺寒急也。」〈官鍼篇〉云：「焠刺者，刺燔針，則取痹也。」火針用法，先將針在酒精燈上燒令通紅，次用墨點記穴位，並安慰病者，令無恐懼，痛苦與灸一般，醫者急以左手按穴，右手持針迅速刺入，切忌太深，不可久留，速便出針，隨以左手揉按針孔，則能止痛。說詳黃維三編《針灸科學》，頁 92。

83　吳謙註：「火熏，古劫汗法也，即今火炕溫覆取汗之法。」見《醫宗·訂正傷寒論註壞病篇》，卷 11，頁 293。

84　本節判分「內部認識」與「外部符號」，參考 Merleau-Ponty 論言語、思想區別之所在。(Merleau-Ponty, pp. 38, 176-177, 182, 297)

切地說，「火」的概念具有來自知覺體驗的動作意義 (gestural meaning)[85]，而每一種感覺性質與其他感覺性質逐漸聯繫在一起，形成傳統文化情境與醫家身體論述中的符號系統。

自體或他體的視覺、觸覺與味覺材料、寒熱燥濕、乃至精神情緒等種種感覺材料，在我們的目光下、手指下展開，如同一種自我訴說的語言。或者說感官向自體、他體詢問，而自體、他體復以此回答我們的感官。則在有「火」這個概念或詞語之前，首先是作用於身體的一個事件、一個知覺體驗；而當「火」成為概念符號之後，便劃定了身體徵候與知覺體驗，其相關意義的界限。

因此，本文不擬將「火」、「火邪」、「火氣」等傳統文化情境或醫家身體論述中的「火」視為古代陰陽、五行學家（或學派）在思維中憑空建構的玄想，而後乃被套用於醫家的身體論述。筆者亦不將「火」與「煩」視為因—— 果的兩端，也就是不復在身體感的知覺體驗之外，更追溯成就知覺體驗的前因。

更申言之，「火」這概念的意義，並不侷限於一普通意義的「火」的指涉範疇。《傷寒論》中非由誤治以物理之「火」，卻依舊衍生「熱」證的條例，為數甚夥：

> 動氣在右，不可發汗；發汗，則衄而渴，心苦煩，飲即吐水。動氣在左，不可發汗；發汗，則頭眩，汗不止，筋惕肉瞤。動氣在上，不可發汗；發汗，則氣上衝，正在心端。動氣在下，不可發汗；發汗，則無汗，心中太煩，骨節苦疼，目運惡寒，食則反吐，穀不得前[86]。

儘管前文所引不當火熨其背卻火熨其背，不當以火炕溫覆取汗卻以火炕溫覆取汗，不當施以燒針、灸艾仍施以燒針、灸艾，看似與本條病因全然不見物

85　動作意義 (signification) 術語，說參 Merleau-Ponty, p. 179.
86　《傷寒論・辨不可發汗病脈證并治》，卷 7，頁 6。

理之「火」有別[87]。但是不同的病因所導致的體內情狀，以及所呈顯的疾病徵候，卻具相當程度的一致性：檢視本條詮釋中的「心氣愈熱」與「腎水虛竭」[88]，意同火、熱上升而津、液相對衰少[89]，所描述的疾病徵候，也同屬「心苦煩」、「心中太煩」、「衄而渴」等火熱之證。可見致病因素雖非具象之「火」，但是所致疾病在體內的作用機序與所呈顯的疾病徵候，卻與病因為具象之「火」者相類。醫家遂以「火」此一外部符號，來統籌內部認識相同、相類的病機與病候。則稱「火」證者，固可肇始於普通意義之火，亦可能起因於無關乎普通意義的火[90]，由此可知，一個外部符號的意義，與其說是由詞語的普通意義構成，還不如說是內部認識改變了詞語的普通意義。

涵蘊在外部概念如「火」中的動作意義與存在意義，可經由知覺體驗而為我們重新把握。可見一個成功的外部符號表達活動，不僅為《傷寒論》作者本人以及歷代讀者提供一種記憶輔助物，而且還使意義永存於外部符號、或整個符號系統，使得載錄於《傷寒論》的知覺體驗因此得以重生於讀者心中，為我們的體驗開闢一個新的可能。

「煩」證的量表：身體感中「火」的大小

傳統醫家所認識的生理與病理，乃是一理的「常」與「變」，彼此間並不是分峙性的對立，而是在知覺體驗的現象上，形成一種相互詮解的互補關係。《傷寒論》中的「煩證」既被視為體內火、熱、燥感的病徵，則「心不煩」、「口不煩」、「肌裏骨節不煩」所指的，當可說是體內火、熱、燥氣的「常態指標」。

87　所以言「看似」者，蓋由採用物理之火以外的措施而過度發汗，與憑藉物理之火加熱而強竭津液，二者之間，原具本質性關聯。

88　詳註 47。

89　關於火熱的相對程度標準與大小，詳次節。

90　畢竟在傳統醫家的認識進路中，身體論述的主要任務，旨在呈顯自體、他體的病機與病候，而非聚焦於病因，如前文中導致「壞病」（《傷寒論》中凡稱「壞病」者，指被醫壞的疾病。多由庸醫違背醫理、抑或施治不當所導致）的熨療、燒針或本條誤汗所用方劑等。

而當「煩」發於心、口或肌裏、骨節，即表示體內火氣的過盛。此由《傷寒論‧辨太陽病脈證并治中》：

> 太陽病，脈浮緊，無汗，發熱，身疼痛，八、九日不解，表證仍在，此當發其汗。服藥已，微除。其人發煩、目瞑；劇者，必衄，衄乃解。所以然者，陽氣重故也，麻黃湯主之[91]。

可見「發煩」此一現象病候，乃源於「陽氣重故也」。而所謂「陽氣」，於吳謙註中得知，即指「陽邪」[92]。那麼，相應於陽氣之「重」，顯然有一「常態」，是當人體處於此標準狀態，即不「煩」，倘超過，「煩」的感受便油然而生。

再參見《傷寒論‧辨太陽病脈證并治上》：「太陽病，初服桂枝湯，反煩不解者，先刺風池、風府，卻與桂枝湯則愈[93]。」一條，此概念將更為清晰。所謂「反煩」，方有執註：「『反』者，轉也，言轉加熱悶也。」又吳謙於本條註：「不惟不解，而反加煩，是表邪太盛。」即言相較前條之「陽氣重」、「陽邪盛」，此處乃「表邪（熱邪）太盛[94]」，不僅指出「煩」，更強調「反加煩」的程度上差別。從以上二例可以推知：不「煩」，即處於「常」態中的人體，它相對於病變的狀態而形成了一個標準，一旦熱邪超過此標準，便即發「煩」，甚而當邪熱之氣愈盛，煩的程度將愈大。一旦心、口、肌理骨節等作用場域之中發煩的現象愈趨嚴重，就標誌著體內煩證的病候愈趨強大。

醫家對於疾病的認識，既以知覺體驗為進路，然畢竟火、熱無形而「現象」可感，於是在「辨『證』論治」的療則下，遂分梳日常生活中煩證的身體感，作出程度性、進階性的區別，以便經由「現象」的指標，來掌握體內氣機流轉的「火候」。

91　《傷寒論‧辨太陽病脈證并治中》，卷3，頁9。
92　《醫宗‧訂正傷寒論註太陽中篇》，卷2，頁91。
93　《傷寒論‧辨太陽病脈證并治上》，卷2，頁13。
94　《醫宗‧訂正傷寒論註太陽上篇》，卷1，頁33。

　　以下將從日常生活「自體感」中的內心煩亂之感、燥渴口感、眠臥之感，以及「他體感」——如由醫家切脈的脈形、脈速、脈之強弱或按壓腹部之軟硬感受等他體感，以了解《傷寒論》如何經由日常生活的身體感受，去認識氣機中「火」的大小與煩證的輕重程度。

　　在心胸此一作用場域中，《傷寒論》關於人體內火、熱、燥氣，如前所述，乃以「心不煩」為常態。以此基準來析辨「煩」證的進階：火、熱的程度有大有小，所呈顯的「煩」證自然亦有重有輕，而先民如何度量這種相對性的、漸進性的身體「煩」感變化呢？試由一例說起：

> 太陽病，脈浮而動數，浮則為風，數則為熱，動則為痛，
> 數則為虛，頭痛發熱，微盜汗出，而反惡寒者，表未解也。
> 醫反下之，動數變遲，膈內拒痛，胃中空虛，客氣動膈，
> 短氣躁煩，心中懊憹，陽氣內陷，心下因鞕，則為結胸，
> 大陷胸湯主之。若不結胸，但頭汗出，餘處無汗，劑頸而
> 還，小便不利，身必發黃[95]。

引文中出現了「懊憹」這樣的辭彙。方有執於本條註稱：「懊憹，心為邪亂而不寧也[96]。」再者，《傷寒論・辨陽明病脈證并治》「梔子豉湯」[97]條下，吳謙註更明白地點出「心中懊憹」，是「陽邪蒸鬱於胸膈間也[98]。」除此之外，《傷寒論・辨太陽病脈證并治中》：

> 發汗、吐、下後，虛煩不得眠。若劇者，必反覆顛倒，心
> 中懊憹，梔子豉湯主之。若少氣者，梔子甘草豉湯主之；
> 若嘔者，梔子生薑豉湯主之[99]。

95　《傷寒論・辨太陽病脈證并治上》，卷4，頁4。
96　《醫宗・訂正傷寒論註太陽上篇》，卷1，頁57。
97　《傷寒論・辨陽明病脈證并治》，卷5，頁9。
98　《醫宗・訂正傷寒論註陽明全篇》，卷4，頁150。
99　《傷寒論・辨太陽病脈證并治中》，卷3，頁13。

吳氏註：「懊憹者，即心中欲吐不吐，煩擾不寧之象也。因汗、吐、下後，邪熱乘虛客於胸中所致。」又曰：「心之反覆顛倒，則謂之懊憹，三陽熱證也[100]。」從這些定義中不難察覺，所謂「懊憹」與前述之「心煩」，在身體感受與病因的狀寫上實極其近似，同屬火熱壅鬱於心胸所致。則「心煩」與「心中懊憹」間，又是基於何種關係下，而分別被安置在《傷寒論》的經文中？細查本例，「若劇者」三字顯然提示著：在經汗、吐、下引起的虛「煩」之上，更有一層，因熱邪導致的情緒擾亂，其程度是更「劇」於「煩」。同樣的概念，在《傷寒論‧辨不可發汗病脈證并治》「傷寒頭痛」條更是明顯：

> 傷寒頭痛，翕翕發熱，形象中風，常微汗出，自嘔者，下
> 之益煩，心懊憹如飢。發汗則致痓，身強難以伸屈；熏之
> 則發黃，不得小便，久則發欬唾[101]。

這種誤施以「下」法之後，使得患者「益煩」的感受，《傷寒論》中形容為「心懊憹如飢」。正如清‧魏荔彤的註解：「未下時已『煩』可知，此『特更甚』耳[102]。」由是可見，自「不煩」而「心煩」乃至於「心中懊憹」，是一種煩證的身體感之進階，或說一種度量指標，藉由「現象」的程度改變來區別體內火、熱之氣的大小，進至更精確地掌握煩證身體感的諸多變化。

關於「熱」的加成，試再舉一例以明：

> 發汗已，脈浮數[103]，煩渴者，五苓散主之。

> 傷寒汗出而渴者，五苓散主之；不渴者，茯苓甘草湯主之[104]。

由此，可歸納出如下表格：

100　《醫宗‧訂正傷寒論註太陽中篇》，卷2，頁87。
101　《傷寒論‧辨不可發汗病脈證并治》，卷7，頁7。
102　《醫宗‧訂正傷寒論註不可汗病篇》，卷15，頁325。
103　《傷寒論‧辨太陽病脈證并治中》，卷3，頁13。本條吳謙註：「脈浮數，之下當有『小便不利』四字。」見《醫宗‧訂正傷寒論註太陽中篇》，卷2，頁76。
104　《傷寒論‧辨太陽病脈證并治中》，卷3，頁13。

表2　「汗」、「渴」、「煩」火、熱證程度表

五苓散證	小便不利	汗出	渴	煩
五苓散證	小便不利	汗出	渴	（不煩）
茯苓甘草湯證	小便不利	汗出	不渴	（不煩）

（底色深淺反映火熱多寡）

　　首先，「汗」、「渴」、「煩」是三種體內有火、熱的表徵。從低至高來看，自「茯苓甘草湯」到「五苓散」，是由「唯汗出但不渴、不煩」到「汗出、渴而無煩」臻至「又汗出又渴又煩」的變化過程。「煩」的加劇，顯然隨著僅「汗出」一項至兼有兩者，到達三者俱全，而呈現出一種梯度的關係。

　　當我們著意於煩的階層性描述，亦不能忽略，傳統醫家視身體為一不可切割的整體概念。因此，「心不煩──心煩──心中懊憹」以及「不煩不渴──煩而不渴──既煩且渴」等人體內不同場域與程度的徵候，絕非彼此平行、互不相干。換句話說，由《傷寒論》諸多經文中，我們不單可從心之「煩」證列比出人體內火、熱之氣的度量指標，乃至口之煩、肌裏骨節全身性的「煩」，都可分別體察出一種進程性的狀寫，但這些呈顯於不同場域的「煩」的程度彼此亦互相影響。他們的關係就好比植物維管束對於水份的吸引，看似各自獨立的維管，卻密切地維持著一同消共長的水平面。

　　於是，站在醫家以「心──身」為交互作用而無法實質判分之有機整體的立場，我們或可詮釋，前引五苓散證、茯苓甘草湯證所謂「煩」係屬一種全身性的、整體性的現象感受。並由此理論基礎，再來檢視下面這個例子：

　　　　傷寒下後，心煩腹滿，臥起不安者，梔子厚朴湯主之[105]。

吳謙曰：「今既煩且滿，滿甚，則不能坐，煩甚，則不能臥，故臥起不安也。[106]」「臥起不安」顯然表示一種全身性的「煩」證，而與「心煩」並列於此處，則

105　《傷寒論‧辨太陽病脈證并治中》，卷3，頁14。

更加說明了，各別作用場域中之「火」、「熱」的程度不是自成一系，互相無涉，而是存在著緊密相通的消長繫連。

以上舉凡內心煩亂之感、燥渴之感、眠臥之感等，皆屬於個人日常生活經驗中「自體感」的範疇。而醫家更推擴一己「煩」證的身體感，而由「他體感」（透過觸知脈象或按壓胃部的軟硬等方式）[107] 來認識氣機中「火」的大小與煩證的輕重。

觸覺體驗黏附在身體的表面，醫者無法把此般體驗獨立於被接觸的病患身體之外。相應地，作為觸覺的主體，醫家不可能無所不在，而終須通過自己的身體去知覺世界。於是，當我立在患者面前，一個運動的空間即在我的手下展開，患者的身體在觸摸意向中向我呈現，而非在一種認識意向中向我呈現。換言之，觸腹之診按壓動作的執行，不是意識、心智在觸摸，而是手的空間的一種變化，是身體、是手在觸摸。醫者的觸摸不是在認知或思考，只是經由雙手再次體驗了屬於其運動潛力的一種方式，而這纔是有效的觸摸。

畢竟，受到個人體質範圍的生理與病理狀態，是一種殊別意義中的「常」與「變」。醫家藉由普遍的、多方累積的他體感，試圖從共相層面去體察人體之「變」與「常」。醫家透過觸診、按壓的經驗感受，加以所接觸病證多方，可據以辨析之資料亦豐富，再參以個人生活中的體會，當能更加完整詳盡地架構出胃腸中火熱盛衰的梯度。如下表所列，析論有關觸腹之診的經文，再根據前文之「常態指標」，正呈顯出五個不同的病證層級。

106　《醫宗・訂正傷寒論註太陽中篇》，卷2，頁88。

107　由於脈診的體系繁複精微，切診之餘，更有三部九候之診；再者，我們很難將象徵火、熱的「數脈」，抽離於弦、洪、濡、浮、沈等諸多脈象之外，在無其他脈象位置、速度、形狀參照比較的情況下，獨立析論之。此所以本文論《傷寒論》中煩證的身體感，卻在「他體感」的部份，省略脈診而單論腹診之由。

表 3 觸腹之診火熱盛衰程度表

情緒	微煩	更煩 （虛煩）	（實煩）	煩躁	煩躁／心中懊懷而煩
腹診	腹（虛）滿：「中寒不能化穀」、「其滿不過虛熱內壅」[108]	按之心下濡（而不痞）：「熱遺於胸中」[109]	心下痞（按之不濡而痞硬）[110]：「邪熱陷入，心下痞結」；「邪熱凝聚之痞」[111]	心下鞕：「結在腸間而胃火自盛」[112]	繞臍痛：「腸胃中燥屎結無去路」、「因胃熱而結為燥丸之屎」[113]

108　《傷寒論・辨陽明病脈證并治》：「陽明病，脈遲，食難用飽，飽則微煩，頭眩，必小便難，此欲作穀疸。雖下之，腹滿如故，所以然者，脈遲故也。」（卷 5，頁 5）吳謙曰：「今脈遲，遲，為中寒。中寒不能化穀，所以雖饑欲食，食難用飽，飽則煩悶，是健運失度也。」（清）張璐曰：「其滿不過虛熱內壅，非結熱當下之比也。」吳謙、張璐註見《醫宗・訂正傷寒論註陽明全篇》，卷 4，頁 154。

109　《傷寒論・辨厥陰病脈證并治》：「下利後，更煩，按之心下濡者，為虛煩也，宜梔子豉湯。」（卷 6，頁 16）吳謙註：「按之心下濡而不痞者，是虛煩也，故亦宜梔子豉湯。若按之不濡，而痞硬，則又為實煩，當用大黃黃連瀉心湯矣。」（明）林瀾曰：「乃熱遺於胸中也。」吳謙、林瀾註見《醫宗・訂正傷寒論註太陽中篇》，卷 2，頁 86。

110　詳前註。

111　《傷寒論・辨太陽病脈證并治下》：「傷寒，大下後，復發汗，心下痞，惡寒者，表未解也。不可攻痞，當先解表。表解，乃可攻痞。解表，宜桂枝湯。攻痞，宜大黃黃連瀉心湯。」（卷 4，頁 12）吳謙：「先下後汗，治失其序矣。邪熱陷入，心下痞結，法當裡解。……攻痞，以大黃黃連瀉心湯者，以其為表解、裡熱之痞也。」張璐曰：「大下之後復發汗，先裡後表，顛倒差誤。究竟已陷之邪痞結心下，證兼惡寒，表邪不為汗衰，即不可更攻其痞。當先行解肌之法以治外，外解以後，乃用大黃黃連攻其邪熱凝聚之痞，方為合法。」見《醫宗・訂正傷寒論註太陽中篇》，卷 2，頁 97-98。

112　《傷寒論・辨陽明病脈證并治》：「得病二、三日，脈弱，無太陽、柴胡證，煩躁，心下鞕，至四、五日，雖能食，以小承氣湯，少少與微和之，令小安。」（卷 5，頁 13）程應旄曰：「能食，以結在腸間，而胃火自盛也。先以小承氣湯少少與之，和胃中之火；令少安後，以前藥增至一升，去腸中之結。」見《醫宗・訂正傷寒論註陽明全篇》，卷 4，頁 141。

113　《傷寒論・辨陽明病脈證并治》：「病人不大便五、六日，繞臍痛，煩躁，發作有時者，此有燥屎，故使不大便也。」（卷 5，頁 12）條下吳謙註：「病人不大便五、六日，繞臍痛者，是腸胃中燥屎結無去路，故繞臍痛也。」程應旄註：「繞臍痛，則知腸胃乾，屎無去路，滯濇在一處而作痛。」見《醫宗・訂正傷寒論註陽明全篇》，卷 4，頁 149；《傷寒論・辨陽明病脈證并治》：「陽明病，下之，心中懊懷而煩，胃中有燥屎者，可攻。腹微滿，初頭鞕，後必溏，不可攻之。若有燥屎者，宜大承氣湯。」（卷 5，頁 11）程知曰：「燥屎者，胃中宿食，因胃熱而結為燥丸之屎也。」見《醫

　　本表第一列所展現的，乃是以情緒受擾動的感受與程度來界定煩：由「微煩—— 更煩（虛煩）——實煩——煩躁——心中懊憹而煩」其微甚的變化。而這樣的變化，又恰好與觸診時腹部之軟硬程度：「腹（虛）滿——心下濡——心下痞——心下鞕——繞臍痛」，症狀之由淺入深，呈明顯的正向關係。顯現於外在身體之候，為一由軟到硬的觸感現象；而胃中火熱的大小，按火熱的輕重程度，自左而右依序適為：「中寒／虛熱內壅——熱遺胸中——邪熱陷入心下痞結——結在腸間而胃火自盛——因胃熱而結為燥丸之屎」，三方對勘，正見一緊密的消長對應。

「煩」證的向度：身體感中「火」的方向

　　煩證的輕重，與體內火熱的大小相因相契，已如上述。而「煩」既為「一把燒到頭部的火」，則人體的常變之氣似有方向性。以下試圖辨析之。

　　在任何一物體中，只需兩個點就能確定一個方向。但知覺主體有別於物體，也不在物體之中，而只有感覺場。對思維性主體而言，正看的圖案和倒看的同一圖案沒有區別。但對知覺性主體來說，倒看的圖案卻難以辨認。在《傷寒論》以知覺體驗為認識進路的辨證論治過程中，受治對象並不是為思維性主體而存在，而是為望、聞、切等知覺而存在。正因被感知的世界只能在其方向上被理解，故而傳統醫家並非在對象之前保持一超然、抽離的立足點，亦不能把受治對象從其位置處境中切割分離出來。感覺場中的上和下、左與右、垂直方向和水平方向，皆由我們的身體對世界整體的把握而確定，故辨證論治必須以知覺主體與受治對象的面對面為前提，而知覺主體本身，就是所有方位標中的方位標[114]。

　　筆者在《身體與自然》論及傳統醫家的「身體觀」，其中關於「氣的認識」的章節曾得結論如下：由經絡所構成的循環網路，雖形成一封密系統 (closed

---

宗‧訂正傷寒論註陽明全篇》，卷 4，頁 140。

114　感覺場與方向性的關係，說參 Merleau-Ponty, pp. 246-247, 252-253, 267, 285.

system)，卻隨時與自然界進行氣的交融，而非孤立系統 (isolated system)。而所謂身體交融、統一於自然之中，並不是一種純粹感應式的假說，而是內外之氣經由具體路徑通應，使身體與自然間形成密切交流的網路。數百個佈居於體表的俞穴（氣穴），是身體與自然交流的「門戶」所在。「氣穴」與「孫絡」交會，而「孫絡」為「絡」的分支，再輸導入「經」，形成由淺至深，由體表至體內的三段式運行。關於氣行的向度，在《黃帝內經》所建構的十二經脈中，陰經的經脈之氣，是由足上行至頭，再由頭下行循臂到達手指的尖端；陽經的經脈之氣，則是從手上行至頭，再下行至足。各經脈間也因氣的流轉而彼此聯繫，形成一條立體的交通動線，網絡全身[115]。張仲景《傷寒論》全書雖不引古經一語，卻正是繼承並發揚《內經》「生氣通天」（身體如何與自然溝通）與「脈氣流經」（人體中氣行的路徑）之說，更謹遵《內經》時代即已發展成熟的十二經脈循行體系，而闡明六經辨證的奧義。

　　承上所述，由《內經》到《傷寒》，「脈氣流經」既有一定正常的向度（簡言之：陽脈之氣由頭至足，陰脈之氣由足至頭），則不論是《內經》期能「*先知日之寒溫，月之虛盛，以候氣之浮沈，而調之於身*」（《黃帝內經素問·八正神明論》）的調氣於身，或者《傷寒論》為「*調和，承順胃氣*」之義而命方[116]，抑或如「大承氣湯」條下，柯琴註曰：「*諸病皆因於氣，穢物之不去，由於氣之不順也。故攻積之劑，必用氣分之藥，因以承氣名湯*[117]。」所謂承氣、順氣與調氣，皆以經脈之氣依循正常的向度流行，為養生療病的鵠的。

　　十二經絡中正常流動之氣有其一定的向度，已表述於前。然則外象發煩之候、內鬱火熱之氣的患者，其體內失衡之「火」，亂中是否仍有其「序」——猶有一定的向度可說？

　　考諸《傷寒論・辨太陽病脈證并治下》經文本身詮釋「心煩不得安」的氣機為「客氣上逆」[118]，程應旄註「客氣」為「熱氣」[119]。又如〈辨少陽病脈證并治〉：「胃不和，煩而悸」[120]，清・汪琥註：「**此言胃熱上犯於心，故藏神不自寧也**[121]。」說明外象為情緒受擾動的煩證，內氣為「胃熱」，氣機的向度則為「上犯」。再如吳謙註〈辨太陽病脈證并治中〉與〈辨少陰病脈證并治〉的「心煩」之證[122]，也說：「**邪在胸脅，火無從泄，上逼於心**」[123] 暨「**少陰之熱邪上逆，則所過之處無不病也**」[124]，可見即使罹病經絡各異，然由「上逼」、「上犯」與「上逆」等得知，火勢的上炎，是煩證內蘊氣機的唯一向度。又如後世注家一致以為五、六天不大便的病人，其「煩躁」所以會「發作有時」，正是因為「**燥屎穢熱上攻則煩躁，不攻則不煩躁，故發作有時也**」[125]。火氣間歇性地上炎，使得煩躁的身體感，間歇性地發作。

　　教人好奇的是：上逼、上逆與上攻的「火」勢，究竟何以在空間上每居於下位場域，方得以具備上炎、上攻、上逼的餘裕？關於這一點，除卻病人導因於情緒、飲食作息或者病氣傳經所導致的內熱之證外，仲景屢申因誤致變、因逆成壞的嚴重性，強調醫家倘選擇錯誤的施治方式，不當瀉下而「反下之」，誤用攻下之劑，將導致「陽氣內陷」等，火熱之氣亦將隨攻下之劑而下陷[126]。凡此皆促使「火」勢居下而得以上竄。

118　《傷寒論・辨太陽病脈證并治下》，卷4，頁10。

119　《醫宗・訂正傷寒論註太陽中篇》，卷2，頁99。

120　《傷寒論・辨少陽病脈證并治》，卷5，頁15。

121　《醫宗・訂正傷寒論註少陽全篇》，卷5，頁180。

122　前者見《傷寒論・太陽病脈證并治中》，「小柴胡湯」條（卷3，頁16）。後者見《傷寒論・辨少陰病脈證并治》，「吳茱萸湯」條（卷6，頁6）。

123　《醫宗・訂正傷寒論註少陽全篇》，卷5，頁180。

124　《醫宗・訂正傷寒論註少陰全篇》，卷7，頁237。

125　詳吳謙註；程應旄亦云：「煩躁發作有時者，因屎氣攻動，則煩躁發作。又有時伏而不動，亦不煩躁。」見《醫宗・訂正傷寒論註陽明全篇》，卷4，頁149。

126　詳《傷寒論・辨太陽病脈證并治下》，「太陽病脈浮而動數」條（卷4，頁4）、「太陽少陽併病」條（卷4，頁9）暨《傷寒論・辨發汗吐下後病脈證并治》，「梔子豉湯」條（卷10，頁9）。誤下以

結論：醫、道合流與工夫雙軌

　　當我們以身體感為研究視域，考察《傷寒論》中煩證的作用場域、「火」性所指、盛衰程度、上炎向度等，不難發現：「煩」證既作用於心靈、意識層面，且更展演於口舌、肌骨、四肢等場域，並非當代心靈、意識的範疇所能拘囿。煩證的情緒感受、口感與肌骨之間的病位深度，始終是在自體或他體的處境中，在知覺體驗的認識進路裡，方得以「感」從「身」受。

　　而經由判比，煩證中「火」性的動作意義與概念意義乃分屬知覺體驗的「內部認識」與溝通詞語的「外部符號」，可見煩證的「火」性，絕非緣起於陰陽、五行學家的玄想。沒有純粹意識中的煩，只有身體場域中的煩。沒有純粹的「火」之性質，所論性質無不為身體的一種屬性。是以純粹心靈或精神主體的探討，難以窮究傳統文化脈絡中諸如「煩」等論述的真義。

　　通過煩證自體感與他體感的探究，吾人得以理解先民如何藉由日常生活經驗中的內心煩亂之感、燥煩口感、眠臥之感，以及醫者脈、觸患者的手感等知覺現象的常態與程度差異，去掌握體內氣機流轉的「火」候。可知在《傷寒論》中，不僅煩證的自體感，是除情緒感受之外，並由全身性的口舌、肌骨與四肢共同參與感知；且醫者對於他體煩證的掌握，亦非端賴純粹意識、思維，而是通過身體，來知覺對象。受治對象既非為思維能力而存在的存有者，而是為知覺體驗而存在的存有者，自然需要在具體的處境與方向中被理解。

　　本研究不復從心性論的角度，探究內心煩亂者本心的操持與誠意的有無；而是從身體感的研究視域，體察在傳統語意系統與文化脈絡中，煩字的義界解讀、現象場域與生滅機轉。煩等的遮撥與空無，既是傳統儒、道、醫各家思想體道的關鍵與工夫輻輳的焦點所在，而人的情緒與身體密切相關，則身體感的

致熱陷之證，於仲景書中屢見。

研究進路，不僅呼應著身體觀研究中「心神——形氣」間雙向牽引與整體結構[127]，同時也暗示著醫、道合流與工夫雙軌的可能。

127　參見拙著《身體與自然》第三章「心神的認識」之第六節「『志壹則動氣』：怒喜思悲恐影響於氣者」，頁146-158、第四章「氣的認識」之第六節「『氣壹則動志』：氣影響於怒喜思悲恐」，頁264-274。

參考文獻

【中文】

（秦）呂不韋，《呂氏春秋‧季春紀‧盡數》，收入《百部叢書集成》冊 441，卷 3。臺北：藝文印書館，1969。

（漢）劉安，《淮南子‧精神》，收入《百部叢書集成》，冊 148，卷 7。臺北：藝文印書館，1969。

（漢）張仲景述，《傷寒論》（原著名《傷寒雜病論》）（晉）王叔和撰次，（宋）林億等校正，（明）趙開美校刻，路振平整理。海口：海南國際出版中心，1996。

（南北朝）王肅《論語注》。

（宋）朱熹，《四書章句集注‧孟子集注》卷 6、卷 13。臺北：大安出版社，1994。

（宋）朱熹，《論孟精義》，收入文淵閣《四庫全書》，冊 198，頁 7 下。臺北：臺灣商務印書館，1986。

山田慶児著，廖育群、李建民編譯，《中國古代醫學的形成》，頁 44-45。臺北：東大圖書股份有限公司，2003。

王叔岷，《莊子校詮》。臺北：中央研究院歷史語言研究所。景印三版，1999。

李亦園，〈和諧與超越的身體實踐──中國傳統氣與內在修鍊文化的個人觀察〉，《氣的文化研究：文化、氣與傳統醫學學術研討會》，頁 1-27。臺北：中央研究院民族所，2000。

李培生主編，《傷寒論》臺北：知音出版社，1999。

河北醫學院校釋，《靈樞經校釋》12 卷。北京：人民衛生出版社，1995。

吳謙等編，《御纂醫宗金鑑》90 卷。臺北：宏業書局，1993。

郭靄春主編，《黃帝內經素問校注》。北京：人民衛生出版社，1992。

梅洛龐蒂著，姜志輝譯，《知覺現象學》。北京：商務印書館，2001。

黃維三編《針灸科學》臺北：正中書局，臺三版，2000。

楊伯峻，《論語譯注》臺北：五南圖書出版有限公司，1992。

蔡璧名，《身體與自然──以《黃帝內經》為中心論古代思想傳統中的身體觀》，《文史叢刊》102。臺北：國立臺灣大學出版委員會，1997。

──〈疾病場域與知覺現象：《傷寒論》中「煩」證的身體感〉，《臺大中文學報》23: 61-104，2005。

【西文】

Descartes, René. *Meditations on First Philosophy*. Translated by John Cottingham. Cambridge; New York: Cambridge University Press, 1987.

Merleau-Ponty, Maurice. *Phenomenology of Perception*. Translated by Colin Smith. London: Routledge & Kegan Paul, 1962.

【日文】

（日）山田慶児，《中国医学の思想的風土》，頁 91-92。東京：潮出版社，1995。

（日）石田秀実，《中国医學思想史》，頁 146。東京：東京大学出版会，1993。

（日）栗山茂久，陳信宏譯，《身體的語言：從中西文化看身體之謎》，頁 61-65。臺北：
　　　究竟出版社，2001。

（日）湯浅泰雄，〈気・修行・身体〉，《湯浅泰雄全集第十四卷・心身論》，頁 491。東
　　　京：白亞書房，1999。

（日）湯浅泰雄，《身体の宇宙性》，頁 69。東京：岩波書店，1994。

馨香禱祝：香氣的儀式力量*

張珣**

前言

　　人類學家對「身體」的研究從 1990 年代開始，雖然之前的 Marcel Mauss 所提的 body technique 一詞[1]，開始注意到身體技能與文化的關係，Mary Douglas 的 *Natural Symbol* 一書[2]，開始討論身體與文化象徵的關係，以及 John Blacking 試圖為身體研究確立出四個前提[3]，John O'neill 提出五個身體的研究面向[4]，但是密集地研究身體議題恐怕還是要推 Thoms Csordas 一系列的著作[5]。至於人類學家研究身體議題背後所牽涉到的哲學以及現象學方面的深層思考背景則有 Andrew Strathern 的 *Body Thoughts* 可以說明[6]，其中以法國哲學家梅洛龐帝 (Merleau-Ponty) 與傅科 (M. Foucault) 在哲學界的倡導是最主要的推動力量。

---

* 本文一稿原題為「馨香禱祝：香的使用與神聖感的引發」，2005 年 9 月 5-7 日發表於中研院民族所「物與身體感」研討會，感謝會中學者給予的評論與意見。二稿「馨香禱祝：香氣的儀式力量」刊登於《臺灣大學考古人類學刊》65(2006): 9-33。此稿在二稿基礎上更做了一些增補。

** 中央研究院民族學研究所研究員。

1　Mauss, *Sociology and Psychology*, pp. 97-123.

2　Douglas, *Natural Symbols*.

3　Blacking, "Toward an Anthropology of the Body," pp. 1-28.

4　O'Neill, *Five Bodies*.

5　Csordas, "Embodiment as a Paradigm for Anthropology," pp. 5-47; *Embodiment and Experience*; "The Body's Career in Anthropology," pp. 172-205.

6　Strathern, *Body Thoughts*.

身體議題逐漸成為社會科學而非自然科學議題之後，身體的社會性與文化性不再被質疑，由廣泛的身體議題進而再集中焦點在身體的感知 (body sensory) 的研究，則有加拿大 Concordia 大學的 Sensoria Research Group 的一群學者，由 Constance Classen 與 David Howes 的帶領之下所編輯成的一系列書。現代生活中視覺的主導性是在西方啟蒙運動之後的發展，西方在古代或是中古時期，嗅覺是很重要的。而非西方社會更是發展出不同的感官文化特性，諸如 kaluli 族的聽覺，或是 Tamils 族的觸覺[7]。西方解剖學區分的五種感覺，視覺、嗅覺、味覺、觸覺、聽覺，也是有其特定的時空限制，希臘時期的哲人或是非西方社會對於人類感覺的區分類別並不一致，諸如將觸覺再區分為溫度、軟硬、乾濕等感覺[8]。

本文是在參加中央研究院民族學研究所「身體經驗」研究群之後，所發展出來的初步成果。成員中分別針對不同類別的身體經驗，嘗試以個別的田野調查資料來說明社會文化行為與身體經驗的關係。筆者一向有興趣於臺灣漢人宗教信仰的瞭解，因此選擇了民間信仰中不可缺少的香，作為研究對象物，企圖說明香的象徵意涵應該與嗅覺——身體經驗——跨界經驗等過程，有密切關係。兼而討論到民間信仰的香因為歷史上的發展與轉折，混雜有食物香與檀木香兩種意涵。

人類學身體經驗的研究取向

西方人類學家早期的區分自然與文化，心智與身體，思考與情緒，並不合適。已逝的 M.Rosaldo 以 Ilongot 族為例說明，情緒並非純然生物性反應，情緒其實兼含意義與經驗，情緒是需要後天的學習，也就是文化給予的特殊價值的學習[9]。因而當人類學家要說明自然與文化，心智與身體，並非截然二分的

7　Howes, "Olfaction and Transition," pp. 128-147.

8　Classen, *Worlds of Sense*, p. 28.

9　Rosaldo, *Knowledge and Passion*.

時候，可以使用泛文化的情緒與經驗作為很好的例子。Margaret Lock 在評論身體研究的發展時，將經驗研究置於情緒研究之內，認為經驗與情緒一樣，是兼含生物性與文化性學習在內的身體反應[10]。

Diane Ackerman 的書 *A Natural History of the Senses*[11] 討論西方嗅、觸、味、聽、視覺，她並提出第六覺，也就是「共感覺」(synesthesia)，此一共感覺是可以調和前五覺的一個綜合。這一本書雖然比較不具學術性，重要的是她揭示人類對此些感官覺知的認識與述說經常是來回於體質 (physic) 與想像 (imagination) 兩方面。筆者以為這一點對我們的感官研究有很重要的啟示，亦即，1. 結構上，對於感官的研究有一大半是要牽涉到想像的、心智的、文化的、詮釋的，而不僅止於研究純生物感官的部份，這樣的強調也是說明人類學的研究取向異於生理學的取向。再者，因為牽涉到集體的，族群的共同想像部份，因此人類學的研究取向也異於心理學取向。2. 歷史上，由物的接觸所產生的感官經驗，再因之而形成的文化觀念，會倒回來影響人的感官經驗，再進一步影響人們對物的偏好，而有「物／感官經驗／文化觀念」三者之間的歷史辯證過程。

此一點在 George Lakoff and Mark Johnson[12] 也明白指出「人類社會所有的象徵都有其身體感官基礎」(all metaphor is sense based)。反之亦然，亦即，所有身體狀態也都受到精神的 (mental)，或說想像 (imagination) 的影響。依照 Stewart and Strathern[13] 的詮釋是 Lakoff and Johnson 有兩重意涵：人類的身體與其他生物有很大的不同是，身體在心智裡，心智也在身體裡，二者形成一個複雜的整體。筆者的詮釋是上述的「物／感官經驗／文化觀念」三者之間的歷史辯證過程，如果發生在個人身上即為一個「物／身／心」三者的辯證過程。

10　Lock, "Cultivating the Body," p. 139.

11　Ackerman, *A Natural History of the Senses*.

12　Lakoff and Mark, *Philosophy in the Flesh*.

13　Stewart and Strathern, *Gender, Song, and Sensibility*, p. 5.

因此在這個過程中「物／人」或「身／心」均非對立之二元，而是互相交替參雜的學習過程。

本文在嗅覺研究上的觀點主要來自幾本重要的書，首先是法國的 Annick LeGuerer 的書 *Scent: The Essential and Mysterious Powers of Smell*[14]。書中說明西方在巴斯德發現細菌之前，早期西方醫學是以嗅覺來診斷疾病的，人體發出腐臭味是生病的徵兆，鼠疫等傳染病更是與腐敗臭味場所有關。社會上不同階級的人經常會發散出不同的體味，因而味道的差異經常是造成社會階級「他者」(the other) 的判斷來源。Alain Corbin[15] 考證 18 世紀法國社會開始重視公共場域的味道，提倡公共衛生，並經由消毒與清潔藥劑來維持公共場所的可居住性質。臭味變成是社會低下階級的指標。私人或家庭的味道必須與公眾或是社會的味道分隔。味道變成是判斷何謂「進步的社會」的指標之一。

Constance Classen 的 *Worlds of Sense*[16] 一書在嗅覺與文化之間的關係研究上很有啟發性。書中所述，在印度孟加拉灣的小安達曼島上的翁基族 (Ongee) 是個採集狩獵民族，因為生業所需，特別重視各種動植物的味道，由味道來分辨動植物，也由味道來追逐獵殺動物。在信仰上翁基人相信凡是生物都是由氣味組成，而氣味尤其凝聚在動物的骨頭，也就是生物的生命精髓所在之處。由這個基本生業信仰延伸出來翁基人的更高層信仰：認為氣味是宇宙生成的基本原則。Classen 的翁基族的嗅覺研究可以用來說明一個民族的核心精神信仰往往有其身體感官經驗做基礎。本文則要說明產生「香」氣的來源物（動物油膏或是檀木）不同，引發的嗅覺、身體經驗、乃至他界感 (sense of the Other) 不同，可能建構出不同的宇宙觀。

---

14 LeGuerer, *Scent*.
15 Corbin, *The Foul and the Fragrant*.
16 Classen, *Worlds of Sense*.

Constance Classen 與 David Howes 等人編的 *Aroma*[17] 一書則提供對嗅覺研究更細部的討論項目，例如嗅覺與味道的歷史追溯，儀式中嗅覺與物的使用與地位，嗅覺與社會階級權力的操縱，嗅覺在商品推銷過程的作用等等。其中〈儀式與氣味〉一章對本文特別有參考價值，例如香氣在營造宗教氣氛上的重要性，香氣在區隔儀式空間上的重要性，以及香氣的飄移性質能夠讓信徒有跨越界限的經驗[18]。

David Howes 在〈嗅覺與過渡〉[19] 一文中，提出在死亡儀式中嗅覺扮演了很重要的過渡的角色，例如要讓屍體的腐肉腐壞，發盡惡臭，等到惡臭完全消失，才可以做二次葬，死者靈魂才可以昇天。祭拜儀式中燒香的香氣也扮演了範疇過渡 (category-change) 的角色，讓信徒從世俗過渡到神聖。嗅覺進一步分析可以是中介的 (liminal) 角色，讓當事人過渡不同的儀式階段。主要是因為氣味的兩個特性，散發性與延續性。氣味的此二特性造成嗅覺的不可分類性與模糊性，成為儀式中最好的過渡中介者，讓所有的分類暫時中斷，以便重新分類進入下一階段或是另一個範疇。

稍早一些，象徵人類學家 Dan Sperber，便提到宗教用香會因為不同社會而被體制化而定型，成為文化符碼，但是香氣會對信徒產生作用，一定要回歸到氣味的嗅覺刺激，這是屬於個人層次的象徵作用，是在社會互動之外的，嗅覺具有引發記憶深處與情感的能力，一旦碰觸某一氣味（香味）便會帶動某一象徵（超自然）起作用，此也正是象徵的機制所在[20]。

至於近年來「物」成為人類學家的研究議題，可以用 Daniel Miller 的書作代表。Miller 說明人的主體性並非獨立成立，通常是與外物互動之下形成。物有兩面性，象徵性與物質性[21]。因為有象徵性所以可以被人使用，又因為有

---

17 Classen, Howes and Synnott, *Aroma*.

18 Ibid., p. 123.

19 Howes, "Olfaction and Transition," pp. 128-147.

20 Sperber, *Rethinking Symbolism*, pp. 115-118.

21 Miller, *Material Culture and Mass Consumption*, p. 99.

其物質性所以可以使用人，亦即，物可以影響人。本文說明香的象徵性讓人類賦予其宗教意涵，但是香的物性也倒過來影響了人類的嗅覺偏好。物的研究讓吾人對文化行為的理解多一個面向，而不會僅限於從人的角度出發。中文方面有黃應貴主編的《物與物質文化》[22]，其中討論到各文化對「物」(substance) 的定義可能不同，以及「物」有否「物性」(inherent essence) 或純為文化賦予的特性，並肯定經由物的研究可以更深化對人以及對文化的認識與研究。

有關香的研究，筆者在〈香之為物：進香儀式中香火觀念的物質基礎〉一文中，從神明的立場，說明香是神明靈力的象徵。尤其在臺灣民間信仰中，香火、香灰、香爐形成一套象徵叢結。香燒化之後遺留下的香灰，被信徒當作某種象徵財產來分割（分香），分享（佩帶香灰袋），分食（吃香灰治病），也深具中國祭祖習俗意義。本文則企圖從信徒的嗅覺，以及經由嗅覺引發的身體經驗來說明香在臺灣漢人宗教信仰中所具有的文化意涵。因此，在民族誌資料上偏向於鹿港製香業者的訪問記錄，說明香料、氣味與身體感覺之間的關係。至於進香或是香火觀念的民族誌資料，請參見〈香之為物：進香儀式中香火觀念的物質基礎〉一文[23]。

誠如 Constance Classen 與 David Howes 所說，嗅覺是最難以言說，最難以定義的，我們可以命名顏色或味覺，但是很難命名氣味，總是以「像什麼……」來說明[24]。那麼，對於中國文化下的人來說呢？中文《詞源》裏有關味覺方面的字條，例如「味，滋味也，酸、苦、甘、辛、鹹曰五味」，相對地，嗅覺的詞彙很少，「臭，氣之通於鼻者，皆謂之臭，故香物曰臭，惡氣亦曰臭。」「臭」字由「自」與「犬」組成，「自」是鼻子之意。《說文》「臭，禽走臭而知其跡者，犬也」，意指最善用鼻子聞氣味的動物是犬。因此，很有趣的，「臭」字可以指涉任何氣味，包括香氣與臭氣。《禮記・郊特牲》就提到「周人尚臭」，在祭祀時，周人喜歡用濃烈的氣味，相對於商人尚聲（音樂）。

22　黃應貴，〈導論〉，刊於黃應貴編《物與物質文化》。

23　張珣，〈香之為物：進香儀式中香火觀念的物質基礎〉，《臺灣人類學刊》，4(2): 37-73。

24　Classen, Howes and Synnott, *Aroma*, pp. 186-187.

　　也就是說，味感有許多專門語詞（酸、甜、苦、辣等等），嗅感卻只有香、臭兩大類。再者，成語所謂「入鮑魚之肆久而不聞其臭，入芝蘭之室久而不聞其香」，在中文字內，「聞」字既是聽覺也是嗅覺，「味」既是嗅覺也是味覺，足以證明嗅覺在中國文化內也未特別突出，也未充分發展相關辨識能力，或用以描述嗅覺之詞彙。若輔以現代解剖學說明，可以知道嗅覺與味覺是有密切關係的，俗稱「氣味」。

　　在西方嗅覺敏銳的人，具有兩種相反的文化價值，一種是負向的，認為此些人尚未充分進化，比較野蠻，心智比較低等。一種是正向的，認為嗅覺可以直接透露一個人的內在本質，內在真象，嗅覺敏銳的人不矯揉做作，直接而純真。二者共同指向的是嗅覺是比較情緒性，生物性，也比較不理性。味道因為是向四方瀰漫的，不是線性或是可以清楚切割的，因此與現代西方強調的視覺所帶來的理性、秩序與具體的個體化相違背，而不受文化重視[25]。

　　上述回顧僅討論單一嗅覺及其經驗，在東方來說，嗅覺則被強調帶來想像與沈醉，比較是全身的經驗。林語堂說文人寫作或是尋找靈感時，不能沒有香菸。人抽的香菸當然不同於宗教燒香，但是二者同樣會涉及身體經驗，因此，我們可以引用來說明。林語堂說「想像這東西哪裡能夠附在不吸菸者的已經修剪的灰色翅膀上飛行」[26]，指出香菸引發的身體經驗是，吸菸所帶來的身體放鬆，思考不被限制，而能無限想像，如脫韁野馬一般馳騁，如天空飛鳥一般，遨翔千里。宗教燒香雖然不至於引發像林語堂吸菸時一般的狂野的，漫無邊際的想像，但是宗教燒香讓燒香者經過香氣刺激，停止世俗理性思考，喚醒沈睡的宗教情懷，繼而有接下去更高深的宗教想像，應該也是可能的。

　　對比起 Classen and Howes 以單一嗅覺與視覺來互相作比較，華人在品香時，講究用全身與心一起感受，而不是單一嗅覺的香氣體驗。「品評香氣，以意敘者上、以味敘者下、以境敘者上、以物敘者下。」或是「香氣上品在意、

25　Ibid., p. 4.

26　林語堂，《生活的藝術》，頁 242。

其次在境、其物在物、其次在香本。」或是「但是一般人一聞到香氣，便被嗅
覺困住，執著於香木本身味道，只能在甜味、涼味、苦味、杏味、梅味等味覺
上打轉，無法解脫出來，無法從實相去探索根性」[27]。劉良佑在其品香的書內
提供幾則「香偈」，即品香後寫下的意境，諸如「倏忽」、「清凝」、「疏蕩」等
等，都是表示品香人的「意境」，而不是寫香的味道。「意境」指的應該就是全
身的感覺經驗，而不是單一的嗅覺經驗。意境需要身體全身感受加上心靈的反
覆回味，繼之而以語言表達出來，又會牽涉到語言的模擬與揣摩，乃至語言與
象徵比喻 (metaphor) 的關係。

同樣的燒香引發的身體經驗，我們還可以引宋朝葉廷珪[28] 的描述：

> 香之為用，其利最溥。物外高隱，坐語道德，焚之可以清
> 心悅神。四更殘月，興味蕭騷，焚之可以暢懷舒嘯。晴窗
> 搨帖，揮塵閒吟，溫燈夜讀，焚之遠辟睡魔。謂古伴月可
> 也。紅袖在側，秘語談私，執手擁爐，焚以薰心熱意，謂
> 古助情可也。坐語閒窗，午睡初足，就案學書，啜茗味淡，
> 一爐初熱，香靄馥馥撩人。

當說到不同香料引發的經驗時：

> 沉有三等，上者氣太厚，而反嫌於辣；下者質太枯，而又
> 涉於煙；為中者約六七分一兩，最滋潤而幽甜，可稱妙品。
> 煮茗之餘，即乘茶爐火便，取入香鼎，徐而熱之，當斯會
> 心景界，儼居太清宮與上真遊，不復知有人世矣。

當能夠感受到妙品香氣時，興起一股在天上太清宮與仙真一起悠遊的感
覺。這不正是一般信徒所希望擁有的經驗嗎？透過文人筆觸，而能夠將香氣引
發的宗教感生動地描繪出來，也可以印證 Classen 與 Howes 所說，香氣引發

27　劉良佑，《香學會典》，頁 144-145。
28　轉引自黃典權〈香火傳承考索〉，《成大歷史學報》，17: 121-122。

的「跨界」的身體經驗。「跨界」的界可以是因人而異，因不同宗教信仰而有不同的他界想像。

　　如果從身體經驗的角度出發，可以給我們對香以及民間信仰有甚麼更多的認識嗎？香所引起的身體感官上的覺受與宗教上的「他界感」[29]的形成有關嗎？香的象徵體系是建立於身體感覺經驗的基礎嗎？先有一套象徵體系才去找香材還是先有香材才成立一套象徵體系？先有觀念還是先有身體經驗？先有物還是先有人？還是二者之間是筆者在本文所企圖說明的，是一連串的交替、穿插、出現的學習過程？此方面之研究可以挑戰人類學僅從文化分類或象徵邏輯來分析，而可以探討身體經驗對於象徵體系的衍生與學習過程中所扮演的角色。對於這些問題，本文無法完全解決，只能回答其中一部份。

香的材料與含意的增衍

　　香的使用在世界上許多文化均有，既有其歷史時間上之差異，也有其地區文化上之差異[30]。現今臺灣各種宗教儀式上也均可看到香的普遍使用。因為在民間，香的功能已經發展出非常的多樣，劉枝萬以「香在中國民間信仰上，實有通神、去鬼、辟邪、祛魅、逐疫、返魂、淨穢、保健等多方面作用，尤以通神與避邪為最，則由香烟與香氣之二要素而演成者；蓋香烟裊裊直上昇天，可以通達神明，香氣蕩漾，自可辟禦邪惡，乃是人類所易於聯想到之作用。」[31]但是這樣的功能，並非中國自古即有，而是有其歷史轉變與增衍的。

29　本文不用神聖感一詞，而用他界感，是因為在漢人民間信仰中，神、鬼、祖先均可以用香來溝通。然而本文主要說明通神的部份，暫不討論祖先與鬼的部份。

30　Cf. LeGuerer, *Scent* 以及張梅雅〈中國宗教儀式中的行香文化：以佛道經典為主的探討〉，政治大學宗教研究所碩士論文。

31　劉枝萬，〈臺北市松山祈安建醮祭典：臺灣祈安醮祭習俗研究之一〉，《中央研究院民族學研究所專刊之十四》，頁129。

臺灣民間一般拜拜用的香，在成分上標明其為老山、檀香、沈香、烏沈[32] 為最多。雖然販售者與信徒並不知悉其真實材料，但是大抵在這些習以為常，甚至自欺欺人的名稱底下買賣。如果訪問製造商，則多數表示市面上的香很少有真正放檀香或沈香的材料，因為千年來已經被開發使用殆盡，所剩無幾，價格昂貴，不是一般人可以買的。

目前我們習用的線香，其實是歷經宋、元、明、清以來製香名家的創新與摸索的結果[33]。一直到明朝李時珍的《本草綱目》卷十四，我們才看到接近今日的製香方法，「大抵多用白芷、芎、獨活、甘松、三奈、丁香、藿香、藁本、高良姜、角茴香、連翹、大黃、黃芩、柏木、兜婁香之類為末，以榆皮面作糊和劑，以唧筒笮成線香，成條如線也」。但是這種線香不是很硬，無法豎立。高濂的《遵生八箋》才出現以竹心為「篾香」的作法，才是今日我們常用的豎立燃燒的線香。這一類混合多種香料製成的香稱為「合香」，最初是由印度傳入中國，很快地與中國用藥觀念結合，產生比印度更複雜的合香配方[34]。這樣的製香過程與方法沿習至今日的臺灣。

以下筆者便以鹿港製香世家，施金玉香鋪的製香過程與材料做說明。施家製香已經傳承有七代之久，由成立於 1756 年的第一代施發，第二代施粗，第三代施光賜，第四代施達，第五代施宗江，第六代施奕漢，第七代施啟燻於 1992 年接棒至今。施啟燻在接受訪問時說道，其所用材料有，楠木皮磨成粉黏在桂竹心上，再加上檀香沈香粉末，再加上中藥材粉末。可以知道與明朝的篾香做法與成份類似。

---

32 四者的差別，見邱豔蕊《佛教的香與香器》，佛教小百科 30，頁 62-73。

33 山東省棗莊博物館東漢的畫像石，顯示當時已經有用線香，唯該資料一直未正式發表，無法引用，特在此說明。

34 邱豔蕊，《佛教的香與香器》，頁 62-73。

　　香的製作過程根據我們對施啟燻先生的訪問結果，敘述如下。香本身為竹子做成，竹子為桂竹，以前鹿港的竹寮仔有工人專做香枝，現在一因臺灣竹林少了，二因人工貴，均由中國大陸工廠做好，銷售到臺灣。製香基本過程有：

一、 打底

　　基本原料為向工廠買磨成粉的楠木皮（無味），楠木皮有黏性，具組合作用，可以黏在竹子上面。

二、 內腹

　　由楠木皮加上沈香或檀香粉攪拌混合的粉末，再加裹在第一層上面。

三、 蓋面

　　加上顏色之意，以楠木皮、中藥材、檀香或沈香或其他色料。顏色可以染成黃色、或黑色、或紅色。此三個過程之後，即將香拿到外面竹架曝曬。

四、 染香腳

　　曝曬之後將香腳約十公分長染成紅色，再加以曬乾，整個製香工作即告完成。

　　我們也訪問了一位臺北新型態的製香業者張屏偉先生。他自撰有一本小冊子《品香淺釋》[35]，並自行研發多種藏香和藥香。他親自前往西藏等地區尋找珍貴藥草香料，所製成之香在大陸有三條行銷系統，廣東、杭州、西藏，在臺灣也有銷售。他也生產線香，但是以佛教徒喜歡的環香形式為多[36]，例如：

一、 萬全藥香

　　主要配方有白檀香、紅檀香、麝香、藏紅花、畢澄果、黑沈香、冰片、佛手參及多種西藏草藥製成。能調氣息、防瘟疫、殺菌、除穢。

35　張屏偉，《品香淺釋》。

36　近年臺灣興起一股品香風潮，有如品茶，是高社經地位的人，講求純正高雅的香氣，也喜歡環香，而不燒線香。

二、極品貢檀藥香

　　根據臺灣使用者習慣之氣味，以印度老山檀為主原料，除具檀香之功效，另添加少量健脾胃為主的藥材。

三、新山檀藥香

　　根據臺灣使用者習慣，以新山檀香加上避外邪，解熱，寧神等藥效之藥材製作，為立香（線香）品種，標榜手工一支支揉捻做成。

四、藥料貢香

　　主要成分有柏根、檀香、沈香、乳香類以及其他藥材。此香品為川康藏地區寺廟供奉較珍貴之香品，主要針對上呼吸道疾病、體虛、小兒驚悸、失眠等證。具有調整肺氣虛、堅筋骨、暖腰腎、行氣血、安神、驅邪等效用。

五、夏丹勘巴藥檀香

　　主要成分為西藏夏丹寺周圍特有的勘巴藥草。是藏族人供奉佛法僧三寶之最上香，具有增長福慧、避邪除垢、預防感冒之功效。其特殊香氣被認為有極大加持力。另外有柏樹根、榆粉、蕁麻粉、藏木香、公丁香、冰片、甘松等十數種天然藥材，製成盤香、臥香、立香等形式。除了有特殊香氣之外，更有健脾、利濕、固本陪元、補血氣之藥效。

　　從其用料內容，我們可以知道施啟燻先生的顧客偏向民間信仰的人，而張屏偉先生的顧客偏向佛教信仰的人。近年來，隨著臺灣正信佛教徒（接受皈依儀式者）佔總人口比例的逐漸增加，這兩群信徒對香的使用概念與對香氣的選擇，有差異越來越大的趨勢，而製香業者因而可以開發不同市場以投合顧客需要。而民間信仰的信徒，一般來說是注重香的通神功能，選擇的香在價格上比較便宜。佛教信徒因為佛教講求的「香供」，要求好香，因此價格比較昂貴。

　　臺灣近年來與西藏交通來往頻繁，不只西藏佛教積極來臺傳教，西藏製香方法也傳入臺灣，並在佛教界引起廣泛的使用人潮。我們再以臺北一家銷售藏

香的公司為例。他們引用大寶法王的指示，鼓勵信徒多修持「**煙供聚資法**」[37]。可以獲得各種利益，諸如：解除宿怨，諸業滅盡，病苦痊癒，速證佛果等等。一般俗香未如法製作，故不具「**上供下施**」的功用。一定要用不俗之香才可。不俗之香，強調製香人以恭敬之心，遵循上師指導，依照西藏古法調製香料，在清靜地，淨身修法，祈求佛菩薩加持，製香過程念佛持咒，發願為利益眾生成佛而製香，祈願燒香者身、口、意、功德、事業圓滿，六道眾生聞此香者，皆獲大利。根據所述，其所使用香料有十多種中藥藥材，七種佛教吉祥香花，七寶，五甘露，西藏法藥，還有經過許多上師加持數千萬遍咒語之甘露與淨水，二十二種五穀甘露，藏草甘露等調製而成。

　　不只是臺灣民間信仰所使用的香型與香料明顯地與西藏佛教不同，整體來說，東方世界包括印度、西藏、大陸中國或是臺灣所用香料，也顯著地與西方宗教用香極大不同，天主教用乳香 (frankincense)，猶太教用樅樹 (balsam)，回教用氨樹膠 (gum ammoniac)、安息香 (white benzoin)、檸檬樹膠 (gum lemon)等等，可見各宗教使用香料不同。不同地區與不同宗教信仰的人使用不同香料，也可以說明不同香料燃燒之後引發的香氣，對於不同信仰的人會引發不同身體反應。而這個感覺經驗是透過文化學習的，東方宗教偏好檀香類的使用，使得其宗教信徒在聞到檀香類味道之後，可以有特殊的宗教體驗，可以經驗他界高尚的神明等的蒞臨。此一偏好一旦固著，有時竟然可以排斥其他香料，可見身體經驗在學習上的重要性。

　　根據我們在臺灣做宗教調查的經驗，粗略地區分，我們可以說一般人家使用的香，比佛寺道觀中的香來得便宜，因而也參雜有較多人工香料或木灰，而較少檀香、沈香等貴重香料。張屏偉先生標榜的便是佛教寺院用的香，或是修行者用的香。便宜的香燒出來的味道有一股「木頭味」，很濃、很濁，也比較嗆鼻，辛辣攻鼻。貴重的香燒出來的味道「提神醒腦」，有「苦味」、「藥味」、

37　煙供聚資法，有三步驟：1. 發願，以此香上供十方佛，中奉諸聖賢，下濟六道品，等施無差別。
　　2. 持咒，持觀音菩薩六字大明咒，越多越好。3. 迴向。

「甘味」、「清幽味」、「使人定心」等。香氣的識別與挑選大約是成長在臺灣地區的信徒都會學到的，一般人經由嗅覺經驗、學習、與記憶來挑選購買，進而促成製香業者的製法與選材，而逐漸形成地區性的偏好與文化。

而如果讀者注意到張屏偉先生製作的香，均標榜其對身體的醫療效果，例如「萬全藥香，能調氣息，防瘟疫，殺菌」，「新山檀藥香，避外邪，解熱，寧神」，「藥料貢香，調整肺氣虛，堅筋骨，暖腰身，行氣血」等等，更可以用來說明傳統漢人燒香，講求的是全身多種器官或是多種感受一起配合的。尤其完全不採納現今解剖學的器官分類，而是把身體與心理、心靈都一起調配。所謂的「避外邪」、「寧神」指的已經超乎肉體層面了。那麼，是否可以說明燒香的香氣引發的全身沈浸與受用，包括了皮膚，氣血，筋骨，精神，就不單單是一般以為的嗅覺而已。

不過不管前述劉枝萬教授的分析，或現今臺灣製香業者的口述，其實指的都是漢朝通西域以及佛教傳入中土以後的「合香」，在這一種吾人現今熟悉的「合香」之前，漢人燒的是另外一種「香」。根據 Bedini 的考據，先秦(250-200BC) 中國人已經用有香氣的木頭，或蘭蕙植物，或艾屬植物，混以動物油膏，加以燒化來與神明溝通。另外松脂燒化之後產生的氣味與香煙，好似靈魂般輕盈，尤其在儀式中被使用，以求長生不老。但是我們現在一般人使用的「合香」，卻是在漢武帝時才由印度傳入中國[38]。

我們由中文字「香」的造字可以加以證明，宋代陳敬的《陳氏香譜》[39]：

> 「許氏《說文》，香，芳也，篆從黍從甘，隸省作香，春秋傳曰黍稷馨香，凡香之屬，皆從香，香之遠聞曰馨，香之美者曰馚，馝，馜，馣，馪，馞，馦，馛，馟，馤，馧，馥，馫，馧，馨，馪，馪，馫」。

38　Bedini, *The Trail of Time*, pp. 26-29.

39　（宋）陳敬，《陳氏香譜》。收於景印文淵閣四庫全書 844 冊。

此一段話說明許慎《說文解字》，「香，從黍從甘」，表示香字最初含意是用來描述黍稷穀物燒煮之後的甘美氣味。「香」字以及一連串類似之字，均是用來形容黍稷之香的。再由古文所提「至治馨香感於神明」（書・君陳），「其香始升上帝居歆」（《詩・生民》），「有飶其香邦家之光」（《詩・載》），「黍稷馨香」（《左氏傳》）[40]，可知秦漢早期用於祭祀的香是來自黍稷之香。

《陳氏香譜・熊朋來序》

「香者五臭之一，而人服媚之……詩書言香不過黍稷蕭脂，故香之為字，從黍作甘，古者從黍稷之外，可焫者蕭，可佩者蘭，可包者鬱，名為香草者無幾，此時譜可無作。楚辭所錄名物漸多，猶未取於遐裔也，漢唐以來言香者，必取南海之產，故不可無譜。」

這一段文字說明原始的黍稷之香，到了《楚辭》時候，逐漸加入其他香花植物，到了漢唐則南海來的香料逐漸凌駕上來。

漢唐之後，從南海各地進貢輸入各種香料入華，王公貴冑上層階級開始追逐新的香氣。宋代陳敬《陳氏香譜・卷一》：

「香品舉要云，香最多品類出交廣崖州及海南諸國，然秦漢以前未聞，惟稱蘭蕙椒桂而已，至漢武奢廣尚書郎奏事者，始有含雞舌香，其他皆未聞，迨晉武時，外國貢異香始此，及隋除夜火山，燒沈香甲煎不計數，海南諸品，畢至矣。唐明皇君臣多有沈檀腦麝為亭閣，何多也。後周顯德間，昆明國又獻薔薇水矣，昔所未有，今皆有焉。」

西域或南洋進貢的香料除了被人用在生活上之外，重要地是代表佛教徒修行工具之一。明代周嘉冑《香乘・李維楨序》：

40　轉引自陳敬《陳氏香譜》。

> 「詩禮所稱，燔柴事天，蕭焫供祭，蒸享苾芬，升香椒馨，
> 達神明通幽隱，其來久遠矣。佛有眾香國，而養生煉形者，
> 亦必焚香。」

由以上引文可知，漢武帝通西域之後，許多不為傳統漢人所熟悉的香料開始傳入中土，再加上佛教的影響，諸如用香儀式、香的潔淨功能，香的功德比喻等等，使得漢人對香的認識與使用也起了很大變化。中國先秦以黍稷或牛羊犧牲祭天地神祇，當場宰殺，以火供之，使其香氣上聞於天。漢武帝時「昆邪王殺休屠王來降，得金人之神，置之甘泉宮。金人者，皆長丈餘，其祭不用牛羊，惟燒香禮拜。」（《陳氏香譜‧卷四》）。另有以南北朝時期僧人或是楚王英等的燒香祭拜的紀錄為最早[41]，時間上或有先後，但是燒香禮佛使得以香敬神的祭祀行為也傳入中國應是無疑的。

由先秦祭祀時燒化牛羊（稱為燔祭）或是燒化黍稷（稱為燎祭）之後的香，或混有蘭蕙與動物油膏之香，轉為使用南洋輸入之沈香檀香，筆者以為在中國文化上起了很大轉變，可以說是在「香」的原有中國上古的含意上面，再增加了來自印度佛教的意涵。中文的「香」字由形容詞增添為可當名詞用，而且是指敬神用的「香」[42]。敬神用的「香」不再只是舊有的燒化生鮮動物或植物的味道，而是衍伸出一套來自印度特殊製香過程做出來的乾燥「合香」。自此之後，敬神不但需要酒肉，也需要香。亦即採用了金人（佛教徒）的禮佛習慣。

這樣一個轉變與增衍，今日我們還可以看到一些先秦習俗殘留的遺跡。民間信仰拜拜時，會準備大小三牲等葷食，廟方或信徒都會說「神明是吃素的，但是神明的兵將是吃葷的。」筆者認為「神明是吃素的」應該是佛教傳入後之影響，先秦神明應該是吃葷的。再者，敬神用素食，但是祭祖一定要葷食，在信徒觀念中，神明可與印度傳來的佛一樣吃素，但是祖先與佛是不同的，祖先

41　張梅雅，〈中國宗教儀式中的行香文化：以佛道經典為主的探討〉，頁 36。

42　「香」在北京話可以同時當名詞與形容詞，但是在閩南語可以有更清楚的區分，當形容詞時念「芳 pang」，當名詞時念「香 heun」，後者專指細長的敬神用香。

不吃素。另外，就是很多人會說「心誠則靈，不必講究香的成分或價格」，甚至有時徒手拜拜就好，而自我解嘲地說「心香甚於外表的香」，亦即漢人知道要用香敬神，但是漢人的知識體系內，香或是香料畢竟是外來或是上層階級品鑑的物品，因而無法錙銖計較香的成分或是原料[43]。

香氣、嗅覺與他界感

學者認為嗅覺是我們感官中最直接的，當我們嗅聞一朵香花時，香氣的分子飄回鼻樑後腔，由含有感覺細胞的黏膜吸收，為數五百萬個感覺細胞上有許多微小纖毛，牽動腦中嗅覺區的知覺。嗅覺區在鼻孔上端，黃色潮濕而且充滿脂肪物質。遺傳決定嗅覺區域的黃色深淺度，黃色越深嗅覺越敏銳，動物的嗅覺區是深黃色，人類是淺黃色。當嗅覺細胞察覺到氣味時，便將訊息送到大腦皮質，發出信號直達大腦中一個區域，叫邊緣區域 (limbic region)，這一區域同時也是牽動我們的感覺、慾望、情緒或是創作念頭的區域。此一邊緣系統 (limbic system) 功能主要是控制視床下部 (hypothalamus)，啟動內分泌賀爾蒙與自律神經系統。若是強烈的刺激自律神經系統會導致邏輯思考障礙與中斷，而讓人誤以為（自體或是外界）發生了一個轉變[44]。也就是強烈的氣味使人無法思考，雖然只需要剎那時間，即可恢復思考，就誤以為經歷了一個轉變。

這樣的解剖學上的知識在某個程度上幫助我們理解，為什麼世界各宗教都會使用香。因為香氣的嗅覺刺激，會啟動邊緣系統，造成情緒與身體的快速改變，而相反的，思考與語言論述是新大腦皮質 (neocortex) 的功能，其功能是做類別區分的，卻被抑制了。宗教正是要求信徒不要有太多的思考，而是要體驗，要隨著儀式而感受。香氣的介入讓信徒進入一個轉變，是現存世界的轉變，而進入了一個他界，「文化界定並左右人的經驗，制約了人對某一種刺激的反

43　對比起紙錢或是食物供品，一般人就可以清楚區分神格階級所要求的差異。

44　Howes, "Olfaction and Transition," p. 132.

應，在 Trobriand 島是用薄荷，在 Umeda 是用生薑，在羅馬天主教是用樅樹，讓人暫時無法思考而準備進入與神界溝通」[45]。

Dan Sperber 也嘗試說明嗅覺與視覺所引發的象徵是不同的，他認為相對於視覺可以圖像來儲存於人的記憶中，嗅覺氣味因為難以言說，因此難以儲藏在記憶中，難以隨意被吾人回憶召喚 (recall) 出來，但是一旦有外界實際氣味的刺激，馬上可以認出 (recognize) 該氣味，並且隨同該氣味一起出現的是，當時的氛圍與周遭環境的一切。亦即，氣味具有喚起的力量 (evocative power)。因此，氣味象徵是「原型」(prototypical) 象徵，氣味象徵的原理如同「轉喻」(metonymy)。其意為，氣味是一個關鍵，經由該氣味會喚醒並重建當時整體氛圍，以一個部份來比喻整體，例如以皇冠比喻王權，正是轉喻的作用[46]，在本文來說是，以單一香氣來引發召喚整體的宗教氛圍。

多數宗教用香是與神界溝通，認為神本身是香的，以香吸引神可以得到相應，可以召喚神降臨。香不只引起嗅覺上的愉悅，也同時引發幽雅與優美的身體整體經驗，因而神界是美好的、令人嚮往的。相反的，地獄是惡臭腐敗的地方。LeGuerer 說明了香氣與臭氣引發的經驗有其生物性與醫學性基礎[47]。通常健康的人身上的體味是令人愉悅的，而生病的人的體味是令人掩鼻的。傳染病或是衛生不良的地方通常是腐臭氣味的，相反的，用以治療的藥物通常是香氣的。希臘醫學經常使用 theriac 與 rufus，兩種含有蘆薈等合成香草類的藥膏，可以發散強烈氣味的，來治療疾病[48]，中國醫學則經常燃燒艾草來治病[49]。

英文的 perfume 指香水，aroma 或 aromatics 指動植物香料，incense 指燒香用的或是敬神用的成品，fragrant 通稱任何香氣或香品，spice 指的是食物

45　Ibid., p. 133.

46　Sperber, *Rethinking Symbolism*, p. 116.

47　而相對的，前述 Corbin, *The Foul and the Fragrant* 以十八世紀的法國城市為例，強調歷史與文化因素，尤其是衛生知識的發展，對人類決定香或是腐敗氣味判斷的影響。

48　Cf. LeGuerer, *Scent*, pp. 64-65.

49　李建民，〈艾灸的誕生〉，刊於黃應貴主編《物與物質文化》，頁 27-62。

中添加的香料，cigarete 是紙煙，cigar 指菸葉捲的雪茄煙。這些對中國文化來說，都是舶來品，在中文我們沒有專門名詞區分，而以形容詞來區分之。

Ackerman[50] 認為香水源於美索不達米亞，是焚燒動物犧牲時，使氣味甜美用的，香水 (perfume) 最先可能是給神的，其拉丁字源 per 透過，fumar 冒煙，也表示焚燒香料給神之意。歷史上最多利用香料的民族是埃及，因為他們製作木乃伊以及埋葬方式需要大量香料和香膏。埃及人發明將香料壓入油脂內的香油，還發展出具有治療作用的香精按摩沐浴方法。西方香氣療法會用甜杏仁油做基底，加上薰衣草、橙花醇、檀香。在埃及女王身上會用混合有玫瑰油，番紅花，和紫羅藍的香水塗手，用混合有杏仁油、蜂蜜、肉桂、柑橘花，和指甲花調持的乳液塗腳。也就是說埃及人的香料文化發展到不同身體部位需要使用不同香料，而且有各種不同技術來製作香料成油狀、膏狀、水狀等等。

經由阿拉伯等中東民族將香料文化傳入希臘與羅馬。希臘與羅馬也學會利用進口的香料來製作合成的香。例如，susinum 是指利用水仙花、甜菖蒲、蜂蜜、肉桂、番紅花、沒藥等製成的一種香。這些香料用來敬神也用來愉人。進入基督教時代，為了摒除希臘羅馬時期異教徒崇拜的神及其所迷戀的香料，教會刻意壓制了香料的使用，但是仍然無法完全消除。基督教信仰中聖人身上有特殊香氣等等的說法，至今仍然流傳[51]。雖然不乏學者以今日病理學解讀基督教聖人身上之異香，但是仍然同意基督宗教對香氣之推崇[52]。

Classen and Howes[53] 說明神除了喜歡香料，也喜歡燃燒動物獻祭的香氣。尤有甚者，西元前六世紀的畢達哥拉斯教派 (Pythagorean) 則僅使用香祭祀，而摒除任何動物犧牲。與現代人不一樣的是，希臘的神與人所喜好或使用的香料是一樣的，雙方可以通用，神聖與世俗不是隔絕的，男神可與凡間女人交媾，

50　Cf. Ackerman, *A Natural History of the Senses*.

51　Cf. LeGuerer, *Scent*, pp. 109-128.

52　Classen, *The Color of Angels*, pp. 36-60.

53　Classen, Howes and Synnott, *Aroma*, pp. 45-47.

女神也可以與凡間的男子相愛，神聖味道與世俗味道也不區分，女神可以用香水誘惑凡間男人。但是經過基督教化之後，今日希臘人生活用的香料絕對不同於希臘東正教敬神用的香料了。

上述學者所討論的，人用的香料與供神的香料的異同提供我們很好的思考點。當神聖與世俗不是截然二分，人死可以成神，人間帝皇是天神下凡的信仰所流行的時代，俗人所用的香料幾乎相同於天神所用的香料。俗人的喜怒哀樂也投射到神界，神也喜歡人間的美食與美味。一旦基督教的人神分離，神聖與世俗截然二分之後，神不再是人的慾望的延伸，神也不受人間美食美味誘惑。相同於畢達哥拉斯教派或是東方的佛教僅以香供神，不以食物供神，嚴謹的基督教教派甚至禁止用香或是任何供品。

有無供品或是供品的內容也可以提供我們思考各宗教的「他界」。然而無論是 Classen and Howes[54] 說的香氣可以引發「跨界」(boundary crossing) 的身體反應，或是 Howes[55] 說的香氣帶來「範疇改變」(category-change)，都認為在香氣的引導之下，經過範疇或是介面的移動，進入他界，一個異於日常生活世界的他界。兩位作者均不再細分「香僅是中介者 (liminality)」或「香是他界的構成性質」二者之間的差異。但是我們由漢人的燒香習俗可以發現香應該是兼具二者的。香氣在嗅覺上阻斷日常生活熟悉的嗅覺，讓人進入另一個經驗世界。因此，香具有媒介與中介性質。接著而來的是，在另外一個世界，視覺上雖然看不到，俗稱的「是無形的」，但是卻可以聞得到。可以說，正因為另一個世界是由各種奇妙之香所組成，而成其為奇妙之世界。

更特別的是，歷史上漢人的另一個世界所喜歡的香氣，可以有不同，可以由食物香氣到乾燥的檀沈合香的香氣的不同。亦即，漢人歷史上的「他界」是可以有差異與變化的。先秦所燃燒的黍稷香氣敬神，是延伸人類對於黍稷美味的慾望，先秦的神可以說是祖先神。漢唐之後，漢人學會印度合香製造方法，

54　Ibid., p. 123.

55　Howes, "Olfaction and Transition," p. 128.

以檀香等香料製成的合香，不再可以食用，也不是用來愉悅俗人，而是純粹用來供神，神與人的關係不再是祖先神，神與人的距離逐漸地拉開。

很恰巧的是，不是因為燒香材料的移植入華與材料的改變所帶來的信仰上的變化，西元 180 年左右張魯在四川建立道教的「漢中王國」，其所立之「清約」規定，「神不飲食，師不受錢」，尤其絕對不血食祭祀，與佛教相仿[56]，可以說是漢人宗教信仰一個相當大的革命。雖然張魯的道教或是印度佛教在後來傳教過程，不得不妥協，讓信徒接受漢人民間信仰的祭祀觀念，其神職人員道士或比丘，則仍是嚴守清約的規定。然而佛、道教帶來的革命觀念，不能說對民間信仰的信徒沒有影響，一般人至少知道佛菩薩或是道教仙真並不是常人可以達到的境界，人與神之間是有距離的。可以說因為印度佛教及其合香文化的傳入，增衍擴大了漢人的宇宙觀，由原有的祖先神，死後的必然的「他界」提升了層次，增添了佛菩薩的不同「果位」，或是仙真的不同「天位」。

我們以現今臺灣信徒的燒香行為來說明。今日臺灣信徒敬神所用之香其原料與氣味絕對不同於一般人塗抹身上之香料與香氣。因而，敬神時燒香所引起之身體反應不同於塗抹人身之身體反應。雖然同樣是香料引起的香氣嗅感，但是不同的香料與嗅感所帶動出的身體反應卻是截然不同。例如，塗抹於人身的香氣期待引發慾望，而敬神的香氣卻是期待停止慾望。在平時的祭祀活動，信徒燒香之後，才開始喃喃自語，亦即，前述劉枝萬所說「通神」之後，信徒的心意透過香氣來傳達而邀請到神的降臨。所謂的「通神」，在身體經驗上是經歷了一個嗅覺的非常經驗，身體上有了香氣刺激，讓信徒可以暫時與世俗隔離，進入與神對話或是接觸的時間。標示著祭祀活動的結束，也是以香的燃燒結束為準則。亦即，嗅覺上的經驗又恢復平常，來顯示祭祀活動的完成。也是道教說的「發爐」開始，「復爐」結束。是以，香味引起的身體反應與祭祀活動的起始息息相關。

56　我們於此不作判斷佛教與道教之間的影響關係是孰先孰後。

　　若是在進香活動中，我們觀察到大甲媽祖開始進香的第一夜，香客點燃第一根香之後，開始步行隨香，沿途一直接續燒香，不能中斷，亦即整個進香活動都是在香的燃燒中進行，是以稱為進香，也是用來區分進香時期與平時之差異。整個進香活動香客都處於香味所引發的他界經驗，也讓香客時時感受媽祖的庇佑。到達目的地新港當天可以「放香」一天，表示休息[57]。

　　再以臺北市大龍峒保安宮道教的祭解儀式為例。信徒報名要參加祭解之後，廟方會要求信徒燒香向廟中各殿神明上香，信徒藉著香氣在身體上的經驗而開始準備接受祭解儀式。道士替信徒進行祭解儀式也是以燒香為開始，向祭解壇的保生大帝神像上香，香氣的瀰漫標示著祭解儀式的開始。接著，整個祭解儀式就在香氣的陪伴中進行。因此，信徒在整個祭解儀式中，身體實際上經驗到的其實是未曾中斷的香氣經驗，以及偶或出現的道士搖鈴聽覺上的刺激，讓信徒處於非日常的氛圍中[58]。筆者將祭解視為道教的醫療活動，如果我們對比醫院中的醫療活動，整個身體上的刺激是來自藥味或是消毒水的味道，便可以凸顯香氣在信徒身體經驗上引發的宗教反應。

他界的身體感

　　我們對漢人宗教信仰或是宇宙觀的理解，若是缺少了身體經驗方面的探討，純粹僅是從事文本或是象徵詮釋，就有如 Bateson 說的「一個美食家不真正地品嚐食物的鮮美，而僅是透過菜單來分析評論」[59]一樣的有缺憾。我們若要進一步地理解漢人宗教，應該嘗試體會漢人宗教信徒的身心狀態，除了透過莊嚴的神像，堂皇的廟宇，在視覺上建構了神的世界，透過共享豐腴的犧牲食物，在味覺上滿足了對神界的憧憬，透過燃燒的香，在嗅覺上也營造了神界的幽邈怡人。

57　張珣，《文化媽祖》。

58　張珣，〈保安宮的醫療文化〉，《大道》，42: 12-15。

59　Bateson, *Steps to an Ecology of Mind*, pp. 153-158.

在神界的建構上，視覺給人距離與理性，相反的，嗅覺讓人停止思考，因為味道是無法切割而連續的。視覺上，高聳入天的廟宇屋脊，七彩繽紛的剪拈，威嚴碩大的神像，讓人意識到自身的卑屈渺小。而嗅覺上，燃香的香氣讓人意識到不同於自己體味的外境。前面 Howes 認為，氣味的兩個特性，散發性與延續性，造成嗅覺的不可分類性與模糊性，成為儀式中最好的過渡中介者，讓所有的分類暫時中斷，以便重新分類進入另一範疇[60]，可以充分說明香氣與嗅覺在宗教儀式中的作用。

其次，宗教飲食所引發的味覺與宗教燒香引發的嗅覺，在身體經驗上有何異同？丹麥小說《芭比的盛宴》提供我們一個理解宗教飲食的參考。丹麥的新教徒要求儉約樸實與禁欲，信徒每天僅以魚乾麥酒裹腹。法國的天主教徒則以豐盛的美食血食，龜肉湯、鵪鶉、松露，來體現宗教的另一面，寬容原諒與釋放禁錮[61]。可見飲食的味覺釋放也是讓人體會宗教高尚情懷的一個途徑。我們在清修的佛、道教神職人員的粗食，與民間信仰祭神的酒肉美食之間都可以找到虔誠的信心。非常的粗食或是非常的美食都可能是宗教飲食的展現。誠如李豐楙[62] 使用了「常與非常」之對比區分，來說明《楚辭》巫與常人服飾與飲食之區分，而不採用西方「聖與俗」之對比區分[63]。

在解剖學上來說，味覺其實很依賴嗅覺，但是一般人並不知道。味蕾極其微小，分佈在口中不同部位，舌尖負責甜味，舌後嚐到苦味，兩側是酸味，鹹味則散佈於舌的上表面，另外在上顎、咽和扁桃腺也有味覺細胞，因此食物味道很多時候是嗅覺與味覺細胞一起感受的，這也是為什麼飲食時我們從嗅覺中

60　Howes, "Olfaction and Transition," pp. 140-141.

61　蔡怡佳，〈恩典的滋味：由《芭比的盛宴》談食物、身體感、以及自我轉化〉，發表於「物與身體感」研討會，中央研究院民族學研究所院內主題計畫：「感同『身』受：日常生活與身體感的文化研究」主辦，臺北，2005 年 9 月 5-7 日。

62　見李豐楙〈服飾服食與巫俗傳說〉，《古典文學第三集》，頁 71-99；及〈臺灣慶成醮與民間廟會文化：一個非常觀狂文化的休閒論〉，《寺廟與民間文化》論文集。

63　「常與非常」有時可以都是在凡俗世界的區分，例如戰爭時期可以稱非常時期，並不一定指向「凡俗與宗教」之區分，因而本文暫不採用「常與非常」之對比，而以「他界」來指攝宗教。

得到的香氣滿足不亞於從舌頭咀嚼得到的滿足，也有些學者認為嗅覺與味覺應該合併成為一種感覺[64]。

　　然而本文要強調的是，燃香的香氣其實並非僅僅引發嗅覺反應，應該可以說是一種整體的全身感受。所謂的全身感受，或可稱為「身體感」是一種全身整體的感覺與經驗，包括多個器官組織或是感官渠道，包括肉體、心理與心靈，也就是包括想像與實際。對於香氣的全身經驗[65]，如果勉強加以區分的話，還可以有：1. 視覺上，直立的線香指向天空，插在香爐內的灰沙裡，有一種連接天地的視覺效果。香煙往天上直升，似乎將信徒心意往天上傳送。香煙逐漸瀰漫，將自己與周圍的人包圍在一種神秘清幽氣氛中。視覺上還看到廟宇建築的雕樑畫棟，神廟的漆黑幽暗，或祖先或神佛的畫像猙獰或莊嚴，供桌上的供品五顏六色，產生異於日常住家生活的經驗。2. 美食供品也會引發味覺富饒快樂之感。3. 軀體上作彎腰或直立挺直，或雙手合掌，或跪拜等動作，或被告誡不可直視神明需要低頭，4. 聽覺上學習到吵雜人聲，或鐘鼓聲，或靜默，或佛曲音樂。5. 觸覺上可能是摩肩接踵的擁擠，或是缺少人跡的冷漠空洞，或是冰冷的石板座椅。6. 幾種經驗連結起來醞釀出的一種神秘感或他界感。

　　另一個世界是由種種奇妙之香所引導進入，也由種種奇妙之香所圍繞組成，然而不同宗教的他界，或是不同發展時期的他界，其內容之不同就不能單純以香氣來決定，而要加上觀念上，也就是思想上的，比嗅覺更複雜的建構。因此，身體經驗與觀念雙方面缺一不可。「他界」在古代中國可以包括山川神、祖先、還有鬼。根據傅亞庶解釋《周禮》的大宗伯，是周王朝負責祭祀鬼神的最高官員，其具體執掌有「以吉禮事邦國之鬼神示，以禋祀祀昊天上帝，以實柴祀日月星辰，以卯燎祀司中司命風師雨師，以血祭祭社稷五祀五岳，以狸沈祭山林川澤……」[66]。屬於天神才有燎祭的儀式，天神又分三類，依序為禋祀、

64　Cf. Ackerman, *A Natural History of the Senses*.
65　可能還有經由氣血系統或是經絡系統所帶來的全身經驗，此非本文能力所及。
66　傅亞庶，《中國上古祭祀文化》，頁363。

實柴、卯燎[67]。那麼，何謂「禋祀」等？「*禋祀者以生煙為義；實柴者以實牲體為義，卯燎者以焚燎為義*」，有禋祀的天神一定有實柴、卯燎等儀式，有實柴者一定有卯燎，但是有卯燎者不一定有禋祀、實柴。可見禋祀是降神之禮，實柴、卯（牛）燎則是享神之禮。如前述，商人尚聲（音樂）不尚臭（氣味），周人崇尚氣味，在祭祀祖先時，先以氣味降神，再學商人的歌舞隨後。雖然傅亞庶並未說明禋祀，是用什麼木柴或燒出什麼氣味？但是他強調熊熊燃燒，生出煙，以及之後的燒牛體（實柴）牛內臟（卯燎）是重要的[68]。

中國上古商周時代祭品中首重牲體，牛馬羊豬狗雞等六牲。其次是新收穫之薪穀以及田獵所獲動物，再來是玉器、動物皮毛、絲帛衣物等用品[69]。方光華對於周代祭天儀式的祭品有更詳盡的說明供品，除了牛等牲畜之外，還有蒼璧、青帛、籩之實十二，鹽、魚、棗、栗、菱、芡、鹿脯、白餅、黑餅、糗餌、粉粢，豆也裝十二種食物，韭、醓醢、菁、鹿醢、芹、兔醢、筍、魚醢、脾析、豚胉，登用太羹，鉶用和羹，簠中盛稻、梁，簋中盛黍、稷，酒爵、俎、筐等等，可見得都是人間最好的美味美食。配祀的祖先神位前也有相同的擺設與祭品[70]。

無論是祭天地山川神、或祖先、或鬼，這套宇宙觀大約是世人所處世界的延伸，天神在上，人在中間，祖先與鬼在地下。三個類別各處其所，各司其職，則為天地倫常，運行不悖。祭天神、地祇、祖先、鬼，在供品方面僅有量的差別，而無質的差別，都是呈獻人間最好的美味與美食。供品當中以全隻動物為最上選，當作犧牲。在這個宇宙觀之下，誠如鄭子產所言，一個人若生前有德行，作大事大官，死後魂魄很強，可以不散[71]，但是也不一定成神，即使成神之後也不是每個人都可以祭拜，而有階級區分。

67　同前註，頁 395。

68　同前註，頁 396。

69　同前註，頁 390-408。

70　方光華，《俎豆馨香：中國祭祀禮俗探索》，頁 36。

71　錢穆，《靈魂與心》，頁 53-61。

　　佛教傳入中土以後，前述「金人者，皆長丈餘，其祭不用牛羊，惟燒香禮拜。」供品方面「祭不用牛羊」，那麼用什麼敬神呢？以佛經《藥師琉璃光如來本願功德經》所述為例：「以種種花香、塗香、末香、燒香、花鬘、瓔珞、幡蓋、伎樂而為供養，以五色綵，做囊盛之，掃灑淨處」，或是「晨嚼齒木，澡漱清淨，以諸香華、燒香、塗香、作眾伎樂、供養形像」，至於漢人民間信仰「告召山林樹塚等神，殺諸眾生，取其血肉，祭祀藥叉羅剎婆等」則被視為做種種惡業。佛經上所說的，大體還可以在今日臺灣佛寺內看到。除此之外，今日我們在佛寺內常看到的供品，還有清水、白米、油燈、水果等等。

　　至於人死後的世界，佛教認為有「六道」輪迴，地獄是其中之一，另外是畜生、惡鬼、天、人、阿修羅。「天」有許多層次，其中一般人喜歡去的「極樂世界」是什麼樣呢？根據臺灣一般民眾可以接觸到的《佛說阿彌陀經》的描述，擇要如下：

一、極樂國土七重欄楯、七重羅網、七重行樹、皆是四寶，周匝圍繞。

二、有七寶池，八功德水，充滿其中。池底純以金沙布地，四邊階道，金銀，琉璃，玻璃合成。上有樓閣，亦以金銀，琉璃，玻璃，硨磲，赤珠，瑪瑙，而嚴飾之。池中蓮華大如車輪，青色青光，黃色黃光，赤色赤光，白色白光，微妙香潔。

三、常作天樂，黃金為地，晝夜六時，雨天曼陀羅華，其土眾生，常以清旦，各以衣裓，盛眾妙華，供養他方十萬億佛，即以食時，還到本國，飯食經行。

四、彼國常有種種奇妙雜色之鳥，白鶴，孔雀，鸚鵡，舍利，迦陵，頻伽，共命之鳥。是諸眾鳥，晝夜六時，出和雅音，其音演暢，五根、五力、七菩提分、八聖道分，如是等法，其土眾生，聞是音已，皆悉念佛念法念僧。

五、彼佛國土，微風吹動，諸寶行樹及寶羅網，出微妙音，
　　譬如百千種樂，同時俱作，聞是音者，自然皆生念佛念
　　法念僧之心。

六、彼佛光明無量，照十方國，無所障礙。

七、彼佛壽命及其人民，無量無邊阿僧祇劫。

八、彼佛有無量無邊聲聞弟子，皆阿羅漢。

九、極樂國土，眾生生者，皆是阿裨跋致。

十、不可以少善根福德因緣，得生彼國。

　　可見佛教的宇宙觀比漢人舊有的複雜許多。由上述傳統漢人宗教與佛教的供品來對比，可以見到供品與宇宙觀之間的可能關係。所用的兩部佛經是一般人容易取得的佛經，亦表示其為常民知識的部份。基本上，根據《禮記》，先秦中國人宇宙觀是，天神在上，地祇在下，人死後成鬼，即祖先，祖先在地下（方俊吉，1985）。佛教宇宙觀比較複雜，除了上述六道之外，將宇宙視為由千萬個大小世界組成，每個世界由一位有德性，修行有成的佛來領導。釋迦牟尼佛親自示現，人可以經由修行成佛。有修行的人死後到了極樂世界，不是去享樂吃山珍海味，而是去繼續進修。人死後不是化為烏有，而是不斷輪迴，可以再世為人繼續修行，也可以成為畜生，或鬼，或神。

　　香在佛教或佛經中是用來淨身，除穢，並且進一步地，將香昇華為用來形容有修行、有德性的人身上散發的氣味，而不是用來吃食或嗅聞的。在供養佛的物品中，食物更不是重點。因而食物與香的呈獻，在漢人信仰與在佛教信仰中，具有完全不同的意義。佛教的「個人」既然可以世世輪迴，則每個人的祖先的固定性或是唯一性就消除了，家族內的成員關係也不是那麼不可取代，祖先崇拜及其相應的家族組織有了另外的觀看角度。天地山川神明也不是那麼崇高，舊有的先秦漢人天、地、人三元的宇宙觀被擴大，而可以有不同看法。佛教傳入中國雖然廣為流行，但是至今並未完全取代先秦宇宙觀，如同「檀木香」

與「黍稷油膏香」並存共祭；觀音菩薩與媽祖、土地公等同在一張神仙畫像上。或有時表裡不一，中元普渡與佛教盂蘭盆會合辦，來超薦祖先亡靈等等。因而，才有今日分歧的信仰折衷雜存於臺灣漢人宗教之內。

因為「香」的來源「材料物」有了歷史轉換，讓我們有機會探討物與其相應的觀念的轉變。除了香，香爐這個「物」也可用來加強說明此一「檀木香」與「黍稷油膏香」並存，因而背後的宇宙觀也並存的情形。前述 Bedini 考證中國漢武帝之後才開始製作香爐，有趣的是其形狀乃沿用先秦祭祖之鼎[72]。鼎是用來煮食的器具，若香爐沿用鼎之形狀，那麼香爐盛放的香與香灰是神的食物嗎？神用的香爐竟然沿用祭祖的器具，那麼是否在民眾心中神佛也只是祖先的延伸？印度的佛菩薩都被加上親屬稱謂，例如「佛祖」與「觀音媽」，筆者以為這是佛教被中國化的表現。

關於民間信仰中的香混和有食物的意涵，筆者可以在此舉出田野中的例子說明。1987 年筆者參加苗栗縣通宵鎮白沙屯拱天宮媽祖前往北港進香時，隨行的還有後龍鎮的「山邊媽祖」。因此，大轎內有兩個香爐，信徒說「不同媽祖各有自己的香爐，好像不同的飯碗一樣。」如果香爐像飯碗，那麼，裝在香爐內的香不就是像食物一樣嗎？之後幾年，筆者在田野中訪問到一位信徒，她回憶說：

> 家中供奉有媽祖以及虎爺等神明，有一段時間出差，到國外採購貨品。因此，好幾天沒燒香。回到家中第一次燒香時，所燒之香「轟」地一聲，一下子香爐內的幾根香全部焚燒殆盡。可見他們多飢餓！從此以後才知道要天天燒香，神明才有得吃。

信徒口中的神明是會真的吃香煙，有如吃食物一般。還有的信徒認為低階的神才需要「吃」食物，高階的神只需要「吃」香。

72　Bedini, *The Trail of Time*, pp. 26-29.

那麼，僅以食物之香祭拜或是加上檀木之香祭拜，顯現了背後宇宙觀的增衍。一旦接受了檀木之香，身體經驗上引發了「他界」範疇的轉換，此一「他界」不再只是自家祖先，不再只是人死後的處所，而是一個涵蓋了有不同位階的神明，不同名號，不同神能的神所組成的一個「他界」。這樣的超越的「他界」裡的神是喜歡檀木香，而能由檀木香來溝通的，這樣的信仰也反過來要求信徒燃燒檀木香通神，因而祭拜時第一要先燒香，其次才是供食，而所燒之香其材料成分，每每名為檀香。雖則，實際材料不一定是檀木。也就是前述，由檀香的接觸所產生的身體經驗，再由此嗅覺偏好形成的象徵觀念，會倒回來影響人的身體要求，再進一步決定人們對檀木的選擇，完成了一個所謂的經驗與觀念的辯證過程，身體與象徵之間的辯證過程。誠如前述 D. Miller 以「物」有兩面性，物質性與象徵性。物的象徵性讓人可以使用之，而物的物質性則可以使用人。亦即，可以影響人的喜好。

結　論

對比起西方解剖學將人體理解成一個個獨立的器官組織與感官渠道，中國醫學傾向於以氣血系統或是經絡系統來理解人體[73]。一般人接受了一套人體知識之後，很容易就以人體知識來體解經驗的接收管道。現代人習慣以單一感官來理解經驗的接收管道，例如以為圖像經由單一視覺器官或是香氣經由單一嗅覺器官來接收。如果是以中醫的系統人體知識來看人類的經驗接收管道，便可以不是單一感官在接收外界刺激，而是人體以整體全身來接收外界刺激。同樣的香氣刺激可以被理解成單一嗅覺器官在接收，也可以換一個方式，理解成全身系統性的在接收香氣的刺激。那麼，便有可能是一種身體感的理解基礎了。

人類學身體經驗研究的開始，在於反省到人類對外界的理解過度依賴視覺文字以及理性思考分析。事實上人類的知識與經驗的累積，相當程度是透過身體的感官知覺而得到的，理性思考往往是感官知覺之後合理化的結果。因此人

73　吳清忠，《人體使用手冊》。

類學在 1990 年代以後，鼓勵身體研究[74]，情緒研究[75]，以及經驗研究[76] 等，企圖打破人類學中許多對立性的二元思考原則，而能夠對人類行為有更確切的理解。

不過目前的反省仍然建立在西方醫學對人體的知識基礎上，也仍然受西方科學實證理論影響，對於人體的器官與外界經驗的理解都還受限於解剖學式的人體以及具體可觀察的經驗，對於一些超感官的以及多種感官的感覺，對於一些無法觀察的外在經驗（宗教或是超自然經驗），都還尚未能描述或是分析之。本文在寫作之初，先是找尋人體對香氣的經驗研究，多數文獻均來自西方，而這些文獻幾乎都集中在單一嗅覺器官的分析上。隨著二稿與三稿的增補與閱讀，逐漸發覺中醫對人體的知識可以提供「身體感」研究的未來參考。

在臺灣漢人民間信仰的探討上，人類學分析了大量的文本或是儀式，只有少數是從信徒或神職人員等宗教實踐者的身體經驗出發。有一少部份難能可貴的研究，從收驚儀式專家的身體修練[77]，或是從梵唄、道教音樂[78] 著手，但是也偏重分析音樂唱詞的內容，而不是聽覺對當事人的影響。同樣的宗教用香的研究，有呂麗華[79] 考證佛教「香室」，張梅雅[80] 分析歷史上佛教與道教的用香。但是本文則針對人的嗅覺與身體，及其媒介物，香，在宗教上的作用來分析，

74　余舜德，〈食物冷熱系統體驗與人類學研究〉，《中央研究院民族學研究所集刊》，89: 117-146；〈文化感知身體的方式：人類學冷熱醫學研究的重新思考〉，《臺灣人類學刊》，1(1): 105-146；及顏學誠〈修練與身體互動：一個氣的身體人類學研究〉，《臺大考古人類學刊》，58: 112-145。

75　胡台麗、許木柱、葉光輝主編，《情感、情緒與文化》及黃應貴〈關於情緒人類學發展的一些見解〉，《新史學》，13(3): 117-149。

76　余舜德，〈市場、價值建構、與普洱茶交易中的陳韻〉，發表於「物與身體感」研討會，中央研究院民族學研究所院內主題計畫：「感同『身』受：日常生活與身體感的文化研究」主辦，臺北，2005年9月5-7日。

77　李豐楙，〈收驚：一個從「異常」返「常」的法術醫療現象〉，發表於「醫療與文化」研討會，中央研究院民族學研究所主辦，2002 年 10 月 24-25 日。

78　呂錘寬，《臺灣的道教儀式與音樂》。

79　呂麗華，《香室 (gandhakuti) 考》，法光佛教文化研究所碩士論文。

80　張梅雅，《中國宗教儀式中的行香文化：以佛道經典為主的探討》。

希望能有拋磚引玉的效用，讓更多學者注意到身體經驗的面向。經由其他學者與本文的資料呈現，香味的刺激會引發人的思考暫時中斷，導致範疇的轉變，或是說「跨界」的作用，在儀式中尤其適合「他界」的進入，讓信徒短暫離開世俗而進入「他界」。

在印度運用檀木等材料做成的合香是用來清靜宗教場所或是供養神佛，傳入中國之後，與原有的食物祭拜祖先神的觀念結合，增加了香作為神明象徵食物的異象，香爐作為神明食鼎，香灰是神明反芻合香之後的結晶，被信徒所珍惜並服用。香在佛教徒的使用上最好是環香，減少木材竹心的味道，以免干擾修行打坐；選用檀香以增強安定心神的效果。在民間信仰上信徒則喜歡用線香，以便安插在香爐中，以竹子做內心，使之不易折斷；為使香粉黏裹在竹心上，而需增加楠木皮等材料；為使香不易熄滅，而迫使業者加入硝石或是木炭；為使香灰不易迅速解體，而加入石灰等等，都是民間信仰中燒香與製香的特色。

然而近年來由於環保觀念盛行，許多香行出現「環保香」的販賣，聲稱燒出的煙氣比較不濃濁，不會造成空氣污染[81]。也有適應年輕人或是上班族需要而製造的短香。一般來說寺廟用的線香大約二尺以上，家庭用的二尺以下，而上班族用的則為一尺左右的短香。佛教團體一向講求燒好香，甚至近年佛教法鼓山團體鼓勵不燒香，以響應徹底的環保運動。將來是否民間信仰也會出現不燒香的運動？如同 1960 年代民間信仰的臺北市行天宮，率先提倡不燒紙錢運動[82]，影響所及，很多寺廟也比較少燒紙錢了。

如果民間信仰不燒香，香在民間信仰所發展出來特殊的象徵體系：進香與香火崇拜文化[83]，還能夠繼續存在嗎？相信會對民間信仰帶來重大改變。然而，民間信仰彈性很大，生命力很強韌，或許如同不燒紙錢運動一樣，雖然會減少

81　高玫鍾，《燃燒拜香產生反應性含氧物種之探討》，臺灣大學環境衛生研究所碩士論文。

82　李亦園，〈社會變遷與宗教皈依：一個象徵人類學理論模型的建立〉，《中央研究院民族學研究所集刊》，56: 1-28。

83　請參見 Sangren, *Chinese Sociologics*；黃美英，《臺灣媽祖的香火與儀式》；張珣，《文化媽祖》。

信徒平時燒紙錢的習慣，但是根據筆者訪查經驗顯示，在許多重要的儀式場合（例如道教祭解儀式），或是關鍵時刻（例如為死者燒庫錢），信徒仍然堅持需要燒紙錢。如果將來民間信仰減少燒香習慣，但是筆者推測在重要年節慶典或是重要儀式才燒香，也是有可能的。本文的前提是在目前民間信仰的燒香與香火文化之下，嘗試說明此一象徵體系背後的身體經驗，尤其是身體經驗所引發的「跨界」反應。

參考文獻

【中文】

（宋）洪芻，《香譜》。收於景印文淵閣四庫全書 844 冊。

（宋）陳敬，《陳氏香譜》。收於景印文淵閣四庫全書 844 冊。

（明）周嘉冑，《香乘》。收於景印文淵閣四庫全書 844 冊。

方光華，《俎豆馨香：中國祭祀禮俗探索》。陝西人民教育出版社，2000。

方俊吉，《禮記之天地鬼神觀探究》。臺北：文史哲出版社，1985。

呂麗華，《香室 (gandhakuti) 考》。法光佛教文化研究所碩士論文，2003。

呂鍾寬，《臺灣的道教儀式與音樂》。臺北：學藝出版社，1994。

李亦園，〈社會變遷與宗教皈依：一個象徵人類學理論模型的建立〉，《中央研究院民
　　　族學研究所集刊》56: 1-28，1984。

李建民，〈艾灸的誕生〉，刊於黃應貴主編《物與物質文化》，頁 27-62。中央研究院
　　　民族學研究所，2004。

李豐楙，〈服飾服食與巫俗傳說〉，《古典文學第三集》，71-99 頁。臺北：臺灣學生
　　　書局，1981。

──〈臺灣慶成醮與民間廟會文化：一個非常觀狂文化的休閒論〉，《寺廟與民間文化》
　　　論文集。臺北：行政院文化建設委員會，1994。

──〈收驚：一個從「異常」返「常」的法術醫療現象〉，發表於「醫療與文化」研討
　　　會，中央研究院民族學研究所主辦，臺北，2002 年 10 月 24-25 日。

余舜德，〈食物冷熱系統體驗與人類學研究〉，《中央研究院民族學研究所集刊》89:
　　　117-146，2000。

──〈文化感知身體的方式：人類學冷熱醫學研究的重新思考〉，《臺灣人類學刊》1(1):
　　　105-146，2003。

──〈市場、價值建構、與普洱茶交易中的陳韻〉，發表於「物與身體感」研討會，中
　　　央研究院民族學研究所院內主題計畫：「感同『身』受：日常生活與身體感
　　　的文化研究」主辦，臺北，2005 年 9 月 5-7 日。

林語堂，《生活的藝術》。上海：上海書店，1931。

吳清忠，《人體使用手冊》。臺北：達觀出版社，2007。

邸豔蕊，《佛教的香與香器》，佛教小百科 30。北京：中國社會科學出版社，2003。

洪啟嵩，《香之旅》。臺北：文殊印經會，1986。

胡台麗、許木柱、葉光輝主編，《情感、情緒與文化》。臺北：中央研究院民族學研究
　　　所，2002。

高玫鍾，《燃燒拜香產生反應性含氧物種之探討》。臺灣大學環境衛生研究所碩士論文，
　　　2001。

張屏偉，《品香淺釋》。作者自印，2000。

張珣，《文化媽祖》。臺北：中央研究院民族學研究所，2003。

──〈保安宮的醫療文化〉。《大道》42: 12-15，2005。

──〈香之為物：進香儀式中香火觀念的物質基礎〉，《臺灣人類學刊》4(2): 37-73，2006。

張梅雅，《中國宗教儀式中的行香文化：以佛道經典為主的探討》。政治大學宗教研究所碩士論文，2003。

蔡怡佳，〈恩典的滋味：由《芭比的盛宴》談食物、身體感、以及自我轉化〉。發表於「物與身體感」研討會，中央研究院民族學研究所院內主題計畫：「感同『身』受：日常生活與身體感的文化研究」主辦，臺北，2005 年 9 月 5-7 日。

黃典權，〈香火傳承考索〉，《成大歷史學報》17: 113-127，1991。

黃美英，《臺灣媽祖的香火與儀式》。臺北：自立報社，1994。

黃應貴，〈關於情緒人類學發展的一些見解〉，《新史學》13(3): 117-149，2002。

──〈導論〉，刊於黃應貴編《物與物質文化》。臺北：中央研究院民族學研究所，2004。

顏學誠，〈修練與身體互動：一個氣的身體人類學研究〉，《臺大考古人類學刊》58: 112-145，2002。

錢穆，《靈魂與心》。臺北：聯經出版事業股份有限公司，1976。

劉良佑，《香學會典》。臺中：東方香學研究會，2003。

劉枝萬，〈臺北市松山祈安建醮祭典：臺灣祈安醮祭習俗研究之一〉，《中央研究院民族學研究所專刊之十四》。臺北：中央研究院民族學研究所，1967。

傅亞庶，《中國上古祭祀文化》。東北師範大學出版社，1999。

【西文】

Ackerman, Diane. *A Natural History of the Senses*. New York: Random House, 1990. (莊安祺譯《感官之旅》)

Bateson, Gregory. *Steps to an Ecology of Mind*. London: Paladin, 1973.

Bedini, Silvio. *The Trail of Time: Time Measurement with Incense in East Asia*. Cambridge: Cambridge University Press, 1994.

Blacking, John. "Toward an Anthropology of the Body." In *The Anthropology of the Body*, pp. 1-28. London: Academia Press, 1977.

Classen, Constance. *Worlds of Sense: Exploring the Senses in History and Across Cultures*. London: Routledge, 1993.

──. *The Color of Angels: Cosmology, Gender and the Aesthetic Imagination*. London: Routledge, 1998.

Classen, Constance, David Howes, and Anthony Synnott. *Aroma: The Cultural History of Smell*. London: Routledge, 1994.

Corbin, Alain. *The Foul and the Fragrant: Odor and the French Social Imagination*. Cambridge, MA: Harvard University Press, 1986.

Csordas, Thomas. "Embodiment as a Paradigm for Anthropology." *Ethos* 18(1990): 5-47.

──. *Embodiment and Experience: The Existential Ground of Culture and Self*. Cambridge: Cambridge University Press, 1994.

——. "The Body's Career in Anthropology." In *Anthropological Theory Today*, edited by Henrietta L. Moore, pp. 172-205. Cambridge: Polity Press, 1999.

Douglas, Mary. *Natural Symbols: Exploration in Cosmology*. New York: Pantheon Books, 1970.

Howes, David. "Olfaction and Transition." In *The Varieties of Sensory Experience*, pp. 128-147.

——, ed. *The Varieties of Sensory Experience: A Sourcebook in the Anthropology of the Senses*. Toronto: University of Toronto Press, 1991.

——. *Sensual Relations: Engaging the Senses in Culture and Social Theory*. Ann Arbor: The University of Michigan Press, 2003.

Lakoff, George, and Mark Johnson. *Philosophy in the Flesh*. New York: Basic Books, 1999.

LeGuerer, Annick. *Scent: The Mysterious and Essential Powers of Smell*. New York: Kodansha, 1994.

Lock, Margaret. "Cultivating the Body: Anthropology and Epistemologies of Bodily Practice and Knowledge." *Annual Review of Anthropology* 22(1993): 133-155.

Mauss, Marcel. *Sociology and Psychology: Essays*. London: Routledge and Kegan Paul, 1979.

Miller, Daniel. *Material Culture and Mass Consumption*. Oxford: Basil Blackwell, 1987.

O'Neill, John. *Five Bodies: The Human Shape of Modern Society*. Ithaca: Cornall University Press, 1985.

Rosaldo, Michelle Zimbalist. *Knowledge and Passion: Ilongot Notions of Self and Social Life*. Cambridge: Cambridge University Press, 1980.

Sangren, P. Steven. *Chinese Sociologics: An Anthropological Account of the Role of Alienation in Social Reproduction*. London: The Athlone Press, 2000.

Sperber, Dan. *Rethinking Symbolism*. Cambridge: Cambridge University Press, 1975.

Stewart, Pamela J., and Andrew Strathern. *Gender, Song, and Sensibility: Folktales and Folksongs in the Highlands of New Guinea*. London: Praeger, 2002.

Strathern, Andrew. *Body Thoughts*. Ann Arbor: The University of Michigan Press, 1996.

恩典的滋味：
由「芭比的盛宴」談食物與體悟*

蔡怡佳**

"The tongue is a little member and boasteth great things. The tongue can no man tame; it is an unruly evil, full of deadly poison......We will cleanse our tongues of all taste and purify them of all delight or disgust of the senses, keeping and preserving them for the higher things of praise and thanksgiving."[1]

> 「舌頭雖小卻能誇大滋事。它是任性的、無人可馴服的惡魔，佈滿致命的毒素。我們要潔淨我們的唇舌，滌淨味覺帶來的種種歡愉或嫌惡，只讓舌頭做讚美與感恩的高尚之事。」

"See! That which we have chosen is given us, and that which we have refused is, also and at the same time, granted us. Ay, that which we have rejected is poured upon us abundantly."[2]

> 「你看！我們所選擇的都得到了，一切我們拒斥的也都給了我們，甚至得回了我們原所拋棄的。」

---

* 本文原刊登於《臺灣宗教研究》6.1(2006): 1-34。本文的撰寫從中央研究院「醫療與身經驗研究群」學友們的討論中得到諸多啟發；余舜德教授與張珣教授的評論與建議，在此致謝。

** 輔仁大學宗教研究系助理教授。

1 Dinesen, "Babette's Feast," p. 47.

2 Ibid., p. 60.

食物與猶太──基督宗教

食物是表達宗教理解與實踐最重要的媒介之一，在猶太─基督宗教傳統中，食物的角色尤其重要。以猶太教來說，食物是猶太人在屢次被放逐的歷史中維持其宗教認同的重要媒介。藉著一套嚴格的飲食律法，包括規定哪些東西可食或不可食，食用的方式以及食用的時機，猶太民族一方面區分出我族與他族的界限，另一方面也表達其一神信仰對於神聖的獨特理解。基督宗教的興起雖然產生了第一批不再奉行摩西食物律法的猶太人，食物仍持續在基督宗教的自我理解與實踐上扮演重要的角色。新約聖經約翰福音中所記載的第一個神蹟，就是耶穌在婚宴中把水變酒的奇事，象徵神界與人間新關係的階段，以及天國的來臨。耶穌與法利賽人對於飲食禁忌的辯論，標示出基督宗教對於罪惡的重新理解。最後晚餐中耶穌將自己比喻為自我交付的食糧，更是把食物與神聖的連結推向另一個高峰。爾後天主教會中聖體聖事的建立，除了人領受神恩的意涵之外，也有信友彼此凝聚的作用。在基督宗教的漫長歷史中，雖然並沒有發展出像猶太教一樣關於飲食的嚴明律法，禁食卻構成其宗教實踐很重要的核心。禁食常與祈禱與施捨同時被強調，以作為懺悔與補贖的表達方式，並抑制人身上因犯罪而產生的各種邪惡力量[3]。綜上所述，無論是食物與宗教禁忌的關聯、共飲共食所表達的一體感、食物施捨所傳遞的友愛與奉獻精神，以及禁食所體現的棄絕世界、泯除罪惡的意義等，都傳達出食物與猶太基督宗教千絲萬縷的關係。食物是宗教認同藉以建立的重要基礎[4]，是宗教象徵的媒介[5]，也是宗教實踐的重要場域[6]。

食物之所以能夠在宗教認同、象徵與實踐中扮演重要的媒介，與食物作為「物」之物性以及相關之感官經驗密不可分。味覺與其知覺對象有親密的碰

3　呂晶器，《天主教的禁食與今日信友生活》，輔仁大學宗教學研究所碩士論文，頁 16-18。

4　Bahloul, "Food Practices among Sephardic Immigrants in Contemporary France," pp. 485-496; Rouse and Hoskins, "Purity, Soul Food, and Sunni Islam," pp. 226-249.

5　Douglas, *Purity and Danger*.

6　Bynum, *Holy Feast and Holy Fast*.

觸，所以飲食過程總是關涉到危險、信任等議題；因此，飲食活動特別適合於建立凝聚與連結的時機[7]。食物可被食用、吞嚥、消化、吸收；食物並具有觸覺、嗅覺、味覺與視覺等豐富多樣的感官層次，得以成為像「神靈」這般難以言喻之宗教與文化記憶的再現[8]。Fuller 討論酒在猶太基督宗教中所扮演的角色時，也認為酒釋放情緒與刺激靈感的特性令它成為體現神聖與一體感絕佳的媒介，猶如神之祝福臨在的記號。然而，酒釋放情感的能力也成為宗教虔敬的威脅。因此，相反於之前在宗教儀式中的運用，十九世紀以來一些強調禁欲的基督新教宗派對於飲酒的態度從不鼓勵到完全禁制，以免讓酒釋放了情感應該專注的正確目的[9]。從生物學的觀點來說，食物是維繫生存不可或缺之物，對食物的需要是人類最基本境況的表達；食物帶來的愉悅與飢餓帶來的折磨幾乎可以說是「天堂」與「地獄」的縮影[10]。飲食不但是人間要事，也是與神聖相遇的途徑：食物帶來的愉悅引領信徒一瞥天堂的福樂，禁食的飢餓感與痛苦感卻也可以成為宗教實踐中通往神聖的道路。

　　Bynum 研究中世紀西方婦女的宗教生活時指出，與飲食相關的行為構成婦女表達其信仰的中心主題。她認為食物是婦女控制外在環境與控制自我時最重要的資源，因此禁食就成為婦女表現棄絕塵世之宗教情懷的最主要方式。藉著身體感，亦即禁食所引發的飢餓感、痛苦感，婦女體會與基督一同受難的感受，進而體現神降生成人、道成肉身的宗教意義。除了禁食之外，這些婦女還以只進食聖體以及分送食物給需要者的方式，來實踐其宗教精神。發生在這些苦修者身上的神蹟奇事包括出現與耶穌釘痕一樣的聖傷、身體散發出奇特的香味，以及乳房分泌乳汁等。藉著這些記號，恩典成為可被看見、聞嗅、觸摸、甚至食用的具體事物。從這個角度來看：

7　Korsmeyer, *Making Sense of Taste*, p. 101.

8　胡家瑜，〈賽夏儀式食物與 Tatinii （先靈）記憶：從文化意象和感官經驗的關連談起〉，刊於黃應貴主編《物與物質文化》，頁 171-210。

9　Fuller, "Wine, Symbolic Boundary Setting, and American Religious Communities," pp. 497-518.

10　Feeley-Harnik, "Religion and Food," pp. 565-582.

> 「禁食不是對於肉體 (physicality) 的逃避，反而是對於肉
> 體的投入。領受聖體是一種消化的過程，消化的對象是那
> 藉由分享人之肉體與人性之痛苦而救贖世界的神。這既是
> 消化的過程，也是轉化自身的過程。食物對於中世紀婦女
> 來說意味著肉體與痛苦，從痛苦獲得救贖，包括自己的救
> 贖以及鄰人的救贖。」[11]

藉著克制對於食物的取用，婦女自己成了與神一樣的食物，使得恩典得以被親
嚐。從上述猶太基督宗教與食物之關係的討論可以得知，食物不只可以成為宗
教象徵的符碼，飲食活動本身也可以成為織就宗教經驗的核心血肉。飲食活動
可以很平常，但也可以成為凝聚群體意識的媒介、生命交融的表達[12]。然而，
飲食如何由一種日常所需的活動轉變為宗教的盛宴、認同的凝聚，是一個值得
探究的過程。除了人類學家以及歷史學家對於人類生活經驗的探究之外，我們
還可以藉著小說家的書寫來討論這個過程。Korsmeyer 指出，飲食活動與敘事
結構一樣，都是在時間的開展中完成的活動。飲食也有如同敘事情節開展的結
構：起始（飢渴）、中間過程（滿足的過程）、以及結束（得到滿足）。藉著小
說家對於環繞著飲食活動的感官經驗、思考與反思的書寫，我們對於飲食活動
可以有更深刻的的探究[13]。

　　本文以討論食物與宗教的經典作品，丹麥小說家 Isak Dinesen[14] 的短篇小
說「芭比的盛宴」 (Babette's Feast)，以及後來由丹麥導演 Gabriel Axel 改編
為同名的電影來討論「恩典 (grace)」的意涵。恩典一詞源於拉丁文的 gratia，
其原義來自於希臘文的 charism（恩惠）。從基督宗教的脈絡來說，意指神對人

11　Bynum, "Fast, Feast, and Flesh," p. 14.

12　胡家瑜，〈賽夏儀式食物與 Tatinii（先靈）記憶：從文化意象和感官經驗的關連談起〉，頁 173、
　　187。

13　Korsmeyer, *Making Sense of Taste*, pp. 186-187.

14　出生於丹麥的 Karen Blixen 嫁給一位男爵，於 1914 至 1931 年間在英屬東非（肯亞）經營咖啡農
　　場，其作品《遠離非洲》則是關於這段時間的故事。離婚後回到丹麥，以筆名 Isak Dinesen 用英
　　文寫作。「芭比的盛宴」即是她以英文寫成的作品。

的俯就與善意：神以多種方式臨在於人間，將自己通傳給受造物。恩典是神自由地贈與，人自由地白白接受[15]。本文將試圖論證，由小說文本與電影文本所開展之「恩典」的意涵不只是一個有意義的宗教概念，也不僅僅屬於教義或認知的範疇，而是一個藉著多重感官的身體經驗所獲得的體悟。這樣的體悟在小說與電影中又特別是透過與食物有關的種種身體經驗，例如飢餓／飽足、消化／淤塞、清簡／繁複、愉悅／排斥等來獲得意義。換言之，本文企圖把「恩典」的意涵放在「身體感」研究取向的脈絡中來討論。「身體感」的研究取向與感官人類學的興起有密切的關聯。感官人類學強調感官經驗的歷史與文化面向，也主張人類學家應該書寫土著的感官經驗，使其成為民族誌的重要面向。「身體感」的研究取向則進一步主張身體做為一個經驗的主體，結合多重感官，在特定文化環境中形成類似認知項目的身體感知項目；這些項目與項目之間形成的體系性關係是人們解讀文化訊息並據以行動的藍本[16]。以此論點出發，本文從下面幾個面向來討論與食物有關的身體感如何成為體悟恩典的基礎：第一、身體經驗如何成為食物在「聖俗」對立之宗教系統中的分類基礎——例如麥、酒、麵包與魚乾所代表的禁慾，以及法國餐之食材（龜肉湯、鵪鶉、松露等）所代表的塵世力量的誘惑。這個面向的討論嘗試以 Mary Douglas 在 Purity and Danger 中所提出的（食物）純淨—秩序以及污穢—渾沌失序的象徵連結出發，銜接 Julia Kristeva 與 V. Valeri 從身體經驗對於此連結的補充，以理解身體感如何成為宗教實踐的中介，進而成為宗教價值的體現。第二、「恩典」如何藉著食物與身體感的交織來得到體悟。第三、食物食用 (consumption) 的身體經驗如何釋放舌 (tongue) 與言 (word) 的禁錮，使得哀悼的過程得以發生。

15　谷寒松編，《神學詞語編彙》，頁 443。

16　余舜德，顏學誠，〈體物入微：「物與身體感專號」導言〉，《國立臺灣大學考古人類學刊》，65: 1-8。

恩典滋味的書寫

「芭比的盛宴」 (Babette's Feast) 是丹麥小說家 Isak Dinesen (Karen Blixen) 於 1950 年所發表的短篇小說，1987 年由丹麥導演 Gabriel Axel 改編為同名的電影。Dinesen 在創作此篇小說時，已經因為梅毒侵襲其消化系統而無法正常進食，「芭比的盛宴」卻是一則以感官的描繪與論說來鋪陳肉體／靈性、以及塵世／聖境之辯證的故事[17]。電影將「芭比的盛宴」設置於丹麥東海岸一個貧苦漁村。一位兼具先知身分的牧師帶領著一小群信徒，在漁村建立起一個虔誠的信仰宗派。此宗派的信徒棄絕塵世的享樂，身著樸素的黑灰衣裳，食用簡單的食物。信徒們棄絕塵世的享樂，視人間一切為幻影，只有天上的新耶路撒冷才是心之所歸[18]。年邁鰥居的牧師有兩個貌美脫俗的女兒，取名瑪婷 (Martine) 與斐莉 (Philippa)，為紀念馬丁路德 (Martine Luther)，以及路德的友人菲利浦 (Philip Melanchton)。雖然瑪婷與斐莉在父親信仰的薰陶之下，一心只嚮往屬天之愛，並不追求塵世情愛，她們卻成為兩位男子遭逢異象的靈泉。

勞倫斯 (Lorens Loewenhielm) 原本是一位生活浪蕩、負債累累的年輕軍官，父親為了管束他的舉止，將他送至姑媽的鄉下別墅，希望他在鄉間閉門思過。他在村中巧遇瑪婷的那一刻，彷彿瞥見一個異象，以及一種更為崇高純淨的生活[19]。勞倫斯的姑媽是牧師的信友，在姑媽的引介下他開始參加牧師家中的聚會。雖然著迷於瑪婷的美麗，也為異像所吸引，年輕的軍官卻與信徒的團體格格不入。他和信友們一起圍坐在牧師家中的桌旁聚會，卻無話可說，也無法從牧師的講道中獲得任何啟發；當牧師講到「慈悲和真理相擁，正義和平安相親」時，他想到的只是自己與瑪婷應該相親相擁。雖然定期參加聚會，每次只讓他更覺得自己的可悲與微不足道。在他停留的最後一天，雖然試著向瑪婷表達自己的感情，但喉嚨就像被封住一般，他只能握著她的手，訣別之後黯然

17　本文以下的故事介紹同時參考小說原著與電影劇本。參考英文小說的部份為筆者自行翻譯。

18　Dinesen, "Babette's Feast," p. 23.

19　Ibid., p. 26.

離去，了解世界上總是存在著不可能的事[20]。離去的軍官決定忘記自己在牧師家發生的事，他不要追逐不可能的夢想，而要在這個世界中闖出一片天地。滿懷野心的軍官不久就得到上司的賞識，在戰場上建立彪炳的功績，並娶了蘇菲亞女王的侍女。他在上流圈中的升遷有如神助，對自己以及環境感到喜悅得意。軍官離去之後，有時斐莉會把話題帶到那位沈默寡言，突然出現又倏然消失的軍官上面，但瑪婷只是溫和地回答妹妹的問題，並不多說什麼。

斐莉有著天使般的歌聲。軍官離去一年後，法國著名的歌劇演唱家帕賓 (Achille Papin) 在海岸地區休養，經過教堂時，聽到斐莉的歌聲，驚為天人。和勞倫斯一樣，他也看見一個異象，看見全巴黎臣服於這絕美歌聲。帕賓登門拜訪，請求牧師同意他指導斐莉唱歌。當他們一起合唱時，帕賓對斐莉的才華從期待轉為肯定，又從肯定轉為狂喜；他相信當他們一起在舞臺上演唱時，聽眾將會再一次相信奇蹟的存在。然而，當他們練習莫札特歌劇唐喬凡尼 (Don Giovanni) 中「引誘」那一幕的詠嘆調時，帕賓彷彿化身為唐喬凡尼，將他的新娘擁入懷中，在他們婚禮的祭壇前親吻了她[21]。斐莉回家後決定終止練唱的課程。帕賓悵然回到巴黎。兩姊妹不再多談遠方來客的事情，她們缺乏足夠的語言來討論發生的事。

時光飛逝，瑪婷與斐莉邁入中年。一個傾盆大雨的夜晚，兩姊妹的房子傳來急促的敲門聲。開門之後只見一虛弱的女子，交給兩姊妹一封信，是十五年前認識的帕賓親筆寫的信，信中說道這位可憐的女人叫做芭比，丈夫與兒子在法國的內戰中喪生，她自己的生命也面臨危險，所以必須逃出法國，希望兩位姊妹可以收留她。帕賓的信末寫著：「芭比會烹飪。」兩姊妹一開始很遲疑，因為她們付不起請佣人的錢，也不願意別人為她們做白工。但芭比表示自己並不要求酬勞，只要供她吃住，她願意為帕賓先生心中的善人做任何家事。兩姊妹心軟，決定收留芭比。

20　Ibid., p. 27.

21　Ibid., p. 31.

　　芭比在兩姊妹的家中已經待了十四年。芭比一開始為兩姊妹工作時，她們並不信任她的廚藝。法國食物的奢華讓她們不放心，法國人不是連青蛙都吃嗎？她們親自為芭比示範如何殺魚與製作日常生活所食用的啤酒硬麥麵包濃湯，並向芭比說明自己處境的拮据，以及享用奢靡的食物如何構成有罪的行為。芭比忠實地按照兩姊妹教她的做法煮食[22]。奇妙的是，自從芭比掌廚以來，他們家務的支出大量減少，芭比所煮的麵包濃湯也彷彿有一種新的、神奇的力量，能夠鼓勵並強壯那些貧病的食用者。一開始對兩姊妹收留芭比懷有疑慮的信友們，也逐漸把兩姊妹和芭比比喻為聖經中的瑪麗亞和馬爾大[23]，因為後者承擔起所有的家事與雜務，所以讓前者有時間與精力安慰人的靈魂。在不少信友的祈禱中，芭比的名字常被提起，他們為這個來到他們中間的沈默的陌生人感謝神。但是，芭比對自己的過去幾乎絕口不提[24]。

　　十二月十五日是牧師的百歲冥誕，兩姊妹期待這天已久，希望如同父親仍在他們中間一樣地慶祝這個日子。讓姊妹倆感到憂傷而不解的是：父親所帶領的信仰團體隨著他的離世而步入四分五裂的局面。有弟兄因為生意的緣故發生嫌隙；也有一對老太太，或許不記得昨日或上週的事，卻牢牢記得四十年前因為彼此散布謠言所帶來的傷害與怨恨；還有一對彼此愛慕，卻因當時已婚的身分無法結合的兩位會友，由於沉重的罪惡感，在每次的聚會中總是迴避彼此的目光。隨著父親冥誕紀念日的靠近，兩姊妹的心頭日益沉重[25]。就在這個時候，芭比收到十四年來第一封由外地寄來的信。讀完信後，她告訴兩姊妹，巴黎有位朋友每年用她選的號碼為她買彩券，今年彩券中獎了，她贏得一萬法郎。兩姊妹用顫抖的手緊握芭比的手恭喜她，心裡卻又忐忑不安，他們知道，芭比要離開她們了。但她們不敢開口向芭比詢問她計畫離開的日子。九月的某一天，芭比來到她們面前，請求她們答應她一件事：她請求兩姊妹讓她在牧師冥誕紀

22　Ibid., p. 36.
23　路加福音 10: 38-42。
24　Dinesen, "Babette's Feast," p. 37.
25　Ibid., p. 39.

念日辦一場晚餐慶祝會，一頓正宗的法國筵席，而且由她支付花費。雖然兩姊妹很遲疑，但芭比說得沒錯，十四年來她沒有要求過任何事，除了首肯，她們還能說什麼呢？

為了籌辦筵席，芭比向兩姊妹請了十天的假外出。十二月的一天，芭比從法國訂的貨平安抵達。手推車上滿滿的食器、食材，兩只大大的酒箱，一籠子活潑肥滋的鵪鶉鳥、一大隻健壯的海龜，擺動著蛇一樣的頭、一個大牛頭、新鮮蔬菜、海產、當季的水果、餐桌配件、各樣搭配不同酒款的水晶杯、燭臺、餐巾桌布等等，這些包羅萬象的物品讓兩姊妹和村民看得目瞪口呆。當晚瑪婷做了一場惡夢：夢中交織著熊熊火焰以及大海龜的身影，芭比高舉盛滿瓊漿玉液的酒杯，彷彿邀請他們參加一場巫宴。隔天一早瑪婷匆匆出門，向信友們表達她的不安：原本她們以為自己只是成全芭比的一個祈願，現在卻不知道這會帶來什麼危險的後果，或是遭遇到什麼邪惡勢力的挑戰，因為她們不知道信友們將會在父親的冥誕晚宴上吃喝到什麼。為了安慰姊妹們的憂慮，信友們決定在晚宴時不對任何食物和飲料發表評論，到時候就假裝舌頭失去味覺吧！因為舌頭原是用來讚美感恩，而不是耽溺於感官之樂的[26]。

十二月十五日那一天，天空下著靄靄白雪，這一天的晚宴將有兩位不速之客：三十一年前來訪過的軍官勞倫斯與他九十歲高齡，已經失去味覺與嗅覺的姑媽。當年的軍官如今已是將軍級的皇家侍衛。再度拜訪牧師家的將軍有著複雜心情，一方面他體會到自己在功成名就之後的空虛，開始渴望重見異象的能力，猶如盲人渴望看見一樣；另一方面他也想證明多年前他的離開是一個正確的決定。他想像著自己如何在牧師家的餐桌旁侃侃而談，主導談話的進行；在他年輕時，他又是如何地沉默，什麼啟發的話也說不出[27]。

傍晚，當客人陸續來到牧師家時，在門口都感受到一種溫暖而甜美的氣味。進到起居室中，看到被常青植物所裝飾的牧師像，他們的心和麻木的手指

26　Ibid., p. 46.

27　Ibid., pp. 47-48.

彷彿都溶化了。待將軍與老太太來到，芭比要她的助手向大家宣布晚餐已預備好。她的助手打開通向餐廳的門，客人慢慢跨過門檻，步入餐廳，在他們平日聚會時所圍坐著的餐桌旁坐下。最年長的弟兄帶領大家做飯前禱：「願食物餵養我身，願我身滋養我靈，願我靈以言以行，頌謝主之所有供應。」眾人聽到「食物」兩字時，便想起絕口不提食物的約定。眾人心想，就把它當作加納的婚宴吧；在那場婚宴中耶穌行了他的第一個神蹟，使水變為酒的神蹟——當神要彰顯他的大能時，連酒都可以成為神蹟發生的所在[28]。

　　在晚宴的一開始，芭比的助手為大家斟上開胃酒。當將軍飲啜一小口酒，他就驚訝地說不出話來，心裡忖度著，這真是怪事一樁，這竟是阿孟提拉多(Amontillado)！而且是自己喝過最好的阿孟提拉多！接下來的法式傳統料理海龜湯再度讓將軍驚艷：多久沒有喝到這麼道地的海龜湯了！將軍被一種奇異的驚恐所攫住，於是將杯子中的酒一飲而盡[29]。信友們通常不在餐桌上談話，但不知為了什麼緣故，今夜眾人的舌頭好像鬆開了一般，一位年老的弟兄開始談起他第一次見到牧師的情景；另一位弟兄談起六十年前讓他皈依的那一場講道；一位姊妹提醒眾人，在所有的苦痛當中，任何一位弟兄姊妹都預備好與他人共同承擔。將軍也提起牧師的講道集是皇后很喜愛的一本書。但當下一道一半塗著黑魚子醬，一半塗著白酸奶油的薄餅送上時，將軍再度驚訝地說不出來。他喃喃自語：「這竟是陰陽薄餅[30] (Blinis Demidoff)！」他環視周圍的客人，大家只是安靜地吃著，沒有任何驚訝或讚嘆的表情，彷彿他們每天都吃這道菜，已經吃了三十年一樣。接下來服務的小弟為眾人的酒杯斟入另一種白酒。未經世面的其他客人喝了這種發泡的飲料，確定自己喝的不是酒，而是某種檸檬水，不過這種檸檬水與他們昇揚的心境不謀而合，彷彿可以把他們從塵世高舉，進入一個更崇高純淨的境界。將軍忍不住對鄰客說道：「但這不是 1860 年份的寡婦香檳 (Veuve Cliquot) 嗎？！」

28　Ibid., p. 55.

29　Ibid., pp. 55-56.

30　此道菜名的翻譯引用自沈曉茵〈果肉的美好：東西電影中的飲食呈現〉，《中外文學》，31(3): 58-68。

　　眾人吃得越多，喝得越多，晚宴的氣氛以及眾人的心卻變得越來越輕盈。他們不再需要提醒自己絕口不提食物的約定。眾人又說起當牧師還在世時，某一年海灣凍結的那個發生神蹟的聖誕節。今晚的主菜是「石棺鵪鶉[31] (Cailles en Sarcophage)」。看見這道菜，將軍的思緒回到當年在巴黎的時光，想起自己曾在城中最富盛名的「英國餐館 (Café Anglais)」吃到這道由主廚創造的料理。餐廳的主廚是位女性，是位可以把晚宴化為一場戀愛的天才廚師，沈醉於其中的人無法分辨究竟自己領受的是感官的喜悅還是靈魂的喜樂。接在主菜之後的是青菜沙拉以及白水。接著是各式的乳酪與蛋糕，最後是甜美清爽的各款水果：葡萄、甜桃、無花果等。餐後的飲料是咖啡以及陳年白蘭地 (Vieux Marc Fine Champagne)。酒醉飯飽的將軍覺得他應該發表一段談話，於是從座位起身，筆直地站立著，發表了一篇演說。將軍所帶來的信息是「恩典」：

> 「朋友們，慈悲與真理已經相遇，正義與平安亦將相吻。人類的弱點與短視讓我們相信生命中必須作抉擇，也要為所冒的危險而戰慄，且心懷恐懼。可是不然，我們的選擇其實不重要，到時候我們會張開眼睛，才知道神的恩典是無限的。我們只要以信心來等待，再滿懷感激地承受。神的恩典是無條件的。你看！我們所選擇的都得到了，一切我們拒斥的也都給了我們，甚至得回了我們原所拋棄的。因為，慈悲與真理已經相遇，正義與平安亦將相吻。」[32]

　　雖然信友們並不完全聽得懂將軍的談話，但是他們都被將軍泰然的神采與充滿啟示與靈感的言語所打動。事後，眾人都無法以言語描述這個奇特的夜晚，也沒有一位賓客記得這個夜晚究竟發生了什麼事。他們只知道房子裡充滿神聖的光芒，彷彿一束束小小的光芒合而為一，形成壯麗的光輝。寡言的老信友領受了語言的恩典 (gift of tongues)，彷彿經年失聰的耳朵也重新被開啟。因生意失和的弟兄重修舊好，兩個鬧僵多年的婦人開始講話，那對多年前無法結

31　此道菜名的翻譯引用自芭比的盛宴小說的中文翻譯。

32　Dinesen, "Babette's Feast," p. 60.

合的愛侶也突然發現自己緊靠著彼此。牧師的信友們是一群謙卑的羊群。多年
後當他們回憶起這一個夜晚時，他們知道並不是自己行了什麼功德才得到這樣
的鼓舞。勞倫斯將軍所提到的神的無限恩典已經賜予他們，在領受恩典的這一
刻，世上的虛幻如雲煙自眼前飛散，他們看見了宇宙的原貌。

　　　將軍和他的姑媽首先向主人道別。當瑪婷送將軍至門口時，將軍跟她說：
「我生命的每一天都與你同在。我未來的每一天也會坐下來，與你共進晚餐，
即使不是肉體，而是精神的形式。親愛的姊妹，因為今晚我已了解到，在這個
世界上，什麼都是可能的。」[33]

　　　踏出牧師家門外的年老信友們手牽手圍著井唱著古老的宗教歌曲，彷彿罪
已洗淨，潔白如羊毛，並重新穿上無瑕的衣袍，如小綿羊一般跳躍。瑪婷與斐
莉回到屋內，芭比疲累地坐在裡面。兩姐妹熱情地喚著她，對芭比稱讚今天的
晚宴。芭比向她們表示，以前自己就是「英國餐館」的主廚。瑪婷不了解芭比
的意思，又向芭比說，等她回到巴黎之後，她們都會記得這一晚。芭比卻告訴
她們，她不會回巴黎了，親友皆已死亡或坐牢，巴黎沒有等她回家的人。更何
況，回巴黎花費很貴。兩姊妹不解，芭比不是擁有一萬法郎嗎？芭比的回答讓
兩姊妹充滿震驚：她贏來的一萬法郎已經都用在晚宴上，一文不剩。她告訴兩
姐妹，在「英國餐館」像這樣的十二人份晚餐就需要這麼多錢。驚訝的兩姊妹
告訴芭比，實在不需要為她們這樣做。芭比卻說，這不完全是為她們，也是為
了她自己，因為她是一個偉大的藝術家。雖然傾其所有來舉辦這場晚宴而再度
變得一文不名，但一位偉大的藝術家是永遠不會貧窮的。斐莉詢問芭比，是否
在「英國餐館」就是準備這樣的晚餐給賓客？芭比說，當我使出渾身解數，就
可以讓他們得到快樂，帕賓知道這一點。帕賓還說，所有的藝術家在心中都吶
喊著一個渴望：請給我一個可以施展全力的機會吧！聽了芭比的話，斐莉上前

33　Ibid., p. 62.

擁抱芭比，激動地對她說：「此世不是終結。藝術家在神的樂園中，將可盡情發揮，到時候，天使們會因你的才華深深迷醉！」[34]

十四年前，芭比以逃亡者的身分來到這群人當中，一群為了信仰捨棄塵世的信徒當中，為兩姊妹的慈悲所收留。她們以刻苦與虔敬等待未來天國的恩典，結果恩典以筵席的面貌意外地臨於她們身上。芭比的盛宴彷彿開啟了一道門，恩典從此門悄然到訪。

禁欲倫理與感官享樂的對立

研究 Dinesen 小說的學者對「芭比的盛宴」這部將食物舉揚至神聖地位的電影有不同的讀法。Stambaugh 認為故事中的芭比兼具藝術家與祭司身分，作者對芭比的刻劃可以耶穌做比擬，以其預備的「最後的晚餐」縫合了信友團體的分裂與嫌隙，並透過豐盛的饗宴揭露一個事實：只有全然接納人性的價值，靈性才可能得以圓滿[35]。Aiken 以女性主義的觀點來連結女性創造歷程與自我犧牲的關聯[36]。Langbaum 提出 Dinesen 以食物作為象徵，來標示兩種宗教態度的對立：一是強調倫理的、清教徒精神的挪威新教，以魚乾和麥酒麵包湯來充飢，一是強調審美以及感官經驗的法國天主教，以美食滋養身體。「芭比的盛宴」可視為企圖調和這種對立（禁慾倫理 vs. 感官美學，靈魂 vs. 肉體）的一個故事[37]。這種讀法關涉到食物如何做為象徵，可以作為本文分析的起點。

「芭比的盛宴」之電影版本一開始呈現的是灰雲寒瑟的天空，以及垂掛在吊架上風乾的醃魚乾，直接點出食物在影片中的關鍵地位。一位身著灰衣的老年婦女，將幾片魚乾收下，進屋預備魚乾麥酒麵包濃湯，分送給村中年老或生病的信友們。魚乾麥酒麵包濃湯是兩姊妹日常生活的主食，也是與信友分享的

34　Ibid., p. 68.

35　Stambaugh, *The Witch and the Goddess in the Stories of Isak Dinesen*, pp. 79-81.

36　Aiken, *Isak Dinesen and the Engendering of Narrative*, p. 254.

37　Langbaum, *The Gayety of Vision*, pp. 248-255.

食物。雖然沒有美麗的色澤與豐富的口感，魚乾單純的鹹味卻讓人聯想到耶穌期許其門徒做「世上光，地上鹽」的勸喻。在水中加入麥酒煮成的麵包濃湯也暗示著彌撒聖事中酒水摻合的象徵意義：耶穌在受難前的最後晚餐中，將葡萄酒比喻為自己為眾人傾流、以赦免罪惡的血；彌撒中的酒水摻合也象徵神性與人性的結合。Dinesen 依循著傳統宗教分類體系中聖俗分立的分類，標示出不同食物在這套分類體系中如何被定位：麥酒麵包與魚乾在「聖─俗」對立之宗教分類系統中代表倫理的節制與禁慾，芭比在牧師冥誕晚宴所準備的食材（海龜、鵪鶉、松露、鵝肝，以及各式各樣的葡萄酒）則代表塵世感官力量的誘惑。信徒們對於芭比在晚宴中將要提供之食物的戒慎恐懼即源於禁慾倫理與感官歡愉的不相容。倫理與感官價值的對立在勞倫斯將軍這個角色身上更為複雜。勞倫斯將軍來自一個擁有見識異象能力的家族，也曾經從瑪婷的美麗與純淨一瞥靈魂潔淨的生活，但他在牧師的團體中格格不入，最後也決定回到塵世追求一個成功的生涯。年輕的勞倫斯軍官所經驗的掙扎即源於倫理與感官價值的衝突，他在瑪婷身上所瞥見的聖潔與感官歡愉的價值是不協調的，最終他只能從中選擇其一作為投身之處。帕賓從斐莉的歌聲中所見到的異象終為斐莉所拒（懼），因為那也只是與聖潔的生活所不相容的塵世的熱情與榮耀。倫理與感官價值的衝突在芭比晚宴的預備過程藉著食物的象徵達到高潮，信徒們的宣言──「我們要潔淨我們的唇舌，滌淨味覺帶來的種種歡愉或嫌惡，只讓舌頭做讚美與感恩的高尚之事」──為這樣的衝突做了最好的說明。

在 Dinesen 的書寫中，神聖與世俗的對立可以從 Mary Douglas 在 *Purity and Danger* 中的討論得到進一步的說明。根據 Douglas，神聖一詞的拉丁文字根有限制的意義，其希伯來文字根則有隔離、區別之意涵。Douglas 提出「純淨─秩序」以及「污穢─渾沌失序」的象徵連結，認為人們對於純淨的追求源於對秩序的渴望以及對失序的恐懼。污穢沒有客觀普遍的指涉，而是在秩序／失序、存有／非存有、形聚／潰散，生／死的二元對立架構中得到意義。對純淨的追求是一種劃界的舉動，標示著個體或文化對界線之外無可名狀之物的焦慮。正是透過這種區隔純淨與污穢象徵體系，文化或社會體系才得以鞏固與擴展。在「芭比的盛宴」中，神聖也是與潔淨構連，而與神聖相對立的塵世則以

被拒斥的污穢意象來表達。Douglas 也指出身體如何構成一個象徵體系，開展中心／邊緣、入口／出口、潔淨／污穢，以及排泄的疆界意義。Douglas 說：

> 「身體是一個可以代表任何有界系統 (bounded system) 的
> 模型，它的界限可以象徵任何受威脅或具備危險性的界限。
> 身體是一個複雜的結構，不同部位及其間關連的功能為複
> 雜結構提供了象徵符號的來源。除非我們能夠在身體中看
> 到社會的象徵，並且看到人體如何複製了社會結構中的權
> 力和危險，否則我們就不可能詮釋關於排泄物、母乳、唾
> 液及其他這類東西的儀式行為。」[38]

以食物的攝取來說，可食與不可食的分類也牽涉到身體這個有界系統如何劃定其疆界。法國料理的食材在謹守禁慾生活的信徒眼中代表危險的誘惑，也是身體所應排拒的對象，以維持自身的聖潔。

　　Douglas 把危險與不潔與文化分類系統作連結，看到與食物有關的禁忌如何在這套分類系統中運作。Kristeva 接續 Douglas 的討論，進一步詢問主體與禁忌的關連，以及身體經驗在其中扮演的角色。從精神分析的觀點出發，Kristeva 認為主體的建立發生於個體脫離和母體混沌不分的前象徵階段，進入以父親為代表之文化象徵秩序的過程。主體誕生於一場拒斥與推移的運動之中，也就是對於「卑賤體 (abjection)」的拒斥之中。卑賤體即是那讓我 (je) 被捲入意義崩解之黑暗中的前象徵空間。這個過程永無窮盡之日，因此 Kristeva 稱主體為過程中的主體 (subject in the process)。對 Kristeva 來說，過程中的主體永遠在建立與消蝕的斷裂中；由於主體不斷面臨斷裂的威脅，對那消蝕主體的力量就發展出拒斥與憎惡的情感。Kristeva 認為，卑賤情境最基本而古老的形式可能表現在對於食物的反感：「對某種食物、髒污或殘渣感到噁心時，有痙攣和嘔吐保護著我。反感和噁心，將我和骯髒、污穢、邪淫之物隔開。」[39]

38　Douglas, *Purity and Danger*, p. 115.

39　Kristeva, *The Power of Horror*, p. 4.

Kristeva 進一步分析人對殘渣、糞便、經血、母體、屍體、或具曖昧身分，例如巫者的嫌惡之感。以腐朽的屍體為例，它提醒我們身體既是維持生命不可或缺的條件，也必然經歷敗壞。

　　從 Valeri 對禁忌與污染的討論來看，主體建立與消蝕的過程與身體經驗有密切的關係。Valeri 認為：正因為個體的主體性是建立於對不可言喻之混沌的拒斥之中，一個由文化象徵秩序所構成的主體懼怕自己在不可言喻 (inarticulated) 的混沌中失落自身的主體性。而身體的種種經驗，例如飲食、排泄、生殖、變化、腐朽等，為這個過程作了最好的表達：

> 「身體不只是一個被律法所寫就的物質，或被象徵的磨坊所研磨的穀粒，身體也是那鬆動固定意義 (sense) 之低度意義 (nonsense)[40] 的恆常來源……主體雖為象徵所形構，但必然置身於肉體，由於常常經驗到身體對於象徵秩序的拒斥，所以也必然要承受主體裂解之恐懼的惶惶威脅。有肉身之主體透過身體的經驗而產生對於裂解的恐懼，此點構成了『污染』這個概念的最終基礎。」[41]

　　藉著對於身體經驗的思考，Kristeva 與 Valeri 的論點為 Douglas 的象徵與分類系統的分析開啟了主體形構與轉化的幅度。身體遊走於意義與低度意義之間，時而成為文化銘刻其分類系統的所在，又時而成為鬆動文化結構的逃逸出口。如同 Douglas 所指出的，文化系統需要秩序，也必然經驗秩序的脆弱。當某個模糊、無法被歸類的事件發生時，社會或文化會出現幾種處理的方式，來鞏固原來的秩序，包括降低或控制其影響力、加強原先規範的定義、或是把危險性加諸於模糊事件。除了這些消極的手段之外，文化或社會有時也認識到模糊事件潛在的轉化力量，而將其模糊意義的象徵運用於儀式中，如同詩或神

40　Nonsense 一詞原指無意義之言詞，本文以「低度意義」作為 nonsense 之中文翻譯，意指不同於固定意義意之模糊的、尚未成形的意義，而非「無意義」。此詞彙之翻譯得到龔卓軍教授之提示，特此致謝。

41　Valeri, *The Forest of Taboos*, p. 111.

話中的象徵一樣，由於指出原本不被看見的部份，而豐富或擴展了原本體系的意義[42]。若將芭比的盛宴理解為給原先宗教體系帶來不安的模糊事件，循著Douglas 的理解，作者對盛宴意義的鋪陳類似於文化或社會處理模糊事件的最後一種手段，也就是運用其轉化力量來重新豐富原來體系的意義。以作者在小說中所引用的一段聖經的話做註解，我們也可以說，當食物成為傳遞恩典的媒介時，食物就像是「匠人棄而不用的石頭，卻成了屋角的基石；那是上主的作為，在我們眼中，神奇莫測」[43]。因此，在「芭比的盛宴」中，盛宴不止作為一種轉化的象徵，盛宴的轉化力量更是來自於人與食物之間的互動。

異味與啟示

1988 年當「芭比的盛宴」的電影首次在美國上映時，許多餐館推出了電影中料理，好讓影迷有一享片中美食的機會。對某些影迷來說，彷彿要親嚐影片中的美食──海龜湯、陰陽薄餅、再配上寡婦香檳以及勃根地紅酒，觀影經驗才算真正完成。在小說中，作者並沒有針對食物的特定滋味作詳細的描述，讀者讀到的只是飲食後的奇異效果。在電影中，導演則加入了大量食材準備與食物烹煮過程的細節，來強調食物在影片中的重要地位。對所有的讀者或觀影者來說，主要是從閱讀與視覺和聽覺來領受小說家與導演所要傳達的意義，並不知道魚乾麥酒麵包濃湯的味道為何，也未必了解以龜肉為底熬成的清湯、酸奶魚子醬薄餅、或是烤鵪鶉加上松露與鵝肝醬究竟是怎樣的滋味。Disnesen 不以美食鑑賞家對品評食物的專業語言構作盛宴的美妙，但讀者或觀影者都「懂」了，才會在閱讀或觀影的感動之餘，想要一嚐片中料理的滋味。在這裡，讀者或觀影者對故事的「懂」並不只是把食物視為象徵，而是見識到其力量，特別是轉化的力量，這種力量如果沒有身體經驗的基礎，就不容易得到理解。然而，這種對真實滋味體驗的追求，似乎又不只在味道本身。如同 Rashkin 的理解，到餐館中想要體會芭比料理滋味的現象，應該不只是一種消費社會空虛無聊的

42　Douglas, *Purity and Danger*, pp. 39-40.

43　馬太福音 21: 42。

時尚追逐；在尋求真實料理的滋味時，尋求的也是片中打破肉體與靈性藩籬，由美食而品嚐到恩典滋味的境界。然而，一場晚宴的飲食經驗究竟如何滋生恩典的意義？

　　Classen[44] 在討論嗅覺與神聖的關聯時，曾提到嗅覺的幾個感官特質如何與神聖感產生內在的聯繫，她的觀點也可以放在味覺的脈絡來幫助我們理解味覺的經驗如何成就意義。味覺與嗅覺、觸覺一樣，在現代西方文化中常被認為屬於較低層次的感官，不但為強調理性與秩序的文化價值所輕視，還被賦予危險的特質。然而，也因為其捉摸不定、難以被線性邏輯所再現的特質，它常具有模糊既定文化疆界的潛力。在前現代的西方世界中，嗅覺被認為包含以下的特質：它表達事物的內在真實與本然價值；它常與氣息以及生命活力連結，因此被視為基本力量的來源；它能成為吸引或驅離的強大力量，所以可成為道德良善或邪惡的譬喻；嗅覺飄忽、難以掌握或挽留的特性恰好可表徵神奇妙臨在或神祕隱逸的意義；最後，如同宗教經驗一般[45]，嗅覺是難以言說的，超越語言試圖定義或把握它的嘗試。從 Dinesen 在「芭比的盛宴」中由芭比烹煮的菜所產生的魔力來看，對於味覺也有類似的定位：味覺帶來誘惑，卻也帶來啟示。因此晚宴既是巫（污）宴、也是聖宴。沿著這樣的思考，Dinesen 在小說中如何藉著一場「巫（污）宴／聖宴」來打破聖俗區分的疆界，繼而帶來主體的轉化，才得到比較清楚的理解。如果延續 Korsmeyer 在 *Making Sense of Taste* 中的論點，認為味覺的經驗不僅僅是一個如人飲水冷暖自知的主觀過程，也有傳遞意義的能力以及認知外在世界的向度[46]，接下來的分析就以味覺經驗為主、其他感官知覺為輔，來說明「恩典」如何藉著食物與身體感的交織來得到體悟。

　　信徒們平日食用的清水煮魚與麵包濃湯的基本材料包括由海風吹拂風乾而成的魚乾、耐久存放的硬麵包、水與麥酒。麵包濃湯的烹煮方式是將一大塊硬麵包分剝成小塊，放進水中浸泡，再加入大量麥酒，待麵包軟化後過濾，在

44　Classen, *The Color of Angels*, p. 60.

45　James, *The Varieties of Religious Experience*.

46　Korsmeyer, *Making Sense of Taste*, p. 4.

火上熬煮一個小時，一直到麵包完全溶化，變成濃稠的深褐色麵包糊。這樣的
食物由當地的魚產與海風的鹹味以及麥酒的微酸構成基本味道，沒有複雜的色
澤與口感，是平實簡單的地方料理，也是地方風土人情的味道。與麵包濃湯相
比，牧師冥誕晚宴中的法國料理猶如味覺的交響樂：味道繁複多變，有湯、前
菜、主菜到甜點的變化、有食物與酒的搭配，既要考量每一道菜餚獨特滋味的
呈現，也要照顧到整體搭配的變化與和諧。與信徒日常食用的樸實菜色相比，
法國料理可以說是「異味」。這樣的異味伴隨著與平日經驗迥異的其他感官經
驗，為信徒們開啟一趟奇妙的感官之旅。

　　晚宴的一開始呈現在觀影者眼前的是樸實溫馨的餐廳，由漿熨過的純白桌
巾、白瓷餐盤、銀製餐叉與餐刀、折成花朵形狀的餐巾、銀白燭臺、純白蠟燭、
各式水晶杯、以及鮮花佈置而成。首先為賓客送上來的是金黃色的海龜湯
(Soupe a la Tortue) 以及作為開胃酒的西班牙雪利酒 Amontillado。微甜的飲料
與鮮美純正的清湯為味蕾開啟第一道歡愉。接下來的陰陽薄餅 (Blinis
Demidoff) 被裝盛在魚形的大銀盤中送上來，由魚子醬與酸奶油濃醇的酸味與
鹹味先給予味蕾較重的衝擊，再由魚子的鮮潤與與奶油的柔滑口感輕撫唇舌，
構成濃烈與溫柔交錯的雙重奏。與陰陽薄餅搭配的是被信徒誤認為檸檬汁的金
黃色香檳氣泡酒（1860 年之頂級香檳 Veuve Clicquot），倒入鐫刻美麗紋飾、修
長、杯口如海芋盛開之水晶杯中。氣泡在酒入杯中的一瞬間聚積泉湧，宛如白
浪；從杯底不斷上升的氣泡輕快昂揚地躍動，又宛若靜空中綿延的星河，催人
以唇舌挽住稍縱即逝的歡悅。氣泡細緻、微酸、好喝、易入口的特性引人進入
心神盪漾的微酣中[47]。待甜、酸、鹹等味覺一一被喚醒之後，味蕾開始可以品
嚐多重繁複味道交織的滋味，才送上晚宴的主菜——「棺材鵪鶉 (Cailles en
Sarcophage)」。

47　香檳有好喝、易於入口的特性。氣泡的發揮性使得香檳中的酒精容易被人體吸收，因此也容易帶人
　　進入酩酊之境。參見韓良露，〈香檳的誘惑〉，《微醺之戀：旅人與酒的相遇》。

「棺材鵪鶉」因為是主菜，其食材的運用、烹煮的方式以及視覺、嗅覺、與味覺的呈現也最複雜。此道料理以鵪鶉為主體、以松露與鵝肝醬陪襯。「棺材」的部份是將麵糰以圓形水晶杯緣壓製出圓型麵糰，進烤箱烘焙，烤成一個酥脆金黃的酥皮盒。鵪鶉的料理方式則是先將頭與身體切離，然後將身體剖開，塗上厚厚一層鵝肝醬，並夾進兩片黑松露[48]。接著將剖開的身體合起，盛入「棺材」中，再置入原先切下的頭，重現鵪鶉原先的完整形貌，然後置入烤箱烘烤，烤好的鵪鶉最後還要淋上費工製作的褐色蘑菇醬汁。夾在鵪鶉內部的松露是法國料理著名的食材，片中的黑色松露以奇異細緻的香味與爽脆的口感聞名。片中勞倫斯將軍食用此道菜的方式是先將酥皮盒中的鵪鶉頭摘下，咀嚼酥脆的骨頭部份，並吸食頭部所吸附之醬汁，然後再以刀切開身體的部份食用，最後以銀匙盛起醬汁單獨品嚐。與棺材鵪鶉搭配的是 1845 年產自 Clos de Vougeot 酒莊之陳年勃根地 (Burgundy) 紅酒，玫瑰紅的酒在盛放在晶瑩剔透的水晶高腳杯中，透露出飽滿的氣息，從片中賓客多次啜飲此酒的片段來看，它應該有吸引人一再飲用的神奇魔力。

經驗主菜繁複的口感、嗅覺與味覺的多層次變化之後，送上的是由各式鮮美青菜作成的沙拉與清水，沙拉的色澤華麗豐富，口味清爽，是接續在繁華滋味之後的小憩。清水則讓味蕾歸零，以迎接接下來由甜點 (Baba au Rhum avec les Figues) 與水果合奏的甜蜜奏鳴曲。甜點主體的蛋糕由形狀如布丁的模子倒扣而成，周圍擺上無花果，中間的凹洞以蘭姆酒淋於其中。封鎖於凹洞中的酒香在蛋糕被切開的那一瞬間釋放，以浸潤即將被送至小餐盤中的蛋糕。甜點之後送上來是成串的葡萄、飽滿的甜桃、無花果等甜美清爽的各款水果。勞倫斯將軍即是在這甜味的饗宴之後發表他對於「恩典」之領悟的演說。但「甜味」還不是這趟味覺歷程的終點，眾人從餐廳移至客廳後，芭比請服務的助手最後為大家送上咖啡以及陳年香檳 (Vieux Marc Fine Champagne)。香檳是開場之酒，也是落幕之酒。晚宴的一開始香檳作為歡愉的引子，挑起對感官美味的饞

48　松露的香味據說一聞難忘，沒有其他食物可以取代，其味野性神秘，不輕易被掌握，是由濃、臭、甜、腐等味道組合起來的異味。

渴，領人入醺然之境；曲終人散之前，香檳則成為回魂之酒，讓精神再度抖擻煥發[49]。咖啡的苦與香則是暮日與暮年的滋味，伴隨著斐莉的琴聲，口中酸甜與甘苦交織、投向鄰人的目光是溫柔與同情，望向天國的目光有滿足與渴盼，一群白髮老人共同吟唱出生命暮年的讚美詩歌：

> 喔，看！一天又匆匆逝去，
> 太陽沐浴於海中，
>
> 我們休憩的時刻已近。
> 喔，居於榮光中的神，
> 高居天國廳堂掌權的神，
> 請禰成為我們在黑夜幽谷中的無限榮光。
>
> 生命沙漏中的沙粒即將流盡。
> 白日已被夜晚所征服。
> 世界的榮耀將盡。
> 它們的時日如此短暫、逃逸如此迅速。
> 神啊，讓禰的光明永遠閃耀，
> 引領我們至禰神聖的慈悲中。

　　延續上一節的論點，身體雖然是銘刻文化象徵秩序的所在，但也是顛覆象徵秩序之低度意義 (nonsense) 的來源。在小說與影片中，這個低度意義的空間由法國料理的「異味」所給出。信徒們圍繞進食的餐桌在許多年以前是牧師帶領信徒讀經祈禱所圍坐的長桌。從將軍這個角色的心路歷程來看，片中將軍黯然神傷決定永遠離去之前所安排的一幕即是將軍（當時還是軍官）被點心嗆到、咳嗽不止的尷尬情景。若將點心視為牧師與信徒們共同追求之宗教生活的比喻，被嗆到則是由身體的痛苦所表達出來的格格不入 (dislocated) 之感。對將軍而言，再次造訪牧師家是一個與過往抉擇面質的機會，也是為自己這一生總結清算的時候。在牧師儉樸的家中，也就是過去所拋棄之「異地」之中，他

49　韓良露，〈香檳的誘惑〉，頁 211。

意外地嚐到自己成功生涯中熟悉的飲食滋味；遍嚐美食的他，甚至嚐到過去不曾經驗過的美味。功成名就的屬世價值與捨棄俗世的屬天價值原本的對立與分別在與美妙滋味意外遭逢的時刻倏然消失：「你看！我們所選擇的都得到了，一切我們拒斥的也都給了我們，甚至得回了我們原所拋棄的。」多年前與信徒團體格格不入的將軍，在晚宴之中重新加入團體，與信友共餐。多年前令人無法直視的蒼白的、冰冷的、慍慍逼人的神聖光芒如今透露出溫暖的色澤，一邀浪子再度親嚐其滋味。美妙的滋味與恩典一樣，都是在人的思慮、計算、意志以及理解之外，與低度意義 (nonsense) 的莫名相逢。

在所有知覺的類別中，味覺與觸覺由於與飲食與性的享樂有較深的連結，常被視為最需要節制的感官知覺[50]。對信徒來說，原本預期自己會參加一場危險的巫宴，預備以戰戰兢兢、忘記舌頭味覺的戒慎恐懼來面對邪惡的誘惑，卻不料在享用美食的過程中藉著神所賜與的感官理解了生命的美好，進而了悟恩典的意義[51]。從另一個角度來看，信友們也可以被視為藉著晚宴參與了將軍的世界，或者說，嚐到了將軍原來所選擇的人間滋味，而這滋味卻出乎意料地交織著歡愉的昂揚與和解的平安。過去牧師的講道中並不乏對於恩典意涵的強調，眾人卻在晚宴中透過味覺、嗅覺與視覺的經驗所交織出的種種身體感，諸如不安、戒慎、驚訝、酣暢、溫柔、滿盈、舉揚、滌淨與同情等，領會了恩典的意義，也重獲友愛與寬恕的能力：「我們的選擇其實不重要，到時候我們會張開眼睛，才知道神的恩典是無限的。我們只要以信心來等待，再滿懷感激地承受。神的恩典是無條件的。」無條件的恩典恰是計算邏輯的背離，在危險與戰慄之處湧現。在晚宴中與過去拒斥所遭逢的將軍與信徒宛若在一場通過儀式中經驗了交融的轉化力量。以 Victor Turner 對閾限階段 (liminal stage) 的理解來說，參與者從文化結構所給出的封閉性道德 (closed morality) 進入交融 (communitas) 的開放性道德 (open morality)[52]。封閉性道德屬於特定團體的規

50　Korsmeyer, *Making Sense of Taste*, pp. 2-3.

51　Blodgett, "Mimesis and Metaphor," p. 26.

52　Turner, *The Ritual Process*, p. 128.

範系統，藉著規範的行使維護其團體的認同與凝聚。開放性道德則是動態的、創造性的道德，具有普世情懷之意涵。「芭比的盛宴」最重要的論點之一亦即塵世與天國的相屬，以及肉體與靈魂的調和。在此意義下，開放性道德是融合了道德與感官價值的神秘視域[53]。代表禁慾與節制的麥酒麵包在故事中同時象徵著乾涸的人心，擠壓不出對人生的幻想與憧憬。芭比所烹煮的菜，的確可以產生令人難以忘懷的「愛情效果」，但那卻是融合感官喜悅以及靈魂喜樂的愛情。Dinesen 不但將食物與愛情的意義連結，也連結了食物與洞見(second-sightedness)。將軍在飽饗美食之後的心醉神馳中領悟了恩典的真意，在此意義之下，對食物的全然接納、臣服與消化可作為人領受恩典的比擬。反過來說，恩典也是在領受食物的身體經驗中得到體現與了解。

如前所述，晚宴味覺饗宴的終點並不是甜味，而是香檳的醒骨回魂以及咖啡之香味與苦味交織的滋味。若將人出生落地最初嚐到的母乳的甜味視為生命最初的滋味，那麼生命歷程接下來一一遭逢的酸鹹苦辣等餘味皆是異味[54]。香檳滋味的激昂以及咖啡的苦味原來不是生命初始階段可以接受的異味，卻與時間推移所經歷之人生百味更相契。食物帶來味覺的歡愉，也邀請我們思考歡愉。芭比饗宴的意義也許不只在於味覺的歡愉，更是在認識到歡愉之易逝與不可測度中珍惜生命的美好。這樣的體悟也帶領人與生命必然之終結與腐朽面對面[55]。

滋味、言說與哀悼

在「芭比的盛宴」中，Dinesen 把身體所排拒的某類食物與難以吞嚥、尚未消化的哀傷過往連結，因此有論者提出，「芭比的盛宴」基本上是一個關於消化（肉體以及心靈的）的故事，一個關於晚宴的食用如何治癒了消化不良之

53　Langbaum, *The Gayety of Vision*, p. 249.

54　韓良露，〈吊人異味〉，《雙唇的旅行》，頁 186-192。

55　Korsmeyer, *Making Sense of Taste*, p. 184.

哀傷過往的故事。Rashkin 主張：「芭比的盛宴」是一則關於哀悼之禁錮以及釋放的故事，而釋放的過程則是藉著食物的準備與食用 (consumption)；換言之，食物作為超越的媒介，使得過往的失落得以吞嚥、消化，以及言說。在這個意義之下，食物如同藥方，開展了一個哀悼 (mourning) 的空間，使得恩典得以被體會、也使得心靈療癒得以發生[56]。

在芭比的法國料理中，我們讀到了特別的死亡的意象，包括陰陽薄餅，寡婦香檳 (Veuve Cliquot)，以及棺材鵪鶉，在在提醒我們這場晚宴的功能──哀悼、洗滌、進而昇華過往的缺憾[57]。在故事中，不同的角色分別承擔著過往不同的哀傷與失落。追隨牧師的信友在牧師離世後信仰逐漸失去活力，對天國的追求也無法化解日常人際中的嫌隙。瑪婷與斐莉雖然追求屬天之愛，但對信友之間的分裂也無能化解。瑪婷對於軍官的決定離去以及斐莉放棄追尋藝術生涯都偶有失落之感。芭比在法國的內戰中失去丈夫與兒子，成為寡婦，逃亡出走的她也必須與過去活躍於藝術創造中的生活告別；芭比還需要承擔的另一個生命的弔詭是：最能欣賞她廚藝的王宮貴族正是殺死她親人的劊子手。功成名就的勞倫斯將軍在年輕時終究放棄了自己對瑪婷的愛，最後還是要在晚宴中重新面對過往抉擇。

根據 Freud 對於哀悼的理解，一個正常的哀悼牽涉到逐漸地、痛苦地將自己對於一個失落客體 (loss object) 之依附情感撤回的歷程，失落的客體有可能是個體所愛的對象，包括人，或是一些抽象的概念，例如祖國、自由、理想等等[58]。Abraham & Torok (1994) 進一步延伸 Freud 的理論，把失落與失語連結，提出從失落到語言的發生是哀悼過程的主要關鍵。言說代替失落的客體，使得個體逐漸有能力釋放自己對於依附客體的依戀。在這裡，言說的意義並不是獨白，而是指向某個對象或團體，尤其是能夠理解言說意義的其他憑弔者。在這個意義下，以共飲共食的晚宴的場景所開展的自我轉化歷程就顯得特別有

56　Rashkin, "A Recipe for Mourning," pp. 356-375.

57　沈曉茵，〈果肉的美好：東西電影中的飲食呈現〉，頁 67。

58　Freud, "Mourning and Melancholia," pp. 243-258.

意義。雖然小說中曾提及兩姊妹們擔心芭比的晚餐變成一場巫宴，卻有論者將「芭比的盛宴」比擬為聖經中耶穌與門徒的最後晚餐[59]。無論是巫宴還是聖宴，眾人都是在共飲共食中體驗失落的轉化。在故事中，帶著生命缺憾的人以不同形式言說其失落，或記憶其生命中的美好時光，並藉著與他人共飲共食的方式言說，猶如參與宗教儀式的聖餐 (communion)。這種在吃喝中所完成的宗教實踐，是在美食佳釀給予身體的享受與酣暢中釋放乾枯、失去活力的靈魂。

依循言語釋放這樣的角度來閱讀「芭比的盛宴」，我們看到作者在小說的鋪陳中不斷以言語禁錮或是失語這個意象來表達這種失落與缺憾[60]。勞倫斯在牧師家中對牧師的宣道無可插話的窘境、芭比對過往的沈默、瑪婷與斐莉也找不到適當的言語來討論兩人生命中的遺憾。哀悼釋放的過程是一個從無語到言說的過程，而芭比以其藝術家的才華所烹煮出來的美食正是釋放唇舌與言語的關鍵，從失語到言語的釋放，伴隨著身體感知的變化，例如從口味的乾枯到豐富、從淤塞到消化。將軍在歷經世面後，對名酒名菜具備辨識與讚賞能力；藉著對恩典的重新認識，使得年輕時禁錮的舌得以轉化為讚頌的舌，進而體會到不可能如何成為可能；年輕時無法以言語對瑪婷所表達的愛意，也終究在體會到一切都可能之後，理解了另一種同享靈魂盛宴的方式。與識多見廣的將軍相比，信友們雖然對於自己吃喝下去的究竟是什麼毫無知性的認識，但其味覺、嗅覺與視覺所體會到的全新經驗，卻釋放了他們的唇舌，感念牧師在世帶給他們的種種啟發與神蹟，也使得互相仇視嫌惡的彼此開始諒解對方，坦承錯誤，寬恕彼此。斐莉最後寬慰芭比的話來自當初芭比逃亡時所帶來的帕賓的信，斐莉對著芭比說，也像是對著自己錯過之藝術生涯而說，是寬慰的言辭，也是憑弔之語。

以芭比來說，正是藉著重現其創作巔沛時期的料理，一方面紀念才華得以展現的生命巔峰時刻，也藉著烹煮的料理（陰陽薄餅、棺材鵪鶉）訴說沈痛的

59　Wright, "Babette's Feast."

60　Rashkin, "A Recipe of Mourning," pp. 356-375.

過往。換言之，已經失落的生活在這個晚宴的預備與烹煮中重新再現，以一萬法郎為代價的最後展現，彷彿聖經中耶穌受難被埋葬前，罪婦在他腳上傾注的珍貴香液[61]，是為了安葬而有的奢侈。當料理的食材剛運送到時，芭比曾對著籠中活蹦亂叫的鵪鶉輕呼：「我的小可愛！」在端上桌的棺材鵪鶉中，她親自埋葬的不是別的，正是她所愛的：她的過往、法國的生活、藝術天份得以展現的時代。然而，已經逝去的不只要被埋葬，還要被吞嚥、消化，缺憾的縫補歷程才得以發生。「芭比的盛宴」顯示了失落的記憶如何化為美味可口的料理，過往失落也如何可以健康地被消化。故事中一個有趣的轉折是視覺經驗到味覺經驗的轉移，小說中段鋪陳了料理食材運送到時帶給瑪婷惡夢的視覺場景，在烹煮過程被轉化為一道道滋味曼妙的料理。電影與小說相比，也更細膩地呈現食物製作的過程，相對地也讓觀影者更清楚看到生物被轉化為食物所經歷的過程。例如片中有從竹簍中丟棄的牛頭骨、龜殼、龜腳、與龜頭的一幕，也呈現了芭比拔掉鵪鶉毛的鏡頭。如 Korsmyers 所言，「飲食活動必然奠基於飢餓、吞嚥、滿足的循環之中[62]」。而這個過程特別是藉著食物（或說生物）所要歷經之生長、成熟與腐朽的過程來互相映照。食物被吞嚥、消化，成為我們的一部份，我們成為我們所食用的食物；我們受制於飢餓與飽足的循環，也與食物一樣要經歷同樣的腐朽與死亡[63]。沈痛的往事的確難以承受目光直接的逼視，但藉著偉大廚藝家的創造，卻成為可吞嚥的、滋養身體與心靈的藥方。芭比在故事的最後向兩姊妹揭露自己生命中最重要的身分——藝術家的身分。若芭比的盛宴提供了參與者一個自我轉化的契機，那麼芭比的藝術創造也可以被理解為具救贖意義的行動。雖然藝術家的身分在小說的結局中才揭露，但芭比憑其藝術才華為姊妹以及信徒團體所烹煮的日常料理早已悄悄透露出神秘的力量。

就某種意義來說，已經逐漸失去品嚐食物滋味之能力的 Dinesen 在創造這樣一個和食物與救贖有關的故事時，不也是藉著富含感官想像的文字來慶祝並

---

61   馬太福音 26: 6-13。

62   Korsmeyer, *Making Sense of Taste*, p. 145.

63   Ibid., p. 181.

憑弔自己失去的知覺能力？電影的最後一幕呈現的是一支白蠟燭最後燒盡的過程：火光熄滅，白煙裊裊，鏡頭之外的配樂是斐莉綿延動人的琴聲。憑弔與慶祝，原為同一泉脈。

結論：「物」、「身體感」與「宗教研究」

宗教研究中關於身體議題的討論並不少[64]，例如從宗教歷史研究的角度來探索各宗教傳統之身體觀（例如身體被視為給定的、不可改變的、必須接受的，或是必須藉著修鍊而改造的）、身體隱喻與宗教宇宙觀的連結、對身體的態度或評價（例如身體代表污穢的塵世、必須被超越的慾望，或是成聖的起點、與神聖的交會點）、對身體的規範 (body code)（例如 Brown 對早期基督宗教禁欲的研究，Bynum 對中世紀女性禁食的研究）、以及對身—心—靈關係之理解。從宗教社會學的角度來看，探索的議題包括理性化或現代化與宗教去身體化的關係（例如 Weber 對資本主義的誕生與新教禁欲倫理的連結，或是 Freud 把文明的演進與身體本能之壓抑的連結），以及作為後資本主義社會之標誌的消費與慾望對於宗教表達的影響（例如電視佈道的興起、靈恩復興運動對於身體的強調）。就性別研究的角度來看，常見的研究議題則是不同宗教傳統對於性別（尤其是女性）身體的想像與建構（例如 Faure 探討女性的身體如何在佛教的慾望詮釋學中扮演關鍵的角色），以及這些建構如何在宗教儀式或神話中維繫或重構。上述之研究課題雖然涵蓋範圍廣泛，但大致不脫離宗教研究傳統的文本化 (textualization) 取向，將宗教視為一套有待詮釋的象徵意義系統，從此立足點出發，即使屬於實踐範疇的儀式也被視為一套承載著象徵意義的行動，儀式研究的目的則在於揭露儀式的象徵意涵。就宗教與身體的關係來說，身體常被視為有待認識的客體，由不同宗教詮釋系統為之進行詮釋，因此也就有不同宗教傳統的「身體觀」，以及這些「身體觀」與其教義內涵的呼應。這種文本化的研究取向忽略了身體的主動性 (agency)，也就是身體作為經驗世界

64　LaFleur, "Body."

以及理解世界的基礎，在宗教知識的獲得與宗教體驗的過程中所扮演的角色。身體經驗其實構成宗教體驗的核心，例如生命週期中所發生的身體變化——出生、成長、死亡、污染與潔淨——經常是宗教象徵行動與反思的重要時刻。另一方面，身體經驗也經常藉著宗教的方式來經驗與表達，例如身體經常在儀式中被建構、拆解或是修補。

　　本文以「身體感」的研究取向出發，討論「食物」與「身體感」交織所帶來的體悟（物）經驗。藉著這樣的探索，希望為宗教研究開啟一新的途徑。從這樣的途徑出發，身體不再只是銘刻文本意義的載體，還是創生意義的重要來源。「身體感」的研究除了可以幫助宗教研究思索其過去未曾注意的身體經驗的面向，更積極的啟發在於挖掘一種思考宗教研究的新的可能性。以 Grimes (1982) 對基督宗教與佛教之儀式姿勢的討論為例，成為基督徒或佛教徒不只是思考像個基督徒或佛教徒，更是如何在儀式姿勢與動作中體現成為基督徒或佛教徒的意涵[65]。以身體感研究的取向出發，我們可以問的是儀式中的身體經驗（例如飲食、呼吸、跪拜、合揖頂禮、祈禱等）如何滋生宗教意涵。另外，以身體感項目所連結出的體系（例如莊嚴、熱鬧、清淨、昇揚）又與儀式轉化的力量有何關聯？從本文的脈絡來說，「身體感」取向的研究也不止是詮釋「恩典」之經典意義的身體面向，或為此意義加上一個感官經驗的註腳，而是企圖說明身體感如何帶來宗教概念（恩典）的體悟。

　　飲食是宗教儀式中常見的活動，Schimpf (1999) 指出，在猶太—基督宗教的脈絡中，飲食活動有三層重要的意涵：首先，飲食既是平常的，也是特別的。飲食是日常進行的活動，但節慶中的共食經常傳遞出一種特別的意義。其次，飲食既是世俗的，也是超越的。進食一方面是人類攝取食物的活動，然而，在共享與分食的慶典中，進食活動又是帶領參與者與神聖結合的媒介。最後，飲食既供應生存之所需，也是一種慶祝。進食是生理所需，所以是常態的活動；但在特殊的脈絡中，進食可以成為向超越界開啟，進而領會生命豐富意義的一

65　Grimes, *Beginnings in Ritual Studies*.

種慶祝[66]。飲食具備日常／特殊、世俗／超越、以及維持所需／慶祝等多重意涵的可能性，與食物從「物」到「食物」的物性轉化有密切的關係。Schneider (1989) 在《布與人類經驗》一書中，曾提出「布」柔軟、易延展、可被裁剪、染色的物質特性使得它充滿象徵的潛力，例如布能作為年齡、性別、種族、階級等分類標誌的基礎，也可以作為意識形態或價值宣稱的工具；布做的服裝可以揭露身分，也可以遮掩身分；布柔軟而終會腐朽的物性可以作為人類脆弱性的表達[67]。如同「布」的物性開啟了它承載諸多象徵意涵的可能性，食物的物性也成為其擁有繁多象徵意涵的基礎。食物的範圍很廣，但凡可食之物，無論生食或是經歷不同的烹煮處理，都會經歷由「生物」到「食物」的轉換過程。食物的物性包括從「生物」到「食物」的轉換、可被調理的性質、酸甜苦辣鹹等豐富的滋味、可被咀嚼、消化、成為養分的性質、以及在自然狀態中必定經歷敗壞腐朽的特性。這些食物的物性使得食物具備多重象徵意涵的潛力，包括破壞、轉化、療癒、生命滋味等象徵意涵。在芭比的盛宴中，「棺材鵪鶉」這道料理與芭比生命之苦痛與超越的連結，晚宴中多重繁複的味覺經驗與人生滋味的對照，分享、消化美食的愉悅與禁錮的釋放等，都是在食物之物性的基礎上讓我們看到物在象徵轉換過程中所扮演的角色。

既然飲食具備日常／特殊、世俗／超越、以及維持所需／慶祝等多重意涵的可能性，那麼食物的轉化力量就不能把異味與平常滋味分開來談。雖然晚宴是小說與電影中最重要的高潮，但小說家與導演也細膩地刻劃了姊妹與信徒的日常飲食。在芭比為信徒準備晚宴之前，芭比已經與姊妹與信徒們共同生活了十四年，也按照他們的習慣為他們的飲食打點了十四年的光陰。然而，晚宴的豐盛並不建立於對日常清簡飲食的否定之上；相反地，在超越日常飲食之後，晚宴的豐美其實開啟了信徒們對於日常滋味領受的能力。誠如 Dinesen 在小說中所言，除了將軍之外，對美食不具專家辨識能力的信徒來說，事後根本忘了自己吃的究竟是哪些東西，所記得的只是這一個奇妙的、難以言說的夜晚。但

66　Schimpf, "The Feast as Utopia."

67　Schneider and Weiner, *Cloth and Human Experience*, pp. 1-2.

這奇妙的饗宴帶領他們重新以感激的眼光領略恩典的滋味。恩典的滋味釋放言
語的禁錮，成了語言與滋味瞬間相合、沒有間隙的魔幻時刻，如村上春樹所言：

> 「如果我們的語言是威士忌……我只要默默伸出酒杯，你
> 只要接過去安靜地送進喉嚨裡去，只要應該這樣就成了。
> 非常簡單，非常親密，非常正確。但是很遺憾，我們的語
> 言終究還是語言，我們住在只有語言的世界。我們只能把
> 一切事物，轉換成某種清醒的語言來述說，只能活在那限
> 定性中。不過也有例外，在僅有的幸福瞬間，我們的語言
> 真的可以變成威士忌。而且我們──至少我是說我──總
> 是夢想著那樣的瞬間而活著，夢想著如果我們的語言是威
> 士忌，那該多好。」[68]

村上春樹所描寫的夢想的一瞬間可比擬為盛宴中那最為關鍵、卻又不可言說的
轉化經驗，如同 Dinesen 藉著晚宴的刻劃對於不可言說之聖顯 (epiphany) 的
書寫。

68　村上春樹著，賴明珠譯，《如果我們的語言是威士忌》，頁11。

參考文獻

【中文】

村上春樹，賴明珠譯，《如果我們的語言是威士忌》。臺北：時報文化出版企業股份有限公司，2004。

谷寒松編，《神學詞語編彙》。臺北：光啟出版社，2005。

呂晶器，《天主教的禁食與今日信友生活》。輔仁大學宗教學研究所碩士論文，1998。

余舜德、顏學誠，〈體物入微：「物與身體感專號」導言〉，《國立臺灣大學考古人類學刊》65: 1-8，2006。

沈曉茵，〈果肉的美好：東西電影中的飲食呈現〉，《中外文學》31(3)，2002。

胡家瑜，〈賽夏儀式食物與 Tatinii（先靈）記憶：從文化意象和感官經驗的關連談起〉，刊於黃應貴主編《物與物質文化》，頁 171-210。臺北：中央研究院民族學研究所，2004。

韓良露，〈香檳的誘惑〉，《微醺之戀：旅人與酒的相遇》。臺北：方智出版社，2001。

──〈吊人異味〉，《雙唇的旅行》。臺北：麥田出版社，2004。

【西文】

Abraham, Nocolas, and Maria, Torok. "Mourning or Melancholia: Introjection versus Incorporation." In *The Shell and the Kernel*, edited and translated by N. Rand, pp. 125-138. Chicago: The University of Chicago Press, 1994.

Aiken, Susan Hardy. *Isak Dinesen and the Engendering of Narrative*. Chicago: The University of Chicago Press, 1990.

Bahloul, Joelle. "Food Practices among Sephardic Immigrants in Contemporary France: Dietary Laws in Urban Society." *Journal of the American Academy of Religion* 63.3(1995): 485-496.

Blodgett, Harriet. "Mimesis and Metaphor: Food Imagery in Twentieth-century Women's Writing." In *Papers on Language and Literature*, Summer, 2004.

Brown, Peter. *The Body and Society: Men, Women, and Sexual Renunciation in Early Christianity*. New York: Columbia University Press, 1988.

Bynum, Caroline Walker. *Holy Feast and Holy Fast: The Religious Significance of Food to Medieval Women*. Berkeley and Los Angeles: University of California Press, 1987.

──. "Fast, Feast, and Flesh: The Religious Significance of Food to Medieval Women." *Representations* 11(Summer 1985).

Classen, Constance, David Howes, and Anthony Synnott. *Aroma: The Cultural History of Smell*. London: Routledge, 1994.

Classen, Constance. *The Color of Angels: Cosmology, Gender and the Aesthetic Imagination*. New York: Routledge, 1998.

Dinesen, Isak (Karen Blixen). "Babette's Feast," In *Anecdotes of Destiny*. New York: Random House, 1958. （中文譯本參見鍾清瑜譯《不朽的傳說》。台北：先覺出版社，1999。）

Douglas, Mary. *Purity and Danger: An Analysis of the Concepts of Pollution and Taboo*. London; New York: Routledge, 1966.

Faure, Bernard. *The Power of Denial: Buddhism, Purity, and Gender*. Princeton, NJ: Princeton University Press, 2003.

Feeley-Harnik, Gillian. "Religion and Food: An Anthropological Perspective." *Journal of the American Academy of Religion* 63.3(1995): 565-582.

Ferguson, Priscilla Parkhurst. "Babette's Feast: a Fable for Culinary France." In *Accounting for Taste: The Triumph of French Cuisine*, pp. 187-201. Chicago: The University of Chicago Press, 2004.

Freud, Sigmund. "Mourning and Melancholia." In *Standard Edition of the Complete Works of Sigmund Freud*, edited and translated by James Strachey, vol. XIV, pp. 243-258. London: Hogarth, 1957.

——. *Civilization and Its Discontents*. Translated by James Strachey. New York: W. W. Norton, 1962.

Fuller, Robert C. "Wine, Symbolic Boundary Setting, and American Religious Communities." *Journal of the American Academy of Religion* 63.3(1995): 497-518.

Grimes, Ronald L. *Beginnings in Ritual Studies*. Columbia, SC: University Press of America, Inc., 1982.

James, William. *The Varieties of Religious Experience*. Glasgow: Collins, 1999.

Korsmeyer, Carolyn. *Making Sense of Taste: Food and Philosophy*. Ithaca and London: Cornell University Press, 1999.

Kristeva, Julia. *The Power of Horror: An Essay on Abjection*. Translated by Leon S. Roudiez. New York: Columbia University Press, 1982. （中譯本彭仁郁譯《恐怖的力量》。台北：桂冠圖書股份有限公司，2003）

LaFleur, William R. "Body." In *Critical Terms for Religious Studies*, edited by Mark C. Taylor. Chicago: The University of Chicago Press, 1998.

Langbaum, Robert. *The Gayety of Vision: A Study of Isak Dinesen's Art*. New York: Random, 1964.

Mullins, Maire. "Home, Community, and the Gift Gives in Isak Dinesen's Babette's Feast." *Women's Studies* 23(1994): 217-228.

Rashkin, Esther. "A Recipe for Mourning: Isak Dinesen's 'Babette's Feast.'" *Style* (Fall 1995), http://findarticles.com/p/articles/mi_m2342/is_/ai_18096755?tag=artBody;col1 (September 1, 2005).

Rouse, Carolyn, and J. Hoskins. "Purity, Soul food, and Sunni Islam: Explorations at the Intersection of Consumption and Resistance." *Cultural Anthropology* 19.2(2004): 226-249.

Schimpf, David. "The Feast as Utopia: Theological Dimensions of Feasts in the Brothers Karamazovand Babette's feast." 1999. http://cw.mariancollege.edu/dschimpf/RI/feastas.htm. (September 1, 2005)

Schneider, Jane, and Annette B. Weiner. *Cloth and Human Experience*. Washington: Smithsonian Institution Press, 1989.

Stambaugh, Sara. *The Witch and the Goddess in the Stories of Isak Dinesen: A Feminist Reading*. Ann Arbor: UMI, 1988.

Turner, Victor. *The Ritual Process: Structure and Anti-Structure*. New York: Aldine de Gruyter, 1969.

Valeri, Valerio. *The Forest of Taboos: Morality, Hunting, and Identity among the Huaulu of the Moluccas*. Madison: the University of Wisconsin Press, 2000.

Weber, Max. *The Protestant Ethics and the Spirit of Capitalism*. Translated by Talcott Parsons. London: Routledge, 1992.

Wright, Wendy M. "Babette's Feast: a Religious Film." *The Journal of Religion and Film* 1. 2(1997), http://www.unomaha.edu/jrf/BabetteWW.htm (September 1, 2005).

食物、味覺與身體感：
感知中國侗人的社會世界*

林淑蓉**

前言

　　本文探討食物的「味覺」屬性 (the nature of "taste" in food category) 如何作為一特定民族理解及實踐其生活世界的基礎。味覺雖為人類基本的感官知覺經驗之一，此感官知覺不僅僅是個人的經驗或生理的反應而已，更是文化表達的基本範疇，並經由此感官知覺的媒介來行使文化價值以及社會實踐[1]。食物的味覺雖與其「物質性」有關，然而此物質性並不全然指涉食物的內在質性 (inherent properties)，我們更在乎的是，食物的物質性如何受到文化的意識型態與日常實踐的作用，以形塑味覺特質的感官知覺經驗，並賦予此味覺特質一個可分類的、具有價值意涵的「屬性」。

　　長期居住在中國貴州省黔東南地區的侗族人，其日常飲食嗜食酸的及辣的二種味覺特質的食物，然而在其文化表達的味覺基本範疇中，卻強化酸與甜的對比關係，作為社會實踐的理解脈絡，成為生活於該社會中的個人／人群理解生活世界的認知與行動機制。酸與甜二種味覺，從一個基本的身體感官知覺經驗，在侗人的日常實踐中被建構成具有文化意義與價值承載的象徵對比關係。

* 本文原為〈食物、味覺與身體感：以中國侗人的社會生活為例〉，刊登於國立臺灣大學《考古人類學刊》65: 34-67。為了配合《體物入微》專書之論述主軸，強調社會文化體系與身體感項目的建立所呈現的多重的身體經驗，本文做了相當幅度之修改，故更改文章篇名，以與原文稍作區分。

** 清華大學人類學研究所副教授

1　Cf. Howes, *Sensual Relations*.

本文企圖處理侗族社會如何從味覺的身體經驗，延伸到以味覺屬性作為社會結構的理解機制，這個從經驗到象徵化的建構過程。其中所涉及的文化現象與研究議題包括：味覺屬性的身體經驗、味覺屬性的文化意義，以及味覺屬性所傳遞的社會關係。筆者雖然以單一的感官經驗—味覺作為入徑，然而「酸 vs. 甜」屬性所引發而感知的身體經驗卻可能超出以味覺為主的單一感知項目，並與侗人的「人的構成」之社會建構理想息息相關，這似乎可呼應上述 Howes 所主張的論點[2]：感官的關係即是社會關係。

　　首先，我討論侗人的食物／飲食習性與其味覺特質的建構之關係。我描述侗人在日常生活中如何吃、如何知覺食物的味覺特質，尤其是酸、甜與辣三種味覺基調的飲食特色與身體經驗。由此，我進而分析酸與甜（而非辣味）如何成為他們理解食物、分類食物、以及人群如何在生活世界 (the lived world) 中行動。本文探討的第二個重點，即是從身體感來討論食物與象徵性的建構之關係。從食物的味覺特質，侗人建構了一套象徵分類系統，此系統乃植基於其日常生活中的飲食習性。從食物的處理、烹調、分享、交換到消費，經由身體的日常實踐與感知經驗，侗人以「酸 vs. 甜」屬性作為食物分類系統的基本理解機制，並以此「屬性」來理解社會活動的性質。第三，我從物的屬性與象徵化的建構過程，進入了身體規範與社會性的議題，討論侗人如何以「酸 vs. 甜」的味覺特質與飲食習性來傳遞其「社會人」的意涵，包括個人的人格特質、社群的互動與意象的建構、以及人與宇宙世界的關係。侗人以「吃酸」或「吃甜」的概念，來評論個人是否具有分享食物的人格特質，或以之來表達家族人員的增補（婚姻的建構）或消減（死亡）等文化的意象。在治療儀式中，侗人企圖將食物、象徵性與個人／社群的行動做連結，我的討論範疇也從侗人所理解的人與社會的關係，延伸到儀式脈絡中所彰顯的宇宙世界。最後，我討論食物、社會變遷與現代性的關係，比較不同的世代、村寨與區域在飲食習性上的差異，這些人群如何彼此相互評價，並將之放在現代性不同的路程中來探討。國家勢力以各種不同的管道與推行措施（包括政治的、社會的、經濟的與醫療衛

2　Ibid.

生的）進入了侗族地區，使得侗人得以經由日常習性的改變，來體驗並理解現代性的意涵與影響力。飲食習性的改變以及食物的商品化，筆者認為是當代侗人參與現代性路程一個必然的結果。

本文所引用的民族誌資料，來自筆者從 1994 年起在中國貴州省黔東南地區所從事的田野調查工作，尤其是屬於南部方言群的從江縣明水村。這裡所用的侗族 (the Dong) 族稱，是延襲中國少數民族分類體系下之族別分類，事實上侗人自稱為 Kam，在語言分類上，學者也以 Kam 來指稱侗語。明水村位於從江縣貫洞鎮的龍圖片區，與明寨、明全二村比鄰而居。此三村之關係，根據當地傳說，是由三個兄弟傳承發展而來。就人口數而言，明水村在三個村寨中人口最少，1993 年約有 108 戶 546 人，到了 2004 年則大約成長到 120 戶，560 人左右。

侗族之社會組織是以父系、從父居之小家庭發展而成的 dou^{323}（房族）作為主要的親屬運作單位。基本上，dou^{323} 為一個禁婚的單位，也是實際進行婚姻交換的單位，同一房族的人，同輩者視為兄弟姐妹，禁止通婚。遇有婚喪喜慶時，侗人也以房族作為主要的運作單位，屬於房族中的成員，均負有送禮與答禮等權利義務。此外，侗人以父方交表 (patrilateral cross-cousin)，當地人稱之為 ku^{55} pyou^{35}（姑表）或 pyou^{35}（表），作為優先通婚的對象。明水村人的聯姻範圍，以本地作為主要的通婚區域。在此所謂本地，是指將女兒嫁到同村寨的其他房族，或是鄰近的明寨與明全二寨，其次才是將女兒嫁到龍圖較邊緣的村寨。在過去，很少人家會將女兒嫁到龍圖以外的地區，也就是外地的村寨去。

食物與身體感的相關研究

一個民族的食物及飲食習性 (the food ways)，與其人群的社會生活息息相關。從人們所生活的自然與生態環境、生產方式、烹調方法與技術，到共食的社群界定、食物的交換與消費、以及吃的禮儀等等，食物及飲食習性不但可作為一特定族群表達或認可其獨特性的文化標記，亦可用來傳遞該族群的經濟生活、社會文化結構、或性別與權力關係等內涵。人類學對於食物的研究傳統，

不是將食物放在生產與經濟活動的脈絡來討論，就是將食物當作文化分類邏輯的再現，與禁忌、犧牲、儀式、人群分類等議題結合[3]，較少關注個人與食物的關係，尤其是透過身體的感官知覺來理解食物、評價食物、或賦予食物文化意義。本文擬從個人或人群的身體及日常生活的脈絡，包括生產、交換、消費及儀式等活動中，來討論食物、身體經驗與社會關係的建構等之連結。我以「身體感」一概念，來含括身體與食物的交會過程中，所出現的各種感官與知覺經驗、意義的理解與身體行動。嗅覺、視覺及味覺等身體經驗，乃是理解食物、記憶食物、或建構食物與個人／人群的關係的主要路徑。個人／人群在進食後，身體所感知的現象與意義：生的或熟的、好吃或不好吃、乾淨或不乾淨、舒服或不舒服、或排出與增補等，雖然和個人的身體特質，以及對於食物的特殊嗜好有關，但更與個人所屬的社群所實踐的飲食習性有關。許多具有族群文化特色的食物，常必須透過特殊的烹調文化來完成，包括食材的使用、烹調技術的學習、如何吃、以及在何種時空場域下吃等等，都是個人及人群在日常生活中以「體現的實踐」 (an embodied practice)[4]，來學習及理解該社會文化的飲食習性。

　　人類學有關食物的研究，由於受到 Levi-Strauss 的結構主義與象徵分析傳統的影響，偏重於將食物視為一個可思考的範疇 (the categories of thought)，以符號、象徵、分類系統來討論食物，企圖將食物與社會結構作一個緊密的扣連。Levi-Strauss 將食物看成是與親屬結構、神話、儀式、藝術等一樣，都是社會結構的一種表達形式。他借用語言的分析模式來處理文化資料，將食物的烹飪 (cooking)、女人的交換、及經濟體系的物資，都看成是一種交換系統，可用來理解人類心智運作的基本結構。因此，他討論食物及烹飪的重點，並不在味覺或身體的經驗，而是關注如何將食物從「生的」(the raw) 轉換成「熟的」 (the

---

3　Goody, *Cooking, Cuisine and Class. A Study in Comparative Sociology*.

4　Bourdieu, *Outline of a Theory of Practice*; *The Logic of Practice*.

cooked)[5]。而火的使用能夠將食物從生的轉換成熟的狀態，在 Levi-Strauss 的理論中，被視為是人類文明的起始點。後續的人類學者，例如 Douglas 分析食物禁忌與分類系統的關係[6]，Tambiah 研究泰社會的動物分類與社會群體的關係，都是延續這個研究傳統，從象徵及社會關係來討論食物[7]。其中，Mary Douglas 討論禁忌與人群界線（包括性別、階層與族群等）的關係，食物之潔淨與污染、或可吃與不可吃等社會分類範疇，乃是一個社群建構及維繫其認同相當重要的脈絡，因而食物可作為人群區辨彼此的一個重要的標記。

而 Mauss 的 *The Gift* 一書將食物放在禮物交換的脈絡來討論，賦予了食物更為動態的思考面向[8]。在 Mauss 的架構下，食物的交換與分享可理解社會群體之間如何互動與建立關係。作為互惠與再分配主軸的食物，透過個人的行動來傳達「關係」(relatedness)[9] 的意涵，而共食的行動，則是人群在認同的建構過程中相當重要的儀式性行為。Munn 研究新幾內亞的 Gawa 人的交換與社會價值之關係，亦討論食物或飲食習性與行動者的自我建構之關係。她將食物的流動、交換與消費放在一個動態的自我建構過程，討論個人的聲望與作為交換主體的物之價值轉換。這些研究無論是將食物放在較為靜態的社會分類系統來討論，或是以行動者主體來思考食物與社會群體的關係，均強調「象徵性」(symbolism) 的重要性。Munn 的研究尤其呈現了 Gawa 人的交換行動，乃是透過飲食習性所傳遞的身體特質或狀態，以正面的或負面的價值轉換，有系統地展演食物的象徵性[10]。

食物不僅可滿足個人的需求或喜好，更具有展現認同與象徵權力 (symbolic power) 關係的意涵，可作為不同的族群或階層彰顯彼此差異的主要

5　Levi-Strauss, *Structural Anthropology*; *The Savage Mind*.

6　Douglas, *Purity and Danger*.

7　Tambiah, "Animals are Good to Think and Good to Prohibit," pp. 424-459.

8　Mauss, *The Gift*.

9　Carsten, *The Heat of the Hearth*.

10　Munn, *The Fame of Gawa*.

機制。Bourdieu 從社會化的過程來討論文化的形塑力量如何影響飲食習性，他以「慣習」(habitus) 一概念，作為理解飲食文化差異的重要機制。而其「品味」(matters of taste) 的觀點，則是用來說明階層之間的飲食文化差異，從食物的種類到吃的禮儀，以差異的區辨彰顯階層的不同，並作為同一階層認同建構的霸權機制[11]。Mintz 也主張食物可做為族群與階級最明顯而有力的社會印記，食物的象徵性，不只呈現不同群體之間的敵對關係，更可顯示彼此之間的階序性與壟斷關係[12]。而 Weismantel[13] 探討居住在厄瓜多爾安地斯山的 Zumbagua 印地安人之食物、性別與貧窮的問題時，結合了象徵分析與實踐理論的傳統，試圖將 Zumbagua 印地安人的食物放在一個族群互動的關係來理解。Weismantel 將語言看成是一種透過言說所傳遞的意識型態，主要來自 Taussig 所提之「意識型態乃是透過謠言、閒話、故事、聊天等紛擾形式，使得意識型態與觀點進入了社會交換系統中，成為有意義的存在。」[14] 因此，謠言、閒話、故事、聊天等語言形式，可作為實踐意識型態的一個媒介。

　　從 Levi-Strauss 以降，象徵及意義乃是人類學理解食物與社會關係相當重要的分析路徑。Levi-Strauss 強調「*人藉由象徵及符號來溝通……所有的文化範疇都滿載了意義，人類學家必須處理意義。*」[15] 象徵、符號、及意義是理解一個社會的基本結構相當有效的分析策略。然而，上述眾多研究中，並沒有學者處理象徵及意義如何產生與具體化的問題。Levi-Strauss 將象徵看成是一種分析結構的路徑，乃是產生於人類心智無意識的活動中，經由二元對立的語言符號結構來傳遞訊息[16]。因此，他將象徵及意義看成是人類普同的認知過程之產物，人、物、事件與象徵意義的建構之關係是任意的。不同於 Levi-Strauss 關

11　Bourdieu, *Outline of a Theory of Practice.*

12　Mintz, *Sweetness and Power.*

13　Weismanetl, *Food, Gender, and Poverty in the Ecuadorian Andes.*

14　Taussig, "Culture of Terror—Space of Death," pp. 469-497.

15　Levi-Strauss, "The Scope of Anthropology," p. 115.

16　Levi-Strauss, *Structural Anthropology*, pp. 21-22.

注於社會的深層結構，主張形式重於內容的分析策略，Geertz[17]，Bourdieu[18]、及 Munn[19] 等人類學者，則從社會文化現象來分析人認知的內容，經由事件或權力關係的過程，來傳遞象徵性的文化意義，並連結人（或人群）展演象徵性的行動機制。Mark Johnson 在 *The Body in the Mind*[20] 一書之前言，強調人類的身體作為建構意義與想像的理解之重要性，並提出了體現的經驗 (embodied experience) 或身體的經驗 (bodily experience) 作為建構有意義的結構之基礎。他區分了二個層次的「體現的、想像的理解」：意象基模 (image schema) 及隱喻 (metaphor)。其中，意象基模是透過我們在日常生活中重複的、互動的經驗、意象與知覺，來賦予我們的經驗意義與理性的想像結構。隱喻則是我們從一個經驗範疇，推演到另一個不同的經驗範疇之「投射模式」。也就是說，透過身體經驗的意象基模，我們可以從這個結構的隱喻過程，投射出更多的抽象範疇[21]。在此認知架構下，Johnson 進一步地提到：「具體的身體經驗不僅僅限制隱喻投射的『輸入』(the input)，而且限制投射的性質。」[22] 以上幾位學者，均企圖說明象徵性的建構不完全是任意性的，而是必須放在社會文化的脈絡下來理解，並且與個人的身體經驗、知覺及行動有關。

本文從身體感來分析食物及飲食習性的策略，乃在處理侗人如何從「食物的物質性」到「食物的分類」及「食物的象徵性」之建構過程。換言之，侗人以食物作為主體，建構了一套理解其社會結構的象徵機制，我分析此象徵化的建制過程。在文章中，我將食物與飲食習性二詞彙交替使用，一方面分析飲食習性與食物的象徵分類系統之關係，另一方面則關注行動者個人的身體經驗如何建構對於食物屬性的理解。我將身體看成是人們知覺與理解其生活世界的主

17　Geertz, *The interpretation of cultures.*

18　Bourdieu, *Outline of a Theory of Practice*; *The Logic of Practice.*

19　Cf. Munn, *The Fame of Gawa.*

20　Johnson, *The Body in the Mind.*

21　Ibid., pp. xiv-xvi.

22　Ibid., p. xv.

體。此分析觀點乃是受到 Bourdieu 的實踐理論所談的慣習 (habitus) [23]，或 Merleau-Ponty[24] 的現象學所討論的「互為主體性」 (intersubjectivity) 與「存於世」(being-in-the-world) 等觀點的影響，以個人或人群的身體作為主軸，探討個人或人群如何在文化慣習的規範下行動，以及如何經由個人的身體來感知與理解生活世界。

關於食物的味覺經驗之理解，晚近興起的感官人類學 (the anthropology of senses) 強調感官經驗的多樣性，以及關注視覺以外的感官（例如味覺、嗅覺、聽覺與觸覺等）在不同的文化中之重要性，有其特殊的意義與文化實踐機制[25]，可作為我探討侗人的食物與味覺特質之切入點。以食物的味覺特質作為文化實踐的基礎，可進一步地與社會生活的歷程產生連結，例如以食物作為歷史記憶的媒介，或以食物來反映個人／社群與現代性的交會歷程。Seremetakis[26] 與 Sutton[27] 即在此種結合體現、感官、實踐、與記憶的傳統下，探討食物或飲食文化與社會記憶的關係。其中，Sutton 以食物與記憶作為主題，討論一個希臘小島 Kalymnos 人如何從「食物的過去」來建構歷史意識，包括儀式與日常生活的食物、食物的生產與消費的歷史、以及食物與族群或性別認同等之關係。Sutton 企圖從食物與飲食文化的脈絡，來探討 Kalymnos 人如何經驗與理解社會生活的轉變，企圖以食物／飲食習性來與現代性做對話。

侗人的飲食習性

黔東南地區的侗族人，日常飲食乃是以「酸的」及「辣的」食物作為主要的特色。在平日侗人嗜食酸湯，尤其是夏天從事勞動之後，必煮酸湯喝，以消

---

23 Bourdieu, *Outline of a Theory of Practice*; *The Logic of Practice*.

24 Merleau-Ponty, *The Phenomenology of Perception*.

25 Cf. Classen, *Worlds of Sense*; Jackson, *Paths Toward a Clearing*; Howes, *The Varieties of Sensory Experience*; *Empire of the Senses*.

26 Seremetakis, *The Senses Still,* pp. 1-43.

27 Sutton, *Remembrance of Repasts*.

解身體所累積的酷熱之氣與疲累之感。辣椒則是侗人每餐必備的沾醬與調味料，少了它，許多人會有食不知味、無法下嚥的感覺。而被稱為侗家四大名菜的紅肉、牛別、醃魚及酸湯（魚），經常出現在重要的宴客餐桌上，再加上地方政府積極地宣傳，已成為侗族文化觀光中不可缺少的族群特色食物，其味覺特質仍是以酸及辣作為基調。從日常烹飪到食物的保存，酸及辣可以說是出現最頻繁的味道，成為侗人的身體所感知的最基本的味覺經驗。

侗人可辨認的基本味覺有酸、甜、苦、辣及鹹等五種。鹹（侗話成為 het[55]），是人類日常飲食中不可缺少的味覺。居住在內陸地區的侗人，早年所使用的海鹽，需仰賴人力從外地挑進來賣，價錢雖然不貴，但是當地人知道如何利用地區性的植物，來萃取植物鹽 (vegetable salt[28]) 的作法。植物鹽的作法是將稻草燃燒後，再加水過濾，灰燼可作為刷牙用的牙膏，其灰燼水亦可加於米飯中一起烹調，吃起來有微鹹的味道。直至今日，龍圖人仍然保有使用植物鹽的習俗。在進行婚姻交換的接妻儀式中，討妻者對給妻者的最後一次送禮，必須送黑糯米飯，其作法是在烹調過程中加上傳統的植物鹽。辣 (ljan[323]) ，如前所述，是侗人日常飲食中不可或缺的味覺特色，幾乎每一道菜餚都會加上辣椒，辣味通常是與其他味覺特色並存。再來則是酸 (s∂m[55])，其味道包括使用米酸所做成的酸湯，用鹽將青菜醃製成鹽酸菜的酸，或醃製過的具有酸辣味道之醃魚「酸」。甜 (khwan[55]) 味，在侗人的味覺經驗中，是夾雜著添加「糖」而製成的現代食品，水果的甘甜，或尚未轉變味道的米飯、肉類等的自然甜味。最後則是苦味 (kuan[323])，可以是侗人從山坡上採來具有微苦味道的野菜，或出現在侗家四大名菜之一的「牛別」所獨具的苦味。對侗人而言，最具意義的「苦」是牛別，（侗語稱為 bieh[55]，即「別」之意），取自牛反芻之胃尚未完全消化的草所擠出的汁液，將汁液過濾與燒煮之後，拌入煮熟的牛肉片，最後再加上一些磨碎的香料而成。牛別吃起來清涼微苦，在夏天吃得特別多。

---

28 人類學文獻記載有關植物鹽的使用，曾出現在世界的許多民族中，例如哥倫比亞、秘魯及巴西等國雅馬遜河流域一帶的印地安人，以及巴布亞新幾內亞之民族。詳細的民族誌資料，可參閱 Echeveri ,"The First Love of a Young Man" 的討論。

　　侗人將取自牛反芻之胃的汁液所做成的牛別，看成具有苦味的特質。他們說，「牛別，吃起來清涼微苦，可幫助消化，增加食慾。」也有侗人認為「牛吃草，嚼過很多百草藥，經過胃的消化，但尚未完全消化，所以牛別是百草藥。」侗人認為食用微苦的牛別，清涼解熱，具有治療百病的功效。以味覺經驗來看，牛別雖然具有「苦」味的特質，但是在侗人的食物分類上卻與另一種獨具侗族文化特色的「紅肉」，同屬於「甜的」屬性之食物。紅肉，當地人稱為 nan323 tsu33 hsieh323 或漢語的「肉紅血」，是將燒煮過的豬肉切成薄片，等待肉片涼了之後，拌入從豬的胸部取下尚未完全凝固的鮮血，最後再加上辣椒、鹽巴、陳皮、生薑、魚腥草等香料。食用紅肉，尤其是加入豬胸部之鮮血的烹調法，侗人認為鮮血具有洗滌灰塵的作用。而另一個說法是：「紅肉，有避邪的作用。血，灑到鬼神，鬼神會怕，因而吃紅肉有吉祥的作用。」紅肉的味道有一點涼涼的感覺，但是天氣過熱時，放在室溫過久的鮮血容易變質，吃起來會有味道不對的感覺。

　　這五種味覺雖然都出現在侗人的日常飲食中，但是每當侗人談到其民族飲食特色時，他們所強調的仍是以「酸」及「辣」的飲食特色。事實上，黔東南地區各族群普遍喜歡食用酸與辣的食物，酸與辣可以說是該地區民族共同的飲食習性，此乃與當地的自然環境有關。由於地處雲貴高原東半部，當地氣候溫熱潮濕，在開發初期多流行性疾病（例如，瘧疾、傷寒、及寄生蟲等感染率高），自外地移入的漢人，常視此地為瘴癘之氣盛行區。以酸及辣作為飲食特色的侗人，認為此種飲食習性可以預防長期生活於潮濕溫熱之環境，身體較容易出現的濕熱病症。在筆者的田野地，從江縣的龍圖地區，幾乎所有的食物都會使用辣椒與米酸二種調味料來處理食物、儲存食物、以及調整食物的味道。底下，我以辣與酸二種味覺特質作為主軸，說明飲食習性與身體感之關係。

　　侗人所習以為常的「辣」味，主要來自種植在坡地上或菜園裡的辣椒，是由女人負責生產的，幾乎每家每戶都會種植。當地人認為食用辣椒能增加血液循環，使身體發熱，可以去除體內的濕熱之氣，是居住在黔東南地區侗人防治濕熱症最有效的方法。許多龍圖人常跟我說：「吃辣子多，出汗多，會有舒服

的感覺。」他們最常食用辣椒的方式，是將整根曬乾的辣椒放在火上燒烤後，放到缽子內杵爛，再添加一點水或湯，成為多用途的沾醬。辣椒沾醬乃是侗人日常飲食中必備的自製醬料，尤其是在食用肉類食物時作為提味之用。當侗人煮雞或鴨肉時，一定是用白斬，也就是將整隻雞或鴨煮熟後，再用剪刀剪成易於食用的雞塊或鴨塊，食用時沾上辣椒沾水。他們絕不會將辣椒直接加入雞肉、鴨肉中熱炒，以維持雞肉或鴨肉特有的甜味。1980 年代以後，由於市集交易活絡，許多人從市集購得研磨成細粉的辣椒粉，拌入燒烤過的肉片中，再加上一些香料，即成為一盤可以招待客人的佳餚。另一種烹調法，是將辣椒與食物一起熱炒，尤其是將辣椒加於青菜、豆類及肉類等食物中一起炒。當地人普遍認為：「吃辣子，可以開胃口。」也有人說：「吃辣椒，可以幫助消化。」侗人的日常飲食，依循季節性作物的生產而調整，加上傳統保存食物的方法有限，食物之種類少而單調，以辣椒佐飯是增加食量的好方法。當地人說：「每餐必有辣子，吃飯才吃得香。」2004 年的夏日，有一天我在 pu^{323} 妙^{29}（妙的父親）家吃晚飯，當天他們做菜時，由於考慮我吃不慣辣椒，許多菜都不加辣椒。稍晚，pu^{323} 妙回來吃晚飯，看了一下桌上的飯菜，說了一句：「沒有辣椒啊！」他的母親聽到了，趕緊去燒了一點辣椒，將之杵成辣椒沾醬送上來。Pu^{323} 妙吃了一口，直喊著「好辣啊！」我問他，「你吃慣了辣椒，吃起來也會覺得很辣嗎？」他說：「會。」在一旁的 kon^{323} 妙（妙的祖父）說：「吃辣椒，上癮了！」pu^{323} 妙接著解釋，「吃辣，會有胃灼熱的感覺，覺得好像有一股氣往上衝，會有頭皮發麻但舒服的感覺。」這就是龍圖人對於辣椒的態度，不可一日或缺，雖然辣椒只是一種調味品，卻具有促進食慾、幫助消化的作用。食用辣椒後的身體經驗，包括個人習以為常的味覺感官經驗，身體出現發麻、發熱、出汗的感覺，以及有一股往上衝或向外散發的氣感，形成了當地人在日常飲食中重要的身體感知經驗。

29　侗人實行親從子名制，pu323 妙為稱呼已經為人父的「妙的父親」之意，而下文的 kon323 妙則為「妙的祖父」之意。

　　四川菜亦是以辣著名，當地人可以區分川辣與黔辣的差異，他們說，「川菜的辣是麻辣，主要是花椒放得多，貴州的辣是香辣，來自辣椒的辣味。」至於我，當然無法區分川辣與黔辣的差別何在，也吃不慣每餐飯吃下來，嘴巴總是麻麻的，經常被辣到喉嚨發癢、鼻涕猛流，到了必須喝上一大口水、吃上一口飯、或配上一口沒有辣椒的食物，才能夠稍微消解嘴巴所知覺的不舒服感。我常在吃了連續幾天的辣椒後，身上開始起疹子，有一點發癢的感覺。我對於吃辣的不適應，似乎反應在我的身體上。對於龍圖人而言，既然吃辣可以增加食慾、幫助消化，又可排除因氣候與環境因素之影響，身體所容易產生的濕熱之氣，辣椒則成為日常飲食中相當普遍的食材。因此，侗人不可一日不食用辣椒的習性，實與他們在食用辣椒之後，身體所出現的多重的感官知覺經驗 (multi-sensory experiences)，以及對身體所產生的效用 (the effects on the body) 有關。從身體發麻、發熱、出汗、胃灼熱、吃飯吃得香等，足以促進食慾或幫助消化的感覺，到排汗、氣往上衝、有舒服的感覺等身體所出現的食後效用，辣椒以其味覺特色進入了侗人的飲食範疇中，成為一種必備的調味料，其所產生的感官知覺卻是多重的。

　　辣椒雖為侗人日常飲食中必備的調味料，但是並不是每一個侗人都適合食用辣椒，吃辣的習性實與侗人的生命週期有關。既然吃辣子可以增加食慾，吃辣椒最多的還是年輕力壯的人，包括正在成長的青少年，以及需要大量體力勞動的青壯年人。一般而言，侗家的小孩要到了四、五歲以後才開始多吃辣子，在這之前仍是以吃「甜的」食物為主，亦即食用保有較多食物原味的肉類及米飯，少吃酸及辣的食物。年紀稍長，過了從事大量體力勞動階段的中老年人，也開始減少吃辣椒的量。村中的 Kon[323] 棒（棒的祖父）就這麼說：「這幾年我年紀比較大了，辣椒也吃得少了。」至於產婦，則是禁止吃辣椒，尤其是坐月子的時候，僅能食用經過蒸煮而仍保有原味的肉類，也就是不添加任何辣椒與香料的雞肉或豬肉。

　　在侗人的日常飲食中，「辣」味是不可少的，然而卻沒有進入他們的食物分類系統中，成為標籤食物屬性最基本的味覺特質，為什麼？辣椒的位置與重

要性，仍然僅是一種可以增加食慾、去除濕熱之氣的調味料，扮演著陪襯者的角色。它可以添加於肉類、魚類、瓜類、蔬菜等食物中，以增加菜餚的口感：它可加入屬於酸的食物中，也可以添加於甜的屬性之肉類食物中。辣椒可與其他的味覺特色合併使用，幾乎出現在日常生活中的每一道菜餚中，或是以沾醬的形式來與其他的菜餚結合。為何這麼重要的味覺經驗，卻沒有被侗人發展成可用來分類其食物屬性的基本概念？相反地，「酸」則有著完全不同的社會位階，侗人將「酸」與「甜」看成是一個二元對立的概念，作為分類食物屬性的基本理解概念。此二元對立關係的屬性建構，與酸與甜相對的味覺特質有關，但是更重要地，乃與二者食用之後對身體所產生的效用有關。

　　侗人所食用的「酸」，主要來自當地人所稱的「米酸」，可煮成酸湯，或用米酸醃製新鮮的魚與肉，成為可長期儲存的醃魚與醃肉。「米酸」是每日洗米時，去除第一次洗滌之後所留下的淘米水。他們將淘米水放在陶甕中，經過數日的自然發酵即變成酸水。在過去，其傳統住屋內必設有火塘，以土磚鑲砌在地板上，放置酸湯的陶甕通常放在距離火塘不遠處，每日做飯時，陶甕可以間接吸取火塘的溫度，使之保持恆溫，因而酸湯不易變質。現今由於住屋的形式已有所改變，做飯的灶通常是用磚塊或水泥砌成，距離地面有一米多的高度，若要維持傳統米酸的製法，則需每日加熱一次，取出一點來使用，再加入新的淘米水。食用時，他們將米酸水燒開，放入辣椒與香料，可加上瓜類、紅薯藤或鮮魚，煮成清爽可口的酸湯（魚）。酸湯是侗人在夏日經常食用的食物，尤其是上坡工作回來之後，侗人必定會煮酸湯來喝，以消暑去熱並增加夏日的食慾。在酸湯中加入辣椒，喝酸湯時容易出汗，可以消除身體在炎炎夏日工作後容易產生的疲勞感，亦可以避免中暑。除了食用之外，酸湯也是很好的洗滌劑，具有去除油膩的效果。傳統侗家女人留著長髮，一生不得修剪，她們習慣將長髮盤在頭上，形成為一個偏髻。在洗髮精仍不普遍的年代，女人常以酸湯水來清潔頭髮。她們先將酸湯水燒開，以之去除頭髮上的污垢，隨後再用清水洗淨，最後在乾淨的頭髮上抹上茶油，以維持頭髮的光澤與柔軟度。似乎酸水與酸湯具有去除身體的污垢、排出體內滯留的炙熱之氣、或消減多餘的脂肪等作用，

此實際作用於身體所產生的效用，成為侗人在夏日（尤其是勞動之後）普遍遵循的飲食規範。

除此之外，米酸具有儲存食物、轉化食物的性質之作用。侗人常使用米酸的技術來儲存魚與肉類食物，其四大民族菜餚之一的醃魚，即是經過糯米飯與其他配料的醃製轉化過程，而成為可以長期保存、又可以立即食用的醃魚。在準備收割的前幾日，侗人開田放水，捕撈田裡飼養的鯉魚，當天可邀請親朋好友來吃鮮魚。多餘的魚則醃製成醃魚，一方面可以長期保存，另一方面則臨時有客人到訪時，可以立即取出來食用。製作醃魚的過程，是採用蒸熟的糯米飯、加上鹽、辣椒、燒酒及香料等來醃製洗淨的鯉魚，再將魚放在陶甕中三、四個月後即可食用。此時，新鮮的鯉魚經過糯米飯及辣椒等的醃製轉化，已轉變其內在的成分，其屬性已經從「生的」被轉換成「熟的」屬性，成為具有酸辣味道的醃魚。根據侗人的習俗，醃魚經過幾個月的醃製時間，已改變了魚原來的味道與色澤，其原來「生的」屬性已經被轉換了，可以不經燒煮而食用[30]。當地人說：「醃魚，要醃得好，吃起來有一點甜甜的，不會太酸，不太鹹。醃得不好，吃起來就酸酸的，不好吃！」也就是說，醃魚是屬於「酸的」屬性食物，但其味覺經驗確是酸酸辣辣的，嚐起來帶有一點微甜的感覺。

米酸的醃製技術雖然用來醃製魚與肉類食物，然而侗人的酸湯通常只加入魚，絕不會加入任何的肉類，無論是豬肉、牛肉、雞肉或鴨肉。當地人常說：「酸湯煮魚才對味。」為何米酸只能與魚搭配，無法加入肉類食物呢？當地人是以「對味」或「不對味」來描述，在此所謂的「對味」與否，筆者認為乃與侗人如何分類食物的認知系統有關。侗人以食物的味覺特質，建構了一套二元對立的分類系統，來理解食物的屬性。此分類系統是建構在「酸 vs. 甜」的對比關係上，與食物的味覺特質有關，但更重要地，與食物在烹飪、處理與製作

30　西方的烹調技術，確實存在著以醋浸泡海鮮類，將其性質從生的轉換成熟的之作法。在許多食譜中可以找到使用 ceriche（酸）來處理海鮮的作法，例如將干貝浸泡於醋中，約 30 分鐘後即可食用。

過程中如何從生的轉換成熟的方法有關。而對於食物如何被轉換的方法之理解，則是來自於侗人日常的飲食實踐。

在侗人的食物分類中，米酸與魚都是屬於「酸」的食物，而肉類則被歸類為「甜」的食物。在此，「酸 vs. 甜」的對比關係之建構，可以從過新米節時的飲食實踐而具體化，以第一天吃酸及第二天吃甜的行動來實踐「酸 vs. 甜」的對比與相互轉換關係。在慶祝稻米結新穗的節日中，過節的第一天只能「吃酸」（亦即只能吃魚），到了第二天則改為「吃甜」（亦即吃肉）的習俗，以飲食習性與禁忌來展演「酸 vs. 甜」的食物分類系統，並賦予「酸 vs. 甜」的味覺屬性豐富的文化意義。過節的第一天，他們在清晨四、五點雞開始啼叫的時候，就起床做早餐。當天的早餐必須吃糯米稀飯，以酸的醃魚作為主要的菜餚。近年來，有許多人家改以鮮魚或醃的鹹魚，來取代過去吃醃魚的傳統。然而，無論如何，新米節的第一餐早飯，侗人只能吃魚絕不吃肉。早餐過後，一般人家即上坡割草，準備過節這二天家中牛隻所需之飼草。到了九點多、十點左右回到家，準備招待外地來訪的親友賓客們。由於各地過新米節的時間不同，許多外地親友多在過節時相互走訪，第二天吃甜（吃肉）的日子，客人來得尤其多。

我在過去的文章中曾分析過，侗人對於食物的分類原則，乃與時間、空間、性別、社會活動的性質等有關。其中「酸」與夏日、工作、及生產活動有關，而與此意象相對比的「甜」味，則代表冬日、休息與社會的再生產。例如，侗人是以「酸」與「甜」的概念來區辨鯉魚與肉類食物。「酸」的意象與侗人在日常生活中的勞動、做活路有關，「甜」的意象，則與休息季節相關。在夏日，做活路的季節，侗人從田裡或坡地做活路回到家屋中，必須喝酸湯，以解除一天的疲累。而魚類與「酸的」屬性結合，則在醃魚的製作過程中，侗人是以蒸熟的糯米飯加上一些辣椒與香料，醃製於陶罐中三至五個月，即可將生的魚轉變成「熟」的食物，這些醃魚可以不經過燒煮而食用。至於「甜的」、肉類食物，則必須經過加熱與燒煮的過程，才能從「生的」轉變成「熟的」、可食用的食物。侗人在休息季節的主要活動，包括婚姻關係的建立與祭儀活動，都是

跟社會的建構、或社會的再生產有關。因此，從生產活動到再生產活動的轉換，侗人乃是以食物的「酸 vs. 甜」之意象的轉換，來傳遞從勞動到休息之季節與活動性質的轉換。

　　就甜的範疇所含括的物／食物來看，魚與肉類分屬於不同的類別。侗人的物／食物之分類原則與對比關係，是以「魚：肉」、「酸：甜」、「工作：休息」、「生產：再生產」等多組的二元對立關係出現。這些二元對立關係乃以其象徵意義的建構，將物／食物、季節、時間、生產、與社會活動等不同性質與內涵的分類原則相連結，作為侗族社會運作的基本結構。在日常生活中，侗人以吃、交換、及儀式的舉行等行動，來實踐這些二元象徵結構的互動與轉換關係。傳統侗族節日中的飲食轉換（例如，新米節從吃酸轉為吃甜的行動），討妻者與給妻者在三大節日中的送禮（包括不同種類與屬性之物／食物的移轉），以及在收穀子季節中的儀式性展演（例如，接妻進田的行動與象徵意義的建構）等等，都是侗人以行動來具體地展演這些象徵結構所傳達的文化意義，並強調結構互動與轉換的重要性。人的互動、物／食物的移轉、以及時間與空間的轉換，賦予了侗族社會轉換的基本動力。而這種人、物、時間、空間關係的互動與轉換，是建基於婚姻交換的實際運作，以使得勞動與休息季節得以交替，生產與社會活動得以持續進行，以及社會得以延續與發展[31]。

　　從食物的分類來看，魚屬於「酸的」食物，代表工作與生產活動的象徵意涵；而肉類則歸屬於「甜的」食物，表徵著休息與社會再生產的意象。魚與酸的屬性結合，乃是透過「米酸」所具有的可轉化食物的物質性之特質，可以將生的魚轉換成熟的醃魚，成為表達時間、季節、及社會活動性質等的象徵分類原則，並與「甜的」屬性食物形成一個味覺對比、同時也是象徵對比的關係，作為理解侗族社會結構的基本運作原則。普遍出現於各種菜餚中作為重要調味

31　林淑蓉，〈物／食物與交換：中國貴州侗族的人群關係與社會價值〉，刊於黃應貴主編《物與物質文化》。

品的辣椒，其味覺特質並沒有成為侗族社會基本的分類原則，主要原因在於辣椒雖然可以增加食慾、幫助消化、讓人有舒服的感覺，但卻沒有轉化食物性質的能力，也沒有轉化個人與社會的身體之能力。相對於辣椒必須添加各種不同的食物中，成為日常飲食必備的調味料，酸與甜乃是對立的而又可以相互轉換的味覺屬性，尤其是米酸所具有的「可轉味的」物質特性，能將生的食物轉化成熟的，乃是味覺屬性得以成為侗人分類食物的基本運作原則之主因。

食物、身體感與象徵性的建構

　　從食物的味覺特質——「酸 vs. 甜」的對比關係，侗人建立了一套二元的分類準則，成為理解其社會運作的基本架構，也作為個人與社群在生活世界中行動的主要依據。「酸的」概念所指涉的，是實際味覺經驗中的酸性食物，也是侗人進行社會活動時與「生產」、「勞動」有關的人、物、時間與空間等意象。就味覺經驗而言，「甜的」屬性食物可能涵蓋前述添加過糖的食品，然而若以侗人如何處理食物的觀點來理解，則是指那些「未經轉味的」或「保存原有味道的」食物。因此，「酸 vs. 甜」乃是一個相對的概念，包括味覺經驗中的相對性，（例如，食用侗家的醃魚，侗人說是「吃酸」，而吃未經醃製過的鮮魚，侗人則說是「吃甜」），也是指涉不同的類別或屬性的食物，（例如，肉類乃是屬於「甜的」食物；魚類則屬於「酸的」食物），形成一個二元對立的關係。

　　我在表一所列，乃是侗人在食用「酸 vs. 甜」屬性的食物後，身體所產生的效用與經驗。為了整合食物、味覺與身體經驗三者之關係，我以「排出 vs. 補充」的意象來表達。食用酸湯可以使人產生排汗、清爽、及去除油膩之感，因而多在夏日、工作季節食用；而肉類食物則可滋養身體、增加身體熱量、或使人成長等作用。吃甜的（肉類）食物多在冬日、休息的季節，此時侗人進行著與婚姻交換有關的社會活動（例如宴客與禮物交換等）。因而，吃甜的季節也是侗人補充人員的季節，具有表徵「補充」與「增加」的文化意涵。而「排出」的意象，亦具有死亡的意涵，筆者在下面章節將會討論，喪家在守喪期間只能吃酸的食物，酸的屬性可進一步地與「排出」、「死亡」等意象結合。因而

「酸 vs. 甜」已從實際的味覺經驗，進一步地發展成：「酸具有排出」vs.「甜則可滋補」的身體感項目，與侗人的社會行動結合，成為理解人與社會相當基本的文化意象。

醃魚之所以被歸類為酸性食物，除了其味道吃起來有酸酸辣辣的感覺之外，最重要的是侗人處理魚類時，主要以間接加熱法來完成魚類從生到熟的內在屬性之轉換。在此，我以魚類具有「被轉味的」特質稱之，經過醃製的過程（時間），魚類可以從生的、不可食用的 (inedible) 範疇，轉變成熟的、可食用 (edible) 類別，作為醃魚進入「好吃的」(good to eat) 範疇中重要的指標。當鯉魚經過三到五個月的醃製「時間」，其味道（品嚐的味道與嗅覺的味道）與色澤（視覺經驗）都有了明顯的改變，可以不再經過烹調與加熱而食用。魚的轉味與否（生 / 熟屬性是否已經被轉換），雖是以味覺經驗（吃起來的感覺）作為理解的基礎，然而實涉及了其他的感官知覺經驗（嗅覺與視覺經驗），以及嚐起來是否好吃的身體經驗，成為「生 / 熟」屬性以及食物是否具有「轉味的」特質的理解基礎，來賦予「酸 vs. 甜」屬性的文化意義以標籤食物差異的分類原則。也就是說，侗人從實際的味覺經驗—「酸 vs. 甜」的相對味覺經驗來分類食物，並將之衍生成為「魚 vs. 肉」的象徵對比關係：以魚「可轉味的」特質對比肉類「不轉味的」屬性，賦予了魚與肉在食物屬性上一個二元對立的象徵關係。從食物的實際味覺經驗（酸 vs. 甜），進入了以食物的性質是否具有被轉換的特質（轉味的 vs. 不轉味的），來區辨二者在類別上的差異，此處侗人所應用的乃是前述 Johnson 所主張的[32]，從身體的味覺經驗所建構的「意象基模」，都是透過身體與日常實踐來分類食物，並建構食物「想像的意義」。

32　Cf. Johnson, *The Body in the Mind.*

表 1　食物的味覺屬性與身體感之關係

（味覺經驗）酸：　　：甜

（季節）夏日：　　：冬日

（活動的性質）工作：　　：休息

（身體感）排出：　　：補充

　　　　　　　↓　　↓　（象徵性的建構：從實際味覺經驗

　　　　　　　↓　　↓　　到食物的屬性之建構）

（味覺）酸：　　：甜

（食物的類別）魚：　　：肉

（處理食物的方法）醃製：　　：經過火的直接加熱

（食物的屬性）轉味的：　　：不轉味的（或原味的）

　　　若從食物的烹調過程來理解，我們發現從生的轉換成熟的過程，酸性食物可以使用間接加熱法，而甜的食物則主要經過火的直接加熱法。如前所述，酸湯的作法是來自洗米過程的掏米水，侗人盛放掏米水的陶甕，在以前是放置在離火塘不遠之處，藉由間接地吸取火塘的餘溫，使掏米水不易變成不可食用的餿水，反而是可以慢慢地轉變其性質成為多用途的「酸湯」。而醃魚的技術，侗人亦採用蒸熟的糯米飯，加上其他的醃製材料，來轉換魚「生的」性質。醃製過的魚被放置在陶甕中，以水隔絕空氣，經過幾個月的時間，其性質已經從生的被轉換成熟的、「可食用的」醃魚。此種處理食物的技術，主以蒸熟的糯米飯作為轉化食物的中介物，來轉換魚的內在成分，其所轉換的是魚的物質性特質。無論是酸湯或是醃魚，侗人都是使用間接加熱法，透過中介物來轉換食物的性質，十分不同於「甜的」肉類食物，必須使用直接加熱法。侗人在烹調肉類食物時，不是將肉放入正在加熱的滾水中白煮[33]，就是將肉直接架在火上燒烤，或者使用大火將肉類炒熟，（後二者為烹調豬肉、牛肉的主要方法）。他們使用了完全不同的烹飪技術，來處理魚與肉類食物，形成了魚的味覺特質被

33　例如雞與鴨所使用的烹調法。

轉換成酸性，而肉類則仍保有其原來的「甜味」。因此，侗人使用「酸 vs. 甜」的味覺特質，建立了一套二元對立的分類原則，乃是根源於日常生活的飲食實踐，以身體品嚐食物所實際感知的味覺及食物對身體所發揮的效用（排出 vs. 補充）作為基礎，建構了對於食物屬性的理解架構。

透過身體來感知與建構「酸 vs. 甜」的象徵對比關係，其主要的差異在於間接加熱法與直接加熱法的差別。當使用間接加熱法時，侗人必須使用中介物來轉換食物原來的性質，而且必須經過較長的「時間」（至少三至五個月），才得以完成屬性的轉變。在轉換的過程中，中介物與時間二項因素成為相當關鍵的轉換媒介。因此，從生的魚轉換成熟的「媒介物」：糯米飯或其原來的物質形式—稻米，可以說是理解侗人如何建構此套二元對立原則的關鍵「物」。底下，我將討論稻米在侗人的社會生活中的重要性為何，以及時間因素又具有何種的文化意涵。

如前所述，侗人過新米節的飲食實踐，以及將醃魚從生的轉換成熟的過程，都是圍繞著稻米，或是以米飯作為達成轉換機制的主要媒介，此說明了稻米的重要性，乃是形塑侗人從「酸 vs. 甜」並進而發展成象徵理解機制的主軸。米飯是侗人每餐必備的主食，然而米飯的重要性，最主要的，是來自於其所獨具的「轉換力」(transformative power)。就如同「米酸」一樣，米飯能將「生的」魚轉換成「熟的」食物，也能將疲累的身體轉換成健康的身體，更能透過米飯豐富的營養，將勞動的身體轉換成具有再生產能力的身體。從身體的味覺經驗、處理食物的飲食習性，到以「酸 vs. 甜」的象徵性作為侗人理解社會運行的結構機制，如表二所示，此時他們所應用的乃是前述 Johnson 所提[34]，從意象結構 (image structure) 進入了隱喻的理解 (metaphorical understanding)，將人與米飯的相互建構關係，投射在人群與稻米（或米飯）的轉換意涵上。從個人

34　Cf. Johnson, *The Body in the Mind*.

的身體所建構的意象結構，進一步延伸到人群的結合的意象上，侗人所欲彰顯的乃是社會建構的理想意象。

　　侗人所食用的米飯，可能來自傳統的糯稻，或是現今普遍種植於田壩上的改良種粘稻，均生產於男人或房族所歸屬的「田」。他們將米飯看成是「人的構成」 (the constitution of person) 過程中相當重要的「物質」(substance) 。在龍圖有一句俗諺：tsan^{55}（吃）kou^{323}（飯）ha^{33}（才）kun^{55}（成功）so^{11}（命），其意為「吃飯才能養活這一條命」。此俗諺充分地表達侗人對於米飯的重視，米飯提供了人的成長與延續壽命所需物質。然而，米飯在「人的構成」概念中最重要的意涵，乃與侗人的婚姻交換制度，以及個人／人群如何實踐這個制度有關。放在婚姻交換的脈絡中，米飯的重要性，可說是從個人的生命進一步地延伸到關注社群的發展問題上。在婚姻交換的過程中，討妻者對給妻者的每一次送禮，必須是「可吃的」(edible)，尤以糯米飯與豬肉為主，包括在特定的季節所送的鮮魚。其中，豬肉是經過屠宰但未烹煮過的生豬肉，糯米飯則必須是蒸熟的，以不同的形式（糯米飯或粑粑），或以不同的顏色（原色的或染過色的黑糯米飯）出現。他們以不同形式與顏色的糯米飯，一方面表達中介「物」與季節、時間及社會活動的性質等之關係，另一方面則以「物」來展演婚姻交換的「時序性」(temporality) 意涵，表徵著進行婚姻交換的雙方人群之關係。給妻者送予討妻者的禮物，是不可吃的 (inedible)，是女人在坡上種植的棉花所做成的衣物與刺繡品。若我們從交換物來理解人與物的關係，討妻者是以食物（糯米飯、豬肉與生魚）來交換女人的「生育力」或「再生產力」(reproductive power)。此送禮義務，必須等到給妻者的女人移轉到討妻者的房族時，才算完成。而給妻者送予討妻者的禮物，從女人種植於坡地上的「物」轉變成食物的形式，則必須在給妻者的女人為討妻者的房族生下第一個小孩，物的形式才開始有所改變。在嬰兒出生後的滿月儀式上，討妻者邀請給妻者（房族）前來作客，此時給妻者必須挑著生的稻米、錢、背帶及銀帽等禮物前來；而討妻者回

贈給妻者（房族）的禮物，是一小杯尚未煮過的稻米，一至二斤生豬肉、及二至三塊熟豬肉。此滿月儀式中最主要的貴賓，嬰兒的外公與外婆，會得到一個豬頭、一腿生豬肉作為答禮。若從婚姻交換的脈絡來討論雙方人群的互動，在每一次的送禮中，討妻者移轉到給妻者的稻米，都必須是熟的，而給妻者回贈給討妻者的，則是生的稻米。侗人使用了給妻者「生的」稻米以及討妻者「熟的」稻米之意象，來展演「人的構成」之意涵。米飯成為「人的形構」過程中相當重要的物質，討妻者以熟的米飯來交換給妻者的性與生育力，並持續提供給妻者女人活命所需之「可吃的」物質；給妻者在嬰兒出生後的滿月儀式上，以「生的」稻米送予討妻者，表徵著性與生育力的「種子」，作為人的構成、人群的擴張、及社會的發展之根源。侗人以稻米「生與熟」的意象來傳達「人的構成」意涵，必須結合討妻者與給妻者雙方人群的力量，始能完成「人的建構」理想。至於魚與肉類，亦即酸的與甜的食物，則是在滿足了人的構成之基本物質—米飯之外，提供了人的成長與維持健康所需之營養。

在婚姻的締結過程中，侗人藉由交換「可吃的」食物，以食物所表徵的象徵性來傳遞「人的構成」意涵。除此之外，在稻穀的收穫季節，他們也以行動來實踐社會建構的意義與價值。討妻者與給妻者雙方家族，在定親後，媳婦進門前一年的收穀子季節，會舉行一個「接妻進門」（θip³⁵ mai³⁵ lia⁵⁵ ga⁵³）的儀式[35]。男女雙方家族及其同性作伴團體，象徵性地參與稻穀收割的活動，以稻穀收成所表徵的「再生產」意涵，來完成家戶的生產活動。「接妻進田」儀式所隱含的文化意義，主在強調生產與再生產的結合，以及生產活動需經由再生產（或婚姻交換）機制，才得以達成家屋與社會建構的理想。侗人使用稻米的意象，結合討妻者與給妻者雙方人群的行動，來完成從生產到再生產意象的轉換。稻米不但以「可吃的」物質形式出現，提供「人的構成」所需之營養，同

---

35 林淑蓉，〈生產、節日與禮物的交換：侗族的時間概念〉，刊於黃應貴主編《時間、歷史與記憶》。

時亦以其可種植的、可生長的、與可持續繁衍的性質，透過人群的行動來實踐「人的構成」，同時也完成「社會的再生產」之理想。

到了個人生命結束後所舉行的喪葬儀式，討妻者仍然以「可吃的」贈予給妻者。代表討妻者的女婿，必須挑三斤醃魚、一頭豬及一擔米來祭拜死者，然而，此時討妻者所送的米，已從婚姻締結過程中「熟的」糯米飯，轉變成「生的」稻米。從熟的米飯轉變成生的稻米之形式，侗人以倒轉「生的與熟的」意涵來強化「關係的倒轉」。一方面，已建立交換關係的雙方人群，不會因為個人的死亡而中斷雙方的姻親「關係」，而是重新展演「關係」的延續與繁衍意涵。侗人透過儀式的展演行動，重整社會在面對個人的死亡時所出現的危機[36]，或更進一步地強調死亡與社會的再生產之關係，儀式是展演社會的再生產意象最直接而有效的管道[37]。因而，生的稻米所表徵的「生育」(fertility) 意象，實與前述「接妻進門」的儀式展演，有相同的文化意涵，以稻米與人群行動來表徵「性」與「生育」意象，以延續或再確認雙方人群的「關係」，並傳遞社會的繁衍與社會再生產的意境。另一方面，討妻者從送「熟的」米飯轉而必須送「生的」稻米，乃是在強調進行婚姻交換的雙方人群，必須經歷倒轉位階的社會事實。為了實踐父方交表婚的交換理想，雙方人群必須歷經隔代才能完成此交換關係。討妻者與給妻者在此歷程中必須相互倒轉彼此的位階，也就是說，原來的討妻者在下一次的婚姻交換中，必須以給妻者的姿態出現，而給妻者則轉而成為討妻者。因此，討妻者從送「熟的」米飯，轉而送「生的」稻米之展演行動，意味著他們在面對個人的死亡（或關係的終止）時，雙方的交換關係進入了另一個階段，轉而以相互「倒轉位階」的「關係」來互動。

至於給妻者與喪家的關係，則展現在死者入棺之前的「塞口銀」儀式中，給妻者必須餵食死者吃醃魚與糯米飯，以履行作為娘親的最後一個義務。對於這位從給妻者房族移轉到討妻者的死者，給妻者是以熟的糯米飯來對他／她盡

36　Hertz, *Death and the Right Hand*.

37　請參閱 Bloch and Parry, *Death and Regeneration of Life*; Humphreys and King, *Mortality and Immortality*; Huntington and Metcalf, *Celebrations of Death* 等之討論。

最後一次的餵養之責，以「酸的」、「轉味的」醃魚來祭拜他。當娘親告訴死者，「從此以後你到陰間去，不要再說還在世的家人之閒話」時，經由餵食行動的完成，以及語言的張力，正式切斷了給妻者與死者在現世的「關係」，以「酸的」、「轉味的」醃魚來表徵彼此關係必須「轉換」的象徵意涵，正式地將死者送入了討妻者的祖先行列中。

　　侗人將死亡看成是一種處於「非常」的狀態，與喪葬、祭祀有關的活動，均需使用酸的醃魚。當家中有人過世時，喪家（同屬於一個 kau[323] 或同一個祖父的家族成員）在出殯前都必須遵守「只能吃酸，不能吃甜」的禁忌。也就是說，在出殯之前，喪家必須遵守只能吃（酸的）醃魚，不能食用任何肉類食物之禁忌，當然也包括新鮮的魚。除了飲食禁忌之外，侗家的習俗規定喪家必須在家屋的外面進行食物的烹調。他們以必須遵守吃酸的飲食實踐以及相關的禁忌，來彰顯「死亡」的非常狀態，與日常生活作區辨。與龍圖同屬於六洞地區的慶雲鄉，家中有人過世時，也有忌吃甜的習俗，其禁忌比龍圖更嚴謹。在舉行葬禮之前，喪家絕不能展開與甜的（肉類）屬性有關的任何活動，包括宴客前的殺豬，都必須等到亡者已經下葬，家人及親友從坡上回來之後，才可以開始進行。除此之外，在舉行喪禮時，祭拜死者的主要食物之一的醃魚，則必須來自死者的女婿，以討妻者的身份送給表徵著給妻者的喪家。相較於在結親過程中，討妻者總是以甜的肉類食物送予給妻者，在喪禮中討妻者改以酸的醃魚來祭拜死者。此似乎可說明：結親活動與甜的食物、滋補身體、人群的擴張等意涵有關；而死亡則與酸的食物，排出體外、人群之耗損等意象有關。酸的屬性食物，不只含有排出、耗損與死亡等意象，更重要地，它具有轉換的意涵，能將辛勞工作的身體狀態轉換成休息與作玩的身體，成為人的構成與社會的建構之必經歷程。身體的滋補與排出，以及社群的擴張與耗損，都是個人／社會必須歷經的過程，二者隨著時間的演變，相互交替又相互轉換。

　　因此，「酸 vs. 甜」的味覺經驗如何成為侗人理解「人的構成」的象徵機制，實與他們的婚姻交換制度有關。從婚姻的締結、新生兒的滿月儀式、到死亡與喪葬儀式，侗人是以身體作為經驗其生活世界的主體，配合著季節的變

動、時間的替換、空間的移轉、以及社會活動的舉行，「酸 vs. 甜」的交替運作成為人如何生活於這個世界的一個行動原則。以下，我以表二來說明侗人經由「酸 vs. 甜」的身體經驗來理解他們的生活世界，其中個人的身體經驗與食物的屬性、季節、時間、從事社會活動的性質等之關係。

表 2　食物的味覺屬性與其象徵意義之關係

酸：　：甜

魚：　：肉

轉味的食物：　：不轉味的食物

（季節）夏日：　：冬日

（社會時間）工作：　：休息

（辛勤）勞動：　：作玩（歡愉、節慶）

（社會活動的性質）生產活動：　：再生產活動（性與婚姻交換）

（活動的空間）家屋：　：村寨或社會

　　從味覺特質所建構的意象，侗人感知與理解了人如何在不同的季節、時間、空間、及社會活動中行動的依據，形成了「酸的」空間—時間 (space-time) 與「甜的」空間—時間的對比關係。在夏日、工作的季節，侗人以田及坡地作為主要的活動空間，從事與生產勞動有關的活動，此時家中僅有酸菜、酸湯以及醃魚可吃。到了冬日、休息的季節，侗人從過去必須天天上坡勞動的日常作息，轉而以家屋及村寨作為主要的活動空間，進行著與定親、結婚、祭儀等社會交換有關的活動，舉行著宴客、唱戲、打平伙等社交與作玩活動，與親友們分享著吃「甜的」肉類食物。從吃酸的季節進入吃甜的季節，其轉捩點是在新米結穗時侗人所慶祝的新米節。龍圖人過新米節時，必須實踐從「吃酸」（吃魚）到「吃甜」（吃肉）飲食轉換，以吃的行動及食物的象徵性，來實踐這個從吃酸到吃甜的季節轉換，以及從生產進入再生產活動的社會行動。從酸與甜所表徵的飲食實踐與社會行動，侗人將身體經驗以其所傳遞的象徵性與空間—

時間範疇的轉換意象相結合，身體展演了空間─時間的轉換，並賦予了人如何在這個生活世界中行動的理解的依據。

　　酸與甜的重要性，不只是在於其二元對立的屬性，更在於此二者可以相互轉換關係的特質，人則是實踐與具體化此轉換關係的主體。侗人以稻米作為實踐此轉換關係的媒介物，具有將酸的食物從生的轉換成熟的物質屬性，成為銜接侗族社會這個象徵分類原則的轉換機制，提供了「人的構成」所需之「物質」。「人的構成」必須仰賴討妻者與給妻者雙方人群的結盟，以進行交換來實踐社會建構的理想。因此，實踐「人的構成」意象，可以說是達成這個社會建構理想的主要路徑。稻米以其特有的物質性特質，成為「人的構成」過程中重要的轉換物，作為個人生長以及社會發展不可缺少的主食。稻米的物質性特質主要在於其獨具的「轉換力」(transformative power)，能將生的食物轉換成熟的，也能將給妻者所提供的性與生育力，轉換成討妻者房族的新成員，更能夠將死亡進一步地轉換成社會的再生產源頭。因而，侗人以稻米的生長時間來比喻人的世代，每年到了收穀子的季節，侗人有一句諺語：i^{55} fa^{55} kou^{323}, I^{55} fa^{55} nyun^{55}，其意為「一季穀子，一代人」。我問他們「這句話是什麼意思？」當地人說：「每一年到了季秧收成的時候，總會有一些人死去！」很明顯地，侗人是以稻米從栽秧到收成的「生產時間」，來比喻人的「世代時間」，亦即人的「生命時間」。他們以稻米的意象來比擬「人的構成」，包括個人的與社會的。稻米的物質性，兼具酸與甜二種味覺特質，成為具有轉換食物、人的構成、以及社會的再生產等能力，無論是實際的物質屬性或是象徵層面的意象轉換。

從飲食習性到社會人的意涵

　　「酸的」味覺屬性除了與食物、生產、勞動等活動連結之外，侗人也以此概念作為理解處於特殊狀態下的個人與家族。如前所述，吃辣椒的習性與侗人的年齡或生產力有關。吃辣椒最多的是那些飯量多，從事大量生產活動的人；而處於特殊狀態下的病人、正在坐月子的產婦，則忌吃辣椒。而「酸與甜」的概念也是侗人理解日常飲食的規範原則：在夏日、工作的季節之「吃酸」，可

以使身體出汗、排除體內累積的酷熱之氣；到了冬日、休息的季節，侗人以消耗肉類（甜性）食物，來提供滋補與生養身體。他們應用了「酸 vs. 甜」飲食原則，在排出與滋補、耗損與增補相互轉換的原則下，隨著季節、時間、與社會活動性質的轉換，以身體來感知與理解其生活世界。

從食物的屬性、意義的建構、及食用後的身體感等內涵，侗人也發展出一套評量人的價值觀，來描述個人的健康與社會性。此套價值觀，包括健康與疾病、慷慨與小氣、富有與貧窮等，可以用來理解「社會人」(the social person) 的意涵，身體則是理解這一套準則的主體。

侗人經常從日常的飲食以及身體的外觀，來判斷一個人的健康狀況。當一個人「吃得下飯」或「吃飯吃得香」，即表示這個人的身體健康。而「吃不下飯」或「吃飯不香」，即代表此人身體不舒服或生病。米飯的食量可作為衡量一個人的生產力。從事大量體力勞動的人，男人與女人，每一餐的飯量總有三、四碗，相對地，還無法承擔田與地的生產工作之孩童，其飯量並不多。至於從壯年進入半退休階段的老人，飯量也開始減少，表示他們漸漸地退出生產活動的行列。侗人認為最健康的身體，是有一點瘦但又不會太瘦，屬於結實而偏瘦的身體樣貌。一般而言，侗人的體型瘦小而結實，由於平日必須經常上坡勞動，小腿肌肉相當結實，很少出現贅肉。過去筆者在侗族村寨很少看到胖子，直到最近幾年，我們偶而會看到他們所稱的胖子出現，主要是那些在政府部門工作的幹部們。他們有固定的薪資收入，家境較為富裕，完全不從事任何與生產有關的活動。要維持一個健康的身體，侗人認為除了家中有得吃之外，還要勤快的上坡做活路，適量地參與生產活動。一個肥胖的身體，雖然代表家中富裕，有得吃、有得穿，尤其是經常有「甜的」肉類食物可吃，但卻是勞動少、少吃酸性食物的身體。侗人認為肥胖的身體，是屬於較容易得病的身體，例如較容易罹患高血壓或中風等疾病，不是一個健康的身體。至於過瘦的身體，可能由於營養不良，身體過於虛弱，無法上坡從事粗重的活路，同樣的也不是一個健康的身體。侗人經常從一個人的身體形貌來判斷此人的健康，以及家中的經濟狀況。飲食習性與個人的生產力相關，「吃飯吃得多」而又「吃得香」的人，

具有一個健康的身體，同時也是一個勤快的身體。一個健康的、做活路的身體，是吃酸又吃甜的身體，能夠將「酸的」生產與勞動的身體，轉換成「甜的」休息與從事社會交換活動的人。雖然甜的食物與其表徵的生活世界，是個人或家庭共同欲求的理想，但都必須經過酸的勞動與進食過程，才能順利地完成轉換。侗人所理解的生活世界，是一個動態的、延續的、與持續發展的世界，在酸與甜交替及其象徵意象的相互轉換歷程中，經由個人或人群的身體來理解這個生活世界的運作秩序。

　　他們也常以飲食習性來判斷一個人的社會性，是否能與他人分享食物的習性。許多人常會以「捨得吃」或「不捨得吃」來描述個人在平日的飲食慣習。一個捨得吃的人，固然願意在日常飲食中花錢買肉吃，能在有客人來訪時，烹煮較為貴重的菜餚招待客人，並且願意將個人所擁有的物資與父母、兄弟、親友分享。一個「不捨得吃」的人，其所代表的意義不完全是節儉的美德，而是不願意與人分享物資的人。因而「捨得吃」具有慷慨、願意分享的意涵，而「不捨得吃」則表徵著小氣、不分享的個人特質。侗人似乎是以「捨得吃」或「不捨得吃」來表徵一個人的社會性，此時飲食習性成為評價社會人的重要準則。而「吃酸」與「吃甜」則常被用來描述一個家庭的經濟狀況。有能力「吃甜」的家庭，代表生活富裕、有肉類食物可吃；而天天只有酸湯喝的家庭，則是貧窮的寫照。貧窮者，可能是好吃懶做，上坡從事勞動生產不勤快的人，也可能是個不懂得如何規劃生產所得的人，無法從吃酸的狀態轉換成吃甜的意象的個人與家庭。他們使用「吃酸」或「吃甜」的比喻，來描繪同住在一個家屋內的成員，其意涵不只是經濟狀況的差異，更是一個社會性的問題，指涉一個人是否能夠將物資與家人分享的習性，也就是該成員是否具有「社會人」的特質。在侗寨，我常聽到侗人使用「酸 vs. 甜」的比喻來描述兒子是否孝順父母，他們說：「那個某某某有錢買肉吃，他的父母在一旁喝酸湯，也捨不得分一點給父母吃。」酸 vs. 甜在此所表達的，是個人的日常飲食習性，以及是否能夠與家人分享食物的「社會人」意涵，更具有評斷個人是否孝順父母的「道德觀」。

　　分享食物的習性，不僅適用於同一家族的成員，經由婚姻交換而建立的姻親關係，亦需以送禮的方式來實踐分享的理念。每當家中有甜的肉類食物可吃時，或適逢家裡的田開田放水，有新鮮的鯉魚可吃時，他們也會送一些給被歸類為給妻者的外公、外婆、舅舅們吃。同樣地，外公、外婆及舅舅家有好吃的食物，也會送一些給外孫吃。一個具有社會性特質的人，每當有親友來訪，主人家必定會留客人吃飯。無論貧窮或富有，必會將家裡最好的東西拿出來招待客人。吃飯時，主人總是請客人「慢慢吃」、「要吃飽飯」，並且替客人挾菜，將貴重的、營養價值高的食物夾到客人碗中。餐桌上有雞肉時，必會將最有肉的部位給客人。客人要離開時，尤其住在村外的親友，主人家總會準備一些可吃的食物，如糯米飯、雞肉、鴨肉、豬肉等，讓客人帶在路上吃。倘若家中沒有肉類食物，帶幾條醃魚上路也行。當較親近的長輩來訪時，有時候主家也會準備貴重的全雞或全鴨，生的或熟的均可，讓他們帶回去。

　　從酸與甜所建立的身體感知經驗，除了展現在飲食習性與社會性意涵之外，另一個重要的理解脈絡是侗人的治療活動。在面臨個人或社會失序時所舉行的治療儀式，侗人以身體作為主體，發展出一套結合人、自然與宇宙世界等文化意涵的治療策略。治療儀式所處理的是個人的身體或社會的身體，但卻是以身體做為宇宙力量的展現，來達到治療的目的與效果，此時個人的身體成為展現宇宙力的主要工具／力量。在治療儀式中，儀式專家以食物作為供奉物，植物作為治療的工具，身體意象則具有治療作用的宇宙力，結合食物、植物與身體意象三者之力來完成治療的效用。

　　在治療儀式中，侗人表達了人與自然、超自然世界的關係，他們以儀式行動來實踐其社會建構的理想。以下我以侗人經常舉行的「百口」儀式來說明。百口，侗語稱之為 pa^{55} kou^{323}，是空話的意思，凡是家中或村中有不順遂的事情發生，例如家庭不和睦、家中失竊、議婚不順、與人打官司、或甚至是有牢獄之災等等，足以引發群眾口舌議論的「事件」，均可以在事後找一個適當的時機，敦請儀式專家來做儀式。百口儀式主要是用來解決家族或村寨的「社會問題」，而非身體的疾病。當然有一些疾病是肇因於過世的、非正常死亡的親

人，使得家族或村寨出現了不和睦、意見紛歧的問題。此時，儀式專家在舉行化解疾病的壓鬼煞儀式之前，須先舉行一個百口儀式，象徵性地平息群眾的議論。

　　一般而言，百口儀式的供奉物都必須是甜的（肉類）食物，儀式專家會依據百口的性質建議主家以不同的肉類食物來祭拜。若是屬於家庭不和睦的小百口，一塊刀頭（豬肉）再加上一碗米即可。若是屬於跟別人發生爭執的百口，則需使用一隻雞來取代刀頭。涉及官司或牢獄之災等問題的百口，則需使用狗來做更大的百口儀式。肉類食物在儀式進行的過程中，需先以生的形式出現，等到儀式進行到一半，儀式專家會請主家將肉類烹煮成熟的，再回來完成後面的儀式。因此，在百口儀式的進行過程中，必有將供奉物從生的轉成熟的歷程。若病因被判定成是與凶死的祖先有關，主家則需準備三條醃魚作為供奉物，以酸的食物來轉換個人／社會的狀態。由此可知，作為供奉物的食物，無論是甜的屬性之肉類，或是酸的醃魚，侗人依然遵循著：「甜的食物與在世人的連結，而酸的食物表徵著死亡」，並且應用了從生到熟的轉換意象，或以「酸性食物」來作為轉換的媒介，企圖治療或化解個人／社會的失序問題。

　　舉行百口儀式時，儀式專家需取用一種叫做 mei^{33} wu^{55}（五倍子樹）的樹幹，將之切成三段表徵著一陰一陽（一段去皮，一段留皮）的百口。百口樹幹的長度，是以測量人體的四個手握拳的長度來計算，這四個長度分別代表天干、地支、勝光及小吉等意思。這三個陰陽百口分別代表「天、人、地」之意思。最後，儀式專家在 mei^{35} wu^{55} 的一端切一個三叉口，拿一個大約如一個人的嘴巴長度的小樹幹或石頭（象徵著銀子）插入三叉口中，就如同一個人的口被東西掐住了一樣，無法開口講話。另外，儀式專家事先準備好的一根竹子，將一小把稻草綁在 mei^{35} wu^{55} 上，最後再將事先剪好的、呈現出一段段缺口的長條白紙，插入 mei^{35} wu^{55} 中。這個以 mei^{35} wu^{55} 做成的百口，一方面要在世之人不要講別人的閒話，但是更重要的，是要掐住凶神惡煞的口，使得他們無法再講在世人的閒話。

　　從村寨舉行百口儀式的頻率與普遍性，我們可以看出侗人對於以「口」所表徵的個人／人群的語言行動之關注，他們以群眾說閒話的概念來理解在世人的閒言議論，也可以說是一種社會評價的行動，所可能引發的失序現象。而口所表徵的語言行動，正好與前述我們從味覺特質來體驗與表徵侗人的食物、空間—時間、社會活動等象徵意涵有所關連。侗人經由「口」來感知與體驗其生活世界的運作，同時他們也是經由口來理解社會失序的可能根源。透過儀式的操弄，侗人將個人／人群以語言來彰顯的失序問題予以化解，也似乎具有轉換失序的個人／人群的被動位階，使其可以重新進入日常生活的節奏中，進行生產與再生產的活動。百口儀式的轉換力量，相當類似於侗人將食物從生的轉換成熟的，或將酸的社會狀態（例如死亡），轉換成關係延續的生產與再生產的意象。

　　　除此之外，在百口儀式中侗人使用身體的部位作為驅避、鎮壓陰間惡鬼的小八卦尺，可以和大百口綁在一起，也可以將之掛在人體上，尤其是嬰兒或病人身上，作為驅邪避凶之象徵物。八卦尺的形式有許多種，儀式專家會衡量引發疾病或失序問題的種類與嚴重性，而決定舉行百口儀式的種類與規模，以及該採用何種八卦尺。一般而言，小的百口只需使用「手尺」(cheh ^{55} mia^{323})[38]，來防堵凶邪惡煞的干擾，或危害人體的象徵物；而大百口則需借用人體部位（例如，測量嘴、眼、鼻、手、腳等長度）的力量所做成身體尺，以堵住凶邪惡煞的嘴巴。而這些作為測量依據的人體部位，各有其象徵性的意義，例如：嘴，有如天之開口，其力量就像打雷一樣。眼能放山脈之真火，如日之光。手，以幾個穴位來代表剪刀，具有剪斷邪物之力量。至於腳，以左小腿長度代表全身的力量，左腳至大腳指頭之長度，則代表全身的骨節力量。

　　很明顯地，侗人以身體部位所表徵的力量來阻擋一切的凶煞，將身體類比為小宇宙，身體的部位與器官，分別代表雷、太陽、剪刀以及宇宙之力等意涵。

38　手尺，是指手掌心到中指、掌心到食指、掌心到小指、及大拇指到小指之手掌的寬度，侗人稱之為「四重五橫」。

儀式專家將身體的部位及器官的長度，轉換成代表天、地、人三者的力量。手尺及身體尺（侗人統稱之為八卦尺）體現了人體所集結的天地自然之氣，透過儀式專家的化符，而成為兼具防禦與攻擊能力的利器。他們將八卦尺安置在村寨的神堂內、個別家屋的大門上、或配戴在需要預防與治療的人體身上。八卦尺乃是透過隱喻的作用，將宇宙次序集結在家屋、村寨或人體等空間上，其所要防禦的是無法進入家屋祖先行列的、游離在家屋外的孤魂野鬼，是一些無法經由家屋的火塘來完成共食儀式的死者。儀式專家將孕育人體的天、地、自然之力量，轉化為以人體部位與器官的尺寸，做為阻擋、防禦一切凶邪之物的八卦尺，此時人體與天、地合而為一，是宇宙的隱喻。儀式專家用人體的尺寸所轉換製成的八卦尺，作為預防或治療家屋和諧與社會秩序的象徵機制，將之掛在門上或配戴在人的身體，人體與家屋合而為一，成為展演侗人理想社會的象徵符碼。

　　侗人的治療儀式，即透過上述之象徵性意象的操弄策略，將物、食物與身體作緊密的連結。使用不同屬性的食物作為供奉品，侗人展現了他們對於失序問題的理解，並以不同屬性的食物來化解或轉換個人與村寨的失序狀態。身體，在儀式進行的過程中，是一個被治療的對象／主體，同時也是一個具有治療效力的工具／力量。身體經由儀式專家的操弄，宇宙之力 (the cosmic power) 被轉換成具有治療身體效用的手尺或身體尺，再透過手尺、身體尺的象徵性展演，侗人企圖將疾病的身體轉換成健康的身體。在侗人的治療脈絡中，身體從生活世界被延伸到宇宙世界的範疇，而象徵性則作為銜接人從生活世界移轉到宇宙世界之空間—時間主要機制。

進入現代性之後的侗人飲食

　　飲食習性所反映的是個人的人格特質與健康問題，也是評量一個家庭的經濟狀況到底是貧窮還是富裕的指標。然而，對於居住在公路邊的龍圖人而言，飲食習性不完全只是呈現家庭或村寨的經濟狀況，亦可以用來說明一家庭或一地區居民生活水準的高低，出現了野蠻或進步、乾淨或不乾淨、文明或不文明

等標籤，形成了一個具有階序關係的價值判斷。我在前面提及，醃魚經過三、四個月到半年的醃製過程，即從生的轉變成熟的食物，可以不經過燒烤而食用。此種習性仍然保存於居住在高坡的侗人，尤其是位處交通不便、與外界較少接觸的村寨。龍圖地區在 1950 年代已有公路經過，當地的教育水準普遍較其他地區高，大部份的家庭在食用醃魚與醃肉時，多會經過炭火的燒烤，很少人會食用「已經轉味的」、但未再經過烹調的醃魚與醃肉。提到高坡村寨仍然保留食用未經燒烤過的醃魚、醃肉之習性時，有一些明水村人會擺出一付鄙視的態度，其中一位村人說，「村子裡就我跟某某某最挑剔了。以前我們因為工作的關係需要到高坡，他們那邊的人吃醃魚都不燒，我們都不敢吃。我們在家吃醃魚，一定要燒過的，我才吃。」另一位村人也說：「高坡人吃東西最骯髒了，我都不敢在外面吃，吃醃魚也不燒。苗寨更是髒，早期我們去苗寨，青菜也不洗，從坡上採來，用手拍一拍就下鍋煮了。」雖然醃魚在傳統侗人的認知概念與飲食實踐中，其性質已被轉換了，已經從生的被轉換成熟的、可食的範疇，但是若從現代性的觀點來看，尤其是漢人文化的主流價值觀，仍是以食物是否經過燒煮的過程來界定生或熟。因此，龍圖人對於醃魚的生或熟的界定，已經有所轉變，尤其是受到現代性影響程度較深的幹部與知識份子，常將居住在高坡的侗人看成是落後的、骯髒的或不現代的，仍然保有傳統的飲食習性與生活方式。侗人過去習以為常的飲食習性，食用熟的、已轉味的「醃魚」，放在當代現代性的觀點來理解，似乎仍是一種不文明的習性。文明或不文明的界定標準，就如同 Levi-Strauss 所提[39]，與火的使用，以烹調過程是否使用直接加熱法，作為文明程度的唯一指標。

　　自 1970 年代末期以來，中國政府在全國各地推動改革開放政策，實際落實包產到戶，以家戶作為責任單位的生產制度，並且在各地推動栽種改良品種的作物，使得中國各地陸陸續續地進入現代性的路程。地處偏遠的龍圖，一直要到 1980 年代中期以後，才開始與外界有較多的接觸，許多家庭在經濟能力許可下，陸續地改變傳統家屋的居住慣習。首先，他們將傳統設置於二樓的火

39　Levi-Strauss, *The Savage Mind.*

塘移到家屋的一樓，並將原來在一樓所飼養的牲畜，移到家屋的外面，在屋外另外搭建一個較為低矮簡陋的圈舍來飼養牲畜。此種居住習性的改變，將烹飪與牲畜的飼養分離的作法，大大地改變了龍圖人的衛生習慣與生活水準。他們的飲食習性，在此種家屋的居住慣習改變的過程中，與中國各地已進行多年的現代性接軌，開始注重住屋的整潔與否，或食物的烹調與處理過程是否乾淨等問題。醃魚是否燒過，青菜是否洗乾淨，都是評量的標準，這些都和烹飪過程的乾淨與否有所關連，是文明、進步與文化水平的問題。每一次我要上高坡去做田野時，龍圖人總是擔心我，可能會不適應當地的住屋環境與飲食習性，堅持要我在當天返回村寨，不要在高坡過夜。我總是在有龍圖人陪同的情況下前往，村人會在我們出發前一再地交代陪同者，告知哪幾個他們所熟識的家庭可以去吃飯，而其他家庭則絕對不能去等等。他們選擇帶我去的家庭，一定是家庭環境較好、教育水準較高，做菜的過程較為乾淨的家庭。

文明與不文明的界定，乃是一個相對的概念，與現代性進入傳統社區的時間有所關連。當龍圖人將高坡村寨的飲食習性看成骯髒、不乾淨時，受到現代性洗禮更早的北侗人，來到南侗地區，對於當地傳統的飲食習性也會不自覺的顯示出一副可怕的、不文明的鄙夷態度。在 1990 年代我初到龍圖做田野時，有一位原籍屬於北侗地區的侗族學者，陪同我來到當地。有一次我們一起受邀去寨上作客，主人家準備了南侗四大名菜之一的紅肉招待我們。這一位學者，雖然吃了紅肉，卻在私底下對我說，「在我們哪裡，早就不吃這種東西了，這裡還吃啊！」言下之意，龍圖人嗜食未經煮過的豬血「紅肉」，仍是一種不文明、不進步的習性。對於更早進入現代化路程的北侗人來說，食用傳統侗家四大名菜之一的紅肉，是一種尚未進步、尚未受到文明洗禮的野蠻習性。

不同的村寨與地區的侗人，透過食物或飲食習性來傳遞社會人的意涵，並賦予這些意涵不對等的社會價值觀，其用意乃是在凸顯彼此之間的差異與階序關係。侗人以口語（諺言、閒話、聊天的形式）來傳遞不同的族群、地區、或村寨之間的相對位階，並以個人的身體感來傳達食物及飲食習性所代表的差

異。此時，社會評價也可看成是如 Taussig 所提[40]，是一種以「謠言、閒話、故事及聊天等敘事形式的紛擾」，透過語言的述說與個人的行動，來展演意識型態的策略。侗人在現階段的社會評價策略，不完全等同於中南美洲的印地安人所受到的雙重壓迫（殖民與資本主義的入侵），以謠言或故事所創造的魔幻寫實，來表述被壓迫者的無力感。然而，此二者相似之處是，不同的侗族社群卻同樣地使用語言策略，來傳遞社群與資本主義交逢的經驗。不同的人群經由飲食習性的相互評比，以野蠻或進步、乾淨或不乾淨、以及文明或不文明等具有社會評價的敘事形式，來傳遞彼此在現代性路程中的差異，也是不同的社群位階之差異。飲食習性成為生活水準評比的重要指標之一，經由個人的身體對食物的感知，來賦予現代性更為直接而具體的表達形式。

　　現代性以多重的管道與形式進入了侗族地區，交通的便利，知識水平的提高，住屋形式的改變、以及飲食習性的改變等等，都是重要的指標。對於龍圖人來說，進入現代性的路程最相關與直接的，不外乎生產制度的變革，配合著產量較高的作物之引進與種植，大大地提升了當地居民的生活水準。自 1980 年代以後，中國政府實際落實包產到戶的制度，種植改良品種的稻作，龍圖人的生活因而逐漸得到了改善。他們從 1960 年代的搞集體、吃大鍋飯的日子，到了七○年代以工作單位分發的糧票來衡量個人的身體需求，最後進入了八○、九○年代的家戶生產時代，由於稻米的生產量增加了一倍以上，大大地抒解了糧食匱乏的問題。食物（尤其是主食）成為比較過去與現在的生活水平最具體的一種表達形式，包括家裡的糧食是否夠吃，家裡是否還有儲糧等等。一直到了九○年代，我還經常聽到當地人說：「我們家的糧食有多（餘的），多的糧食，我們也不會賣！」糧食充足了，當地人的生活水平逐漸地得到改善，稻米仍然是侗家日常生活最重要的主食。麵條隨著外來商品進入侗族地區已有多年的時間，侗人至今還是將它當作是一道可以招待客人的菜，並未取代稻米成為主食的地位。我經常在村人的家裡吃飯，當家裡有客人來訪時，主人家殺了一隻雞，準備了豐盛的菜餚招待客人，有時候還會從街上的小店購得一、二包

40　Taussig, "Culture of Terror—Space of Death," pp. 469-497.

麵條，回來煮雞湯。這一道雞湯麵條，被侗人看成是可用來佐飯的一道菜餚，而不是給用餐者提供另一道可選擇的主食。米飯作為侗家主食的地位仍未受到挑戰，侗人從早年喜食糯米飯的時代，逐漸地接受了新的改良品種的粘米飯。

在改革開放之前，龍圖地區之田壩上，主要種植黏性較強、吃了較有飽足感的糯稻。改革開放之後，配合分田到戶的政策，地方政府在當地推廣種植改良品種的粘稻，產量比糯稻多出一倍以上，生長期也較糯稻短，此後該地區的田壩幾乎全部改種粘稻。當地人的主食，從傳統喜食糯米飯的習性，慢慢地被粘米飯所取代。一般來說，侗人對於糯米飯仍存有偏好，尤其是婦女及中老年人，每逢過年過節時仍會蒸煮糯米飯來吃，碰到與婚姻交換有關的活動必須送禮時，亦需使用糯米（飯）。最近幾年，由於糯米的產量較低，除了家戶中的成員有訂婚或結婚的計畫，必須事先規劃該年所需使用的糯米數量外，糯稻的種植數量越來越少，僅足夠家人在過年過節時有糯米飯可吃即可。許多人家甚至在過年過節時，同時準備糯米與粘米二種飯供家人選用，此時年輕人一定會選擇粘米飯，年紀較大的老人與婦女們則仍然偏好糯米飯。年輕人總會說：「吃糯米飯容易漲氣，消化不好，我們喜歡吃粘米。」老人們則說：「吃糯米飯較有飽足感！」或「我們習慣吃糯米飯。」在吃糯米飯時，侗人喜歡用手抓著吃，不用飯碗盛裝。糯米飯由於黏性強，吃的時候必須用手抓，一邊吃一邊將之捏緊，代表著侗人經由共食的行動來建構個人對於家族的認同感。吃粘米飯的時候，由於米的黏性小，米飯鬆散而容易掉落，因此必須將之盛裝在碗中。不同的世代由於喜好食用米飯的種類不同，逐漸改變了侗人吃的習性，形成了「使用碗」與「不使用碗」二個不同的慣習。此種情形在過年過節時尤其明顯，其所展現的差異，是世代的差異，同時也是現代性程度的差異。米飯的種類及所使用的餐具，透過個人對於食物與餐具的選擇行動，來傳達行動主體與現代性遭逢的經驗。

近年來，進入侗族村寨的外來商品越來越多，侗人的日常飲食也漸漸在改變中。例如，侗人在過去一日只吃二餐，早飯 (tcan^{55} kou^{35} hit^{55}) 與晚飯 (tcan^{55} kou^{35} niam^{53})，此習性也逐漸地在改變中。在以前侗人不吃早餐就上坡勞動，直

到九點多、十點左右，回到家才煮早飯吃。這幾年來，有些婦女為了增加家中的經濟收入，開始在公路邊擺攤，賣粉、麵條與饅頭、逐漸改變了當地人傳統不吃早餐的習性。經常吃早餐的人，主要是兒童、年輕的世代、與一早必須去工作的幹部們。至於中、老年人，通常是在特殊的日子，才會偶而增加一頓早飯之前的早餐，他們說：「我們不習慣吃早餐的。」而我在前面提過的「酸湯」，其傳統的作法是只能加入魚，將之煮成酸湯魚，若在酸湯內加入「甜的」肉類，許多侗人會有「不對味」的感覺。近年來，在縣城與大都市的餐館，逐漸將酸湯列為一道具有民族特色的菜餚，湯內可加入鮮魚、牛肉或豬肉，任憑顧客選擇。此種商業化的烹調方式，透過到外地工作或求學的年輕人，回傳進入村寨中，改變了傳統侗人酸的與甜的屬性食物之界線。2004 年的夏天，我在村中一戶人家中作客，發現他們將牛肉加入了酸湯內。我忍不住地問道：「一般來說，酸湯不是不可以加肉類嗎？」當天擔任主廚、在外地從事教職工作的女兒說：「加牛肉還可以，加豬肉或雞肉就不對味了。在城裡頭的飯館，什麼都可以加！」現代性透過商品化的包裝，逐漸改變或鬆動了侗人所建構的米酸與魚的連結關係。對於食物的理解，侗人從傳統關注個人的需求是否被滿足（例如是否吃飽飯），慢慢地轉變成現今對於外來商品的渴望。從一天吃二餐飯，到逐漸養成一天吃三餐的習性，此種飲食慣習的改變看起來微不足道，卻是透過兒童、年輕世代、與領有薪資的幹部階級們，以身體的生理需求及對於慾望的追求，慢慢地改變了當地人的日常飲食習性。

　　當代豐足的生活，對於曾經歷過社會動亂的中、老年人來說，他們沒有怨言，也不敢有怨言，只有比較。最常被他們拿來作比較的，是他們對於過去那一段動亂時代的身體記憶，以個人的身體經驗來理解他們所經歷過的「飢餓的日子」。其中，最為有趣的敘事形式，是個人的身體在歷經長期的飢餓狀態所產生的病症。當龍圖人談到食物時，總是聯想到從 1958 到 1960 年在中國所發生的大飢荒，身體仍然留存有對於那一段飢餓與浮腫的日子之記憶。村人談到這一段歷史時，尤其是當年龍圖地區因飢荒而餓死的人，雖然人數不多，比起其他高坡地區受到衝擊要來得幸運許多，村中有一些人在這個過程中卻得了水腫病。曾經得過水腫病的 kon[323] 芳就說：「六〇年代大飢荒時，我得了水腫病，

前後有一年多的時間，整個身體硬梆梆的，走路要挺直的走，很是難過。那時候，有許多人的身體都是腫腫的，村子裡為了幫我們消腫，還在鼓樓外面燒熱水，用竹筒將蒸汽引入屋內。男人一窩，女人一窩，就這麼用蒸汽蒸我們。蒸了以後，身體就覺得舒服一點。我總共被蒸了五、六次。當時我們並不知道這是飢餓造成的，是因為肚子太餓，吃了許多坡上採來的野菜，才造成這個狀況，後來吃了黃豆、燕麥粉、蘇打粉等，瀉了肚子後，身體才慢慢地好起來。」kon[323]芳談到過去這一段記憶，總是將當年的歷史事件，透過個人的身體所經歷過的飢餓感，來述說個人與歷史的連結關係。他在述說這一段經歷時，沒有怨恨或抱怨的情緒，而是淡淡地描繪出當年的身體經驗。以食物的有無，身體所知覺的飢餓、浮腫的感覺，或身體無法正常行動的感覺，侗人說出了那個年代的社會生活，以及他們如何經由身體來記憶那一段歷史，身體成為承載社會記憶的主體。

　　身體的基本慾望是否被滿足，乃是經由身體感來呈現，並傳遞出社會變遷的意義，成為侗人述說歷史的一種表達形式。然而，侗人對於飢餓的身體之治療方法，似乎還是沿用他們日常生活的飲食習性與治療的策略，以身體作為理解生活世界的主體。食物的「酸 vs. 甜」及「生 vs. 熟」，是侗人理解生活世界的象徵機制。在那個飢餓的年代，侗人選擇了將生病的個人，以蒸煮食物的方式來治療，似乎沿用了他們將食物從生的轉換成熟的象徵意涵。此時，他們運用了處理食物的策略，以直接加熱的方式，企圖將一個生病的個體，轉換成一個健康的身體。當時侗人以蒸煮食物的方法來治療飢餓的身體，似乎如同他們在治療儀式中所應用的策略一樣，透過轉換食物性質的意象，以火直接加熱的蒸煮過程，企圖治療並轉換身體的屬性。

討論

　　本文從食物的味覺特性出發，探討侗人如何從日常的飲食習性，建構他們對於生活世界的理解，此研究路徑類似於 Merleau-Ponty 所提[41]，以身體作為經驗的主體，來理解人與社會、生活世界的關係。身體是個人實際感知食物的味覺特質之主體，而對於味覺意義的建構與理解，則根基於個人習以為常而又受其制約的文化慣習[42]。從食物的屬性：酸 vs. 甜，侗人建構了一套理解社會及生活世界的基本分類原則，作為個人及群體在不同的空間—時間範疇中行動的依據，同時也是個人或群體理解人、社會與宇宙世界三者之關係的象徵機制。因此，侗人以「酸 vs. 甜」的味覺經驗與其象徵性，傳遞其社會結構的基本運作原則，乃是立基於日常的飲食實踐。「象徵能力」，或許就如 Levi-Strauss 所主張的[43]，是人類普同的心智結構之產物，也是分析社會結構相當重要的路徑。然而，結構如何透過象徵性而具體化，則與社會文化的內容有關。唯有經由人的經驗與行動，我們才會意識到文化差異，才能理解人類普同的味覺能力可能存在著不同的感知內涵，而釐清具有差異的象徵化過程，以及理解不同的文化意義之傳遞，可以幫助我們瞭解人如何實際生活於社會文化中。誠如 Johnson 所提醒我們的，從意象結構發展到隱喻結構的投射過程，乃受制於身體經驗的「輸入」內容，此輸入內容即來自於我們所生活的自然與文化環境[44]。

　　「酸 vs. 甜」是建構在食物的味覺特質上所形成的二元分類系統，此套系統包括烹調的技術（間接加熱法 vs. 直接加熱法）、食物的衍生性質（轉味的 vs. 不轉味的）、以及食用後的身體感（排出 vs. 滋補）等，侗人的味覺經驗似乎是相當基本的感官項目，由此路徑可以導引我們進入侗人所體現的生活世界。在不同的時間、季節與社會活動場域中，侗人以飲食、分享、交換、及禁忌等行動來實踐「酸 vs. 甜」、「從生到熟」的飲食文化及其所傳遞的象徵理想。因

41　Cf. Merleau-Ponty, *The Phenomenology of Perception.*

42　Bourdieu, *Outline of a Theory of Practice*; *The Logic of Practice.*

43　Levi-Strauss, *Structural Anthropology.*

44　Cf. Johnson, *The Body in the Mind.*

而侗人是以身體作為經驗「酸 vs. 甜」的主體，是個人或人群互動的理解脈絡，也是個人或人群生活於世界的實踐原則。從味覺切入所帶出的身體感項目：酸與甜、轉味的與原味的、排出與補充、工作與休息、生產與再生產等，成為個人／社群生活於侗族社會的一個理解脈絡。經由身體感的媒介，侗人將食物的物質性與抽象化、概念化的象徵展演形式結合，賦予了食物在侗族文化中一個重要的位階。食物的意義與重要性，不只在於食物所展演的象徵意涵之建構，可作為個人或群體的互動與日常實踐一個可遵循的準則，我認為更為基礎性的問題，在於食物以其物質性的特質，具有 Mauss 所提，可作為理解侗族社會基本結構的「全面的社會事實」（a total social facts）[45]。在交換的脈絡下，從生產、交換、消費，到慣習的養成與實踐，具有味覺特質的食物可用來傳達、反映與展演侗族社會的基本特性，也可以用來表徵個人的特質及人群的差異，或個人及群體如何經驗歷史、如何參與當代中國的現代性路程。

　　侗人是以強化「人的構成」作為他們建構理想社會的基本要素，而婚姻交換則是實踐此社會理想最主要的制度。從人的出生、成長、到死亡，食物可以說是不可一日或缺的「物質」，是個人／群體在進行婚姻交換的過程中重要的「交換物」。魚、肉類與糯米飯提供了「人的構成」所需之營養，同樣地亦作為婚姻交換脈絡中「可吃的」禮物，成為討妻者交換給妻者的生育力之主要的「物質」。經由婚姻交換的實踐歷程，侗人得以將食物轉換成生育力，以提供社群補充「人的構成」的主要來源，此則必須歷經三年的送禮與答禮時間。雙方社群（討妻者與給妻者）以田裡種植的稻米作為計算時間的準則，歷經了從夏日到冬日、從勞動到休息的空間—時間轉換，個人／社群體現著稻米的種植與收成、醃魚從生到熟的醃製與轉味、以及身體從吃酸到吃甜的轉換與交替。「酸 vs. 甜」之二元象徵概念，得以成為侗族社會的基本分類概念，以及作為理解其生活世界的基本運作原則，最主要是仰賴稻米獨特的轉換力，具有結合酸與甜的能力，也能將生的轉換成熟的特質。

45　Cf. Mauss, *The Gift.*

　　作為日常主食的稻米，提共了侗族社群「人的構成」以及「社會的建構」最主要的「物質」。在婚姻交換的脈絡中，稻米具有可塑性與可展演性的物質，傳遞了討妻者與給妻者所表徵的象徵意涵：以生稻米指涉給妻者的性與生育力，以熟米飯來表達討妻者所提供的人的成長所需之食物，結合二者並將之轉換成可生長、可繁衍的個人與社群。米飯提供了「人的構成」所需之基本「物質」，並將生的食物轉換成熟的（例如醃魚），成為建構社會理想不可或缺的「物質」。以稻米的生產時間來比喻「人的構成」的世代（或生命）時間，稻米的栽種與收成也成為他們在進行交換時所依循的時間觀。侗人以身體來知覺生活世界，並生活於這個空間—時間相互交替與轉換的世界中。個人的身體，無論是以討妻者或給妻者的身份來行動，均必須跟隨著稻米在空間—時間的移轉，進行著從生產到再生產活動的轉換歷程。就如同「人的構成」必須經歷從出生（甜的）到死亡（酸的）的過程，在個人的生命時間結束時，討妻者與給妻者藉由稻米獨特的轉換力，在儀式脈絡中，以倒轉彼此位階的象徵意象來實踐交換關係的「轉換」，使得「人的構成」之社會理想得以完成。

　　在探討食物的象徵性與社會分類、社會群體的關係時，我認為身體感是一個不可忽略的分析路徑，可作為理解食物如何從一個具象的物質，轉變成具有展演意義與文化結構的象徵機制。食物具有連結個人的經驗與社會結構二者的物質特性，可經由行動者的日常實踐，來化解結構與變遷二者可能出現的矛盾關係。而身體感則是理解食物如何從具象到隱喻的發展過程之主體，尤其是身體獨特的感知能力，是生理的知覺反應，卻又強烈地受到如 Bourdieu 所提文化慣習的制約與影響[46]。前述強調感官經驗的人類學家如 Classen[47] 及 Howes[48]等人，認為過去人類學的研究取向過度地強調結構的重要性，而忽略了身體感知也可能具有發掘社會結構的潛力。他們主張以感官作為主軸的分析觀點，來發掘非西方文化的結構性特質，也提醒我們在進入非西方社會做研究時，不一

46　Bourdieu, *The Logic of Practice*.

47　Cf. Classen, *Worlds of Sense*.

48　Howes, *The Varieties of Sensory Experience*.

定適合使用歐美社會所關注的以視覺經驗為主體的研究路徑。人類學過去在研究食物時，不是將食物視為可吃的 (good to eat)，就是將食物當作可思考的 (good to think)，二者無法同時並存的分析架構。從身體感著手的研究取向，似乎具有解決此二者無法同時並存的矛盾。對於食物的理解，侗人建基於他們從身體來感知的味覺特質，並發展出的一套理解社會生活的運作機制，此可說明身體感在這個研究議題的重要性為何。

　　味覺特質乃是侗人感知、理解生活世界的一個重要的路徑。從酸與甜的味覺特質，侗人建構了食物屬性的分類原則，作為個人／社群在不同的季節、時間、空間脈絡中行動的準則。食用酸與甜屬性的食物，侗人體現了勞動與休息的身體知覺經驗，在排出（濕熱之氣、油膩之感）與滋補（營養）的交替與互補過程中，理解到工作與社會活動乃是人的成長與社群的發展所不可或缺的。個人的身體是否健康以及家族貧富的分野，即在於個人及社群能否有效地實踐與善用二者的交替轉換機制：體現稻米從生產到再生產（人與物）的生命歷程，以稻米及米飯獨特的轉換力來達成「人的構成」及「社會建構」的理想。因而，從味覺入手的感官知覺經驗，侗人體驗了多元而豐富的身體感項目：排出與補充（身體知覺感受）、轉味的與不轉味的食物屬性（味覺的、嗅覺的與視覺的經驗）、以及身體感知季節、空間—時間變化的知覺經驗與行動策略。從日常飲食習性到社會評斷準則的發展，侗人以語言與敘事策略來展演權力 (power)與力量 (force) 的一種行動。社會評價是一種透過語言來展現階序性與權力關係的行動，根基於他們的社會人觀點：以捨得吃或不捨得吃、乾淨或不乾淨、以及文明或不文明等相對關係，來賦予人群差異性的社會評價準則，也同時展現彼此相對的位階。當侗人採用社會評價策略來說明食物（或飲食習性）的價值觀時，因為地域差異而出現階序的價值評比，實與地方社會如何參與當代中國的現代性路程有關。現代性以不同管道、路徑、形式及時間進程，進入了侗族社區，在不知不覺中影響著、改變著他們的日常飲食習性。在此歷程中，身處於不同世代、地域或社會位階的侗人，對於食物的主觀偏好與飲食慣習也在改變中，開始有了更為多元的樣貌出現。在這個過程中，從身體感所建立的二元對立的象徵原則，作為個人或群體行動與理解生活世界的機制，是否隨著侗

族社會進入現代性的路程而有所鬆動，或甚至產生變遷，值得我們持續的觀察與研究。

　　最後，在治療的脈絡中，侗人企圖利用食物從生到熟的轉換策略，以人體來體現宇宙世界的象徵力，來賦予身體（個人的與社會的）轉換力的根源。他們使用不同屬性的食物來做為犧牲與供奉品，展現他們對於失序問題的理解。身體則是在儀式進行過程中被用來展現宇宙力量的隱喻。當身體成為宇宙世界的隱喻時，此時身體不但是被治療的對象，亦做為具有治療意涵的工具或力量。對於發生在 1950、1960 年代的大飢餓事件，侗人是以個人的身體作為記憶歷史的主體，到了改革開放後的今天，則成為他們用來比較與凸顯當代社會生活是否富裕的一個具體範例。此時，身體感成為記憶歷史的主要機制，他們將身體的疾病與社會的疾病合而為一，並援引治療個人身體最直接的方法與策略，將「生的轉換成熟的」意象，運用在飢餓的身體上。他們以代表村寨意涵的鼓樓，作為個人及社會具體實踐這個轉換關係的中介／容器，經由蒸煮食物／身體的處理形式，企圖完成「從生到熟」食物與人群屬性的轉換，以治療個人及社會的身體。食物（稻米）與身體（代表個人與社會）合而為一，表徵著「人的構成」與「社會建構」的理想意象。

參考文獻

【中文】

林淑蓉，〈生產、節日與禮物的交換：侗族的時間概念〉，刊於黃應貴編《時間、歷史與記憶》。臺北：中央研究院民族學研究所，1999。

——〈物／食物與交換：中國貴州侗族的人群關係與社會價值〉，刊於黃應貴編《物與物質文化》。臺北：中央研究院民族學研究所，2004。

【西文】

Bloch, Maurice, and Jonathan Parry, eds. *Death and Regeneration of Life*. London: Cambridge University Press, 1982.

Bourdieu, Pierre. *Outline of a Theory of Practice*. Cambridge: Cambridge University Press, 1977.

——. *The Logic of Practice*. Stanford, CA: Stanford University Press, 1980.

Carsten, Janet. *The Heat of the Hearth: The Process of Kinship in a Malay Fishing Community*. Oxford: Clarendon Press, 1997.

——, ed. *Cultures of Relatedness: New Approaches to the Study of Kinship*. New York: Cambridge University Press, 2000.

Classen, Constance. *Worlds of Sense. Exploring the senses in history and across cultures*. London: Routledge, 1993.

Douglas, Mary. *Purity and Danger: An Analysis of the Concepts of Pollution and Taboo*. London: Ark Paperbacks, 1966.

Echeveri, Juan A. "The First Love of a Young Man: Salt and Sexual Education among the Uitoro Indians of Lowland Colombia." In *The Anthropology of Love and Anger: the Aesthetics of Conviviality in Native Amazonia*, edited by Joanna Overing and Alan Passes. London and New York: Routledge, 2000.

Geertz, Clifford. *The Interpretation of Cultures: Selected Essays*. New York: Basic Books, 1973.

Goody, Jack. *Cooking, Cuisine and Class. A Study in Comparative Sociology*. New York: Cambridge University Press, 1981.

Hertz, Robert. *Death and the Right Hand*. Translated by R. C. Needham. With an introduction by E. E. Evans-Pritchard. New York: Free Press, 1960.

Howes, David. *Sensual Relations: Engaging the Senses in Culture and Social Theory*. Ann Arbor: The University of Michigan Press, 2003.

——, ed. *The Varieties of Sensory Experience*. Toronto: University of Toronto Press, 1991.

——. *Empire of the Senses. The Sensual Culture Reader*. Oxford and New York: Berg, 2005.

Humphreys, S. C., and Helen King, eds. *Mortality and Immortality: the Anthropology and Archaeology of Death*. London: Academic Press, 1982.

Huntington, Richard, and Peter Metcalf. *Celebrations of Death*. London: Cambridge University Press, 1979.

Jackson, Michael. *Paths Toward a Clearing: Radical Empiricism and Ethnographic Inquiry*. Bloomington, IN: University of Indiana Press, 1989.

Johnson, Mark. *The Body in the Mind: the Bodily Basis of Meaning, Imagination, and Reason*. Chicago: The University of Chicago Press, 1987.

Levi-Strauss, Claude. *Structural Anthropology*. Translated by Claire Jacobson and Brooke G. Schoepf. New York: Basic Books, 1963.

——. *The Savage Mind*. London: Wiedenfeld & Nicolson, 1966.

——. "The Scope of Anthropology." *Current Anthropology* 7.2 (1966): 112-123.

Mauss, Marcel. *The Gift. Forms and Functions of Exchange in Archaic Societies*, 1925. New York: W. W. Norton & Company, 1967.

Merleau-Ponty, Maurice. *The Phenomenology of Perception*. London: Routledge, 1962.

Mintz, Sidney. *Sweetness and Power. The Place of Sugar in Modern History*. New York: Penguin Books, 1985.

Munn, Nancy. *The Fame of Gawa: A Symbolic Study of Value Transformation in a Massim (Papua New Guinea) Society*. Cambridge: Cambridge University Press, 1986.

Seremetakis, C. N. *The Senses Still: Perception and Memory as Material Culture in Modernity*. Edited by C. N. Seremetakis, pp. 1-43. Boulder: Westview, 1993.

Sutton, David. *Remembrance of Repasts. An Anthropology of Food and Memory*. Oxford and New York: Berg, 2001.

Tambiah, Stanley J. "Animals are Good to Think and Good to Prohibit." *Ethnology* 8 (1969) : 424-459.

Taussig, Michael T. "Culture of Terror—Space of Death: Roger Casement's Putumayo Report and the Explanation of Torture." *Comparative Studies in Society and History* 26 (1984) : 469-497.

Weismanetl, M. J. *Food, Gender, and Poverty in the Ecuadorian Andes*. Philadelphia: University of Pennsylvania Press, 1988.

追求飲食之清
——以《山家清供》為主體的個案觀察*

陳元朋**

引言

  在當代西方醫學的知識領域裡，人類對食物所展現的偏好（即好吃與否），已然被認定是一種深受「先入觀念」左右的生理反應[1]。根據「國際味覺嗅覺研討會理事長」山本隆教授的解釋，包括文化、習慣、宗教、教育、廣告、宣傳在內的相關訊息，會先被無意識地記憶在人們的「大腦皮質前頭葉」中，再進一步對位居「大腦邊緣系」的「嗜好性評價中樞」發揮影響，並從而驅使人們做出與之相關的認知和判斷[2]。就技術層次上而言，這種立基於人腦功能的論述，當然質屬西方生命科學的產物。然而，對於歷史學門的飲食研討來說，這方面的研究成果自也有其不容忽視的意義——比方說，像是「口之於味，有同耆焉」這類的先民論述[3]，現在就可以更放心地再作些文化層面的擴大思考[4]。

---

* 本文原發表於《中國飲食文化》3.1(2007): 1-40。本文撰寫過程中，承蒙國立臺灣大學蔡璧名教授、顏學誠教授、國立東華大學羅正心教授、蔡怡佳教授、中央研究院民族所余舜德教授、張珣教授、熊秉貞教授惠賜意見，敝人在此謹致謝忱。

** 國立東華大學歷史學系助理教授。

1 此處有關「先入觀念」與「飲食偏好」間的互動論述，拙稿參考的是日本學者山本隆在《美味の構造》，頁 134-136 裡的說法。又，山本氏為「大阪大學齒學研究科博士」，現任「大阪大學大學院人間科學研究科教授」，專攻「行動生理學」與「口腔生理學」。

2 詳見山本隆，《美味の構造》，頁 164-168。

3 語見《孟子・告子》，頁 196。

　　中國古代知識分子涉及味覺好尚的言論，最早見於先秦古典時期。其中，莊子質疑客觀味覺標準的正當性，而孟子則鄙薄汲汲追求口腹嗜欲的飲食之人，這兩種意見基本上都屬於負面的一類[5]。他們的立論都是就著感官所能企及的認知界限來表述的。由於認定味覺官能的運作不是思考，無法成為人類感知世界的有效媒介，這兩派的思想家們遂對之有所輕視。而在這般的認知氛圍下，以飲食為主要訴求的味覺審美自也難以孕育。

　　不過，先秦諸子也並非盡皆視味覺如陌路。例如老子，他雖然也曾警惕人們留意「令人口爽」的「五味」[6]，但同時也犖舉了「無味」的價值——按照當代美學家的解釋，老子的這個看法，指的非是全然無味，而是將最美好的「味」繫之於未加工琢的「淡」[7]。此外，《呂氏春秋》則是從技術與健康的層面剖析了「美味」的構成。在〈本味〉中，所謂的「至味」被分梳成「久而不弊」、「熟而不爛」、「甘而不噥」、「酸而不酷」、「鹹而不減」、「辛而不烈」、「淡而不薄」、「肥而不䐃」這八個要項[8]。此處所表述的「美味」，不獨涉及辛、甘、酸、鹹這些基本味覺，還包括了必須成之於烹飪技法的三種「口感」：食材的原始組織肌理、食材不爛散，以及不過分油膩，其旨趣或者可說是在追求味覺與口感上的「中和」狀態。此外，由於今本《黃帝內經》中，也有著攝取過量「食味」將導致臟器失衡而引發疾病的警語。所以，《呂覽》此處的論述，應該還雜揉

4　晚近有關古代中國味覺感官的文化性論述，要以巫仁恕〈明清飲食文化中的感官演化與品味塑造——以飲膳書籍與食譜為中心的探討〉一文最為精闢詳瞻。而與其前的飲食歷史論述相較，巫氏顯然已將注意力擺放在味覺與品味的脈絡中來進行考論。參見《中國飲食文化》2(2): 45-95。

5　有關先秦時期儒道兩家對感官味覺的態度，拙文參考的是以下三種論述：石守謙，〈賦彩製形——傳統美學思想與藝術評論〉，《中國文化新論——藝術篇》，頁 16-18；「復旦學報編輯部」編，《中國古代美學史研究》，頁 104-111、145-156、157-171；張皓《中國美學範疇與傳統文化》，頁 283-298。

6　語見朱謙之《老子校釋》，頁 45。

7　這個說法見於張皓《中國美學範疇與傳統文化》，頁 285。又有關「無味」之語見於朱謙之《老子校釋》，頁 256。

8　拙稿參考的是王利器疏證、王貞珉整理、邱龐同譯注，《呂氏春秋本味篇》。

了同時期醫療方技之學的認知要素[9]。

值得一提的是，雖然早期思想家們儘多涉及味之感官層次的論述，但先秦以降，相關感知範疇的發展方向，卻展現在文學創作的廣義審美之中。在漢唐之間的許多文學評論中，諸如「滋味」、「餘味」、「味外之旨」等學說雖則屢見不鮮，但均非針對感官上的味覺而發[10]。這些文學評論上的審美標的，雖然其蘊釀的伊始或者能溯源於先秦諸子學說，但其所判準的對象卻又是文而非食。

就現存的史料看來，與飲食直接相關的體系性感官論述，大約要在十一世紀中葉之後，才逐漸出現在傳統中國知識分子的筆端。有別於其前的發展，此時問世的論述，不僅在性質上切近飲食行為的本體，甚且還富涵著階級文化的意義[11]。此中，黃庭堅是文獻所見首開風氣之先的士人。他的〈食時五觀〉，講說的是「簡約」、「自省」、「戒貪」、「養身」與「踐道」這五種飲食態度，其目的在歸復「古者君子」的「飲食之教」，而這篇文字的言論對象則直接鎖定在「士大夫」的集團成員身上[12]。不過，黃氏的「五觀」，最多只涉及了「什麼是士流的正當飲食？」，卻沒有再進一步將觸角伸向「味」的方域。他是宋代士人關注飲食之事的先聲，但距離「飲食審美」的先驅地位還頗有一段距離。

9　按〈七略〉言「雜家」，所重在知識的「兼綜」。而檢證〈本味〉中的「至味」，似乎也透露出這樣的特質。由於這部份文字的起始乃是就著「精妙微纖，口弗能言，志莫能喻」的「鼎鑊之變」而言的，我們因之不能排除其與古代烹調專業知識間所可能存在的密切關聯。再就那些涉及基本味覺之適切狀態的內容來看，那般恪求味之持平的論述，也或許是受到了同時期醫療方技之學的滲透結果。因為，在今本《黃帝內經》中，「食物之味」與「人體臟腑」間是有著深刻連動關係的，攝取過量的「食味」，常被認為是會導致臟器的失衡而引發疾病。職是之故，〈本味〉所建構的一套「至味」準則，很可能還是諸家並蓄下的產物。

10　詳見張皓《中國美學範疇與傳統文化》，頁 6-288、89-290、294-296。

11　此處所說的「階級文化」，指的乃是那種具有「區別」意味的品味風尚而言。又，筆者在此所參考的是法國學者 Bourdieu, *Distinction* 一書裡的所揭櫫的概念。詳見是書，頁 172-174。

12　拙稿所使用的黃庭堅的〈食時五觀〉，收錄於《山谷題跋》之卷七，詳見《叢書集成新編》第 50 冊，頁 470。此外，同文亦收錄於《山谷外集》（「四庫全書」本）卷 9。又，此文有唐昆的校注本，該本收入《吳氏中饋錄、本心齋蔬食譜外四種》，頁 61-67。

　　上述北宋知識分子在建構階級飲食區別時所獨漏的感官要素，一直到南宋時期才出現文獻可見的變遷。一個被稱之為「清」的飲食判準，開始躍上歷史的舞台。新興的味覺認定，在性質上不獨關涉人類的基本官能，更是一種富涵文化意義的感知體系。它雖然也被奉持者當作是一種「美味」的標的，但在一定的程度上，它卻又將「美味」的範疇從既有的口感、味覺中解放出來。省費、健康、原味——這些或是散見、或是側面影響早期飲食審美的因子，現在全都被融混在「清」的抽象味覺中[13]，而拙文所引以為個案討論的文本《山家清供》，則又厥為箇中的代表著作。

　　《山家清供》不是一部稀見的文本。不過，在往昔學界的相關論述中，它若非是被當作古代食譜的一種來加以申介，便是淪為「掌故式」飲食歷史論述的菜單來源[14]。事實上，位居這部著作中核地位的「清」，也並不是寫作者林洪一人的僻處自說而已。林氏的見地，其實代代不乏承繼的集團成員。而就這一點看來，此一與飲食相涉的「清」，不獨是古代中國飲食審美認知的匯整與創新，它應該還具有階級文化的內在才是。

　　拙文擬對存身在林洪傳世著作中的「飲食之清」進行探討。除了將以林氏的傳世著作來追索其人筆下的「清」之定義外，也將針對出現在《山家清供》一書中的飲食饌餚進行全面的剖析。而勾勒抽象概念的具象呈顯，以及推定若干可能存在的「清味」感知方式，則是全文論述的旨趣所在。

13　有關《山家清供》中的「清」之意涵，個人曾在拙作〈傳統食療概念與行為的傳衍——以《千金・食治》為核心的觀察〉一文中簡略提及，詳是文之頁 817-819。刊於《中央研究院歷史語言研究所集刊》，69: 4。

14　例如日本學者篠田統在其《中國食物史》中，雖然提及了（宋）林洪的《山家清供》，但全數的文字都屬於文本介紹的性質。又如最近一篇由朱振藩所撰寫的〈山家珍饌在清供〉，刊於《聯合文學》232 期，雖然是篇專論《山家清供》的文字，但作者的筆觸卻全集中在饌餚的舉隅上，並無一言及於該書所涉及的社會文化意涵。

「清」之意涵與生活之「清」

　　林洪，字龍發，號可山，生卒年與里貫皆不詳，除了著有《山家清事》、《文房圖贊》、《茹草紀事》、《山家清供》等書外，還編有《大雅復古集》（已佚）[15]。明代徐𤊹在所著《徐氏筆精》中考證其人原籍為福建的溫陵（即今日之泉州），而見諸於文獻的活動時間與地點，則大約集中在南宋理宗朝 (1225-1264)[16]。由於林洪在他的傳世著作中曾經宣稱自己乃是北宋仁宗年間 (1022-1062) 著名隱逸林逋（即林和靖）的後人，所以學界向來也對此說鮮少有所懷疑[17]。然而，宋元之際的韋居安卻在他的《梅磵詩話》裡對此提出批判。韋氏指出，林洪不但曾「冒杭貫取鄉薦」，還枉顧「和靖當年不娶妻，只留一鶴一童兒」的史實，強認為林逋的親族，沽名釣譽，實無足可取之處[18]。

　　值得注意的是，儘管南宋季年已不乏對林洪其人的負面評價，但林氏在當日士流階層中的活躍，卻還是無庸置疑的。關於此，方回 (1227-1307) 的《瀛奎律髓》說之最詳，其云：

> 慶元嘉定以來，有詩人為謁客者，……相率成風，至不務舉子業。……錢唐湖山，什伯為群。阮梅峰秀實、林可山洪、孫花翁季蕃、高菊磵九萬，往往雌黃士大夫，口吻可畏[19]。

15　有關林洪編纂《大雅復古集》事蹟，可以參考《宋詩紀事》（「四庫全書」本），卷 73〈林洪〉條的記載。參見（清）厲鶚輯撰《宋詩紀事》。

16　（明）徐𤊹，《徐氏筆精》，8 卷（「四庫全書」本）卷 6，〈山家清供〉條。又，有關林洪之簡傳，還可參見日本學者中田勇次郎《文房清玩》，頁 3 中的考證。

17　例如中田勇次郎即直言林洪為林和靖之後人。詳中田勇次郎《文房清玩》，頁 3。

18　請參見（清）鄭方坤，《全閩詩話》，12 卷（「四庫全書」本），卷 5 之〈林洪〉條。

19　語見（元）方回，《瀛奎律髓》，49 卷（「四庫全書」本），卷 20 所收錄之戴復古〈寄尋梅〉條。

　　方回筆下的「謁客」，指的是當時那種出入貴戚之家，並以一己之詩作干求名利的江湖詩人[20]。而從「什伯為群」這句話看來，彼輩在十三世紀杭州的文人社群裡還自成一個集團。他們平素大概姿態頗高，有時還會月旦時賢，才會予人「雌黃士夫，口吻可畏」的印象[21]，而林洪竟也廁身其列。

　　在後世議論者眼中，林洪或許說不上是什麼品格高潔的逸民君子。不過，對於自身所從屬的社會與文化位階，這位南宋士人本身還是有著十分鮮明的自覺。而關於此，最適足以為明證的事例，又厥為其人在傳世著作中對「清」這個概念的標舉。筆者以為，林洪顯然意欲藉此以表述一己與他人的不同。

　　談起「清」的意涵，首先可以從宋代以降的文學評論中來加以勾勒。關於此，明代胡應麟 (1551-1602) 曾經在所著《詩藪》中，以詩為喻，對所謂的「清」，進行了如下的表述：

> 詩最可貴者「清」。然有格清、有調清、有思清、有才清。……
> 若格不清則凡，調不清則冗、思不清則俗。……清者，超
> 凡絕俗之謂，非專於枯寂閒淡之謂也[22]。

　　雖然是關乎詩歌的等級判準，但引文中的「清」字，作用的範疇顯然很廣。從意境到韻味，再到間架構思，胡應麟的「清」，似乎可以在文學創作的任何一個縱深裡體現。無怪乎胡氏在總結「清」字之定義時，用的會是「超凡絕俗之謂」這般統合性的說法。

　　以「清」衡準詩歌，還見諸於宋元之際的方回筆下[23]。《桐江集・馮伯田詩集序》有云如下：

20　有關「謁客」的論述，拙文參考的是張宏生《江湖詩派研究》裡的說法。該書之「附錄二」，題名為〈南宋江湖謁客考論〉，詳是書之頁 323-357。

21　請見張宏生〈南宋江湖謁客考論〉，頁 348。張氏認為，南宋達宦對於謁客的資助，有時乃是出於對彼輩譏議的懼怕。

22　（明）胡應麟，《詩藪・外編》（「四庫全書存目叢書」）卷 4。

23　這個看法，請見于民、孫通海選注，《宋元明美學名言名篇選讀》，頁 140。

天無雲謂之清，水無泥謂之清，風涼謂之清，月皎謂之清。
一日之氣，夜清；四時之氣，秋清。空山大澤，鶴唳龍吟
為清；長松茂林，雪積露凝為清。荒迥之野，笛清；寂靜
之室，琴清。而詩人之詩亦有所謂清焉。清矣，又有所謂
新焉。……然則詩人之詩，清而後能新，即新而後能清耶？
老杜謂：「清新庾開府」，并言之，未嘗別言之也。非清
不新，非新不清，同出而異名，此非可以體用言也。……
意味之自然者為清新[24]。

方回所舉陳的「清例」，除了包括「視覺」（如「天無雲」、「水無泥」、「月
皎」、「長松茂林，雪積露凝」之屬）、「觸覺」（如一日與四時之清氣，以及「風
涼」之屬）、「聽覺」（如「空山大澤」之「鶴唳龍吟」、「荒野之笛」與「靜室
之琴」）在內的許多感官性審美外，還涉及了比較抽象的「詩人之詩」。值得注
意的是，方回對於文學作品所訴求的「清」，其實與「新」是一體之兩面。按
照他「非清不新，非新不清，同出而異名」的邏輯理路，詩之「清」，其實就
是詩之「新」，同時也可以說是詩之「清新」。而這個「清新」的內在，則是所
謂的「意味之自然」[25]。

藉「新」以述「清」，用「新」來區別「舊」、再以「自然」聯繫「清新」，
方回的論述，既說明了「清」的內在是「自然」，又指出「清」是有別於既有
的、尋常的。換言之，他筆下的「清」，雖說是併合了「新」的表述，但仍然
具有與「俗」對立的性格。

前舉宋、明間兩則內容關涉「清」的原文引錄，當然都是針對詩作而言[26]。
事實上，以「清」作為藝文衡準之標的，並希冀藉之以遠離平庸陳俗的美學訴

24　此文載（元）方回，《桐江集》（「四庫全書」本）之卷 1。

25　于民、孫通海選注之《宋元明美學名言名篇選讀》，頁 141。

26　除了文學作品之外，古代琴藝也有講求「清」之美學傳統。例如，明代的徐上瀛就將「清」視作是
　　「大雅之原本」。詳見其著作《溪山琴況》，收入《四庫全書存目叢書》第 74 冊。

求，早在西晉時期便有陸雲為之倡導[27]。就這一點看來，方回、胡應麟的議論，其實也不能說是一種美學上的開創。不過，可以留心的是，見諸宋代以降傳世文獻裡的「清」，也並沒有被侷限在文學創作的藩籬裡，它的擴散縱深，似乎還及於某些人士的日常生活。而以下這段文字，透露的正是這樣的訊息：

> 鶴不難相，人必清於鶴而後可以相鶴矣！夫頂丹頸碧，毛羽瑩潔，頸纖而修，身聳而正，足匱而節高，頗類不食煙火人，乃可謂之鶴。望之如雁鷺鵝鵬然，斯為下矣！養以屋，必近水竹；給以料，必備魚稻。蓄以籠，飼以熟食，則塵濁而乏精采。豈鶴俗也？人俗之耳[28]。

這篇〈相鶴訣〉，談的是丹頂鶴 (red-crowned crane, *Grus japonensis*) 的選育辦法，而其作者則是作為本文研討對象的林洪。事實上，鶴之為古人所馴養，並不足奇。根據李約瑟在《中國古代動物學史》裡的研究，早在先秦西漢時期，文獻中就有人們養鶴的記錄，而下至北宋，在蘇軾、沈括、秦觀筆下，也都曾出現以鶴為賞玩禽鳥的事蹟[29]。不過，此處之所以標舉這則史料，目的並不在替古人的養鶴馴鶴之事續貂。我們要看的，其實是那種滲透在林洪日常生活中的「清」。引文中那句「人必清於鶴而後可以相鶴」的說話，雖然主旨不過是在陳述如何揀選值得豢養的鶴種，但其判準卻緊扣著人類之「清」。林洪在此顯然揭櫫了一種「人鶴互動」關係，他認為「清鶴」至少得是「不食煙火人」方纔能夠識得的；而「俗鶴」，其實是「俗人」之過。而就這一點看來，〈相鶴訣〉中的「清」，其實也是與「俗」對立的。

27　有關陸雲所言之文學創作上的「清」，主要都見於〈與兄平原書〉的三十多封信裡，而相關的討論拙稿參考的是肖華榮〈陸雲「清省」的美學觀〉，刊於「復旦大學編輯部」編，《中國古代美學史研究》，頁 266-272。

28　（宋）林洪《山家清事》，收入《歷代筆記小說集成》第 8 冊，頁 235-239。又，此篇〈相鶴訣〉載在該冊之頁 235。

29　李約瑟、成慶泰，《中國古代動物學史》，頁 436-438。

「人清鶴乃清」，這是〈相鶴訣〉的基本邏輯，而如果反向來作推敲，林洪的思維似乎也有著「清鶴惟清人能有」的意思。證諸上引文所從屬的文本，這樣的推測顯然是有其合理性的——此即，這篇與養鶴有關的文字，其實是與其它十五件事物，一併被收錄在林洪所撰寫的《山家清事》裡。這些事物之所以被著錄簡冊，甚至還被稱之為「清事」，其原因即在能夠見證作者的「一己之清」。

以下，我們不妨做個簡單的歸納，看看除了「養鶴」之外，究竟還有哪些事情是被林洪認定為具有「清」之素質的？關於此，下表所臚列的《山家清事》相關內容，或許有助於我們的理解：

表 1　《山家清事》內容簡表

篇　　目	內　　容	備　　註[30]
1.種竹法	有關種植竹子的技術	語及北宋范致明《岳陽風土記》與北魏賈思勰《齊民要術》裡的相關法要。
2.酒具	有關裝盛酒類的器皿形制	引用北宋林逋〈寄太白李山人〉之詩句，並以沈括 (1031-1095) 在《忘懷錄》裡所述及的酒器規制為宗。
3.山轎	有關山轎的使用	引用《漢書》之顏師古 (581-645) 注與洪邁 (1123-1202) 在《夷堅志》中的相關記述。
4.山備	日常嚼食帶皮生薑	略
5.梅花紙帳	臥床規制	引用朱淑真〈鷓鴣天詞〉裡的詞句以述該床制置之意。
6.火石	以「崑山石」為取火之燧石	引用《論語》及南唐譚峭在《化書》

30　正文表格「備註欄」內的考證內容，除了根據原文的自述外，也參考了中田勇次郎的譯注語，詳見中田勇次郎《文房清玩》，頁16-24。

		裡的言論。
7.泉源	有關以竹管汲引山泉之法	引用韓愈 (768-824)〈陪杜侍卿游湘西寺詩〉以證其法。
8.山房三益	三種山花香囊製作法	引用程大昌 (1123-1195)《演繁錄》中的相關論述。
9.插花法	談論諸花之插瓶法	略
10.詩筒	有關貯詩專用竹筒的典故	引用《白香山詩集》與林逋〈詩筒詩〉之相關詩句。
11.金丹正論	抨擊房中金丹之術，強調「誠」即金丹	略
12.食豚自戒	言自身之戒食豬肉	引用《本草》之豚肉條，以證其是。
13.種梅養鶴圖記	為自家圖繪作記	略
14.江湖詩戒	言詩人貴相尊重，切戒相攻評	略
15.山林交盟	言「山林交」與「市朝交」之異	略

　　在上表所呈現的十五項「清事」中，除了〈金丹正論〉以下的 5 個篇目是屬於比較抽象的個人思緒外，其餘 10 個篇目幾乎都涉及了特定技術的討論。不過，像是種竹、製床、作轎、汲水、取火、縫紉香囊之類的法門，就算全盤通透，大概也不能遽坐「清」之交椅，否則天下的手藝人豈不都成了林洪的同道？換言之，光是擁有這些事物還不夠，能不能夠掌握這些事物背後的文化意涵，才是重點之所在。而就這一點看來，體現在上表「備註欄」中的那種言論轉錄模式，就很值得注意了。一般人當然也可以掌握那些事物，但會去引經據典地追究其在古近知識階級裡的身影，大概就非林洪這般人物方能為之了。

　　因此，事物之「清」否？端賴人之「清」否？而人之所以能夠躋於「清」，則總是來源那種種與「俗」相對立的內在背景。事實上，這樣的脈絡不獨可以在上表的前十項子目中尋得，就算在〈金丹正論〉以下的五篇論述中，也一樣

可以找到對榫的理路。試想，房中服食、啖食豬肉豈非人間之常態？而林洪竟不為之。文人相輕、黨同伐異，古今何曾稍歇？而林洪乃刻意戒除。世間人際，泰半利益，林洪乃為之訂立「禮簡、言直，所尚貴清」的山林盟約[31]。再看看那篇題名為〈種梅養鶴圖記〉的文字吧！會替自家居址繪圖作記，大概也不是一般世俗的慣例吧[32]？

　　本節有關「林氏之清」的討論，都還集中在概觀的層次。相關的文脈，其實還未觸及「清」的飲食面相。而那其實正是「林洪之清」的最引人注目之處。

「清供」之「清」

　　在傳統文獻中，「清供」一詞是有著多方意義的。例如，在部份佛教典籍，以及一些僧侶與文人的唱答之作中，它常被當作齋食解[33]。而在若干描述歲時節慶的文編裡，這個用語又常被拿來指陳各色鮮花擺設[34]。此外，在像是《雪庵清史》、《清寤齋心賞篇》這類專記士人雅好的文本裡，它則常是文玩古董的代名詞[35]。不過，比起前三種類例，還有一種「清供」的使用場合是可以被留心的──此即對於某類飲食方式、又或是饌餚類型的專稱，而林洪的《山家清供》則正是箇中的代表作品。

　　《山家清供》向來被史家視為研究南宋「飲食史」重要的典籍。在這部著作裡，林洪不但細緻地記錄了 103 種饌餚的烹調辦法，而且還時常對各種飲食

31　語見林洪，《山家清事》，頁 239。

32　〈種梅養鶴圖記〉載於林洪《山家清事》，頁 238。從其名義看來，是文應為林洪自繪其居家之「圖贊」。此文極長，拙稿無法引錄，但僅從文首有謂：「擇故山濱水地，環籬植荊棘，間栽以竹，入竹丈餘，植芙蓉三百六十，入芙蓉餘二丈，環以梅……」等語看來，林氏山居之規模亦非俗常可比。

33　詳見（宋）釋志磐《佛祖統紀》，收入《大正新修大藏經》，第 49 冊，經號 2035，頁 433。又，（元）成廷珪《居竹軒詩集》（「四庫全書」本）卷 1 裡也有一首序題為〈二月二十日同李希顏遊范文正公義莊，登天平靈巖山，希顏有詩因次韻〉的詩作，內中有「老禪蔬食作清供」之語。

34　例如（元）蒲道源，《閑居叢稿》（「四庫全書」本）卷 7 中的〈乞芍藥〉詩，即有所謂：「銅瓶淨滌求清供」之句。

35　樂純，《雪庵清史》；王象晉，《清寤齋心賞篇》，收入《叢書集成三編》第 8 冊。

成品抒發一己的感想。相對於傳世古代烹飪文獻大多有著「重技法、疏述味」的體質，《山家清供》的內容就無疑能夠為「飲食審美」這樣的議題，提供更多的靈感與啟發。不過，要加以說明的是，儘管有些學者傾向將「清供」解釋為林氏對「蔬食」的推荐，但筆者卻以為這樣的認知或許還有商榷的空間。畢竟，出現在這部著作裡的食材並不全然是菜蔬（下詳），而作者本身又是一位「清」的追求者。換言之，「清供」之於林洪，也許更是一種飲食態度的表述。

　　將日常飲食名之為「清供」，林洪無疑是想藉此來突顯自身的品味。然而，「清供」之所以能夠在社群中發揮「區別」的功能，憑的卻似乎不是食物素材的本體。事實上，根據筆者的察考，出現在這部著作裡的食材總共有 57 種。其中，屬於米穀瓜果菜蔬之屬的有 43 種，而禽畜魚蝦之類的葷材則有 14 種。不過，雖說是數量可觀，但卻也都是極為尋常之物。大抵而言，除了「苜宿」、「蒼耳」、「蓴蘆」這三種草本菜蔬[36]，以及「獐」、「狸」、「兔」、「雉」四種肉類外[37]，幾乎所有的食材品類，都可以在有關這個時期「日常食物原料」的當代歷史研究中尋見蹤跡[38]。換言之，倘若單以材料獲致的難易程度來作為判準，那麼林洪的飲食不但散發不出絲毫的階級優越，反倒還展現出一派庶民的氣味。他所使用的食材，其實或許還頗為接近當日一般平民的庖廚中物。

　　不過，張口咀嚼的對象固然可以相同，但行為者的心態卻可能大異其趣。就拿「山家清供」這四字書名來說，「山家」當然指陳的是「山居」的生活狀態；然而，「清供」卻又所指為何呢？我們當然可以將「供」字作「供饌」、「供膳」訓解，但那個「清」字卻無疑是一個具有抽象意涵的形容語彙。事實上，林洪在整部《山家清供》中所言及的「清」，還是個頗為複雜的概念，它的意涵往往不止一種。首先，這「清」有時指的是「尚儉」的作風，《山家清供》卷下〈假煎肉〉條云：

36　（宋）林洪著，烏克注釋，《山家清供》，頁 5-8、45-46。

37　林洪著，烏克注釋，《山家清供》，頁 48-49、81、100-102。

38　本論文在這部份參考的是陳偉明《唐宋飲食文化初探》。

> 瓠與麩薄切，各和以料煎麩以油浸煎，瓠以肉脂煎，加蔥、
> 椒油、酒共炒。瓠與麩不惟如肉，其味亦無辨者。吳何鑄
> 宴客，或出此。吳中貴家，而喜與山林朋友嗜此清味，賢
> 矣[39]！

瓠瓜與麵筋皆是尋常便宜之物，不加價昂的肉類共炒，僅以葷油煎之，主要祇是在取其肉味，但在花費上則減省不少，而此則謂之「清味」[40]。

其次，有益於身體，也符合林洪對「清」的要求。同書卷上〈簷蔔煎〉條云：

> 舊訪劉漫塘宰，留午酌，出此供，清秀極可愛。詢之，乃
> 梔子花也。采大瓣者，以湯焯過，少乾，用甘草水稀，稀
> 麵拖油煎之，名簷蔔煎。杜詩云：「於身色有用，與道氣
> 相合。」今既制之，清和之風備矣[41]！

「油煎麵拖梔子花瓣」之所以能達到「清和之風備矣！」的境界，主要在於其對「道氣」與「身色」所能產生的正面作用。此中，前者的表述雖然比較隱晦，未必就能遽斷其與血肉之軀的關聯，但後者卻無論如何都像是針對生命機體而言的。事實上，如果從這兩者與「清」、「和」二字的對位關係來研判，林洪顯然是將這個與健康相關的飲食對象，設定在「清」的位階上。

最後，所謂的「清」，亦在指陳對「素材原味」的追求。同書卷上〈傍林鮮〉條云：

> 夏初，林筍盛時，掃葉就竹邊煨熟，其味甚鮮，名曰「傍
> 林鮮」。文與可守臨川，正與家人煨筍午飯，忽得東坡書

39　請參見林洪著，烏克注釋，《山家清供》，頁75。

40　又，所謂「吳中貴家」，其饌餚理當珍饈羅列，但引文中人既能食此，並被林氏許之為賢，多半也不在於其能與「山林朋友」共享，而是因為其能捨侈就儉也。換言之，這句話透露的也是「以儉為清」的訊息。

41　請參見林洪著，烏克注釋，《山家清供》，頁42。

詩云：「想見清貧饞太守，渭川千畝在胃中。」不覺噴飯
滿案，想作此供也。大凡筍，貴甘鮮，不當與肉為友。今
俗庖多雜以肉，不才有小人便壞君子。「若對此君成大嚼，
世間那有揚州鶴？」東坡之意微矣[42]！

竹筍本自有其原味，合肉共烹，味覺當然非一，這是林氏所不取的。而從
他引用的蘇軾詩文看來，這種對原味的刻意保持，實無異於對「清」的追求。

值得注意的是，食材未必價昂稀見、烹調又並非繁複耗工，林洪飲食生活
的水平原本該與尋常庶民相去無多，但這一切在加入了「清」的「調味料」後，
卻很可能會產生足以區別人我的體質。如果倚循上述三種林氏對「清」所下的
定義，我們似乎還可以將其人的飲食活動作如下之表述：第一，富貴人家普遍
棄之於蔽屣的樸素食物，林洪卻甘之如飴。第二，有別於「裹腹充飢」或「感
官嗜欲」這兩個大多數人的進食目的，林洪還多了一個「健康」的飲食訴求。
第三，一般人常會添加配料進行烹調的食材，林洪只愛好其原味。很明顯的，
在多方表白「清」之意涵的前提下，林洪在飲食一事上所展露的「喜好」或「偏
愛」，並未與「一般人」同趣。他的飲食之「清」，顯然也具有與「俗」對立的
性格。

以上即是拙稿對於「清供」之「清」所進行的初步研討。要再加說明的是，
雖然針對上述有關「飲食之清」的三種構成要素，林洪並未曾詳述其淵源；不
過，倘若將之與前文所提及的那些由先秦古典時期知識階級所提出味覺論述相
埒，此兩者間的聯繫仍然清晰可辨。且看林氏對素樸食材的鍾情，豈非暗合《孟
子》理想中的飲食態度？其藉飲食以追求健康的行為，又何嘗與戰國雜家所收
攝的方技衛生之學有別？而他對「原味」的崇尚，在一定的程度上其實也與《老
子》中的「淡味」同趣。當然，上述種種相契，未必定是得之於直承。但考量
到兩漢以降，這些先秦諸子文篇已然成為知識階級的認知構築基礎，因此林洪
有關「清」的味覺感官表述，應該也是孕育於他所從屬的集團文化才是。

42　請參見林洪著，烏克注釋，《山家清供》，頁 26。

「清味」的構成──特就「烹飪技法」與「食材種類」論

有別於「飲食方式」或「饌餚類型」上的「清」，《山家清供》所揭舉的這個概念，其實還富涵感官味覺上的旨趣。此中，可以探索的角度包括：「清味」的製作過程為何？是不是某些特定食材與烹調辦法特別容易成就所謂的「清味」？而人們又是透過什麼樣的管道來感知這個「清味」？

關於「清」的感官論述，十八世紀最負盛名的美食家袁枚，曾經在他所撰寫的《隨園食單‧須知單》之〈疑似須知〉條中如是說道：

> 味要濃厚，不可油膩；味要清鮮，不可淡薄。此疑似之間，差之毫釐，失以千里。濃厚者，取精多而糟粕去之謂也；若徒貪肥膩，不如專食豬油矣。清鮮者，真味出而俗塵無之謂也；若徒貪淡薄，則不如飲水矣[43]。

袁氏的話當然不必是金科玉律，但他以「對立關係」來呈現特定味覺的作法，多少還是有助於我們掌握那些原本不易用文字表述周全的味覺經驗。倚循引文的理路，飲食所涉及的感官之味，至少可以分為「濃厚」與「清鮮」兩大類型。其中，「濃厚」的要素在「精多」；「清鮮」的來源則是「真味」，這兩者之於「肥膩」與「淡薄」其實並不同趣。

由於袁枚的「濃厚」涉及「精」的取得，所以筆者認為它似乎意指的乃是「食材之味」的集中、濃縮；而與之相對的那種以「清鮮」來作為表述的味覺，則稍有不同。從袁枚將之稱為「真味」的作法來進行推敲，它的宗旨應該在於「食材原始味覺」的保持。當然如果純從技術的層次上來考量的話，那麼「濃厚之味」的達成，就可能得利用一些足以突顯或增強「味」的法子；而「清鮮之味」，則是要在不廢烹調之功的前提下，對食材進行足以保持其「原味」的加工。

43　（清）袁枚撰，關錫霖注譯，《隨園食單》，頁17。

「濃」與「厚」相綴，「清」和「鮮」比肩，袁枚下筆描述味覺的辭彙，顯然具有「同義複詞」的性格。換言之，他說的「清鮮之味」，其實也可以說是一種「清味」。而如果與林洪在《山家清供》裡所追求的「原味」相埒，存在於《隨園食單》裡的那種「無俗塵」的「真味」又明顯可與之通釋。因此，在味之「清」、「鮮」、「原」、「真」相互類通的前提下，「烹飪技法」或許還是我們進一步理解「清味為何物？」的可行取徑之一。

另外，感官上的「清味」縱然必須藉由特定的技術方能獲致，但食材本身被人們所賦予的屬性，在此也不能全盤輕忽。關於此，《山家清供》的〈梅粥〉條就體現的很是清楚：

> 掃落梅英，揀淨洗之。用雪水同上白米煮粥。後熟，入英同煮。楊誠齋詩曰：「才看臘後得春曉，愁見風前作雪飄。脫蕊收將熬粥吃，落英仍好當香燒。」[44]

梅花煮粥，究竟好不好吃？林洪並不多作評論。但是，他惟一為梅花入饌所做出的解釋，竟是直引南宋著名詩人楊萬里的〈梅粥詩〉。換言之，倘若切循林洪的文脈，作為食材的「梅花」之「清」，倒像是前賢名流所賦予的。而在這樣的脈絡下，烹調成品是否屬於「清味」者流，大概不獨要看技法何如，它甚且還得取決於人們所認定的素材屬性。

以下，茲以「烹飪技法」與「食材屬性」為題，續論兩種人們感知「清味」的可能途徑。

《山家清供》裡的烹飪技法

考量到《山家清供》並沒有一篇總綱來概括全書，因此有關這部著作是否在烹飪技法上有所偏重？就可能得從側面來進行推敲。關於此，林洪在述及以下這三道饌餚時，就透露了相當重要的訊息。首先是「藍田玉」：

---

44 請參見林洪著，烏克注釋，《山家清供》，頁 65-66。

今法：用瓢一、二枚，去皮毛，截作二寸方，爛蒸，以醬食之。不須燒煉之功，但除一切煩惱妄想，久而自然神清氣爽[45]。

這段引文在林洪原書中，本是與北魏李預服食玉屑以求長生的事蹟並列[46]，而從「不須燒煉之功」這句話看來，林洪表面上雖然是在譏諷服食養生者的勞心竭慮，但多少也有推介這等「瓢瓜」吃法的意思。這道菜的烹調說來易簡得很，其實不過就是「蒸」至爛熟，而後再沾醬食用而已。

再看第二道菜。這是所謂的「黃金雞」，林洪對其作法有如下的簡述：

其法：燖雞淨洗，用麻油、鹽，水煮，入蔥、椒。候熟，擘釘，以元汁別供。或荐以酒，則「白酒初熟，黃雞正肥」之樂得矣！有如新法川炒等制，非山家不屑為，恐非真味也[47]。

先「汆燙」（燖）、再以「蔥椒鹽水煮」，而後就「剖切薦盤」（擘釘），這盤雞肉大概近似於今日的「白斬雞」。值得注意的是，林洪在此還對當時流行的烹雞手法──「新法川炒」提出評論。關於這個烹調雞的手法，南宋時期的《山家清供》雖然未著一字，但在稍後時段的元代，卻有《居家必用事類全集》載錄的很是清楚。該書〈庚集・川炒雞〉條云：

每只洗淨，剁作事件。煉香油三兩，炒肉，入蔥絲，鹽半兩，炒七分熟，用醬一匙，同研爛胡椒、川椒、茴香，入水一大碗，下鍋煮熟為度。加好酒些許為妙[48]。

45　請參見林洪著，烏克注釋，《山家清供》，頁10-12。

46　事見《魏書》，卷33〈李先曾孫預〉，頁791。

47　請參見林洪著，烏克注釋，《山家清供》，頁17-18。

48　拙稿所使用的該書，乃是（元）無名氏撰，邱龐同注釋《居家必用事類全集》，頁100。

　　雖然同樣是以雞作為主要的食材，但「川炒」的繁複手續卻顯然要遠勝於前例。這是一道必須經歷「爆香」、「燉煮」方能登盤薦席的饌餚，但林洪卻說它失卻了「真味」，比不上他所推薦的「黃金雞」。

　　最後一個例子其實說不上是道菜，但卻很能反映出南宋時期士流知識分子的飲食審美特徵。《山家清供・銀絲供》條如是說道：

> 張約齋（鎡）性喜延山林湖海之士。一日午酌數杯後，命
> 左右作「銀絲供」，且戒之曰：「調合教好，又要有真味。」
> 眾客謂：「必鱠也！」良久，出琴一張，請琴師彈《離騷》
> 一曲。眾始知「銀絲」乃琴弦也；「調和教好」調和琴也；
> 「又要有真味」，蓋取陶潛「琴書中有真味」之意也[49]。

　　明明是「琴供」，但卻說得讓人以為要吃一道「悉心烹調，又有食材原味」的饌餚，張約齋確實開了會飲同好一個玩笑。然而，比這個更引人注目的是「眾客」當下的反應，聽到張氏吩咐左右之語的他們，原本還以為將要吃的乃是「鱠」。而按照蕭璠先生的研究，「鱠」其實是古代對於「魚生」吃法的一種統稱，它可以意指薄切的生魚片，也可以用來指稱那種以利刃剁碎再拌以蔥薑醬醢的魚肉泥[50]。請注意，對林洪及其士友而言，「調和教好」不意味烹調手續的必定繁難，「真味」在此是僅憑刀工便能成就的。

　　「蒸瓠瓜」、「蔥椒鹽水白斬雞」，再加上那道被誤認的「鱠」，這三道饌餚嚐起來的感覺當然不盡相同，但卻同樣被林洪認定是具有「清」之素質的。為什麼原本全然不同的味覺經驗，現在卻可以統攝在看似劃一的味覺大纛下？豈非「清味」乃是一種專指「真味」或「原味」的泛稱嗎？再看看這三道饌餚間的共通點──它們全都有著相對「易簡」的烹飪技法。

49　請參見林洪著，烏克注釋，《山家清供》，頁 40-41。
50　請見蕭璠〈中國古代的生食肉類饌餚──膾生〉，《中央研究院歷史語言研究所集刊》，71(2): 247-366。

　　茲將《山家清供》裡各種饌餚所涉及的烹飪技法以下圖表示，再進一步說明其與「原味」（或說「真味」、「清味」）之間的關係：

表 2 　《山家清供》所載烹調技法簡圖

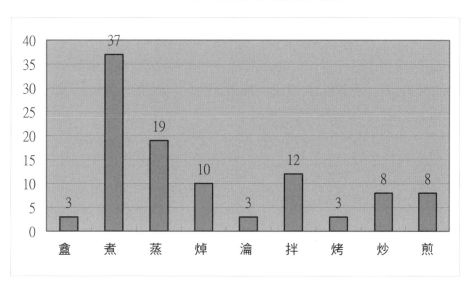

　　上圖所示，即是出現在《山家清供》裡的九種烹調技法。拙文以為，這些看似操作層次的東西，很可能正是「清味」判準的重要締造要素。茲再對這些烹飪技法做進一步的分項說明：

一、盦

　　「盦」字原有覆蓋的意思，在兩宋時期的烹飪術語中，指的乃是一種「柴火燜燒法」[51]。這種技法在《山家清供》中的出現場合分別是〈蟠桃飯〉條、〈玉

51　請參見林洪著，烏克注釋，《山家清供》，頁 14。

井飯〉條與〈滿山香〉條[52]。其中，前兩者是「山桃」，以及「藕」與「蓮子」混米共「盦」的燜飯；而第三道饌餚則是以「盦」製作的「燜蔬菜」。

二、煮

「煮」是《山家清供》中最常使用的烹調技法，總計有三十七個用例。其中，有些是利用此法來製作羹湯的，也有一些是藉以取得軟爛的食材。值得注意的是，儘管對今日大多數人而言，這都是一種再簡單不過的烹調法門，但當代烹飪專家對「煮」所進行的功能剖析，卻很值得我們注意。例如，在《中國藥膳大辭典》的「烹調術語」之部，編輯者對「煮」的描述就是：「操作簡單，適用廣泛，具有突出主料滋味的特點。」[53]

三、蒸

「蒸」在《山家清供》中共出現十九次，對象有葷有素，也有不少糕點使用此法。《飲食文化辭典》說明「蒸」的特色是：「蒸製的菜餚一般都保持原料的原味，因此用於蒸的必須是味道鮮美的新鮮原料。」[54]

四、焯

這個字彙今日台灣雖較少見，但其技法卻是十分的普遍，亦即「燙」或「汆」的意思。《山家清供》的譯注者認為，所謂的「焯」乃是：「放入滾水中汆一下，立刻撈出來[55]。」此種技法林洪共使用十次，除了兩例是為了麵食餡料的熟成外[56]，其餘都是為了涼拌菜的製作。

---

52 請參見林洪著，烏克注釋，《山家清供》，頁 14-15、67-68、86-88。
53 王者悅主編，《中國藥膳大辭典》，頁 35。
54 張哲永主編，《飲食文化辭典》，頁 964。
55 請參見林洪著，烏克注釋，《山家清供》，頁 4。
56 這兩例分別見於林洪著，烏克注釋，《山家清供》之〈筍蕨餛飩〉、〈勝肉鋏〉條，頁 82-83、96-97。

五、瀹

「瀹」字一般理解作「烹」，如「瀹茶」之謂。不過，察考《儀禮・既夕禮》與《漢書・郊祀志》裡的記載[57]，「瀹」似乎也有著「過水汆燙」的意思。事實上，林洪筆下的「瀹」之出現場合，也支持前述的推論。因為，在全數三個用例中，就有兩例是針對「筍」、「蕨」、「萵苣」所進行的食材軟化工作[58]。

六、拌

按照《飲食文化辭典》的定義，所謂的「拌」是：「把經過刀工處理過的生料或熟料加工成塊、片、條、絲、丁等形狀，再用調味料拌製的一種冷食[59]。」這也就是說，「拌菜」雖然大多涼、冷，但按照素材的生、熟，還可以再細分為「生拌」、「熟拌」兩種。考查《山家清供》裡的十二道涼拌菜，僅有三種是屬於「生拌」，其餘九種則是先將食材以「焯」或「瀹」的手法進行處理，再與其它調味料拌合的「熟拌」。

七、烤

「烤」的意思不外以火直接加熱單一食材[60]。這種調理技法在《山家清供》裡共出現三次。其中兩次使用的食材是「獐」與「鴛鴦」，另一次則是為了製作塗抹蜜的甜麵餅。

八、炒

「炒」是傳統中國烹飪技法中分枝最多的一種。雖然同樣是入油於鍋、加料翻攪，但因應不同的口感訴求，這種技法其實還可以再細分為「煸炒」（以

57　參見（漢）鄭玄注，（唐）陸德明音義，（唐）賈公彥疏，（清）阮元校勘，（清）盧宣旬摘錄《重刊宋本儀禮注疏附校勘記》50 卷，頁 485。（漢）班固撰，（唐）顏師古注，楊家駱主編《新校本漢書并附編二種》，頁 1261。

58　分別見於林洪著，烏克注釋之《山家清供》之〈山海兜〉、〈脆琅玕〉條，頁 47、99-100。

59　張哲永主編，《飲食文化辭典》，頁 940。

60　張哲永主編，《飲食文化辭典》，頁 953。

少油逼乾水份）、「滑炒」（拖蛋汁溫油炒）、「抓炒」（旺火快炒勾芡）、「清炒」
（食材僅一種，配料為調味料）[61]。《山家清供》計有炒例八種，且全都屬於「清
炒」之流。

九、煎

有關「煎」的定義，《飲食文化辭典》的定義是：「以少量的油遍布鍋底，
再放入經過掛糊或拍乾粉的原料，再用小火將原料煎熟至兩面金黃的一種烹調
法。煎的原料一般都是單一的」[62] 在林洪的筆下，施用對象「單一」的「煎法」
共出現六次，且全都屬於「托麵油煎」的一類[63]。

鄙見以為，在《山家清供》所展現的：「真味」←→「原味」←→「清味」
三方關係譜系裡，烹調技法必定扮演著重要的角色。我們可以清楚的看到，林
洪所記述的庖廚技術雖然多達九種，但是像是具有「濃縮」作用的「燉」、強
化調味料味覺的「燒」，以及使食材富含油脂與溫度的「炸」，卻全都被排除在
外[64]。而與這些相對存在的，則是那些在當代烹飪專家眼中能夠「突出主料滋
味」的「煮」、「留存食材原味」的「蒸」、「保存食材色澤味道」的「焯」與「瀹」、
不致違礙食材口感味覺的「拌」，以及「強調單一食材」的「烤」、「煎」與「清
炒」。這也就是說，在烹飪行為發生的前提下，這些技法的使用，在一定的程
度上是足以反映林洪刻意追求「清味」的事實。這種味覺，不是單一的感官，
理論上來說，它其實還具有泛指諸般食材「原味」的體質。

61　張哲永主編，《飲食文化辭典》，頁 925、938、941-942。

62　張哲永主編，《飲食文化辭典》，頁 967

63　分別見於林洪著，烏克注釋之《山家清供》之〈寒具〉、〈鑄金煮玉〉、〈薝蔔煎〉、〈酥黃獨〉、
　　〈牡丹生菜〉、〈菊苗煎〉條，頁 15-16、31-32、42、86、104-107。

64　有關這三種烹調法的定義，請見張哲永主編《飲食文化辭典》，頁 942、949、953。

被賦予意義的食材

　　關於《山家清供》裡所載錄的食材，拙稿在前節中已然就其自然屬性（即動物或植物），及其數量進行了概略的陳述。不過，要稍作說明的是，在本段中所欲進行的食材討論，重點將擺放在意義的賦予之上。換言之，鄙見以為，林洪賦予饌餚的「清味」，很可能有相當一部份早在烹飪行為發生前就已經存在了。這箇中的關鍵，不全在食材的本體，某些人士之於部分食材所發抒的議論，以及這些議論所引發的認同，很可能更是決定性的要素。

　　林洪似乎對某些食材有特別的愛好，以致在他筆錄各種「清味」時一再提及由這些食材所製作的饌餚。茲以下圖來呈現這種素材重複出現的特徵：

表3　《山家清供》所載重複食材簡圖

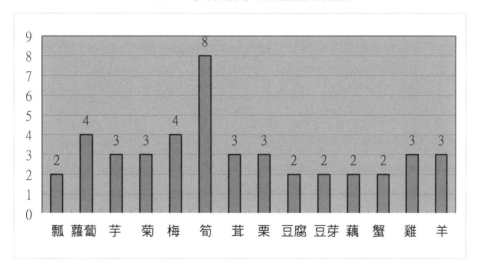

　　要稍作說明的是，圖表中所登錄的重複素材，雖說有素有葷，但也不是每一種都與本段所要討論的食材象徵意義有關。比方說，最後兩項的「羊」與

「雞」，它們與「清」的關係，就比較傾向醫療層次的實際補養作用，以及烹調技法與原味之間的聯繫[65]。不過，相對於這兩種物類的其它十二種素材，則比較具有反映本段主題的價值。當然，受限於篇幅，拙稿此處的行文自是無法包綜上圖中的所有食材與類例。因此，個案式的探討仍是必要的。

　　茲以出現次數最多的「筍」為論。這味食材在《山家清供》裡總共出現八次，其重複出現的特徵，確實足以反映林洪偏愛。而在〈鑄金煮玉〉這則條文裡，「筍」的象徵意義就很能說明林氏好尚的理由：

> 筍取鮮嫩者，以料物和薄麵拖，油煎，薄如黃金色，甘脆可愛。舊游莫干，訪霍如庵正夫，延早供。以筍切作方片，和白米煮粥，佳甚。因戲之曰：「此法制，惜氣也」。濟顛《筍疏》云：「拖油盤內鑄黃金，和米鐺中煮白玉」二句兼得之矣[66]！

　　引文共提及有關「筍」的兩種處理方法，其一是「拖麵軟煎」，其二是「片切煮粥」。就技術層次上而言，這兩種筍的料理方式，都能夠符合前段所述及的那些食材原味保存辦法。不過，此處更應該留心的，則是出現在引文烹飪法之後的「筍疏詩句」。根據林洪的說法，這是濟顛的創作。而濟顛又是何人呢？他其實就是南宋時期著名的僧人釋道濟 (1137-1209)，也就是人所共知的「濟公和尚」。史載濟顛嫌惡權貴，嚮往山林，不拘世俗細行[67]。就這一點看來，道濟的行事作風顯然足以符合「清」的定義。而鄙見以為，林洪之所以會對「筍」之為物展現偌大的興趣，大概也跟這種「名賢同道」的議論有所關聯。從引文中可知，為筍撰疏的濟顛，顯然對這食材是有所偏愛的；而脫俗如濟顛者都看

65　這六道與雞羊有關的饌餚，分別見於林洪著，烏克注釋，《山家清供》之〈黃金雞〉、〈梅花湯餅〉、〈石榴粉〉、〈金玉羹〉、〈撥霞供〉、〈山煮羊〉，頁 17-18、20-21、48-49、90、103。

66　請見林洪著，烏克注釋，《山家清供》，頁 31-32。

67　有關釋道濟的簡傳，拙文參考的是王德毅《宋人傳記資料索引》，頁 4460 裡的敘述。

重的食材，又豈能是尋常咀嚼之物？換言之，在林洪的思緒裡，吃筍不獨是吃筍，品嚐筍的味道，等於也在展現一己對清流好尚的認同[68]。

　　某種食材能夠喚起某種認同，如斯的脈絡在《山家清供》中可說屢見不鮮。而比起前舉「筍」的例子，以下這道「蟹釀橙」則更是顯例：

> 橙用黃熟大者，截頂，刳去穰，留少液，以蟹膏肉實其內，仍以帶枝頂覆之，入小甑，用酒、醋、水蒸熟。用醋、鹽供食，香而鮮，使人有新酒、菊花、香橙、螃蟹之興。因記危巽齋〈贊蟹〉云：「黃中通理，美在其中，暢於四肢，美之至也」此本諸《易》，而於蟹得之矣。今於橙蟹又得之矣[69]。

　　出現在這段引文中的象徵意義至少有兩個組群。其一是所謂的「新酒、菊花、香橙、螃蟹之興」，這部份其實隱喻的是「中秋」，因為根據陳元靚《歲時廣記》與周密《乾淳歲時記》的記載，宋人在中秋之日除了有「食螯蟹」的習俗外，還有會飲新酒、頭簪菊花，以及品嚐鮮橙的歲時活動[70]。至於第二個組群，則是由危巽齋的〈贊蟹〉文來體現。危氏本名稹，巽齋是其字，他是南宋孝宗淳熙十四年 (1187) 進士，以文章為洪邁、楊萬里所賞識，稱得上是南宋前期著名的清流士人[71]。而從引文的內容來推敲，螃蟹這種食材，之所以會被林洪納入「清味」的範疇，大概除了感官嗜欲與節令趣味之外，還包括了被特定食材所引發的那種對於清流前賢相關議論之想望。

　　前述「筍」、「蟹」兩例，不過個案而已。事實上，類似的情況其實是普遍存在於上圖所顯示的那些重複出現的食材身上的。換言之，在每種被重複的食材記述裡，林洪都不曾漏落相關的文學創作。而就這一點看來，林洪之所以會

68　事實上，相似的類例在正文所引錄的〈傍林撖〉條中也體現的很清楚。在那個案例中，林洪同樣是在述及「煨筍」之法後，就直接提及蘇軾與文與可的食筍事蹟。

69　林洪著，烏克注釋，《山家清供》，頁 54-55。

70　藝文印書館編，《歲時習俗資料彙編》，頁 41、994。

71　危稹事蹟請見《宋史》，卷 415 之本傳，頁 12452。

對某些食材展露出比較多的興趣，應該還正是受到若干詩文創作者的影響。這
些人物，包括了杜甫、蘇軾、陸游、岳珂、楊萬里、章鑑，他們之於林洪，或
是詩聖文宗、或是名流賢達，要之皆為指標性的士流代表，而他們對於某些食
材的好尚，現在倒成了林洪判準「清味」的另一項指標[72]。

　　值得注意的是，對於「飲食之清」的強調，林洪並非孤例。因為，許多被
林洪認為足以體現清之意涵而收錄於《山家清供》中的饌餚，都出自於他個人
的社交見聞。根據筆者的察考，在《山家清供》一書中，包括〈酒煮菜〉條中
未具名姓的「鄱陽士友」在內，與林洪有著同樣飲食好尚的人物，還包括開慶
元年 (1259) 進士、曾任「大理評事」的陳介，紹熙元年 (1190) 進士、官聲
卓著的劉宰，紹定五年 (1232) 進士、曾任「知邵武軍」的張元，淳祐年間
(1241-1252) 以「工部郎守衢州」的楊泳齋，身列《宋元學案》的南宋史學家
葉紹翁等人[73]。他們自身雖然沒有留下相關的記錄，但彼輩追求「飲食之清」
的行為特徵，卻還是透過與林洪的交誼，鮮活地展現在我們的眼前。而就這一
點看來，我們或許還可以推斷，立基於「清」的飲食品味，大概至遲到十三世
紀中期，已浸然成為部份士人推許並奉持的一種獨特之生活方式。

　　本節的論述其實也並不限於林洪在《山家清供》一書中究竟使用了哪些烹
飪技法與食材？事實上，在以「原味保持」與「食材意義」為主體的前文中，
人們之於「清味」的感知途徑也隱然若現。筆者以為，在「省費」、「健康」、「原
味」等條規性的訴求之外，某種饌餚之所以可以被像是林洪這類知識分子稱之

72　例如，林洪在使用「瓠瓜」的〈素蒸鴨〉裡就引用了岳珂的詩句；在使用「蘿蔔」的〈鸝塘羹〉裡
　　則用的是蘇軾的詩句；在使用「芋頭」的〈玉延索餅〉條裡則引證的是陸游的詩句；在使用「梅花」
　　的 〈蜜漬梅花〉、〈梅粥〉條裡則引用了楊萬里的詩句。

73　林洪與此諸人食飲的事例，除「劉宰」事見正文外，其餘出處如右：〈松黃餅〉條云：「暇日過大
　　理寺，訪秋岩陳評事介……以松黃餅供酒」。〈撥霞供〉條云：「於楊泳齋席上見此（即撥霞供。
　　按，即『兔肉涮鍋』）」。〈蘿菔麵〉條云：「僕與靖逸葉賢良紹翁過從二十年，每飯必索蘿菔……
　　或曰能通心氣，故文人嗜之。」而「苗菊煎」條則云：「春游西馬塍，會張將使元耕軒，留飲……
　　出菊煎」。凡此皆見此等尊生之飲食行為，其實頗有集團風尚之姿，非林洪一人所獨有也。又，上
　　述事例，分見林洪著，烏克注釋，《山家清供》，頁 35、48、73-74、107。

為「清」,「怎麼做的?」以及「用什麼做的?」可能也是箇中不可或缺的要素。換言之,我們這個文化裡的某些飲食之人,很可能在初見盤中饌餚的那一刹那,就已然可以從「烹調技法」或「使用食材」這兩個方面,來對即將入口的飲食作出了「清」或「不清」的鑑別了。

結論

在以《山家清供》作為個案主體的本文裡,與飲食相關的「清」,基本上是被劃分成「供」與「味」這兩個層面來進行研討的。其中,「供」之「清」者,在涵蓋範疇上較為廣泛,它所訴求的一些標的,包括尚儉、健康,乃至於建築在樸素烹調方式上的原味,不僅是林洪個人所追求的理想,在一定的程度上,甚至還可以認為是古典時期諸多飲食思想的重新匯整。不過,與「清供」並存的「味」之「清」者,就比較新穎些了,它既有著與感官相涉的味覺面相,又滲雜了階級文化的認同。這個「清味」,中世以前似乎很少被人系統性的提出,一直到南宋才在林洪的筆端浮現出來。

從「供」到「味」,林洪筆下之「清」,當然是一種「品味」的揭櫫。不過,比起此一品味的內在構成,另外一個值得再做思考的課題是:林洪為何要對此刻意強調?關於此,本文認為其目的概在表述一己與他人的不同。事實上,這個看法,在當代西方社會科學的學術脈絡中也能得到印證。例如,社會學家 Pierre Bourdieu 就認為「地位團體」(status group) 的成員會以某種特殊的「生活方式」或「行為約束」來「區分」(distinction) 其與旁人的不同[74]。而人類學家如 Fredrik Barth 則是從族群的角度,指出某一特定的人群會強調特定的文化特徵來構築排除他人的「邊界」(boundaries)[75]。當然,受限於史料,本文目

74　Bourdieu, *Distinction*, pp. 55, 174.

75　Barth, *Ethnic Groups and Boundaries*. 又,有關當代社會學與人類學在探討「區分」與「邊界」議題上所形成的學術傳統,本文參考的是王明珂先生的兩種論著:《羌在漢藏之間——一個華夏邊緣的歷史人類學研究》,頁 xiv-xvii、376-377。〈食物、身體與族群邊界〉,刊於《第六屆中國飲食文化學術研討會論文集》,頁 48-49。

前尚無法確認林洪所意欲「區分」或構造「邊界」之對象究竟為誰？畢竟，明
清時期那種源自於「士商混融」現象而引發的階級緊張在宋代尚不明顯[76]。然
而，儘管如此，林洪言之再三的「飲食之清」，至少還是具備了突出知識階級
內部高低等差的意義。關於此，《山家清供》中屢次出現的那些諸如「君子—
小人」、「山家—勛家」、「山林—貴家」之類的敘事筆觸[77]，其實已將林氏的認
知表露的十分清楚——倘若無法具備這種飲食審美，那麼即令是富貴達宦，其
素質仍舊是「俗」而非「清」。

　　在文獻的譜系上看來，上述「清供」一系飲食思想的後續傳遞軌跡，無疑
是比較清楚的。如果以文本的性質來進行追索，那麼宋代以降一系列以「食物
療養」為主要旨趣的文本，大概都可以說是它確鑿的宗族成員[78]。然而，相形
之下，「清味」的世系就不那麼明白易尋了。一個擺在歷史研究者眼前的現實
是：林洪以下，再也沒有出現一部專論「飲食清味」的著述。林洪及其著作，
不要說是被人當作「清味」的開創者了，就連點名紹述的零星案例都很難尋得
著。

　　然而，「清味」果然只是宋代少數士流的飲食講求嗎？以下幾個案例或許
有助於解惑。首先是明末清初著名戲曲家李漁 (1611-1679) 在《閒情偶寄》裡
的說話：

　　　論疏食之美者，曰清、曰潔、曰芳馥、曰鬆脆而已矣[79]。

　　其次是盛清著名學者朱彝尊 (1629-1709) 在《食憲鴻秘》裡的意見：

76　請見余英時〈中國近世宗教倫理與商人精神〉，刊於《中國思想傳統的現代詮釋》，頁 259-404。
　　而與正文相關的論述見於是書之頁 347-362。

77　凡此對比式的論述分見林洪著，烏克注釋，《山家清供》，頁 13、25、27、39、56、75。

78　關於這個問題，拙作博士論文《舉箸常如服藥——本草史與飲食史視野下的「藥食如一」變遷史》
　　已經進行過初步的整理，詳見該論文之第六章〈舉箸常如服藥〉，頁 359-376。

79　葉定國注釋，《閒情偶寄》，頁 5。

蔬菜魚肉但取目前常物。務鮮、務潔、務熟、務烹飪合宜。不事奇珍，而自有珍味[80]。

再其次是當代美食家唐魯孫自記其家之「粥宴」事，時間概在晚清（1856-1904；姑以文廷式生卒年為斷）：

> 等粥熬好，將鍋蓋掀開，把洗淨鮮荷葉代替鍋蓋嚴，扣上十分鐘，則白粥變成淺綠色。梁鼎芬、文廷式給這粥取名神仙粥，當時清流派的盛伯羲、黃漱蘭、李芍農、賈竹坡、張子青、李越縵，都是來吃粥的常客。賈竹坡最喜歡說笑話，說無怪人家稱我們是清流派，大約是這種不食人間煙火的神仙粥喝太多了吧[81]？

最後是周作人 (1885-1967) 於 1950 年 7 月 8 日在《亦報》上以「十山」之名發表的一篇題名為〈瓠子湯〉的短文：

> 夏天吃飯有一碗瓠子湯，倒是很素淨而也鮮美可口的。……葫蘆和瓠子的湯都是很簡單的，只是去皮切片，同筍干等物煮了加醬油而已，雖然瓠子也有紅燒的，卻似乎清味要稍減了[82]。

時間是從晚明到晚近，人物都是知識分子，儘管各人吃的對象不甚一致，表述的手法也有隱有顯，但「清味」之為物，終究還是從這些個案中流露呈顯。而更值得我們投注目光的是，雖然沒有林洪與《山家清供》的引領，但「味」之「清」者其實從未斷絕其統續。

鄙見以為，與飲食相關的「清」之議題，不論是涉及思想層面較多的「清供」，又或是與身體感知發生較密切聯繫的「清味」，似乎都與兩宋以降蓬勃發

80　邱龐同注釋，《食憲鴻秘》，頁 6。

81　唐魯孫，《唐魯孫談吃》，頁 87-88。

82　鍾叔和編，《知堂談吃》，頁 407。

展的士流文化難脫關聯。而就這一點看來，拙稿所論述的對象，應該也具備著
成為飲食文化研究課題的體質才是。

參考文獻

【中文】

（漢）趙岐注，（宋）孫奭疏，（清）阮元校勘，用文選樓藏本校定，《孟子注疏》。
　　　臺北：藝文印書館，1955。

（漢）鄭玄注，（唐）陸德明音義，（唐）賈公彥疏，（清）阮元校勘，（清）盧宣旬
　　　摘錄，《重刊宋本儀禮注疏附校勘記》50 卷。臺北：藝文印書館，1955。

（漢）班固撰，（唐）顏師古注，楊家駱主編，《新校本漢書并附編二種》。臺北：鼎
　　　文書局，1986。

（宋）林洪著，烏克注釋，《山家清供》。北京：中國商業出版社，1985。

（宋）林洪，《山家清事》，收入《歷代筆記小說集成》第 8 冊，頁 235-239。石家莊：
　　　河北教育出版社，1995。

（宋）釋志磐，《佛祖統紀》，收入《大正新修大藏經》，第 49 冊，經號 2035，頁 433。
　　　臺北：新文豐出版股份有限公司，1983。

（元）成廷珪，《居竹軒詩集》（「四庫全書」本）卷 1。臺北：臺灣商務印書館，1983。

（元）方回，《瀛奎律髓》49 卷（「四庫全書」本）。卷 20 收錄戴復古〈寄尋梅〉條。
　　　臺北：臺灣商務印書館，1978。

──《桐江集》（「四庫全書」本）卷 1。上海：上海古籍出版社，1997。

（元）蒲道源撰，（元）蒲機編，《閑居叢稿》26 卷 （「四庫全書」本）。卷 7，〈乞
　　　芍藥〉。臺北：臺灣商務印書館，1983。

（元）無名氏撰，邱龐同注釋，《居家必用事類全集》，北京：中國商業出版社，1987。

（明）徐𤊹，《徐氏筆精》8 卷（「四庫全書」本）。卷 6，〈山家清供〉條。臺北：
　　　臺灣學生書局，1971。

（明）徐上瀛，《溪山琴況》，收入《四庫全書存目叢書》第 74 冊。臺南：莊嚴出版社，
　　　1995。

（明）胡應麟，《詩藪·外編》（「四庫全書存目叢書」）卷 4（臺南：莊嚴出版社，
　　　1997。

（清）袁枚撰，關錫霖　注譯，《隨園食單》，廣州：廣東科技出版社，1983。

黃庭堅，《山谷題跋》，卷 7，《叢書集成新編》，第 50 冊。臺北：新文豐出版股份有
　　　限公司，1985。

（清）鄭方坤，《全閩詩話》12 卷（「四庫全書」本），卷 5 之〈林洪〉條。臺北：臺
　　　灣商務印書館，1983。

（清）厲鶚 輯撰，《宋詩紀事》。上海：上海古籍出版社，1983。

山本隆，《美味の構造》。東京：講談社，2001。

于民、孫通海選注，《宋元明美學名言名篇選讀》，頁 140。長春：吉林人民出版社，
　　　1991。

王利器疏證、王貞瑉整理、邱龐同譯注，《呂氏春秋本味篇》。北京：中國商業出版社，
　　　1984。
王象晉，《清寤齋心賞篇》，收入《叢書集成三編》第 8 冊。臺北：新文豐出版股份有
　　　限公司，1997。
王者悅主編，《中國藥膳大辭典》。大連：大連出版社，1992。
王德毅，《宋人傳記資料索引》。臺北，鼎文書局，1988。
王明珂，〈食物、身體與族群邊界〉，《第六屆中國飲食文化學術研討會論文集》。臺
　　　北：中國飲食文化基金會，2000。
──《羌在漢藏之間──一個華夏邊緣的歷史人類學研究》，臺北：聯經出版事業股份
　　　有限公司。頁 xiv-xvii、376-377，2003。
中田勇次郎，《文房清玩》。東京：二玄社，1961。
石守謙，〈賦彩製形──傳統美學思想與藝術評論〉，《中國文化新論──藝術篇》。
　　　臺北：聯經出版事業股份有限公司，頁 16-18，1982。
朱謙之撰，《老子校釋》。香港：太平書店，頁 45，1962。
朱振藩，〈山家珍饌在清供〉，《聯合文學》232 期，2004。
肖華榮，〈陸雲「清省」的美學觀〉，刊於「復旦大學編輯部」編《中國古代美學史研
　　　究》，頁 266-272。上海：復旦大學出版社，1983。
李約瑟、成慶泰，《中國古代動物學史》。北京：科學出版社，1999。
余英時，〈中國近世宗教倫理與商人精神〉，收入《中國思想傳統的現代詮釋》。臺北：
　　　藝文印書館，1970。
巫仁恕，〈明清飲食文化中的感官演化與品味塑造──以飲膳書籍與食譜為中心的探
　　　討〉，《中國飲食文化》，2006, 2(2): 45-95。
邱龐同注釋，《食憲鴻秘》。北京：中國商業出版社，1985。
唐魯孫，《唐魯孫談吃》。臺北：大地出版社，1988。
張宏生，《江湖詩派研究》，（附錄二）〈南宋江湖謁客考論〉。北京：中華書局，1995。
唐艮校注本，《吳氏中饋錄、本心齋蔬食譜外四種》，北京：中國商業出版社，頁 61-67，
　　　1987。
陳元朋，〈傳統食療概念與行為的傳衍──以《千金‧食治》為核心的觀察〉，《中央
　　　研究院歷史語言研究所集刊》，1998, 69(4): 765-826。
──《舉箸常如服藥──本草史與飲食史視野下的「藥食如一」變遷史》，第六章〈舉
　　　箸常如服藥〉，2005。
陳偉明，《唐宋飲食文化初探》。北京：中國商業出版社，1993。
葉定國注釋，《閒情偶寄》，北京：中國商業出版社，1984。
復旦學報編輯部編，《中國古代美學史研究》。上海：復旦大學出版社，頁 104-111、
　　　頁 145-156、頁 157-171，1983。
張皓，《中國美學範疇與傳統文化》。漢口：湖北教育出版社，頁 283-298，1996。
張哲永主編，《飲食文化辭典》。長沙：湖南出版社，1993。

黃庭堅，〈食時五觀〉，收錄於《山谷題跋》之卷 7，詳見《叢書集成新編》。第 50 冊。
　　　臺北：新文豐出版股份有限公司，頁 470，1985。此外，同文亦收錄於《山
　　　谷外集》（「四庫全書」本）卷 9。

樂純，《雪庵清史》，北京：書目文獻出版社，1988。

篠田統，《中國食物史》，東京：柴田書店，1974。

鍾叔和編，《知堂談吃》。北京：中國商業出版社，1990。

蕭璠，〈中國古代的生食肉類饌餚——膾生〉，收入《中央研究院歷史語言研究所集刊》，
　　　71: 2，2000。

藝文印書館編，《歲時習俗資料彙編》，臺北：藝文印書館，1970。

佚名，《宋史》卷 415 之本傳，頁 12452。

（北齊）魏收，《魏書》卷 33〈李先曾孫預〉，頁 791。

【西文】

Barth, Fredrik, ed. *Ethnic Groups and Boundaries: The Social Organization of Culture Difference*. London: Allen & Unwin, 1969.

Bourdieu, Pierre. *Distinction: A Social Critique of the Judgement of Taste*. Translated by Richard Nice. Cambridge, MA: Harvard University Press, 1984.

市場、價值建構與普洱茶交易中的陳韻*

余舜德**

　　陳年普洱茶的流行是臺灣茶界這十多年來最顯著，也可說是最奇特的現象。普洱茶主要產於中國雲南，臺灣過去一般對普洱茶的認識多止於港式茶樓的菊花普洱茶，於享用港式點心時，常隨港人習慣點一盅有助於消除油膩的菊普，而之所以於普洱茶中添加菊花，也是因為普洱特有之（臺灣人稱之的）「臭脯」味道，因而以菊花的味道中和之，普洱也因此常被臺灣人污名化為「臭脯茶」。因原本即少有接觸，加上中國大陸 1980 年代中期之前對外封閉，臺灣人過去對普洱茶可說相當陌生。然而從 1990 年代中期起，普洱茶不但開始於臺灣風行，並因「陳年」品茗方式的流行，而享有高價，許多具有四、五十年陳期的普洱茶餅、磚，在近年來動輒享有十萬以上的高價位，在臺茶市場可謂前所未有，普洱的消費也因普洱茶的市場「價格」似乎超過了其應有的「價值」，而常被喻為「瘋狂」或「非理性」。在普洱茶尚未能合法進口（2005 年）之前，普洱茶除了少數從香港，而後經越南，轉口輸入，多數實以走私管道進入臺灣市場。在臺灣以烏龍系列為主的茶葉消費習慣中，陳年普洱茶的流行涉及臺灣消費者品茗方式非常顯著的轉變。過去烏龍系列茶品——主要包括文山包種、凍頂烏龍、高山烏龍及鐵觀音等——的品茗方式非常注重茶的香氣，尤其是1980 年代開始種植高山茶以來，輕發酵、輕烘焙的高山茶所展現的「清香」氣，可謂是臺灣茶葉生產與消費最大的特色，使得傳統非常注重發酵、烘焙的鐵觀

* 本文原發表於《臺灣大學考古人類學刊》65(2006): 68-105。此項研究受到中央研究院主題計畫「感同身受：日常生活與身體感的文化研究」補助，特此致謝。筆者亦要感謝張珣及陳元朋先生對初稿提供許多寶貴的意見。同時，筆者亦要感謝何健、老明及郭國文三位先生幫忙發放問卷，並提供許多臺茶及普洱茶的專業知識。
** 中央研究院民族學研究所副研究員。

音及凍頂烏龍，也部份改走高山茶的清香路線。因而無明顯香氣，屬於重口味之普洱，能夠於 1990 年代初期在臺灣興起，確是相當有趣的現象。尤有甚者，臺灣以陳年為訴求的普洱風潮不只於臺灣流行，更進而影響普洱主要消費地區的香港、廣東及產地的雲南，而至日本、韓國，與普洱原本並無淵源的臺灣能夠造就如此大的影響，其現象實可謂「奇特」。

臺灣坊間報導及筆者造訪之昆明茶商也多以臺灣商人善於「炒作」來解釋臺灣的普洱風潮。普洱能夠於臺灣異軍突起的確涉及一些茶商成功的市場運作，例如經由藝文界、茶會及出版品來塑造、推廣陳年普洱茶的品茗與品味，精緻化老普洱純正 (authentic) 風味的品茗，強調「喝掉一片即少一片」以引發蒐藏的急迫性，並結合醫學實驗結果推廣普洱的醫療功效[1]，而臺灣除了少數大茶行（如天仁茶莊）及地方政府於媒體刊登品牌及地方茶區的廣告外，大量推出茶葉廣告的也只有普洱茶商。

但是單從商人這類的商業操作實難以解釋臺灣近年普洱茶風潮的現象。首先，我們難以得知普洱茶這件新的商品，尤其曾被稱為「臭脯」的口味，如何為臺灣消費者所接受？人們到底如何瞭解普洱，或如何深切地感受他們原本並不認識之新商品而興起慾望，願意花費高價來購買？同時，市場的經驗也告訴

---

1 論及普洱茶藥效的文獻非常多，茶陶壺藝工作室主編《普洱文選》增修版一書中即有數篇大陸學者寫的短篇文章。一般多以普洱茶具有降低膽固醇、血脂及減肥效用作為宣傳，然亦有防癌等說法被附加於普洱茶的功效上。筆者並不認為普洱保健的功效能夠解釋普洱（尤其是陳年普洱茶）高價值的現象，坊間的普洱專書上常羅列一些學術報告（但皆未詳細描述）作為普洱具有特殊健康醫療效用的佐證，不過若深入看這些研究報告或相關報導，這些普洱的研究報告並未指出「陳年」普洱方有這些功效，相反的，它們皆以雲南新產的茶品作為研究的對象。這些研究中更出現不同的聲音，筆者於讀過中興大學食品科學系區少梅教授的論文後，曾與她聯絡，她以其普洱黴菌及生菌的研究結果勸告筆者不要喝普洱茶，因為普洱茶餅上附著的高菌數其實非常不衛生。消費者也出現類似的顧慮，網站上亦常出現關切普洱衛生問題的討論，利用高濕度引發黴菌促進陳化的「濕倉茶」即是關切的重點之一，報章雜誌（如《壹週刊》）上更曾出現許多類似之負面的報導；網站上討論普洱功效的並不多，最多乃討論普洱的品嚐及鑑定。這些說明，普洱茶的功效應不是如一些坊間的報導乃是造成陳年普洱價格飛漲的原因，且反而有證據說明，臺灣的普洱現象非常複雜，且有許多不同的看法與聲音。

我們，不是每樣商品以同樣或類似的「炒作」手法即能造就其價值與消費風潮，使用「炒作」一詞，即意謂市場價值（價格）經由商業操作而高於普洱「真正」（基本面）的價值，而普洱實在的價值應如何考量？其特立於其他茶品之上的現象又應如何探究？都非炒作一詞可以解釋。再者，臺灣商人的操作手法並未在中國一成不變地複製，且中國廣東及雲南等地消費主流茶品乃近代發展出渥堆工法製造的「熟茶」，與臺灣強調之傳統製作再經陳放之「生茶」普洱並非完全相同的商品（底下詳加解釋），臺灣和雲南的茶人及茶商更競相為「何為普洱茶」做定義之爭，以確保自家茶品的價值。於此脈絡下，臺灣的消費風潮如何影響中國，而使其普洱的消費者亦認同臺灣發展出來之品茗方式與價值的論述，並進而影響普洱產地的茶葉製作及價值區分，亦是「炒作」的說法無法解釋之處。

　　除了如何解釋普洱現象實證面的問題，筆者認為普洱消費風潮的興起，實提供我們探究經濟人類學的一個老課題——物的「價值」——的機會。近年全球化的研究讓我們有機會瞭解消費「全球化」相對於「本土化」的現象，人類學家對全球化中的本土化過程尤其有極大的興趣，麥當勞的研究即是最好的例子[2]。但這些例子中恐怕少有一項消費品如普洱茶一般，於進入新消費市場後，反而是在新市場獲得全新的生命，不但價值獲得重新認定，成為高價的收藏品，甚且造就臺灣這個新市場成為帶領普洱消費風潮的中心。這個相當特殊的現象，不只提供我們一個檢視全球消費之本土化的過程，普洱「麻雀變鳳凰」的現象，更讓我們有機會深究價值如何產生與轉變。

　　Graeber 指出[3]，人類學家雖然常論及「價值」的課題，但經濟人類學中是否有一明確之「價值的理論」則尚難定論。學者常從三個不同的方式運用「價值」這個詞：一乃社會學或哲學的用法，如政治人物常提在口中的「家庭的價值」、「榮譽的價值」這類值得人類珍惜之理念的價值；其二為古典經濟學的用

2　Watson, *Golden Arches East*.

3　Graeber, "Value: Anthropological Theories of Value," pp. 439-454.

法，如指一件物、一棟房子的市場價值 (price)；其三乃結構語言學的用法，字、詞呈現的意義乃於與其他同一詞彙之字詞相較下衍生，所以價值乃是「具意義的差異」(value as meaningful difference)。人類學家於討論價值時常同時運用此三種用法，但亦常呈現難以相容的問題，例如學者常討論價值的多元面向，如說明不同的社會強調不同的價值（美國社會強調「自由」、地中海社會強調「榮譽」），並從各自社會之整體文化系統的脈絡來說明這些不同價值的意義，可是這種從價值理念持有者的觀點（也就是人類學「土著觀點」native's point of view）來定義的操作常面對的問題是，當我們使用第一及第三種用法詮釋不同文化的「價值」時，常難與第二種（市場或經濟價值的）用法相容，尤其當研究對象的文化價值似乎並不具實用性　(nonutilitarian)，且似乎呈現不太理性的狀況時。

這類的問題也衍生「文化理性」或「非經濟理性」的討論，尤其當論及非西方社會的行為如何違反經濟理論的假設之個案，「形式論」與「實質論」的爭辯即源自於此。這種用法也常出現於消費邏輯的討論，消費常被認為原本即不是依循市場的經濟理性，例如人們常用消費來建構個人或族群的認同，或用來促進人際關係，而非追求經濟理論規範的理性。Douglas 及 Isherwood 的研究可說是這方面的代表[4]，他們認為：物主要被用來顯示並穩定化文化的項目 (categories)，物基本的功能在容許人們於世界中定位，所以物的價值與意義需超越物實際的功能，於更大的文化體系中定位。用他們的話說：「忘記商品乃屬好吃、好穿或適合居住，忘記它們的功用，相反地，改從商品乃*適合我們思考*，將它們視為非動詞之人類創意的媒介。」('Forget that commodities are good for eating, clothing and shelter; forget their usefulness and try instead the idea that commodities are *good for thinking*; treat them as a nonverbal medium for the human creative faculty')（斜體字之強調為筆者所加）[5]；依此架構，價值就在於

---

4   Douglas and Isherwood, *The World of Goods*.

5   Ibid., p. 72.

前述之「具意義的差異」之體系中或他們所謂之 "universe of values" 中定位[6]。Colloredo-Mansfeld 將他們的研究歸類為「文化項目的消費」(categorical consumption)[7]，以指稱這種強調從文化項目整體結構性的系統切入的研究取向，採用此取向的學者[8] 相信這麼一個系統確實存在於各社會中，並可以從此方向來討論物的意涵、消費與價值，乃至（市場）價格。

消費與價值的討論牽涉到另一個棘手的課題——「物性」（物的物質特性）與價值之間的關係。Douglas 及 Isherwood 主張物性並非「固定」或「與生俱有」的，或說，物沒有內在的質性 (inherent properties)，並主張物的特性乃在文化的脈絡中決定。贊成此種立場的學者認為，人們對物的認識受文化的脈絡、市場經濟與知識及科技的發展顯著的影響，從不同的文化或不同時代的科技角度檢視，物的特性與應用即常呈現顯著的差異（例如中醫從冷熱醫學的角度來定義食物的特性，此特性對西醫則不具意義，因而也不「存在」）。Appadurai 更將此建構論的觀點稱為人類學的具體事實 ("formal truth")，也就是物本身沒有內在的質性或既定的意涵，物的意涵或顯著性是文化建構的過程所賦予。對 Douglas 及 Isherwood 來說，物性與價值既然皆在文化體系中定位，即無討論物性與價值之間關係的必要；Appadurai 採取類似的看法，但將價值的課題回歸到新古典經濟理論的範疇來討論，也就是，價值乃於——消費者如何衡量眾多慾望，並犧牲某些慾望以換取其他慾望的獲得——之層次中定位。

另一派學者雖主張物性確會影響人們對物的認識，或影響人們利用物的方式，但對物性的探索仍相當有限。如 Weiner and Schneider[9] 從布的柔軟及延展性，或 Rival[10] 從樹具有之相對於動物的生命性，來說明物性與物衍生之象徵

6　Ibid., p. 67.

7　Colloredo-Mansfeld, "Consumption," pp. 210-225.

8　Cf. Sahlins, *Culture and Practical Reason*; Douglas, *Purity and Danger*; Baudrullard, *For a Critique of the Political Economy of the Sign*.

9　Weiner and Schneider, *Cloth and Human Experience*.

10　Rival, *The Social Life of Trees*.

體系之間的關係，並顯示物性如何影響社會文化的特性。但是這些研究的分析架構實際上可說仍採用前述之文化象徵或結構體系來論證物的意義與價值，而未真正深入探討物性的理論。尤其當這些研究只選擇某些特定物之顯而易見、具文化普同（因而不具文化建構痕跡）的特性（如布的柔軟及樹的生物性），而未積極思考物性與文化建構論之間的課題，這些研究可說實未真正深入探討物性與價值之間的關係，沒有觸及行動者如何運用及操弄物的特性，以符合文化價值或創造新價值的課題。因此，無論是物性無內在質性的立場或只處理一些具「常識」(common sense) 性之特性對文化象徵體系之影響的方式，皆使得人類學對物性的認識似乎完全與現代科技中非常重要之「材料科學」的發展背道而行[11]。

依此架構，人類學物的研究也少探討人們如何探索或操弄物的特性以用之於日常生活。物常是人類學者研究其他社會文化現象（無論是宗教、禁忌、社會階序、認同、交換）的工具，但人類學者很少深入探究物之所以因其「具意義的差異」之價值而能夠在文化社會過程中扮演特殊角色之原因，是否與人們如何與物密切互動、發掘、利用此物的特性有關。人類學的分析常很快地跳到物的意涵及其背後之文化體系中尋找解釋文化「價值」的答案，而甚少探究人們如何利用物的特性來造就此物的意義與價值。如此容易使得人類學的研究顯得如 Mintz 研究食物時所指出的：食物與食物的消費雖然饒富文化象徵意涵，但若只專注於象徵的層次而未關懷實務性的生產、獲得、消費及需求，將使得此種對象徵意涵的關懷顯得好像與物本身無關似的[12]。

「文化項目的消費」實涉及邏輯上一個非常基本之循環解釋的問題：我們解釋人們之所以對某些物有極高的慾望，願意以其它高價值來交換，乃因這些物的物質特性所形成之項目性消費，這些物性之所以被認為有價值乃因先已存在之文化體系，但是物性也是形成文化體系的基本要素。將此問題略抽象化，

11　Cf. Miller, "Why Some Things Matter," pp. 3-24. Miller 可說是少數的例外，其論點於後會討論。

12　Mintz, *Tasting Food, Tasting Freedom*, p. 8.

可說和人類學家文化理論常呈現的問題類似，也就是：人們處於一個已經成形（被人類學家稱之為「文化」）的世界，這個世界存在於他們的行動（如，物性及價值的認定、物品的製作與消費）之前，並被用來解釋他們的行動，問題是，他們的行動又是形成這個世界重要的因素。筆者認為普洱茶的個案，可以讓我們深入檢視這個問題。

筆者將企圖以近十五年來海峽兩岸興起之陳年普洱茶的消費風潮為例，來論證物性、消費與價值之間的關係。普洱這項原本於臺灣社會不具顯著意涵的物，進入臺灣後歷經價值與消費意涵顯著的轉變，且引發東北亞消費風潮的現象，提供我們一個檢視人類學價值理論的機會，讓我們得以深入探究物、價值與文化體系之間的關係。筆者的論點是，我們需要深入行動者身體經驗的面向來探討物性、項目性消費與價值的課題，而非邃然認定一個客觀存在的文化體系可以解釋所有的問題。普洱茶的例子要求研究者深入探究文化體系（因而具意義性差異的價值）之衍生與行動者身體主題性及市場之間密切的關係。

本篇論文的資料主要來自五方面：一、臺北及昆明茶商、茶館的訪問；二、參與臺北茶館舉辦之「茶宴」及飲茶課程的參與觀察；三、普洱茶專書；四、雜誌及網路討論區中消費者之消費（尤其是入門）心得的文本及普洱茶之價值的討論；五、消費者問卷調查與深入訪談[13]。

臺灣普洱茶風潮的興起與「歷史偶然」的論述

茶葉是雲南所生產之最重要的商品之一，自唐代起雲南茶葉即開始銷售至中原與西藏。「普茶」一名始見於明朝萬曆年間謝肇淛的《滇略》[14]，明朝末年

13　此項研究以同一問卷進行兩種問卷調查，一委託中央研究院「調查研究專題中心」針對臺灣都會區進行一份隨機取樣之電話問卷調查，共完成 426 份問卷，其中有喝普洱茶者有 154 案（底下以「隨機取樣」調查稱之）；然因受訪者中常喝普洱茶者的比率只佔全部受訪者的 4.1%，因而另於臺北三個茶行放置問卷，以取得較常喝普洱茶之消費者的樣本，共完成 66 份問卷（底下則以「滾雪球」取樣稱之）。

14　（明）謝肇淛，《滇略》10 卷。

因為普洱府成為雲南茶葉最重要的集散中心，雲南所產茶葉乃通稱為「普洱茶」。清代時，普洱茶深受皇室喜愛，雍正於 1726 年指派大臣鄂爾泰出任雲貴總督，三年後設置普洱府治，控制普洱茶的交易，並選用上等茶葉進貢北京。與其同時，普洱茶除了廣銷中國、西藏，更外銷至日本、法國與東南亞等國家。這個生產於中國西南邊疆的茶葉原本乃當地少數民族泡飯或是藏民沖酥油茶之食物／飲料，進入中原後為漢人及滿人煎煮飲用，近年則被改以小壺沖泡，且出現陳年普洱的消費品味。普洱茶雖然因為清皇室的喜愛而普及中原，但是普洱最重要的消費地區仍集中於西藏、廣東與香港。今天俗稱的「普洱茶」於 2000 年以前在產地的雲南並不盛行，雲南本地人多喝同樣以雲南大葉種作為原料，但用綠茶工序製造的「滇綠」；雲南本地人開始喝「普洱茶」反而與臺灣的陳年普洱風潮有關。

臺灣這個普洱消費的新興地反而成為近年普洱消費及市場趨勢最重要的帶動者，無疑是普洱茶的生命史中一個相當有趣且值得深入探究的課題。1990 年代前甚少飲用普洱的臺灣，在近年來興起的普洱茶熱中扮演起重要的角色，可謂相當「偶然」。在九〇年代前，陳年普洱並沒有被當時品飲普洱最興盛之香港大肆推廣，有數十年陳期的普洱較之新茶雖然的確享有較高的價位，但與今天的市場狀況相比，可謂相對平價。反而是由臺灣這個普洱新興地培養出一群陳年普洱的愛好者，成功地建立「陳年普洱」的概念、精緻的品茗方式與高價的消費市場。這個現象對香港或臺灣茶界來說的確是始料未及，加上陳年的普洱茶之所以會大量流到臺灣，形成品飲陳年普洱的風潮和香港九七回歸中國有關，因而臺灣有茶人以「歷史的偶然」來形容普洱茶這個「麻雀變鳳凰」的過程。

九七香港回歸中國之前，經濟前景的不確定性令一些香港的茶商看壞香港的經濟發展，紛紛趕著於九七前將一些茶倉清倉銷售，許多因各種原因長期存於倉底的老普洱茶因而被大量釋出。而看準這個獨特之市場潛力的是少數臺灣的茶商，他們將這些陳年的普洱從香港出口到臺灣，於臺灣成功地建立品嚐陳年普洱的消費方式，在短短的幾年間，老普洱從剛進口時之數百元臺幣一餅／

磚的價位，升至目前動輒以萬為單位的計價，且為愛好者爭相蒐購、收藏。雖然與以半發酵茶系列（如烏龍茶、包種）為主之臺茶相較，普洱茶在臺灣只能算是小眾市場的商品[15]，但是普洱的消費者手上多收藏有相當數量之普洱茶品，一些愛好者更有系統地收藏普洱，以便隨時有陳期足夠的普洱飲用，或作為「投資」之用，可在將來變賣換現，使得臺灣普洱茶的銷售量相對變得相當大[16]。陳年普洱的高價更吸引臺灣的茶商到東南亞，乃至法國，蒐購早期外銷到當地的普洱茶，許多好品質的老普洱因而集中在臺灣。而此陳年普洱風也延燒至香港、雲南、廣東與東北亞的日本及韓國，使得 1997 年之後，臺灣這個普洱消費的新興地成為造就陳年普洱茶消費風潮的中心。因此，若無港商長期容許歷年未消耗之貨底囤積，或是陳年普洱的風潮提早興起於香港，尤其若非香港之九七大限，臺灣可能不會有足夠的條件成為引領陳年普洱風潮的重鎮，臺灣可以興起並帶動陳年普洱茶熱，真可以「歷史的偶然」形容。

　　造就臺灣能夠引領陳年普洱消費風潮之另一個歷史因素在於：普洱茶產地的雲南本地或大陸普洱消費主要省分的廣東並無相同等級之陳年普洱茶，現存具有三十年以上年紀的普洱茶主要源自於香港的老倉庫。能夠以陳年做為市場操作的策略牽涉到一個非常基本的問題──經濟。因為陳放雖然可能於數年後有可觀之升值空間，但是陳放從經濟的觀點來說，基本上需藉由不流通（囤積）來產生市場價值，若非大陸與香港於五〇年代起經濟上顯著的落差，或說兩個經濟體系上（資本 vs. 共產）本質性的差異，使得香港茶商能夠容許普洱茶存貨囤積至今，而不必顧慮資本的閒置，今天的陳年普洱風潮亦沒有出現的條件。

　　普洱茶陳放一段時間，味道可以轉換較為溫順、可口的認識由來已久，但起源恐怕已不可考。有報導說，香港茶館長久以來即特意存放少數好茶於倉庫

15　於「隨機取樣」調查中，只喝或以喝普洱茶為主者只佔 4.2%。

16　在「滾雪球」調查中，擁有 5 個以上茶餅、茶磚、或陀茶者佔 53.2%。回答存一些茶供將來享用者最多，佔 48.9%，想品嚐各種口味者佔 36.2%，說明普洱消費者普遍感覺有囤藏一些茶品的必要，且種類繁多，消費者會希望品嚐各種普洱。

中，待陳放經年後飲用[17]，因而今天有相當數量、不同年代的老茶存留下來，並流轉於臺灣及香港的市場。不過在九〇年代陳年普洱茶消費風潮興起前，並沒有證據說明雲南的茶廠或其他地區的茶館曾如香港茶商般，有系統地陳放普洱。昆明批發市場的茶商常以早期私營茶廠乃採「祖父製茶、孫子賣茶」的方式經營（因而賣出的皆是陳放一段時日的老茶）來論說品飲陳年普洱乃行之有年，並比較傳統與現代普洱茶的經營方式。另亦有文革時期紅衛兵燒掉茶廠老茶之說，以解釋雲南實無老茶的狀況（如周渝，紫藤廬課程內容），但前者恐怕是後人附會，而後者筆者並未發現文獻證據。較可確定的是，雲南應在大陸實施改革開放政策，尤其是全面放棄計畫經濟的產銷模式之後，方於產量增加、私營批發商興起之後，才於近年出現陳放普洱茶的客觀條件。從抗戰後期起，民國政府即開始籌組茶廠及茶葉出口公司，引進機器，將產製普洱茶的原料（雲南大葉種的毛茶）製成紅茶外銷；五〇及六〇年代，雲南生產的紅茶是中國賺取外匯重要來源之一，而雷平陽勐海茶廠的研究也讓我們瞭解，在 1964 年中蘇關係破裂前，主要供應內銷的普洱茶只佔茶廠全部產量的一小部份 (2003) 。而且大陸改革開放前，僵化之計畫經濟的操作方式迥異於利益取向之資本市場的邏輯，茶廠只能依照國家的生產計畫運作，在有訂單方生產的規定下，亦無滯銷品留置茶廠的情事，所以並無普洱陳放發生的機會。換句話說，在 1995 年國營茶廠結束計畫經濟運作模式之前，雲南「普洱茶」的產量並不高，更無條件容許相當數量的產品留在廠房中陳放。今天雲南本地現存販賣或行家之間交易的「陳年」普洱，主要論及的只是十年以內陳期的茶，而非港台動輒三十年以上的「真」老普洱。因而普洱近五十年來經歷之共產黨統治、茶廠改隸國營、及文革動亂等過程，使得雲南本地並無陳年普洱茶，亦是造成近年臺灣及香港市場流通之陳年普洱會顯得如此獨特的歷史背景。

此二項歷史的因素可說造就了普洱茶近年來類似「麻雀變鳳凰」的故事，由中國西南邊疆生產，過去主要銷售其他邊疆民族與東南亞的商品，在近年以

17　鄧時海，《普洱茶》。

「陳年」為其價值的主軸，三十年以上的茶品不但享有高價，更成為臺灣、香港、與東北亞的日本及韓國爭相收藏的商品，與其他任何別種茶比較，普洱茶可謂是獨一無二。產區的雲南也受益於這股陳年普洱茶風潮，除了各地茶商爭相到雲南尋找各種「偶然」留下來的老茶，陳年普洱的名氣也帶動了普洱整體的名氣，轉變了原本邊疆茶賤價、粗製的形象，成為可以「陳放」以轉變成高品質、高價值之商品。近年雲南各茶廠無不想辦法增加產量，而中國各地消費者也開始以「陳年」（雖然多是十年以下的茶品）作為重要之價值標準。

　　因此，若綜觀普洱茶這幾個世紀的歷史，我們可以看到普洱茶實經歷多重面向的轉變：在物品的經濟身份上，從中國西南少數民族自給自足經濟下的「非商品」成為當地重要的經濟作物、清朝的貢品、外銷東南亞及歐洲的商品，而至近年成為獨特的陳年茶，乃至被當作「古董」，為喜好者大量「收藏」，而退出市場交換圈；在消費方式上，普洱茶從少數民族之食物／飲料、泡茶飲用、香港茶館配點心的菊普、現代人之減肥防癌降血脂的養生飲品，而至極端精緻化的年份講究與品味的消費；在生產方式上，從少數民族自給自足的野生茶製作、到商品化生產之私人工廠的設立、專為進貢之極度勞師動眾且精緻化的生產方式、共產制度下的國營企業生產規模與邏輯，而至近年來資本經濟理性下之各種個體戶、及引進新技術、以國外市場為主之臺／港商茶廠的生產方式；在價值變化上，從隨一般市場機制變動價格、脫離市場機制之「無價」貢品、到共產制度計畫經濟之下的大眾消費品，而至近年以陳期與純正為主要價值衡量標準的「老茶」、「古董茶」。加上「產於中國，屯藏於香港，興起於臺灣，發揚全亞洲」的過程[18]，可說每項轉變都蘊含著豐富的歷史過程，少有其他物品如普洱茶經歷如此豐富的生命史。普洱茶可說是最適合從 Appadurai「物的社會生命史」之論點來分析的例子之一，而其進入、興起於臺灣茶文化的過程，也要求我們深入檢視影響其價值轉變的各環節。

18　范增平，〈普洱茶在臺灣的傳播與發展〉，刊於黃桂樞編《中國普洱茶文化研究：中國普洱茶國際研討會論文集》，頁 72-86。

價值衍生自交換的政治過程？

價值與茶品的身世

　　「歷史偶然」的說法一方面說明普洱茶獨特的身世，交代了今天被賦予極高價值的普洱茶從何而來，尤其是在何種獨特的歷史過程中存留了這些今天被稱為陳年普洱的商品，而這些陳年普洱又如何在香港九七大限的特殊時空下，被賣到臺灣，成就其生命史的顛峰；另一方面，我們也看到茶商如何利用歷史的論述與普洱茶品的分類來建構普洱的價值。臺灣茶人／茶商深入雲南[19]，追蹤民國初年仍在經營之私營茶廠與 1950 年代初期設立之國營茶廠的歷史，以此作為確認 (authenticate) 早期普洱茶品之身世的基礎；他們亦追蹤各茶品的經歷，尤其深入一些身世較不明確者——如於廣東而非普洱產地之雲南壓製的茶餅，寄望以清楚的歷史資料驗證其「純正」的意涵，以確認價值[20]。

　　臺灣與香港也發展出一套分類與命名系統，因此這些早期的茶品有通用的名稱，消費者也可經由這些新名稱獲知價值的分野。臺灣的市場基本上以年代與歷史作為商品劃分的主軸，愈是早期的茶品背後的「身份」與背後的論述愈清楚，身世清楚的茶品在臺灣及香港都有通用的稱謂，早期私營茶廠產品以商

19　此篇文章中，「茶人」一詞乃指茶藝專家，但是他們亦常不同程度地參與茶葉生意，扮演部份茶商的角色。

20　「廣雲貢餅」是一個典型的例子。「廣雲貢餅」是今人給予的名稱，並非清朝貢品遺留至今，今人給予貢餅的封號，寄望以此象徵其品質可媲美當年獻給朝廷的貢品。此茶餅之所以具有價值提升的空間乃因此餅是以早期雲南的茶菁於廣東壓製而成，在計畫經濟的時代，雲南茶廠於 1952 至 1973 年間，每年需按規定撥付數千擔茶菁給廣東茶廠，再製成散茶或茶餅外銷香港及東南亞；過去因為其乃「廣東餅」而非正統之「雲南餅」，原本並未特別受到臺灣的注意。但在近年來陳年普洱價格不斷上升，各普洱名牌茶品逐漸缺貨時，此餅於 2000 年後特別受到注意。臺灣茶商多強調其以等同於雲南早期茶品的茶菁以傳統工法製造，經乾倉存放，歷經數十年的陳放，來建構此餅的價值，而其獨特的歷史，亦賦予此餅具有早期普洱的品質（但較低的價位）之可信度。筆者於昆明一批發商處亦發現此餅，此茶商除了少數幾餅完整者，只有已裂為碎片的茶餅，以當年壓製時淘汰之瑕疵品遺忘倉庫中為由，說明這些碎餅的來源與價值，並以自己原任廣東茶廠批貨員的資歷，來解釋他為何能夠於廣東茶廠倉庫「重新發現」這批具有「歷史偶然」經歷的茶品。此茶商一方面以此論述來認證他的商品，亦以此來建構此商品的價值。

號為名，常被通稱為「號級茶」，如易武地區宋聘號茶廠所生產的茶品就稱為「宋聘號」；50 年代設立之勐海國營茶廠的茶品因其年代、包裝及印刷，而有「紅印」、「綠印」、「黃印」等命名與價值的區分，通稱為「印級茶」，以別於大躍進全面國營化茶廠之後的茶品。號級茶與印級茶常被稱為「古董茶」，且享有高且穩定之升值比率，但鑑定真偽是價值的關鍵。相對地，愈是後期的茶品分類愈複雜，茶品的「身份」較不清楚，亦無固定通用的名稱，尤其有許多70 年代中期開發的產品至今仍在生產，只能以雲南各國營茶廠不同時期的名稱及包裝作為斷代的依據，但因新茶品複雜，年代區分不易，價值的定位也愈不確定，同時也常會有較大的爭議性。

在市場上、網路討論或雜誌文章上，我們也常可發現新茶與陳年茶的論述之爭。經營新茶的茶商會質疑陳年茶存在的可能性與價值，相對地，陳年茶的茶商與愛好者則會強調新茶市場秩序的紊亂及低級茶品的氾濫。這些論述可以含蓄的方式進行，例如有些茶商會強調現存陳年老茶可謂是「空前絕後」，是過去天時地利下出現的品質，因為即使現在我們以完全一樣的工序生產，生產具同樣品質的新茶來存放，因存放的環境不同，三十年後也不一定就會出現一樣的品質。另有茶商則明白指出老茶沾附之黴菌在普洱茶陳化過程中的重要性，強調普洱茶的陳年轉化主要因為寄生於茶葉上黴菌的作用，現存的陳年老茶之所以能有今天的品質，乃因老茶擁有早期於雲南的倉儲環境「接種」之菌種，而後於香港的倉庫中逐年轉化。因而今天新茶亦需要在香港倉庫中「過倉」，存放一陣時日以獲得適當的黴菌幫助陳化的化學過程進行。因為現在對普洱茶的陳放產生的轉化過程（化學變化）並不清楚，上述這兩個「天時地利」的說法多有貶抑消費者自行收藏新茶陳放的含意，強調過去陳放產生好茶乃於歷史的偶然中發生，非現代可以隨意複製，以對抗經營新茶的茶商對老茶的存疑，並鼓勵消費者購買茶商手中的老茶。

近年在老茶逐漸減少，價值高漲，市面上交易多為年輕茶品及新茶之際，一些茶商／茶人也開始出版新書[21]，釐清年紀較輕的茶品及新茶的分類，企圖建立名稱的共識，並為這些茶品及其潛在的價值作定位[22]。

普洱茶的定義之爭

普洱茶的定義是另一種價值爭議的戰場，涉及的利益範圍更大。如前所述，「普洱」原本是地名，並非茶的品種名，普洱府是明、清雲南茶葉最重要的集散中心，是茶馬交易的起點。因而「普洱茶」一詞過去的用法乃泛指雲南境內所產製的茶，這些茶多以「雲南大葉種」為材料（不過於滇南之倚邦及景邁兩茶區亦有小葉種）[23]，且多製成方便運輸之餅、沱或磚型的緊壓茶，因為雲南高原生態的特點，而具有獨特的風味。

中國不乏以地名作為茶名的例子，如龍井、六安等皆由茶產地名發展成為茶名，但或許因為普洱茶近年來牽涉的利益太大，使得連「何為普洱茶」這個單純之定義問題都出現不同競爭的版本。首先，普洱的茶種（雲南大葉種）亦被種植在別的省分（如廣東及四川），但雲南茶商多以土質、氣候等因素，貶低別的省分種植之雲南大葉種所產製的茶葉品質與口味，強調別的省分雖以類似的方式產製，但品質並不能被認定為「普洱茶」，一些普洱專書[24] 也以種植於雲南之大葉種所做的茶，為普洱茶定義的必要條件；因而普洱茶一詞實有地域的含意，但又不能單以地域（如龍井或六安的例子）來定義普洱茶。再者，普洱也不能單以茶種來定義，同樣的原料因為製造工序不同，可以產製成不同口味、名稱的茶。例如製造普洱之雲南大葉種亦被製成綠茶及紅茶，此兩種茶一般不被稱為「普洱」，而以「滇綠」及「滇紅」名之，因而普洱茶亦不能單

21　例如，鄧時海與耿建興，《普洱茶續》。

22　鄧時海與耿建興，《普洱茶續》封面上的標題——「品老茶、喝熟茶、藏生茶」——可說相當清楚地標示出近年的趨勢。

23　雲南—泰國的邊界地帶應是 Camellia sinensis 種茶樹的發源地，大葉 (assamica) 及小葉 (sinensis) 兩個亞種都有商業生產，然雲南以大葉種聞名。

24　例如鄧時海，《普洱茶》。

以地域及茶種定義。雲南一般消費者多喝滇綠,紅茶多外銷,因而有「雲南本地人不喝普洱茶」的說法,有些茶書也以「滇綠、滇紅除外,產於西雙版納和思茅地區的茶品」來定義普洱[25]。不過以往雲南西雙版納和思茅之外的地區(如滇川交界的鹽津)亦產普洱茶,而近年來因為普洱名稱響亮,滇綠也被冠以「普洱」之名(成「普洱綠茶」)銷售,這些都使得普洱之名更加混淆。

而七〇年代「熟茶」技術的成熟更複雜化工序的問題。熟茶乃將傳統工序製好的普洱茶「渥堆」催熟(茶葉一百公斤堆成堆後,灑四十公斤的水,並覆蓋,促使茶菁發酵),目的在改變普洱茶的茶性,使原本入口有強烈苦澀味的「生茶」,轉變成較為溫和、容易入口的「熟茶」。此技術相當程度改變普洱茶的口味,更顯著影響人們對普洱茶的認知。對臺灣一些業者及茶人來說,「真正」之陳年普洱乃未經渥堆熟化的生茶長期放置至今,因而在定義上強調這種以傳統工序製造再陳放的生茶才應被稱做「普洱茶」,後期以發酵催熟的熟茶乃屬後發酵的「黑茶」類,不應和「純正」之普洱生茶混淆,可說以生茶與熟茶分野的強調來說明普洱茶真假與價值的問題。雲南方面的說法則相反,強調熟茶的製作方有工藝可言,渥堆乃是高技術性的工序,顯著地改變了茶的滋味,有別於只是將茶農粗略採製之毛茶壓製的生茶,並強調熟茶方才是「普洱茶」;主張此論者解釋,生茶類似綠茶,是茶菁曬乾而成,並無多少工藝技術的成分,應被歸類為粗製的「綠茶」。歷史的論述也加入普洱茶定義的論戰,例如《普洱茶記》的作者雷平陽[26] 即以勐海茶廠的例子強調,勐海茶廠亦曾實驗催熟的技術,並將成品命名為「雲南青」,而後渥堆工序成熟,才正式將「雲南青」改名為「普洱茶」,因而「普洱茶」可說於近代有了新的意涵。大陸研究普洱茶的學者黃桂樞甚且將渥堆工法製作的茶稱為「傳統」普洱茶[27],並將渥堆列為普洱的「標準」工序之一,可說明顯展現將渥堆茶歸類為普洱之正統的企圖。雲南的市場也反映這種說法,熟茶的價位一般都較生茶高,到底熟茶

---

25 黃桂樞,《普洱茶文化》。

26 雷平陽,《普洱茶記》。

27 黃桂樞,《普洱茶文化》,頁 85。

需要較為複雜的工序，成本原本即較高。相對地，臺灣茶人／茶書則難以認同這種混淆生／熟茶分野的「普洱」定義，對他們來說，雖然生茶與熟茶都可以廣義地稱為普洱茶，但是這種不分辨年代、生熟與道地與否，且不從自然陳化的觀點來認識普洱茶，而視渥堆茶為真普洱的說法，簡直是不懂普洱的品嚐。

普洱茶之所以會產生「定義」的問題和陳年普洱風潮下衍生之純正、道地或真偽的問題有密切的關係。對於在茶人／茶書推廣下，已經接受早期生茶陳放之價值與消費方式的臺灣消費市場來說，早年以傳統工序製作出來的茶方才是「正統」的普洱茶，主張普洱經過長期的陳放，發放出「自然」的陳香味，才是普洱茶的精華；以潑水渥堆強迫發酵的方式「破壞」普洱的茶性，以仿製陳年的韻味，並非真普洱。所以臺灣市場上，同年份的生茶的價位都較熟茶高，另一方面也出現「作手茶」的名稱，貶抑一些借用烏龍茶半發酵的作法、生熟茶拼配或輕度渥堆以「假造」生茶陳放香味的茶為「作手茶」。不過對已無早期普洱的雲南來說，較具市場操作價值的是熟茶，而非尚須放置數十年方出現陳韻的生茶；因而於昆明批發區並無「作手茶」的說法，也接受做茶工序上各種「創新」的嘗試，並強調熟茶技術的傳承在普洱茶史的地位。而也因生茶陳年普洱消費價值的確立，臺灣茶商較難開發「作手茶」的市場，不像無「作手茶」概念的昆明，已逐漸轉以輕度渥堆的茶品為主流。

濕倉的存放方式亦影響純正與否的問題。濕倉乃將普洱茶（無論是生茶或熟茶）放在潮濕的地窖，或施以水氣，讓茶發霉，以加速陳化的特殊作法。相對的，乾倉則指較通風、濕度較低的儲存環境。據說濕倉是廣東及香港的茶商所發明，有些茶人（昆明與臺北皆有）甚且認定此已可算是普洱上市前「標準」程序之一，認為要普洱茶好喝，都必須「入倉」。茶放置濕倉一段時間之後通常會被移到乾燥通風處存放，以去除霉味，一般消費者難以察知。贊成濕倉作法的茶商強調沒有茶不曾入倉，否則哪會有如此多的陳茶在市面上。反對此法的茶人，除了批評此種作法的衛生問題，更貶抑濕倉破壞茶性的作法，強調純正的好普洱茶應是「純乾倉」的茶品。乾／濕倉的分野因而成為建構陳年普洱價值重要的原則之一。

　　「現代茶」與「古茶」（或灌木／喬木茶）則是另一個重要之建立價值的項目。雲南許多茶區仍有為數眾多的野生老茶樹，這些茶樹已有數百年至上千年的樹齡（已知最高者有 1800 年）；雲南亦有一些數百年歷史的栽培型「喬木」茶園，目前發現最老的栽培型茶樹林有 800 年者；另外則有為數眾多之現代種植概念下的「灌木」型茶園，將茶樹持續減枝以促進分枝發芽，增加產量。前兩者所採的茶葉被稱為「古茶」，相對於後者的「現代茶」（或叫臺地茶）。雲南茶廠改制為國營、開始開發現代化茶園之前，基本上所有的普洱茶皆是「古茶」所製，一般亦咸信古茶具有較佳的品質；現代茶產量雖大，但有過度採摘、化肥、農藥殘餘、重金屬污染與酸化等現代茶園管理衍生的問題。在九〇年代中期之前，仍屬計畫經濟的時代，現代茶園被視為進步的象徵，高山上的野生古茶樹不受重視，文革時代甚且倡導搬遷古茶樹以利管理或荒廢高山叢林中不易管理的老茶園。近幾年來，古茶則成為價值的來源，不但各方積極爭取，價格上漲，取得不易，更有現代茶假冒古茶的情事。「喬木」、「野生」、「千年古茶樹」也都成為道地純正的代名詞，臺灣及雲南商家皆爭相以此做為廣告，並推出相關產品。相對地，這些名詞亦帶給五十年以上的陳年普洱另一種建構價值的來源，因為它們產於現代茶園建立前，都是「古茶樹」採摘的茶葉所製成。

　　「生／熟」、「自然／作手」、「乾／濕倉」、「古茶／現代茶」等分野，或是何為傳統／正統之製作工序的說明，乃至「普洱茶」一詞應代表著哪一種（或哪一類）茶品之爭議，表面上雖然只是認識普洱茶所需的指標，是每一個消費者入門時所需學習的分類與知識，但是它們之受到強調或貶抑，不但關係著普洱茶價值的建構，更和歷史的偶然所遺留之老普洱茶有密切的關係。臺灣茶業界運用「生／熟」、「自然／作手」、「乾／濕倉」等分野來表示臺灣現存之老普洱茶的存在與價值，經由這些分野，以呈現陳年普洱的獨特性及其無可匹敵之處，而這些區分亦能夠凸顯「純正」相對於「人為加工」的意義，容許業者清楚地界定陳年普洱的身份與身價；更重要的是，在普洱茶逐漸在臺灣風行的同

時，業者也成功地讓臺灣許多普洱的消費者從生茶老普洱乃真正有價值、「純正」(authentic) 之陳年普洱的定義方向來認識普洱茶[28]。

　　相對地，以經營新茶為主之昆明茶界，則藉著「自然／作手」界線的混淆及渥堆技術的發展來定義普洱茶。大陸茶界強調渥堆於普洱茶製作上的重要性，將渥堆描述成高技術性的工藝，企圖將熟茶界定為正統，將渥堆明列為「傳統」普洱茶製作之「標準」工序，期望從渥堆熟茶的方向定義普洱茶，以界定今天雲南普洱茶的價值。所以普洱定義的爭議背後，其實與市場操作企圖藉由普洱茶的定義掌握普洱茶之價值的過程有關，臺灣陳年生茶普洱的消費方式確立了茶商手上擁有之茶品的價值，相對地，沒有這些早期普洱的大陸市場需要消費者從渥堆普洱的方向來認識普洱。普洱定義的爭議也說明著臺灣與雲南基本上雖然經營著兩個相當不同的品茗重點及消費人群，前者以陳年生茶為正統，熟茶為輔，後者則以不同渥堆程度之熟茶為主，但是兩者都藉由普洱的定義之爭為價值定位。近年來大陸出版的普洱茶專書除了強調以渥堆普洱茶為正統外，更積極地運用各種資料與論調來攻擊臺灣茶人／茶書的信譽[29]，以質疑臺灣陳年普洱茶品茗的意義與價值。雙方你來我往，越來越有煙硝味的爭論，清楚顯示 Appadurai 價值乃衍生之政治過程的論點。

　　「物的社會生命史」乃是人類學研究物與消費最受注意的觀點之一。Appadurai[30] 建議在方法論上，從物的歷史切入，以追溯物的生命史所展現之豐富的政治、社會與文化的過程，以闡釋這些過程中之社會及文化的主體。Appadurai 引述經濟學家 Simmel 的論點，強調物的價值並非來自於物內在質性 (inherent property) 的展現，而是人們對物的判斷之結果，不過人們如何判斷物的價值又與交換 (exchange) 有密切的關係，因為交換的過程中，渴望得

28　在「隨機取樣」調查中，認為陳年生茶較熟茶價值高者佔 44.8%，較低佔 14.9%，一樣者佔 1.3%，不知道佔 39.0%。「滾雪球」組認為，陳年生茶較熟茶價值高者佔 51.6%，較低佔 9.7%，一樣者佔 4.8%，不知道佔 33.9%。

29　例如，鄒家驅，《漫話普洱茶》。

30　Cf. Appadurai, *The Social Life of Things*.

到之物的「難以獲得」（或說各種因素造成的障礙）是決定物的價值主要的原因，因而我們的渴望是藉由犧牲別的物（或價值）以換得滿足，價值乃是來自於人們如何犧牲（別種價值），以縮減與渴望之物間的距離；所以說，是交換——而非單純之「物的特性」或經濟學「物以稀為貴」的原則——設定了物的經濟價值與供不應求的現象，因而 Appadurai 強調，價值乃來自於交換之政治過程。

普洱的個案在兩個面向確認 Appadurai 的論點：其一，普洱的意涵與其時空歷程的關係。從廣東、香港的日常消費茶品，至臺灣轉而具特殊「陳年」及「純正」意涵的商品，臺灣陳年的價值意涵飄洋過海賦予雲南產品新的意涵（具有「陳放」價值的茶品），各階段有其普洱的分類體系（「生／熟」、「自然／作手」、「乾／濕倉」、「古茶／現代茶」、「新茶／陳年茶」），物的意涵與價值於此體系中獲得「具意義的差異」，呈現「項目性消費」的意義。

其二，交換之政治過程和價值之間的關係。普洱茶品的分類、項目的確定和兩岸市場企圖為價值做定論有密切的關係，這些論述、定義的爭辯不只出現於茶書、雜誌或網路上熱烈的討論及茶文化的推廣活動中，更流傳於兩岸茶行每日老闆及顧客面對面之試茶、評茶的言談中。而消費者對各種茶品價值的認同，或說他們的「項目性消費」，也於品茶討論與爭辯中逐漸形成。

兩岸普洱茶的定義與價值的爭論之中，「陳年」則成為公認之具關鍵性的價值標準，雖然兩岸市場所講究的是不同程度，甚或不同內涵的「陳年」滋味，但是兩者皆以「陳年」做為建構價值最重要的指標。不過這個陳年的標準並非只是商品「項目」與分類體系的確立，亦非單與時空的轉變所賦予之純正的意涵有關，「生／熟」、「自然／作手」、「乾／濕倉」、「喬木茶／灌木茶」、「新／陳」的分類與爭議，更是如何喝到好普洱的爭論。此需從中國社會茶的物質文化進一步說明。

普洱茶的物質文化

茶作為中國文化中的一項物

茶由茶樹的葉子製成，製程無論簡單或繁複，各民族或以泡／煮喝其湯汁、醃製後食用、或入菜作為調味等不同的方式運用，皆因茶呈現於嗅及味覺上的特質，使得「茶葉」受到廣泛利用，並凌駕其他種類的樹葉在人類歷史上所扮演的角色。現在通稱之「茶」，乃由茶樹的葉子經一定的工序製作而成，品嚐時多以沖泡或水煮以激發出香味後，方才飲用，非飲新鮮茶葉榨汁，亦非飲用新鮮葉子於熱水中泡／煮的湯汁。中國社會飲茶有長久的歷史，各種吃茶、入菜或藥用亦可見於文獻中[31]，而茶成為市井之民的「飲料」約普及於宋代[32]，當時乃以水煮，於明代改以現代相當普及之茶壺沖泡。各種茶的製作過程有簡單、有繁複者，但其製作工序多牽涉到減少茶葉內含的水分，促進某些程度的發酵以轉化茶葉內含物的質性，以高溫（蒸、炒）、乾燥（日曬、烘乾）等方式停止發酵等作用，並將茶的滋味「保存」於葉片中，以便其於品飲時方才散發入茶湯中。而如何藏茶以免變質，如何沖泡烹煮，將茶葉的滋味充分展現出來，更是品茗文化非常注重的面向。而茶也因而成為非常重要的商品，在中國及臺灣的經濟史中都扮演非常重要的角色。

上述可謂眾所皆知，今天「茶」作為一項日常消費性飲料，或各種新茶品在技術的開發下出現，也常被視為理所當然，但一般鮮少注意到「茶之所以為茶」實與人「處心積慮」地發掘茶葉的物質特性、開發各種製茶工序與技術，以呈現茶特定的滋味，加以「定性」，並分出各種類，因而出現價值的分野等過程有密切的關係。今天臺灣大家耳熟能詳的茶品，如包種、烏龍、鐵觀音、綠茶、紅茶、金萱、白毫烏龍、普洱、龍井、碧螺春等，乃歷經中國及臺灣社會長久實驗、開發的結果，是茶農、茶商及今天茶葉改良場的專家們從舊品種、

31　（唐）楊曄，《膳夫經手錄》。

32　參見余悅《中國茶韻》及程光裕〈茶與唐宋思想及政治社會關係〉，刊於吳智和編《中國茶藝論叢》，頁 1-64。

改良品種及各種製作可能性中，開發出具特色、能輕易辨認、且為消費者／市場接受的典型風味 (key flavor)，如此有清楚定位後，方將其「定性」，茶樹改為縡插種植，以維持茶種基因、茶葉質性的穩定性，並出現標準工序的制定，以容許此茶種之典型風味能夠永續，而成為一類之茶，有其名稱，在市場佔有一席之地。

　　以臺茶最普及之包種及烏龍為例。臺灣茶的種類與分類方式雖然繁複，但從茶葉發酵程度，大略可分不發酵的「綠茶」、部分發酵（或稱半發酵）的「包種」及「烏龍」茶、及充分發酵（或全發酵）的「紅茶」。發酵的產生開始於茶農採收、翻動茶葉之時，葉片因為葉內組織受到破壞，即會開始發酵（酵素催化的氧化）作用的自然反應，製茶工藝非常重要的技術即在如何催化發酵的發生及速度，並控制發酵的程度。茶葉內含物中，產生澀味的酯型兒茶素是轉成茶香的主體來源，造成苦味的游離型兒茶素則是甘甜的來源，製茶技術即在於利用發酵程度的掌握，來控制澀轉香、苦轉甘甜的相對性，並在持續的化學變化過程中，尋找適當的停止點，以配合不同茶種、茶葉部位（如剛發芽的芽尖或老葉）及不同生長環境（如氣候、海拔高度或季節）之茶葉的質性，而製成不同風味的茶品。也因此，半發酵茶所需的技術程度一般被認為最高，需要經驗豐富的製茶師控制發酵的過程，考慮茶葉採摘時機、天氣狀況、溫度、海拔、茶葉品質等變數，選擇適當技術，或撥動或靜置，以於澀、苦、香、甜等滋味中找到最佳的平衡點。一般臺灣的包種茶在於掌握發酵過程中第一次出現的香味高峰，而烏龍則在第二高峰，製茶師傅需要判斷時機，以高溫停止酵素繼續作用（稱為刹菁或殺青），將香味「保存」於茶葉中，並於調整茶葉的形狀後（包種習慣以「條索」狀，而烏龍顆粒狀），乾燥以利保存。而乾燥之烘焙技術更是一大學問，烘焙方式、輕重程度都牽涉到成品的滋味與各自茶品應呈現的特色，而各種茶烘焙的輕重與相對的滋味也各有其傳統。因而在臺灣社會，茶之所以為茶（或說，茶之所以成為文化中一項「物」、一種消費商品）並非渾然天成，而是文化的成員與茶葉長期密切互動的結果，使得茶葉從原料轉而成為一個社會主要的飲料與商品；而茶之有包種、烏龍、及其他各種茶品之分，實有若連續之光譜出現顏色之定位與分類一般，乃是不同時代之文化成

員長期操弄（manipulate）茶葉之物質性，以開發出不同種類的滋味，呈現於感官之娛而逐漸形成。

　　品茗方式是另一個操弄茶之物性的面向。一般以沸水泡茶，即在以高溫「逼」出茶的香氣；擔心茶葉久浸滋味太濃或澀味盡出，則於固定時間後分離茶葉與茶湯；為了不讓茶香流失，並保持沖泡時茶水的溫度，各式不同材質、設計的茶具因應而出：瓷器、紫砂，厚胎、薄胎（即茶器厚薄），茶壺、蓋杯，大、小、形狀等，除了美學的考慮，更有如何藉由這些不同材質、形狀的茶器，以容許浸泡其中的茶葉能夠呈現各種茶之理想的典型風味（如泡包種常用瓷器的蓋杯或烏龍用紫砂的茶壺）。即使是飲茶之茶杯大小也有其考慮，大者容易鼓勵牛飲，而至忽略了細心品嚐，所以好茶常以小杯呈現，讓品飲者專注於入口之一小口茶湯。空間的布置及品茶儀式的設計更進一步襯托品茶的情境，並正式化品茶這個事件，有助於賦予各種意涵於茶的滋味之呈現與品嚐。茶具、用水、時間溫度的掌控、空間、儀式等或有其各自的考量及美學的邏輯，但也具體說明品茗者如何透過這些面向的講究來操弄各種茶之物質特性展現於感官的努力。

　　所以從茶之如何成為中國文化中之一項消費／品嚐之物的過程，我們可以知道茶的物質特性如何被開發、利用，以滿足文化成員的感官之娛，而也於此過程中，發展出精緻的品茗文化及藝術型式，而茶原本的物質特性也於此過程中，獲得進一步的轉化與呈現，而成為中國文化之一項物。普洱茶也需被放在此脈絡下瞭解。

陳放普洱

　　將（已是成品的）茶經年陳放，以品飲其歲月的作用產生的獨特滋味，可說是中國茶文化開發、品嚐茶的特性之方式的一種，且應已行之有年，但是否普遍則難以從文獻得知。明朝李元陽所著之《嘉靖大理府志》[33] 中有「點蒼茶，

33　（明）李元陽，《嘉靖大理府志》「縮影資料」殘存 2 卷。

樹高二丈，性不減陽羨。藏之年久，味愈勝也。」的說法。點蒼乃雲南大理附近名山，當時應有產茶，雖無證據顯示當時所產之茶乃以今天通稱的普洱方式製作，李元陽「藏之年久，味愈勝也」的經驗之談，的確顯示當時人們對陳放茶有相當的期待，且其目的在於獲得勝於新茶的滋味。

　　不過目前似乎沒有明確的證據顯示，過去人們曾如今日普洱茶熱般地強調陳年普洱茶的品嚐方式，「陳年」似亦不曾成為茶品之消費性項目。相反地，倒是有些證據顯示陳放普洱如此受到重視可能是近年的事。首先，清代普洱消費的記載都無陳年普洱的記載，例如清代從雍正十年（1729年）開始進貢普洱茶，當時進貢的普洱茶如其他地區的貢茶一樣，主要以較為清香、不苦澀的嫩葉製成，以新茶進貢；皇室尤喜倚邦曼松山的普洱茶[34]，可能因為曼松山盛產小葉種普洱茶，較為甘香可口，適合新茶沖泡[35]。《紅樓夢》[36] 書中廣受各普洱茶專書引用之「燜一壺普洱茶」的情節，讓今人對清代人如何品嚐普洱茶有一些認識，但書中只提到以「女兒紅」為名之普洱茶品，是貢茶八品之一，並無其他說明。而清阮福之《普洱茶記》[37] 中「普洱茶名遍天下，味最釅，京師尤重之」或《宮女談往錄》[38] 中提及慈禧，冬季裡，剛吃完油膩，所以要喝普洱茶，因它又暖又能解油膩的記載，讓我們瞭解清代皇室為何喜愛普洱，及普洱消費與季節變化的關係，但並無飲用陳年普洱茶之描述。1963 年從清宮倉庫中起出兩噸多重的庫存貢茶，其中有許多普洱團茶，告訴我們普洱茶可能被認為可以長期儲存，在過去倉庫整理過程中沒有因「過期」被丟棄，不過清皇室是否喜愛普洱陳年的風味則無可考證。唐魯孫《中國吃》[39] 中提到於「藏園老人」傅增湘先生家中喝到傅珍藏之近百年之普洱茶[40]，此塊普洱茶乃祖先於雲南做

34　參見趙春洲、張順高編，《版納文史資料選輯 v. 4》。

35　鄧時海，《普洱茶》，頁 18。

36　（清）曹雪芹、高鶚，《紅樓夢》120 回新校本。

37　（清）阮福 (1825)，〈普洱茶記〉，刊於《滇筆》（善本，不分卷）。

38　金易、沈義羚，《宮女談往錄》，頁 73。

39　唐魯孫，《中國吃》。

40　此段資料乃陳元朋先生提供。

官時獲得，相傳至今，不過文中並未提到當時（民國十餘年）有喝陳年普洱的
習慣，而傅增湘亦無刻意的陳放普洱。

　　近代生產之普洱茶的包裝上則提供我們相對的資料。筆者於國營茶廠生產
的方磚紙盒（1992 年製）及沱茶紙袋包裝（1997 年製）上皆看到「保質期」
的標示，有十八個月及三十六個月者，說明著陳放並非早期普遍的作法；雖有
業者認為有保質期的標示只是因應商品標示相關規定的作法，並無具體的意
義，但有趣的是，近兩年出產者則已經將保質期的標示由固定月份改為「長
期」，顯示著近年陳年普洱茶風的影響。

　　然而，無論過去清皇室是否喜歡喝陳年普洱，或普洱商品上一定年限之保
質期的標示背後的真相為何，「陳年」成為近十年來兩岸普洱茶市場最重要的
消費項目與價值的概念卻是不爭的事實。筆者認為此與普洱茶的特性有密切的
關係，普洱茶性強烈，以綠茶工序製造的普洱亦容易苦澀，因而如何「改進」
普洱的質性使之成為容易入口的茶品，一直受到茶農、茶商與消費者的關注。
前述之濕倉[41]、半發酵的「作手」、及 1970 年代中期發展之渥堆的工序，目的
都在「馴化」普洱苦澀的茶性；陳放具有類似的效果並能轉化出獨特的風味可
能原本即廣為人知，只是「陳年」不曾被發展成獨特的消費項目，並成為重要
之附加價值的因素[42]。在普洱這個陳年風味的確立與價值的關係建構上，臺灣
出版之普洱茶專書實扮演相當重要的角色。

　　臺灣師範大學鄧時海教授以《普洱茶》為題，於 1995 年出版了第一本普
洱專書，此書可說設定了爾後十年討論普洱的文本主要之議題，也是至今坊間
眾多普洱出版品中最重要的專書[43]。書中從普洱茶的歷史文獻談起，接著闡述

41　有茶商即強調，過去香港將普洱入濕倉乃標準程序，因而九〇年代中期之前，從香港轉口至臺灣的
　　普洱茶其實皆入過倉。

42　類似的現象亦出現在陳年臺茶的例子，陳放烏龍至少於三十年前即有少數老饕行之，然亦是於近年
　　因為普洱風潮逐漸消退才受到注意。

43　鄧時海，《普洱茶》。

普洱的品嚐與意境，而至陳年普洱茶品的「茶譜」。這些內容與坊間其他眾多以「中國茶藝」、「茶文化」或「茶史」為題之茶書相較，呈現三個明顯之差異：

其一，《普洱茶》書中的「史話篇」不只論及一般「雲南普洱茶史」——如普洱茶的起源、生產製造、運銷、進貢、消費、或茶馬古道之類的議題——所涉及的範圍，而且亦記載了個別茶廠的歷史與創辦人的回憶，「茶譜篇」中更對早期私營茶廠的歷史及不同時期之茶品的歷史有詳細的描述。《普洱茶》一書之後的許多普洱文本（包括專書、雜誌文章及網路討論）亦清楚呈現對所消費之物（普洱茶）的詳細歷史有非常強烈之追溯的興趣，此乃其他茶文本少有的現象。尤其普洱文本對歷史資料的探索常會論及一些似乎屬枝節的歷史細節，如討論某一特定茶廠於某段時期之歷史（如 1965-1972 年之間勐海及下關廠到底生產了哪些普洱茶？）、某些年代的製茶工序（何為生茶輕發酵？）、或是某一塊茶餅或茶磚的生命史（如 73 青磚的由來）。網路討論區則常見茶友拋出這一類似嫌繁瑣之細節的問題：如誰能夠提供「文革磚的歷史」（一種被認定為產於文革時代的普洱茶磚）或「易武茶廠文革前後的狀況」之類的問題。這種對個別細節的關注，遠超過我們常見之其他消費品所引發的討論。

其二，《普洱茶》書中花費相當篇幅介紹普洱茶的品茗。綜觀坊間茶書中很少有如此一本書般，對「如何品茶」有這樣深入、且屬於「經驗層次」（而非意境）的討論。舉凡普洱的湯色、味道、口感、生津、乃至全身的感受，都在這些普洱文本中一再被提及，而這些品嚐的描述更詳細至個別的茶餅、茶磚。這個特色在其他類別的茶消費中很少出現，其他茶書中（包括陸羽以降之歷代茶經）雖對品茗，尤其是用水、炭火與茶具的使用對品茗的影響，有深入的討論，但很少會直接、且有系統地描述品嚐的細節（如香味、口感的分別）。相對地，《普洱茶》一書中的「陳香篇」及「品茗篇」，從視、嗅、味、觸及「氣覺」，有系統地針對不同茶品之表面觀察、香味及韻味等做詳盡的分類及解說，可謂是前所未有。這些頗具開創性的解說也成為爾後普洱文本中討論普洱品茗的典範，許多茶人都以鄧教授詳述之品茗指標作為各自描述品嚐普洱茶的架構。

　　其三，《普洱茶》書中以圖鑑的方式詳列「茶譜」亦是過去茶書所無。作者將收藏之早期私營茶廠及各年代國營茶廠產製的茶品做詳細的描述，其詳細的程度包括茶廠歷史、年代（陳期）、包裝（包括用茶筒包裝、用紙、印刷字體顏色）、商號標記（內飛或內票）、茶葉（磚、餅）外觀、茶山、乾濕倉、生熟茶、茶菁等級、茶樹（灌木或喬木）、湯色、葉底（即茶葉沖泡後的底色）、及品茗特色（包括香味、茶韻、水性、喉韻、茶氣）等。過去恐怕沒有其他任何茶書曾對所介紹之單一種茶的茶品提供如此詳盡與深入的資料。而如此詳列的資訊，對消費者認識，尤其是鑑定陳年普洱有非常大的幫助。而後出版的數本普洱專書也都包含一部份圖鑑解說，更有一本書直接以「普洱茶譜」[44] 為名問世。這些書都在臺灣出版，顯示鑑定陳年普洱在臺灣的普洱茶交易中的確非常重要，亦有許多消費者深切關心這個問題。

　　《普洱茶》一書的內容，相當程度顯示臺灣陳年普洱消費的特色與需求，其暢銷也說明著陳年普洱的消費之廣受注意。《普洱茶》及隨後近十本普洱專書的出版、以普洱為名之品茗雜誌《普洱壺藝》[45] 於 2002 年的發行、與網站上熱烈的討論，對陳年普洱的消費與價值的確立有深遠的影響。它們一方面提供了詳細的資訊，更對陳年普洱的品嚐有深入的介紹，引起廣泛消費者的注意，也於臺灣茶文化中，確立了「陳年普洱」這個消費的項目 (category)。而專家在這個新興之消費風潮中也扮演相當重要的角色，除了出版品及網路的推廣，專家們更於茶藝館、品嚐會或茶藝課等場合中，介紹普洱茶給臺灣的消費者。和茶有關的網站上，普洱亦常是焦點，尤其於討論區中，以普洱為題的討論更是熱絡（例如於廣受歡迎之「茶顛話茶」網站[46] 的討論區上，從 2000 年累積至 2004 年 6 月的七百多道討論議題中，即有百分之四十與普洱茶相關）[47]。

44　黃健亮編，《普洱茶譜》。

45　《普洱壺藝》，臺北：五行圖書出版有限公司，於 2002 年 1 月 15 日創刊。

46　「茶顛話茶」網站，網址為 http://www.wwwart.com.tw/TEA/，已於 2007 年 5 月 18 日停止服務。

47　茶顛話茶網站從 2000 年開始有各項討論的完整記錄，四年多所累積之七百五十一篇討論中，可發現普洱茶相關議題的比例逐年增加，2000 年三十九篇討論中有 15% 與普洱茶有關，2001 年六十七

　　《普洱茶》一書在臺灣多次再版,並於大陸發行簡體字版,其他在臺灣出版之普洱茶專書與《普洱壺藝》亦廣泛流傳於昆明,在昆明的批發商店中常可見到它們陳列於架上。臺灣陳年普洱市場的蓬勃對於雲南市場陳年概念的確立亦有推波助瀾之效,市場訊息藉由各種出版品及臺商、觀光客傳遞,有些觀光客更拿著普洱茶譜到雲南批發商場,希望依照圖鑑上的照片尋找心儀的普洱茶品。臺商在雲南開設茶莊,並積極參與普洱茶的製造與批發,這些茶商一方面精緻化了普洱茶品,以製造符合臺灣市場的新普洱,同時也引進臺灣烏龍半發酵的製作方式,以實驗的方式期望利用新的製作方式能夠「製造」出具有生茶陳年風味的新茶(而非渥堆的熟茶風味);另一方面,這些臺商也將陳年普洱的消費風氣帶到雲南,一位昆明的報導人就指出,1999 年臺商經營之「天福茶莊」在昆明開設分行時,店內陳列的陳年普洱即讓一些昆明人第一次見識到平常飲用之普洱茶在經年陳放成「陳年普洱」之後,可以轉變成如此高價的商品。因而「陳年」等同於「價值」的觀念及市場操作方式,於近年來,從臺灣影響到普洱原產地的雲南。兩岸的市場都同時強調陳年作為普洱價值最重要的標準,而這個標準的確立,又與一套相當細緻化之普洱的品茗有密切的關係。

陳年的內涵

　　普洱茶一個最為有趣的現象即在於消費者與業者對普洱茶的品嚐經驗有許多描述與討論。網路上尤其有豐富的意見交換,有相當份量涉及「入門」的問題,有些是茶人教導如何品嚐,有些則是慕名而亟欲嘗試此項新風潮的消費者,尋求入門之道而提出問題所引發的討論。另有一些佔相當篇幅的部份,則是消費者之間對何為正確品嚐普洱的討論,乃至爭議。普洱這個在九〇年代中才於臺灣興盛起來的消費風潮,於如何品嚐上有些部份已經達到一些共識,如高溫沖泡、欣賞其多層次的口味變化、或強調陳年的滋味等,但仍有許多面向,

---

篇中有 33%,2002 年一百二十三篇中有 24%,2003 年二百三十四篇中佔 37%,2004 年至 8 月本篇論文寫作時的二百八十八篇中,佔 56%。

尤其是何為「好的」、「純正」或「對的」普洱口味，則仍有諸多討論，乃至爭論。

對品嚐細節的關注，也說明了為何許多接觸普洱茶的人常強調：普洱非常「深」，不容易全盤瞭解，個人需要多喝、多學，方能夠建立起一套品嚐的標準。「普洱很深」這句話不只出至臺灣茶人或消費者之口[48]，筆者於訪問昆明批發市場的經銷商時，「普洱很深」也是他們常提於口中的一句話。此句話所反映的，不只是他們企圖從知識的層面入手來瞭解普洱——如分辨生熟茶、不同產區之茶的特色、及茶廠茶品的歷史等時所面對的複雜性，而是他們於企圖釐清這些細節的同時，亦需要從品嚐上瞭解商品龐雜分類的異同與價值的認定，乃至年份與鑑定等問題。

陳期

「陳期」的判別做為價值的認定標準，可說是一個最具體的例子。在臺灣的普洱茶市場，茶商常以陳期，而非年份，作為陳年等同價值的認定原則。「陳期」乃指普洱茶於品嚐上所顯示的年份，因為陳年的價值所在，乃在於茶葉陳化轉變展現於品嚐的感受，而非出廠年份所代表的象徵意義，除了少數能夠確認出廠年份者，業界一般以陳期的年數（如二十年、三十年）來標示茶品。即使年份有源可考，有經驗的消費者也會品其陳期，以陳期論價值。

普洱茶先天的製作過程及後天的陳放方式，都會影響其於陳放過程中的變化。例如過於緊壓的茶餅可能因內部乾燥不易而霉變，亦可能因為過於紮實，內部甚少產生期望的陳化轉變；雖屬同一批的茶餅、茶磚，也可能因為存放位置（如位於七餅一匹的上下位置），而呈現不同的陳化程度，或因存放環境，而產生不同的變化，因而試茶是普洱市場運作與消費非常重要的一環[49]。於品

48　受訪者比較普洱與烏龍茶何種容易瞭解，於「隨機取樣」組中，有 76.6% 的受訪者認為烏龍較容易。同樣的問題，「滾雪球」組亦有 70.2% 認為烏龍容易。

49　即使是普洱茶書中，作者雖已經詳細描述茶品的歷史與年代，但亦會將陳期列出，做為參考。

嚐上建立對陳年普洱的認識，或說訓練品嚐陳期的「能力」，對茶商或消費者來說，都是普洱茶入門的一項基本功課。筆者訪問的茶商，都表示曾有這個自我訓練的過程，其中更有一位在其決定進入此行業的前一年中，將所有品飲過的茶品及品茗經驗，都做詳細的筆記，作為訓練自己辨別能力的依據。

陳期的感知與感官經驗有密切關係。以雲南大葉種經日光萎凋、揉捻、殺青（以高溫阻止發酵繼續進行）、及曬菁（以日照曬乾）等過程製造出來的茶菁，一般稱為（普洱）「生茶」，因製作過程只容許茶葉經歷非常輕微的發酵，有別於 1970 年代中期發展出之渥堆發酵的「熟茶」。雲南大葉種強烈的茶性，使得剛出廠的普洱生茶一般相當苦澀，稍微久浸即難以入口。雖然轉化的時程非常緩慢，但是生茶陳放二十年以上，即開始呈現一些顯著的轉變，青澀、苦澀味會逐漸消失，而產生另一種相當不同之韻味；原本生茶強烈之清香的味道，也隨著陳放的時間轉變成較不明顯、較不上揚，因而常被描繪成「幽雅」或「沈靜」的香味；茶湯顏色也由原本清澈的淡綠色，隨著陳期，而由金黃、淡紅、棗紅而暗紅，茶水的口感也會有相當顯著的改變。

換句話說，陳年的變化在視覺、嗅覺或味覺上，是相當可以感受得到的 (noticeable) 變化。一般也會從週期的概念（如五年、十年一次滋味的顯著轉變）來描述陳放導致的變化，以說明茶的質性與品嚐上有顯著之階段性的轉變，而苦澀味的消失及陳年韻味的增強則是兩個最重要的指標。同時，茶品是否經過第一個轉化的週期，有一番徹底的轉變，也與市場價值密切相關；已「轉過來」的茶品質性確定，消費者可以開始享用其陳年特質，茶品也享有較高價格[50]。同時，陳期也非陳放愈久即愈好，業界普遍有「顛峰期」之說，過了此期，茶的質性逐漸「衰退」，品嚐的價值降低，此時反而要阻隔茶繼續老化，一個常用的方法乃以保鮮膜密封，減低茶與外界的接觸，以維持品嚐上的豐富性。陳期、陳化、顛峰期或衰退等概念，也說明陳年的內涵與品嚐有密切關係。

50　至於週期的長短則很難論定，會隨著每一茶品的條件而異，緊壓的生茶若存放在乾燥的環境，有時歷經二十年仍只有表面出現些微的變化，內部仍如新茶苦澀（因而陳期較低）；相對地，散茶一般轉變的週期則較壓製成磚、餅的茶品短。

品嚐普洱的身體感項目

陳期、陳化、顛峰期或衰退期等概念與習行 (practice)，乃建基於一套由數個身體感項目 (categories) 組成的品嚐方式上。這些項目由一種或數種感官組成，形成品嚐普洱時的焦點，就如認知人類學強調之文化分類項目，這些品嚐的項目是組成我們經由感官經驗普洱茶的架構，因而以身體感的項目稱之。它們有若英文 key flavor 一詞所示，消費者在品嚐飲食時，常從這些項目來感受茶經由感官經驗所傳來的訊息，迅速地將尚未秩序化的訊息歸納整理，形成「可以辨別」的經驗。而茶的品質之判斷與描述，亦藉由這些項目來達成。這些身體感的項目乃消費者於長期品嚐的過程中學習而得，將原本屬「前經驗」、概念／知識性的項目，內化成為感官經驗能力的一部份，是個人由「不懂得好喝在哪裡」的階段，經由這些身體感項目的學習與品嚐能力的訓練，轉而成為老饕的關鍵。

從茶書、網路的豐富討論、茶商的訪問及參與茶會的田野資料中，筆者可以發現，最常被提到的項目是普洱的「陳韻」——普洱長期陳放後所展現的風味。品茗原本即有「喉韻」一詞，指的是嗅覺的氣味與味覺之甘、澀等感受的結合，用一位茶商的描述，喉韻是茶入口後，茶的香氣與滋味於口內擴散的感受，鼻聞香氣、舌嘗湯味、與喉頭「回甘」（甘甜味的湧現）、「生津」（唾液分泌）的總和。

「陳韻」的感受也與時間有些關係。喉韻的用法有類似「時間差」的機制，指刺激的主體消退後，仍遺留似有似無之持續的感受。在普洱茶乃指茶湯入肚，嗅覺的香氣與味覺的湯汁滋味已經消退後數秒，一股回甘的韻味才湧現，而有口齒生香的感受及兩頰生津的感覺。亦有茶人形容，普洱茶的風味是「剛喝進口裡的時候，好像沒有味道，但茶湯吞下去的時候，舌根又感覺有一種味道，因香氣藏在味道裡」[51]。

---

51   范增平，〈普洱茶在臺灣的傳播與發展〉，頁 72-86。

　　普洱茶經由陳放後轉化出來的韻味，常為茶人及消費者從三個面向來感受：「陳香」、「味道」及「水性」[52]。

　　「陳香」乃指普洱陳放轉化出來的香味。茶一般若置於空氣中，原本的香味很容易消退，不過若仔細保存，陳放過程中的化學作用卻能夠帶來氣味上的變化，因而有「轉化」之說。普洱生茶製作類似一般的綠茶，製作過程沒有促使茶葉發酵的工序，因而新茶具有類似綠茶的清香。普洱若長期在半密封的狀況下陳放，原本的香氣在逐漸消退後多已經轉弱，但長期存放則產生另一種轉化出來的香氣，需要仔細品嚐方能分辨。茶書及網路上對茶香的種類有相當多的討論，也指出「荷香」、「參香」、「蘭香」或「樟香」等不同的味道。「越陳越香」、「越醇」的說法亦相當普遍，認為原本的香氣消退後，陳放轉換的香氣會隨著時間而增強、變得更加濃厚。從茶湯中品辨香氣，是第一個步驟。

　　茶的「味道」則指味覺的感受，例如甜、苦、澀、酸、乃至無味之味。這些味道被認為和不同茶區茶品的特色或陳放的時間有關，一般也將苦澀與甘甜味相關連，前者於陳放過程中逐漸減低，轉化為後者。也有將苦、澀各列為可以欣賞的美味[53]，輕微的苦促進回甘，因而反而能夠凸顯甘甜；微量的澀味則使口腔肌肉收縮，促使唾液分泌，並加強茶湯的強度。

　　「水性」主要指觸覺的感受，最常被提起的是普洱茶水入口經過喉頭的「滑」。普洱茶經過陳放後，泡出來的茶汁變得濃稠，入口時的柔感被稱做「滑」。一位受訪者即指出，不能用品嚐烏龍的方式品飲普洱，因為品烏龍重香味，並注重舌尖感受水性，用品嚐烏龍的方式則無法感受普洱的精華；他強調飲普洱則需注意到舌根「滑」的感受，並比較不同陳期的茶品茶湯「滑」的程度，及茶湯經過舌根時，湧現的香味。滑與甘甜常被並提，可能因為兩者常

52　此三者在一些茶書中被獨立出來描述，但在討論中有時又會從滋味、水性及香味來說明韻味，因為此三者都和韻味涉及之嗅覺及味覺有關，且都因陳放而有此種展現，筆者因而將之納於陳韻的項目中討論。

53　鄧時海，《普洱茶》。

在茶經多次沖泡、其他味道漸淡後，更易凸顯，也是喝陳年普洱的一大特色。有些消費者在陳年普洱難以再沖泡出味道後，將茶葉置入壺中以小火煮，以品嚐最後能夠煮出來的茶湯甜滑的滋味。

　　陳韻之外，另一個常被提到的項目為普洱的「茶氣」。不過茶氣的討論較為分歧，有人完全不認同「氣」的概念及感受，因而認為討論喝普洱之氣的感受過於玄妙；但相對的，認為能夠感受到身體氣動的人，卻於普洱引發之氣動的感覺有非常豐富的描述，普洱的茶氣更是這些人判斷普洱茶的品質，或分辨乾／濕倉茶最重要的原則。濕倉茶因為受過霉菌的化學作用，雖然經過透氣「退倉」的程序，但茶氣較不上揚，且出現「悶」過的味道。有報導人說是茶的香味「留不住」，不似乾倉茶茶湯入口後，淡淡的香味留在口中。

　　普洱因其強烈的茶性，似乎較其他種茶更具有引發氣動的質性，因而有些茶人及消費者開章明義似地強調：喝普洱的感受是「全身」的（而不只是口感）。這些人在品茗普洱時會注意氣在身體引發的作用，尤其是氣的方向性與力道。一些普洱茶會帶動「氣往上走」（或說往頭的方向「衝」），給人很「旺」的感覺；一些茶品則帶動氣往下走，讓人感覺「沈」，積存於頭部的氣也能夠適當發散；有受訪者強調，常在晚上泡一壺陳年普洱，讓自己「沈靜」下來。

　　「打嗝」與「發汗」亦常被指出與茶氣有關。喝「有茶氣」的普洱幾泡後，常會打嗝，手心與額頭微微發汗，全身亦常有溫熱的感覺。或許也因為這種類似能量流動的感覺，有受訪者會強調喝普洱讓他感覺全身「溫順」、「舒暢」。因此，一般除了認為普洱較不會傷胃之外，喝普洱養生之說也常在普洱文本中出現。

　　因此，從喝茶後身體一些稱為「氣動」、「氣感」的感受與反應成為一些普洱愛好者判斷普洱之價值的重要原則。認同氣感的品茗者會強調，普洱茶若沒有豐富的茶氣，就不值得購買；當他們尋找有「將來性」的茶品時，強烈的苦澀味並不全然是負面的因素，因為苦澀味會於繼續陳放的過程中轉化，但茶若無強烈的勁道，後續的陳放將使之消失殆盡。他們也從這個氣感的項目來貶抑

「作手茶」、「濕倉茶」及「渥堆熟茶」，這些茶品或以類似烏龍半發酵的作法，或參雜少量的熟茶，或讓茶於人工製造之潮濕的環境產生霉變，或用渥堆工法促進陳化，雖然能夠減低生茶的苦澀，並製造出某些類似陳化的味道，但這些作法被陳年生茶普洱的擁護者認為乃是「破壞」茶性，以換得溫順好喝的口感，但缺少普洱應有之表現於品茗者身體氣感的「個性」而不值得鼓勵。因而他們除了從茶的氣味，也會從氣感的項目來判別普洱茶是否「作假」或「入過倉」。

這些身體感的項目（如陳香、水性、氣動）與身體的反應（如打嗝、發汗）可說組成一套品嚐普洱之「方式」(style)，消費者經由這些項目的結合來品飲普洱茶的令他們感到值得品嚐的重點，也經由這些項目來判斷、鑑定、分辨各種茶品的「好壞」與「真假」。這套品嚐方式和臺灣消費者過去習慣之烏龍茶系的品嚐方式有一些明顯的差異，欲依循臺灣普洱風潮所發展出來之品嚐方式來感受到普洱好喝在哪裡，亦非能夠信手拈來，而實涉及品嚐方式的轉變及品嚐能力的培養。

品嚐方式的轉變與身體技能

在臺灣以烏龍茶系為主的品茗文化中，普洱的風行實牽涉到相當顯著之品嚐方式的轉變——從以茶香為主要品嚐焦點的品茗方式，轉而至普洱陳年韻味及氣感的強調。這個轉變的過程表面上好似只是飲茶內容一個簡單的改變，但若深究之，即可發現，陳韻與氣感的品嚐與欣賞並非一蹴可及，而是涉及感官的學習與品嚐能力的培養。

烏龍茶的產製與消費在臺灣已有數百年的歷史，臺灣經濟起飛後，品茗及製作的精緻化，也發展出一套具有臺灣特色的茶文化。如前所述，烏龍茶在製茶工藝上屬「半發酵茶」，在製作上強調茶葉發酵過程精密的掌握，雖然在製作上——如殺青、揉捻、烘焙——多已機器化，但是整個製茶過程仍非常依賴製茶師傅的經驗判斷，若將半發酵茶與無需發酵工序的綠茶及全發酵的紅茶相

較，可謂是技術要求最高者[54]。臺茶秉持福建半發酵茶製作的傳承，在 1960 及 70 年代以鹿谷地區出產之「凍頂烏龍」及坪林之「文山包種」最為有名。不過臺灣茶葉的製作傳統在 1980 年代有了相當重要的轉變，高山茶的出現相當程度地影響臺茶的製作與品味，烏龍茶的品種於種植在一千公尺以上的高山後，因為高海拔生長環境的影響，茶葉中造成苦澀味之單寧酸含量較低，葉片肥厚，內含物高，因而被認為品質較平地茶好，業界也利用其特點，改用較低的發酵度以呈現高山獨特的清香氣味，開發出臺灣特有之「高山茶」。

高山茶推出後大受歡迎，可說更進一步呈現臺灣一貫注重香氣的品茗方式。業者非常重視各山頭茶葉所蘊含之特殊氣味，除了以輕發酵製作來呈現各茶產區特殊的清香氣味，也減少傳統凍頂烏龍製茶上相當強調之焙火的工序[55]，只以機器將茶葉烘乾，如此茶葉維持較高的水分含量，得以保持這股清香的鮮味，並大量運用真空包裝，並以冰箱冷藏，以保持高山茶的鮮味。在茶具的設計上，聞香杯在高山茶盛行後的普及[56]，也清楚地顯示強調「品香」的品茗方式。品茗者將泡好的茶水倒入茶杯前，先讓茶水過一趟聞香杯，於喝茶前，先就著聞香杯，品嚐剩餘的茶水於高溫的杯中乾涸時所呈現之濃郁的「杯底香」。這道程序一方面讓品茗者更容易欣賞到臺茶的香味，尤其容許較傳統凍頂烏龍茶香味清淡的高山茶之清香氣，能夠顯著地呈現出來；另一方面，也精緻化了品茗的嗅覺體驗，於原本「杯面香」（飲茶時品嚐茶水從杯面發散的香味）之強調中，更分出杯底香的項目。

在這個品茗傳統中，品飲陳年普洱茶可說涉及相當顯著的轉變，需要品茗者從一個不同的方式來品嚐普洱陳年的韻味。陳韻強調的並非是茶的香氣，而

54　陳煥堂與林世煜，《臺灣茶》。

55　傳統「焙火」的工序以木炭焙之，一方面有乾燥的作用，以利保存，防止質變，另一方面，也經由焙火呈現（乃至轉化）茶香。若以烏龍茶為例，有中熟、重熟之分，機械化的現代製茶則改用烘焙機。高山茶則常之以機器乾燥後，即賣出，因而有人稱之乃跳過焙火階段，直接以「毛茶」賣出。

56　聞香杯（或雙杯品茗）的出現在茶藝界仍有一些爭議，有的茶人強調雙杯品茗乃臺灣茶藝界 1970 年代中期所創，亦有人認為自古即有類似的杯子存在，雖然是否做為聞香用杯並無從考證。不過一般都認為聞香杯的普及主要是發生於近二十年在茶藝館盛行時期。

是較為內斂的氣味與茶水入口時之口感的結合，是嗅覺、觸覺與味覺的融合。消費者在喜愛普洱之前，常經歷一段學習的過程，學習調整感官感受的方式，從陳韻與氣感的身體感項目來品嚐普洱茶的陳年風味，並企圖於茶湯中區辨出各個項目，以茲評斷普洱的陳期、韻味、力道與價值，或偵測是否有負面的濕倉味、霉味及造假的發酵味。因為品飲普洱茶需要改變臺灣傳統品嚐烏龍的方式，普洱茶的飲用也因此似乎特別需要「入門」的過程，學習從一些新的品嚐項目來品飲普洱[57]。

　　品茗普洱之茶具的使用與設計也反映此種品嚐的方式。品嚐普洱一般並不使用品飲烏龍的聞香杯，臺灣業界所開發之品飲普洱的專用杯，是內部施以白色釉色的淺杯，目的在於能夠呈現普洱陳放轉化後茶湯的顏色，以方便視覺的觀察。有些茶行則推廣透明的玻璃茶海與茶杯，方便品茗者舉起茶海面對光線，檢視普洱茶湯是否清澈（以判斷茶品是否經過渥堆的工序，分辨熟茶與陳年生茶），並從茶湯的顏色來判斷轉化的程度。因為品茗的重點不在於茶香（連杯面香也少強調），使用的茶海及茶杯不需強調保溫，有些茶人也使用大碗開闊型的茶海與廣口的淺杯（而非品飲烏龍時常使用之較為收口，有聚香作用的杯子及茶海），如此茶水呈到品茗者之前時，茶溫已降到適合直接飲用的溫度。

　　換句話說，普洱茶在臺灣從原本被認知的港式酒樓「菊花普洱」或臺灣過去常稱之「臭脯茶」，到今天成為許多愛好者收藏珍品的過程——也就是普洱茶在臺灣十多年的生命史——所透露的，並不只是臺灣及香港茶界常提出之「臺灣茶商炒作成功」的過程，亦不只是經由「物的社會生命史」所展現之社會、經濟及政治如何塑造商品價值的過程。普洱茶「麻雀變鳳凰」的轉變告訴我們，以身體經驗為基礎之品嚐方式的轉變在物的生命史中，尤其於 Appadurai 強調之價值認定上，亦扮演重要的角色。經由身體作為經驗的媒介 (experiencing agent)，品茗者經由品飲方式的學習與創新，容許普洱茶的價值建

57　於「隨機取樣」組中只有 8.4% 的受訪者認為只要一至三年即可瞭解普洱（「滾雪球」組則有 14.9%），其他不是認為需要三年以上的時間，就是表示尚未能充分瞭解普洱。

立於一套品嚐之身體感的項目及這些項目形成之品茗方式上，在建構價值的分類系統中——如普洱之乾／濕倉、新／陳年茶——填入建基於身體經驗的內涵，容許品茗者從具有文化特色的面向，來品嚐／評斷普洱茶的價值。

的確，就如現代許多流行品味的風行常與專家有密切的關係，陳年普洱茶的風潮亦不例外。專家在說服消費者普洱的特殊風味乃具有價值的「陳年」滋味，而非囤放產生的「質變」[58]，並教導消費者如何品嚐普洱、如何感受陳年的價值、及普及化這套品嚐的方式上，的確扮演重要的角色。而且他們常是物的價值決定過程中的操作手，也常是何為純正的品飲風格之論戰的參與者。

不過專家只能夠提供概念上的項目分類與論述，這些項目經驗性的內涵則於每個消費者各自於感官經驗與物之間的互動（也就是品茗）中衍生，而非專家可直接賦予；也就是說，這些項目的內涵（或說文化項目的意涵）乃於人與物的密切關係中衍生。就如人類學的文化理論雖然強調，文化提供個別成員分類的項目與意涵，組成個人認知這個世界的基礎，但是這些項目之經驗性的內涵，並不存在於我們的腦袋中、或存在於外面世界的一角，而在於人與物之間，因而如何為（中國文化所謂的）「甘甜」或「何謂苦澀」等項目之詳細感官經驗，則需成員於成長的過程中，經由身體這個經驗的媒介，從文化的面向學習而得。同樣的，普洱陳韻的感受，也需要消費者在參考專家提出之品嚐項目的同時，從自己的品嚐經驗來填補陳韻、陳年的內涵，而有各自感受上的差異與一般所謂之主觀的偏好。

因此，從臺灣陳年普洱品嚐的方式考量，市場價值的操作雖然相當程度如 Appadurai 與 Douglas 及 Isherwood 所代表之「項目性消費」所論，乃建立於社會與歷史過程所建構出之文化概念的分類與價值的論述之上，但是上述的分析企圖說明著：這套文化的價值體系不只存在於概念的層次，更因物與人在消費過程中密切的關係，而體現於消費者的感官經驗，並內化於他們經由感官的

58　筆者接觸的茶農及製茶師中有部份仍認為茶於存放兩年後就會產生「質變」，需要多次烘焙，乾燥，方能繼續存放，否則即會「變壞」。

學習與訓練所形成的品嚐「能力」，成為 Mauss[59] 所謂之具有文化特色的身體技能 (body technique)。如此，消費者能夠在品飲普洱茶時認出典型的味道 (key flavor)，能夠從臺灣的品茗文化所發展出來之品飲普洱茶的方式來辨別「陳年」這個項目性消費的範疇，並從普洱茶的滋味與茶餅身世的論述判斷其價值。前述的普洱分類（自然／作手、乾／濕倉、喬木／灌木茶）或定義的爭辯，也非單純之認知上的操作（或人類學所謂之 good to think 的層次），而更是普洱風味的爭辯，是行動者從感官與身體感項目確認價值的過程。每位消費者品嚐普洱的功力（身體技能）雖各自有異，於各項品嚐之身體感項目之內涵（感受）亦可能出現差異，因而呈現經驗的主觀性與個人的偏好，更有鑑定價值之能力上的落差，但也就如人類學家於「文化」的概念有各自的定義，但不損這個概念作為學術溝通與建立論述的媒介，消費者於品嚐普洱的身體感項目雖有各自的體驗描述與品茗能力，但這些項目與這些項目形成之品嚐方式在推廣、爭論與市場運作中逐漸確立 (established)，這個陳年普洱的市場才能夠出現並運行。而普洱的價值──或說，普洱「具差異性意義」的價值──乃於身體經驗層次之普洱滋味的分類與爭論中，獲得定位的機會。

物性、感官與價值

如果普洱茶市場的成形與品嚐普洱的方式之形成及普及有關，那麼一個相關的問題是：一個以陳年為主要之價值標準的市場（包括價值的認定）及品嚐方式能夠形成，與普洱茶本身物質的特性是否有關？也就是，「為何是普洱」（而非其他茶）的問題。

以陳年為概念操作的市場有許多，如古文物、古董及古蹟即是最常見的例子，不過以陳年的概念經營會腐敗的 (perishable) 飲食物類之商品則較少，較常見的例子是酒。許多文化都有酒「愈陳愈香」、「愈醇」的說法，中國黃酒及白酒類都強調陳放，法國的葡萄酒及白蘭地之類的蒸餾酒之價值與陳放之間的

59　Mauss, "The Notion of Body Techniques," pp. 97-105.

關係則具有國際性的市場，紅葡萄酒尤其擁有一套精緻的收藏與品飲文化。飲食類的物於陳放後會轉化出不同質性的想法與習行，在中國社會有長久的傳統，例如於中藥藥材方面，有「陳」字開頭的藥材，如陳皮，或其他柑橘類的藥材都需要放置一段時間方才使用；人參有直接曬乾、煮後曬乾及蒸熟後曬乾三種，蒸熟後曬乾的人參呈紅色，陳放後的價格一般較高。酒、藥材陳放都有類似目的——減低物新鮮時強烈的質性，期望時間所導致的變化能夠產生感官上更能夠接受的滋味（如酒新鮮時澀、辛辣，轉為溫和、更豐富的風味）或效用上更能夠達到醫學目的的品質（如人參引起「燥」的副作用，轉為較溫和的藥性）。

普洱茶之所以具有以陳放作為特殊滋味與價值來源的潛力，與早期普洱本身強烈的茶性與製造方式有關。在雲南茶廠尚未改制為國營，並為提高產量而全面採用現代化茶園管理之前，雲南普洱茶主要以森林中數百至千年的喬木古茶樹所採摘的茶葉作為原料做成，這些喬木茶樹原為高山上野生，即使是人工栽培，當地少數民族亦讓其自然生長成高大的茶樹，而未如現代茶園為了增加茶葉產量，而採用「強迫剪枝」的方式將茶樹剪成灌木叢，以增加可供採摘之新葉的數量；同時過去採摘次數少，不若近年茶廠一一民營化後、於資本經營理念下每年採摘高達八次之多，因而老普洱茶餅的茶葉較現代生產者大且厚實，內含物高，因而具有強烈的茶性，容許陳放，即使於非密封狀態下存放數十年，仍然能夠展現出強烈的風味，此乃其他類茶難以比擬之處[60]。

普洱生茶的製作方式類似綠茶，茶葉於日光萎凋後即殺青，再日光曬乾，即完成可供飲用的毛茶，製作工序上只容許非常短時間的發酵作用。毛茶運送到茶廠後再經蒸軟，以利石模或機器壓製成方便運輸之陀、餅等形狀，即是現在市場上一般的「生茶」或「青餅」。生茶普洱不同於綠茶之處也在於最後這些工序，雲南的綠茶一般將毛茶直接以機器烘乾即成，而無普洱生茶最後之蒸

60　今天消費者及茶商雖亦囤積新普洱，但消費者也普遍對近代生產或新普洱能否在陳放後達到現存之老普洱的品質，抱持存疑的態度。

熟、壓製及陰乾的手續，但是也因為普洱最後這些手續，使得茶葉保有較高的水分（含水量約 12%），而非如綠茶為機器烘乾（含水量 5% 以下），而促成普洱在陰乾的過程及後續運送與倉儲時，茶葉內部化學作用緩慢持續進行，而容許出現日後所謂的陳化或「後發酵」作用的產生；用同樣材料製作的綠茶，在機器烘乾後，陳放可能產生的變化相對緩慢許多，難以出現引人注意之陳韻的風味。普洱高含水的特色也使得茶葉壓製的技術成為影響陳化的變數之一，以機器壓製過緊的茶餅因內部水分難以陰乾，而容易產生黴菌的質變，不堪飲用，或因為過緊，阻止空氣與內部接觸，不利陳化的進行。早期以手工、石製模具壓製的普洱因較鬆，但其形狀又能夠將氣味凝聚於茶餅或茶磚中，不至快速發散，而於長期陳放後有今天膾炙人口之「陳年普洱」。

　　從製茶的生化觀點視之，普洱強烈的茶性在感官及化學上所展現的苦澀，卻是轉化產生另一種質地的來源。「陳放」可說是以長時間，讓類似烏龍製程中之澀轉香、苦轉甘的發酵過程，於乾燥與緊壓的環境中緩慢進行，而喬木培育的茶葉強烈的質性則提供豐富之轉化的原料，方成就今天碩果僅存之「歷史偶然」下存留的生茶老普洱。而陳年普洱茶的品嚐方式——陳期的講究、陳韻及力道的品嚐項目，即在於感受這個強烈茶性緩慢轉化的結果。而也就是因為品飲者發現普洱強烈的苦澀質性在陳放的過程中會逐漸轉化，成為溫和、易入口、具有特殊韻味的茶品，並積極開發出一套品飲陳年普洱的方式，陳年普洱的風潮方才有興起的機會；而普洱的價值，也在業者成功地推廣陳年的品嚐方式，形成消費與收藏的風潮後逐步高昇，陳年普洱也成為一種難以用評斷其他新茶的標準來比較之茶品，尤其當老普洱於近年開始脫離市場，成為如寶物般地為少數付得起高價的消費者收藏後，陳年茶的品飲與收藏的價值，可說形成 Appadurai[61] 所謂之價值的領域 (regime of value)，有其內部價值的定位系統，難以再從過去臺灣茶界習慣使用之價值的標準與邏輯來論斷。

61　Cf. Appadurai, *The Social Life of Things*.

　　從異時性 (diachronic) 的角度檢視普洱風潮的發展，我們可以發現陳年普洱的價值乃是「時空」、「物性」與感官的結合。普洱在「歷史的偶然」中形成「陳年」的風味，但其物性的特色乃於進入臺灣高度精緻化的品茗文化中，方被一群茶商／茶人積極發掘，發展出陳韻風味的強調與品茗方式，確立陳年普洱這個商品項目的位置與價值，而容許陳年普洱的「項目性消費」於 1990 年代中期快速興起。普洱的物性於行動者的感官與物密切的交涉中獲得展現的機會，與因應而生之陳年的品茗方式結合，成為建構普洱價值最重要的因素。普洱茶物性與時空的密切關係也呼應了 Miller 在 *Material Cultures: Why Some Things Matter* 一書的副標題所指出的，物與物性如何在某些特定的時空與社會狀態下，扮演重要的角色[62]。普洱的例子清楚說明，物性乃於不同時空的脈絡中為人們以不同的方式發掘與塑造，從邊疆茶、貢茶、（製成紅茶之）外銷茶，而至陳年茶，而其近期於陳年風潮中之全面的展現，先有香港的倉儲而導致之物性的轉變，而後待另一時空與社會狀態（臺灣經濟、精緻的茶文化）的配合與行動者的發掘，方成為建構價值非常重要的因素。異於 Douglas、Isherwood 與 Appadurai 等人主張的，物沒有內在的質性，物性乃於文化體系中定位，因而不扮演重要角色的論點，普洱的例子告訴我們，實際上物性反而是陳年普洱之品茗文化能夠出現之關鍵性因素。「項目性消費」的立場主張物的特性乃從文化的角度解讀的結果，是 read (culture) into things，是個人在社會的過程中，從文化的體系來判別的結果，因而有物的價值與物內在的本質無關的論點[63]。普洱茶的例子則建議我們應從感官經驗的角度深入探究行動者（品茗者）與物的特性之間的密切交涉，以瞭解物的特性如何為人所發掘、感受、使用，而這層關係又如何影響市場的形成與運作。

62　Miller, "Why Some Things Matter," pp. 3-24.

63　Cf. Tilley, *Reading Material Culture.* 這個取向可以書中所回顧之 Levi-Strauss, Geertz, 及 Barthes 等人的理論為例。

這個學習、培養 (cultivation)、或納為己物 (appropriation) 的過程在各種物消費方式的形成中乃是不可或缺的部份。消費者剛開始經驗新的消費品或風潮時，都會經歷一個感官學習與能力培養的過程，將一件原本只能於概念及知識性 (read into) 的層次上瞭解的「外物」，轉而成為自己有「能力」品嚐／經驗、判斷價值，並將之納入日常生活的「己物」，而也在此過程中，消費者開始培養出 read from things 的能力。從訪問中，我們可見消費者對於同樣的普洱茶品雖然有各自的好惡判別——因而有各自「主觀」的感受，但是他們 read from things 的能力，常建立在同一套品茗（或說感知）的方式上；另一方面，這個過程亦容許消費者在瞭解此套消費方式，培養出自己判斷價值，擁有 read from things 的能力後，轉而能夠在現代各式媒體所提供之討論空間中，參與消費內涵的定義與價值標準的建立。如此我們可見品嚐普洱愈加精緻化，相關的論述增加，而價值的操弄（Appadurai 強調之政治運作決定價值的過程）也愈加建立在此套成形之感知方式的基礎上。

「收藏」與「製造」陳韻

收藏有價值的「物」或是「味道」？

普洱的收藏風潮與消費方式也告訴我們，消費者積極囤藏的不只是有價值之物本身，更在於「收藏」物所蘊藏之（發自於物性的）陳韻風味。普洱乃消費品，歷次飲用皆帶來部份的消耗，不若其他較具展示功能之非消耗性藏品，成為藏品的意義主要來自人們視覺及觸覺與物的互動，與此互動的過程及方式所衍生的意涵。與普洱的互動主要經由嗅及嚐，普洱價值的意義需經由口進入人體確認，與其他收藏品與人之間的互動方式有極大的差異。從臺灣消費者收藏普洱的方式，我們可以發現，普洱之所以被珍藏，相當重要的原因之一乃是因為消費者企圖擁有理想之普洱的味道 (taste)，所以他們可以不定時地品嚐到陳年普洱所展現的滋味，即使當下沒能即時享有，亦可期待囤藏的普洱在逐步轉化後出現理想之陳韻的風華。

　　臺灣普洱消費者多會囤藏一些數量的普洱茶品。沒有投資意圖的消費者，在老普洱逐漸（於飲用中）消耗殆盡，價位持續升高下，也常會積極自行陳放一些「年輕」的茶品待將來陳化後享用，因而與其他種茶品的消費者相當不同的是，多數普洱的消費者手上或多或少都會有一系列的茶品，從不同年代（陳期）、而至不同形狀（沱、磚、餅、到散茶）、不同生熟度、不同拼配（芽尖、粗老葉）、乾／濕倉、不同茶山、茶廠的製品。之所以會出現一系列的狀況，一方面因為各種茶品的數量不多，保存狀況好者價高，一般消費者難以大量囤藏同一茶品，另一方面則與各茶品展現不同的味道有密切的關係，茶的生熟度、拼配、產區及製造茶廠都會影響茶的滋味，陳年的品茗方式更影響收藏及實際消費的選擇，年輕者仍待陳化，純乾倉而有一定年份者為數不多，珍貴者量少不堪經常飲用，積極藏茶以擁有或期待擁有陳年的風味，因而成為普洱消費的特色，與臺灣烏龍茶系的消費者多只存有當季茶品的狀況非常不同。

　　除了關切如何挑選好茶以供囤藏（鑑定老普洱的種類、判斷值得陳放的年輕茶品），如何陳放（如何包裝、放在何種環境下讓陳化能夠順利進行）更是一門學問。許多雜誌及網路討論都觸及這個課題，一般都會強調置於空氣流通處以免茶受潮出現霉變，但如前所述，也有強調茶需入濕倉者（也就是應放置於刻意製造的潮濕環境）；有人主張需讓普洱於恆溫恆濕的環境下陳放，有人強調高溫、濕度會影響陳化的品質（因而需減低溫濕度，讓茶緩慢進行轉化，以呈現出較細緻、多層次的滋味），有人認為陳化乃化學反應，因而臺灣的高濕度當能夠加速陳化的進行（所以高溫濕度不需處理，以早日轉化出可以飲用的普洱）。藏茶也因而有不同的方式，有在家中挪出特定房間，用空調建立恆溫恆濕的環境，有用各式的甕（尤其是不上釉者）或紫砂罐以減少溫濕度隨環境變化的幅度，並保持一些程度的透氣，容許陳化進行，亦有強調以原來竹箬包裝存放最好。各有各的講究，且眾說紛紜。

　　挑選收藏茶品的考量與藏茶方式的講究，都說明消費者不只企圖擁有具有價值的物，更期望藏有高價值的味道，尤其是目前能夠嚐到之老普洱所「應允」的滋味。未能擁有（或大量囤藏）高陳期茶品者，只有積極製造一個適當的環

境囤藏較年輕的茶品，以待其於將來轉化出期待的風味以供享用；已經達到「顛峰期」的茶則以保鮮膜密封，以杜絕進一步的陳化，以保存其「顛峰」的口味。與多數物的收藏不同的是，收藏者常以一系列、有系統的藏品展現收藏的成果與意義，並以適當的環境保存物的原狀，藏品的完整性及永續性是判斷收藏的意涵與價值非常重要的原則。普洱的收藏者最終的目的不在展示，而在於品嚐，他們不期待藏品保持原狀，反而在於其持續，但依想像之方向的轉化，一系列藏品最重要的意義不見得在於展現藏品的完整性，而在於持續擁有陳年的風味。消費者費心選購有將來性的茶品收藏，並以各種方式促成陳化朝期望的方向發展，說明著：當強調陳年、結合「陳期」及「水性」等品嚐之身體感項目的品茗方式逐漸確立之後，臺灣消費者企圖經由收藏與製造陳化的環境，企望能夠持續保有普洱這種消費品展現之陳年的滋味，而也因為普洱的質性在囤藏的過程中持續轉化，消費者在收藏「味道」的同時，也收藏了物潛在的增值。

普洱與陳韻的「共同演化」

在產地的中國，我們發現，臺灣品茗普洱的方式及陳期、水性、陳韻的強調逐漸擴展至中國後，開始影響普洱茶的製造、工藝的發展與消費，在普洱茶、陳年的品茗方式及製茶工藝之間形成密切互動的過程。我們可以看到以陳年／陳韻為焦點的品茗方式在臺灣逐漸確立，傳到原產地的雲南，引發雲南各地的茶廠強調渥堆普洱茶的正統性以茲對抗，並開始積極發展輕度渥堆與茶品拼配的技術，以模仿／假造類似生茶陳年普洱風味的茶品，以賺取高價值之生茶陳年普洱的市場。這些茶品的出現雖為臺灣部份業者稱之為假冒或作手，但是它們的出現不啻再次確立以陳年／陳韻之品嚐項目為核心之品茶方式已成為品飲普洱的標準，成為認定普洱價值的焦點；同時，在陳年／陳韻成為品嚐普洱茶的焦點在雲南亦逐漸受到重視之後，我們可以發現一套類似但強調熟茶陳年口味的品茗方式與標準，也在物、茶廠、茶商與消費者之間逐漸形成，並於雲南帶動一股收藏熟茶普洱的風潮，許多消費者開始意識到普洱茶囤放累積的價值，也開始出現囤藏的風潮，市場上陳放五年以上的熟茶普洱多被各方蒐購，十年以上的茶品即非常難尋。這股收藏熱讓昆明的茶商將 2003 下半年到 2004

年形容為「收藏年」，以指出昆明的消費者與茶商積極地尋找值得收藏的茶品，導致流通量與茶價遽升，市面上品質好的茶品急遽減少的現象[64]。許多茶品因流到消費者／小藏家手上成為藏品，暫時離開市場流通的範圍，並造成一股陳放而非直接消費的需求，此為其他（非普洱的）茶品市場難以想像的現象。

　　在創造陳年生茶普洱風潮的臺灣，熟茶雖亦非常普及，但仍難有陳年生茶的價位，不過在此品飲方式確立之後，我們可以觀察到幾個有趣的情況出現：老生茶普洱價格逐年升高之下，反而逐漸退出市場，乃至一般日常消費，成為真正的「收藏品」；與此同時，一些老字號的茶商開始進入雲南製茶，在臺灣推出高品質的新普洱生茶。前者主要因為老普洱在逐年飲用下數量穩定減少，在價格必然逐年成長的預期下，茶商紛紛惜售，「印字級」以上的老普洱的交易已不若 2000 年前熱絡，而早期私營茶廠（「號級茶」）的茶品，有的更因為僅存數片，成為少數茶商及茶人或富商的收藏品，作為個人及茶行之身份地位與專業性的象徵，而退出日常消費與交換的環節。在老普洱價位高飆，難以購得之下，自己陳放新普洱的需求也隨之升高，有信譽之臺灣茶商到雲南親自監製的新茶，以一餅數千元臺幣的高價位進入市場，賣給計畫陳放的消費者，成為臺灣普洱茶界的新現象。然而就在老普洱逐漸淡出市場交易的狀況下，一些茶商預期新普洱的市場飽和後（當消費者收藏新普洱的空間填飽後），臺灣普洱的風潮將會結束，也開始尋找下一個可能引領風騷的商品。臺灣茶葉界的「後普洱」時期亟望開發的新消費風潮與「陳年」仍有密切的關係，一些茶商開始推廣 1980 年代初期臺灣茶葉外銷受阻時滯銷存留至今的「陳年」臺茶，並以類似品飲陳年普洱的方式教導消費者品嚐二十年左右陳期的烏龍及包種茶[65]。

　　這些現象顯示，當一套品嚐（或說「感知」）物的方式逐漸成形、確立，社會上開始出現一批認同此種品物方式，並擁有一批具有從此方式品物之能力的消費者之後，這套感知的方式與品嚐的口味似乎也轉而擁有自己的力量，開

64　昆明的茶商甚且以「『只要說的清楚來歷的』茶品，價格合適即會有人搶購」的描述，來說明此種熱絡的情況。

65　「隨機取樣」組中有 75% 的受訪者聽過陳年烏龍或陳年包種的名稱。

始影響商品的製造、工藝的發展、論述的方向及市場的動向。當品物的身體感項目與這些項目形成之感知方式開始成為影響市場與消費的重要因素時,即會進一步影響研發與新物品的出現(如雲南茶廠輕度渥堆或臺灣茶人監製之新茶),這些新物品的出現可能帶動新的品物方式的衍生(如品飲陳年熟茶的方式),形成另一個階段或週期的變化。這個現象與 Shove[66] 在研究現代西方社會之舒適、潔淨與方便等身體感項目的形成與物品、科技發展的過程之間的關係時,所提出之「共同演化」(co-evolution) 的過程類似。她以空調 (air-conditioning) 在西方社會的發展為例指出,就如其他許多新科技的產品,空調在剛上市之際亦面對許多消費者的質疑,從健康與象徵的角度否定這種人工製造的生活環境適合正常人的生活,因而在引進之初,於各社會都需花費相當高的功夫推廣,並經歷繁複的社會過程後才被接受,可是當這種密閉、人工調溫的室內環境逐漸成為定義日常舒適的生活標準條件之一,空調即成為現代日常不可或缺的消費品,乃至理所當然的必需品,而建築與空調科技也一再開發新的設計與產品,以符合現代社會對這種舒適生活環境的需求,讓人們在夏天離開原本盛行之戶外公共的乘涼場所,返回「私」領域的家中,因而對現代社會如何安排日常生活與社會生活的型態造成深遠的影響。所以她以「共同演化」的概念來強調這種身體感的標準化過程與物及科技發展之間的關係,並以具有「難以回復」含意之「演化」一詞來描述這個過程。

從普洱茶的例子及 Shove 之共同演化的概念,我們可以發現,在物、工藝/科技發展、消費/市場動向之共同演化的過程之中,身體感與品物的方式突出,成為影響此演化過程的重要因素。而值得提出討論的是,普洱在經歷不同生命階段的同時,物的價值與製作也出現重要的變化,而造成這些變化的主要因素就在於陳韻之身體感(或身體感項目形成之感知的方式)與社會、科技發展之共同演化。

66　Shove, *Comfort, Cleanliness and Convenience*.

討論

　　人類學家論及價值時，常強調價值是多元的，因而需從社會、文化的邏輯來尋找這些價值之所以於各自文化中如此受到重視的原因，不過也就在人類學家脫離市場的定律從文化的體系來詮釋「價值」的同時，人類學家強調之「價值」的開始，可說正是來自於（經濟）價值的結束[67]。此與人類學家常認為有一套客觀存在的文化體系，足以解釋人們的行動、物性、與價值有關，人類學家常很快地從同時性的觀點切入，於文化體系性關係中尋找答案，而忽略人與物密切互動的豐富性，並於此密切互動的歷史過程中，產生一套認定價值的方式之可能。

　　普洱茶這項臺灣社會的「外來物」，不容許我們貿然地將普洱劃歸於任一項目性的消費，亦令臺灣人難以從既存之文化體系來詮釋普洱的物性與價值。普洱的個案告訴我們，物性與行動者基於此物性而發展出來之品茗方式，造就了普洱茶的「項目性消費」（而非文化體系定位了普洱的消費方式與物性），普洱茶特殊之處就在於其展現陳年風味的質性乃來自於成品長期陳放（而非製作）的過程，這個從負面的角度來說，可謂是儲存的過程所發生之「質變」的特性，於臺灣精緻的品茗文化中被發掘、塑造，而有「陳韻」之品嚐項目與「陳年茶」這個消費性項目的出現，相關的論述與政治性的價值建構過程乃在陳年茶這個項目逐漸成形後，而隨之衍生。

　　再者，我們可說，"good for tasting"（而非 good for thinking）發展出一套建構價值的體系。從普洱茶的例子我們可以發現，一套品嚐的身體感項目——各種香氣、氣味的上揚／悶、水性的滑／澀、陳期的老／少、韻味的生／熟、乾／濕倉的差異、滋味的純正／作手或氣感力道的強／弱——組成了陳年普洱茶的品嚐方式，並組織品茗感官上的實質內容。而普洱陳年的「價值」（包括它的市場「價格」）乃基於這些身體感的項目之間相互的落差關係而衍生之「好」

67　Graeber, "Value: Anthropological Theories of Value," pp. 439-454.

/「壞」、「值得」/「不值得」的論述與判斷，並引發消費者享用及收藏的慾望。這個價值的判斷，乃是普洱「喝一片即少一片」或其 marginal utility 之價值的基礎。

尤其有趣的是，普洱的例子告訴我們，"good for tasting" 這套品嚐之身體感項目乃是組織「具意義的差異之價值」的基礎，而"good for tasting" 也提供了 "good for thinking" 之各種概念建構（包括價值）的可能。也就是說，物、"good for thinking" 與 "good for tasting" 三者存在共同演化的關係，人類學近年的研究多強調前面兩項之間的關係，尤其從語言學的角度來說明物所具有之具意義的差異，而忽略了物之所以「值得」被賦予身份、認同、人際關係或其他的社會文化意涵，可能與物及 "good for tasting" 這一環關係所扮演的角色有更密切的關係。

這幾個論點的意義並非在於跟隨身體及感官人類學的呼籲，再次批判隱藏於人類學文化理論中之身心二元的問題，這些呼籲及「體現認知」 (embodied cognition) 的觀點在語言學及認知科學的確已經逐漸受到重視，但對主流人類學似乎仍只有非常小的影響。筆者認為，普洱這個個案最大的意義當在指出人類學處理價值與品質（物性）時，背後所涉及之 circular 的邏輯問題，普洱茶的例子告訴我們，並沒有一套客觀存在的文化體系，容許研究者據以採用來解釋普洱的物性及價值，這套文化的體系實際上乃「體現」於茶人、茶商及消費者的品嚐行動與歷史過程中，要求研究者深入物性、行動者身體主體性及文化體系之衍生三者之間密切之動態交織的辯證 (dialectic) 關係，方能詮釋慾望、價值與文化意涵等三層面向如何相互交織的課題。

參考文獻

【中文】

（明）李元陽，《嘉靖大理府志》（縮影資料）殘存 2 卷。臺北：國立故宮博物院，1997。

（清）曹雪芹、高鶚，《紅樓夢》120 回新校本。臺北：小知堂文化事業有限公司，2003。

（清）阮福〈普洱茶記〉。刊於《滇筆》（善本，不分卷）。北京：國家圖書館。

（宋）蔡襄，《茶錄》。上海：商務印書館，1927。

（唐）楊曄，《膳夫經手錄》。上海：上海古籍出版社，1997。

（明）謝肇淛，《滇略》10 卷。臺北：臺灣商務印書館，1983。

（明）謝肇淛，《滇略》10 卷。蘭州：蘭州大學，2003。

趙春洲、張順高編，《版納文史資料選輯 v. 4》，中國人民政治協商會議西雙版納傣族
　　　　自治州委員會文史資料工作委員會，1988。

池宗憲，《烏龍茶》。臺北：宇河文化出版有限公司，2004。

余悅，《中國茶韻》。北京：中央民族大學出版社，2002。

金易、沈義羚，《宮女談往錄》。北京：紫禁城出版社，1991。

范增平，〈普洱茶在臺灣的傳播與發展〉，刊於黃桂樞編《中國普洱茶文化研究：中國
　　　　普洱茶國際研討會論文集》，頁 72-86。昆明：雲南科技出版社，1994。

茶陶壺藝工作室主編，《普洱文選》增修版。茶陶壺藝文化公司，2001。

唐魯孫，《中國吃》。臺北：大地出版社，2000。

陳煥堂與林世煜，《臺灣茶》。臺北：貓頭鷹出版社，2001。

程光裕，〈茶與唐宋思想及政治社會關係〉，刊於吳智和編《中國茶藝論叢》，頁 1-64。
　　　　臺北：大立出版社，1988。

黃桂樞，《普洱茶文化》。臺北：盈記唐人工藝出版社，2003。

黃健亮編，《普洱茶譜》。臺北：盈記唐人工藝出版社，2000。

黃應貴，〈導論：物與物質文化〉，刊於黃應貴編《物與物質文化》，頁 1-26。臺北：
　　　　中央研究院民族所，2004。

鄒家驅，《漫話普洱茶》。昆明：雲南民族出版社，2004。

雷平陽，《普洱茶記》。臺北：盈記唐人工藝出版社，2003。

鄧時海，《普洱茶》。臺北：壺中天地雜誌社，1995。

鄧時海與耿建興，《普洱茶續》。昆明：雲南科技出版社，2005。

【西文】

Appadurai, Arjun. *The Social Life of Things: Commodities in Cultural Perspective.* Cambridge:
　　　　Cambridge University Press, 1986.

Baudrullard, Jean. *For a Critique of the Political Economy of the Sign.* St. Louis, MO: Telos
　　　　Press, 1981.

Colloredo-Mansfeld, Rudi. "Consumption." In *A Handbook of Economic Anthropology*, edited by James G. Carrier, pp. 210-225. Cheltenham, UK: Edward Elgar, 2005.

Douglas, Mary. *Purity and Danger: An Analysis of Concepts of Pollution and Taboo*. London: Routledge & K. Paul, 1966.

Douglas, Mary, and Baron Isherwood. *The World of Goods*. London: Routledge, 1979.

Graeber, David. "Value: Anthropological Theories of Value." In *A Handbook of Economic Anthropology*, edited by James G. Carrier, pp. 439-454. Cheltenham, UK: Edward Elgar, 2005.

Mauss, Marcel. "The Notion of Body Techniques." In *Sociology and psychology: Essays*, translated by Ben Brewster [from the French]. London & Boston: Routledge and Kegan Paul, 1979.

Miller, Daniel. "Why Some Things Matter." In *Material Cultures: Why Some Things Matter*, edited by Daniel Miller, pp. 3-24. Chicago: The University of Chicago Press, 1998.

Mintz, Sidney W. *Tasting Food, Tasting Freedom: Excursions into Eating, Culture, and the Past*. Boston: Beacon Press, 1996.

Rival, Laura, ed. *The Social Life of Trees: Anthropological Perspectives on Tree Symbolism*. Oxford and New York: Berg, 1998.

Sahlins, Marshall. *Culture and Practical Reason*. Chicago: The University of Chicago Press, 1976.

Shove, Elizabeth. *Comfort, Cleanliness and Convenience: The Social Organization of Normality*. Oxford and New York: Berg, 2003.

Tilley, Christopher, ed. *Reading Material Culture: Structuralism, Hermeneutics and Post-Structuralism*. Cambridge, MA: Basil Blackwell, 1990.

Watson, James L., ed. *Golden Arches East: McDonald's in East Asia*. Stanford, CA: Stanford University Press, 1997.

Weiner, Annette B., and Jane Schneider, eds. *Cloth and Human Experience*. Washington: Smithsonian Institution Press, 1989.

專家、物性、身體感：
茶葉比賽中的社會秩序*

顏學誠**

　　當比賽成績高低決定了社會資源的分配，名次所形成的階梯可能成為這個社會建立秩序的重要機制。不是所有的社會都以階梯建立社會秩序。封建社會不以考試成績高低決定誰是貴族誰是平民，種姓社會不允許改變父子相傳的貴賤職業。當社會地位是流動的，人們可以在階梯上下移動，以比賽決定彼此位置方能成為建立社會秩序的機制。雖然比賽可以建立社會秩序，但是這不意味這個安排就必然成功。在以比賽評量高低等級的社會中，不難想像有如下的抱怨：為什麼要接受一個將我擺在低等的評價方式？為什麼評價的標準是這一種而不是另一種？誰有資格評判我的高低？人的差異為何可以安排在高低的階梯中？除非在低位的人甘願忍受較少的資源與較低的社會評價，否則社會秩序永遠可能在動盪不安之中。不過，社會運作並不因為人們的不滿而終止。即使抱怨不斷，只要比賽標準能自圓其說，至少可以維持表面上的和諧。

　　本文討論以比賽成績分配社會資源的個案。挑選茶葉比賽為研究對象的原因之一是茶葉比賽的成績對於參賽茶農的經濟利益與社會地位有重要的影響，比賽成績影響了資源的分配。第二個原因是比賽制度切斷了參賽者與參賽茶葉的聯繫，茶葉比賽的評審完全以品茶時的感官知覺做為評比的對象。第三個原因是感官知覺好惡有著明顯的相對性。參賽茶農時有茶葉是「嗜好品」的說法，認為每個人的嗜好不同，喜好的口味沒有好壞之分。若是茶葉是嗜好品，

---

　*　此項研究受到中央研究院主題計畫「感同身受：日常生活與身體感的文化研究」補助，特此致謝。
　**　國立臺灣大學人類學系助理教授。

意味著好壞評定是評審個人主觀的喜好。若是評比沒有客觀標準，將使得茶葉比賽失去合法性。綜合以上三個原因，以感官知覺做為評判標準的茶葉比賽，可能含藏了不穩定的因子。參賽者可以用茶葉是嗜好品的說法，反對茶葉比賽所做的資源分配。當比賽成績對茶農的利益有直接影響時，茶農更容易以茶葉是嗜好品的說法，為自己未獲獎開脫，或是攻擊評審以自己的好惡評斷他人的茶葉。本文想要探究的是茶葉比賽可以用什麼方法，回應此感官知覺的相對主義？

在理解茶葉比賽如何解決此難題時，本文將指出，茶葉比賽對於茶葉的物性有特定的看法。這種物性可以被身體所感知，並且此物性與身體感有明確的對應關係，因此不會陷入相對主義的危險。能以身體感察覺這種物性的人成為專家，他們有資格評斷高低、分配資源。雖然專家掌握了茶葉物性與身體感的聯繫，但是這種連結的邏輯必須為茶農所承認，否則專家所做的資源分配將得不到社會的支持；由此，物與身體感的邏輯遂可成為建立社會秩序的基礎。

問題意識

本文的關鍵問題是口味的相對性。茶葉比賽要獲得合法性，勢必要提供一個客觀的評比標準以對抗口味相對性的說法。茶葉比賽存在特定的社會情境中，這個情境可能產生某些壓力（如評審單位灌輸的判別好壞方式，或是必須參加茶葉比賽才能維持生計），強迫參賽者接受評比的標準。但是除了這類外緣的解釋，本文試圖在茶葉比賽的制度層面，找到產生客觀標準的內在理由。茶葉比賽以品茶的感官知覺為評判對象。若是要從比賽自身找到客觀標準的依據，則這個依據必然需要在品茶的感官知覺中探尋。

不定的物與不定的身體感

上述的問題牽涉兩個部份：物——茶葉，以及對該物的感官知覺——品茶的身體感。這個感官對象與感官內容的二元關係看似簡單，但在學術的討論中卻充滿了不確定性。Sapir 認為語言決定了什麼是真實；不同的語言創造出不同

的世界，而不是以不同角度觀看一個相同的世界[1]。同樣的說法可見於結構語言學者 Saussure，他認為語言不只是給予已存事物一個名稱，語言的差異不是大家對相同的事物給予不同的命名而已。Saussure 將符號 (sign) 區分為「意符」(signifier) 與「意指」(signified)，一語言中所有的意符與所有的意指各自形成系統，我們對於某一意符（或意指）的認識，必須放入所屬的系統中，透過消去法將之界定出來[2]。在這種脈絡論的觀點中，事物不具有自身固定不變的性質，我們對任一事物的認知受到它所屬的系統的決定，只要系統內任一元素發生改變，它的定義即有不同[3]。因此，做為感官對象的物（意指[4]）與感官內容（意符）皆無固定不變的內在本質。

在脈絡論下，文化的比較是不可能的。因為我們無法確定所比較的是同一件事物。Schneider 對傳統親屬研究的批判說明了這個脈絡論的邏輯[5]。他指出傳統的親屬研究預設生物性血緣關係是親屬的本質，而不同文化的親屬體系是對生物性血緣關係的不同詮釋（例如：英文中的 cousin 與中文的堂兄是對同

1　Sapir, "The Status of Linguistics as a Science."

2　Saussure, *Course in General Linguistics.*

3　脈絡是文化概念的重要預設。脈絡論的基礎是系統，強調必須將事物放置在它所處的系統中認識。在脈絡論的理解中，任何系統所構成的脈絡自成體系，彼此無法比較。不僅是不同系統之間發生斷裂，時間亦被切割成不連續的段落。我們只能討論兩個系統的差異，而無法討論同一事物在不同系統間的歷史變化。變化指涉的是同一事物在不同時間下具有原先的身份定義，但是，若對某事物的定義來自於它與所屬系統中其它事物的關連，在另一時間點中，系統內其它的內容物改變，則此物的定義也將不同。若是定義不同，我們認識到的只能是不同系統中的兩個事物，而不能說它是同一事物在兩個系統中的變化。在脈絡的思考下，所有的事物不僅需從它所屬的「同時限」系統中理解，它的性質與定義亦被系統所決定。脈絡論不僅導致決定論，它亦否定人的能動性 (agency) 與主體性 (subjectivity)，以及只有基於主體性才能討論的時間變化。對脈絡論的反抗出現於二十世紀的七〇年代，人類學開始以實踐 (practice) 為切入點，以變遷為主軸，討論人的能動性與主體性。參見 Ortner, "Theory in Anthropology Since the Sixties," pp. 126-166.

4　Saussure 的意指並非指的是具體的事物，而是心理圖像 (mental image)；意符則是與此心理圖像對應的聲音圖像 (sound image)。因此，不能將 Saussure 的意指等同於具體客觀的事物。本文的重點不是將意等同於物，意符等同於對此物的感官知覺，而是借用 Saussure 的系統概念，以及意指與意符兩系統之間的任意性關係。換言之，本文借用的是 Saussure 的理論結構，而非個別的術語。

5　Schneider, *A Critique of the Study of Kinship.*

一個有血緣關係人的不同表述與認知）。Schneider 的批評，一方面指出這種視生物性血緣關係為泛諸四海原則乃是西方文化的觀點（而不是一個超越文化的物）；另一方面，當此生物性基礎不再是統合不同親屬體系的公約數（因為它只是西方文化的獨特見解），每個文化各有不同的親屬認定方式。因為各文化所認識的親屬各不相同，人類學不能將這些不同的認識含括在相同的招牌下。當我們接受「觀點決定真實」，則所謂的真實皆為社會文化的建構，必須擺放在它所從出的社會文化脈絡中才能正確認識。

物可以被固定嗎？

這種批評對於抽象的概念是合用的，它亦指出許多我們認為是具體的事物可能只是抽象的概念。（畢竟，我們無法用感官知覺看到 cousin，或摸著生物性。）近幾年來的理論發展是對於具體事物（身體、物）的探索，這可說是對脈絡論所做的反省與反動。雖然仍有許多學者以抽象方式討論身體，但身體的物質性或實體性越來越受重視[6]。當把一個蘋果拿到土著面前追問他們的看法，我們可以確定彼此是針對相同的事物提出不同的觀點，而不是對不同的事物各自表述。此時提問的方式也發生了轉變：我們不再抽象的問此物是什麼（蘋果是什麼），而更著重對於此物的具體感官知覺（面對這個蘋果時的感官經驗為何）。

但是，具體事物真的是這麼具體嗎？Kuriyama 對日本人的肩凝 (katakori) 研究指出，那種日本人認為因「元氣」(genki) 留滯而產生的肩部僵硬感是可以用手觸摸的。而他們確實摸到了，還可以按摩將之推散，使得身體舒坦。這個透過手可以感覺到的僵硬，難道不是具體的？但是，若是具體的，Kuriyama 強調，為什麼其它文化的人摸不到[7]？李建民對經絡的研究指出，古代中國人認為經絡確實存在，甚至可以將身體解剖丈量它的長短；但是今日我們卻看不

6　Turner, "Bodies and Anti-Bodies."

7　Kuriyama, "The Historical Origins of *Katakori*," pp. 127-149.

到、摸不著經絡[8]。Gould 發現早期受到種族論影響的生物學家，為了要確認黑人與白人的差異，以種子填塞於顱骨內以測量兩者腦容量的大小。他們的測量結果符合他們的文化假設：白人的腦容量確實大於黑人。但是，Gould 自己所做的測量卻顯示不出有意義的差別。他的解釋是，當測量白人腦容量時，這些科學家會搖動顱骨，使得所能裝的種子數量變得比較多[9]。這些研究指出，所謂的具體事物仍受文化見解的影響。

　　我們是否可以如現象學家所言，將文化的認識（偏見）擱置起來，以真確描述具體事物？Bourdieu 的「慣習」(habitus) 概念卻指出，感官知覺可以在無意識中受到社會文化的塑模[10]。我們以為「擱置」文化分類架構就不再受到文化偏見的影響，殊不知文化並不只是透過語言的分類概念的傳遞。我們怎麼走路、說話、吃飯，都受到文化制約，在潛移默化中滲透入我們的身體。我們是否真的可以指出不受文化認知干擾的具體事物，使之成為比較不同文化時的基準點？上述的研究卻指出，對於某些人而言的具體事物（如肩凝），可能對另一群人而言不是這麼具體的。

固定物來談身體感的任意性

　　或許我們沒有辦法確定，所謂的具體事物是否真如想像中的具體。但是，拿一碗茶到你面前，總不能說這碗茶不夠具體。你也許是從顏色，而我是以香氣來認識這個物，但是總可承認我們是在針對同一碗茶進行討論吧！身體感與物的研究，往往在固定住具體的物，使之不隨語言（或文化的認知）而發生變動，進而討論感官知覺的內容。因此，Classen 可以以具體的玫瑰花為對象，

8　李建民，《死生之域：周秦漢脈學之源流》。

9　Gould, *The Mismeasure of Man*.

10　Bourdieu, *The Logic of Practice*.

說明西方人對玫瑰的認識從重視嗅覺轉為重視視覺[11]。她的文化比較，建立在
具體的物（意指）的一致性上，以討論意符的差異[12]。

　　這種討論仍追隨傳統人類學對文化差異的重視，強調不同時代、不同地域
對感官的不同認知。以 Saussure 的理論來說，這些研究強調意符與意指之間
的「任意性」(arbitrary)。即使能將物（意指）固定下來，也沒有什麼內在的邏
輯，逼使我們一定要將此意指與特定的意符聯繫起來。是約定俗成的社會性因
素，使語言的使用者認為某種聯繫是自然而然的。由於意符與意指的聯繫沒有
必然性，我們無法說 cat 較「貓」更能表現那隻毛茸茸的動物。不同的聯繫方
式沒有高低好壞之別；也找不出任何理性的基礎，批評他人所做的聯結。

　　茶葉是嗜好品帶給茶葉比賽的挑戰是，茶葉（意指）與品茶的感官經驗（意
符）之間的任意性：你認為香的，我可以認為是臭的。即使我心裡暗自承認你
的判斷，但是嘴巴上不接受，你也沒有辦法駁倒我。問題的癥結在於是否能找
出某種方式，使得物與身體感的連結不再是任意的。

物性可以怎麼說？

　　一個可能的方式是找出物自身的某種性質，而此「物性」能逼使人們只得
從特定的方式對該物進行理解。換言之，一方面是要將物固定住；另一方面，
只允許一種對此物的認識方式。但是，面對物性的問題，人類學者經常退回到
文化脈絡論中，強調沒有固定不變的永恆物性，物的性質是受到社會文化的建
構，因此必須放回到所處的社會文化脈絡中才能被理解[13]。

　　物性可能有兩種討論方式。一種是認為物的性質可以獨立於人而存在；這
主要見於物理學等自然科學的討論。另一是認為物的性質需要有感知者才能被

11　Classen, *Worlds of Sense*.

12　Saussure 不認為意指是可以固定的，可以超越文化的脈絡；Classen 卻將之固定住。因此，我們不
　　能說 Classen 是結構主義的。為了陳述方便，我們在此處仍沿用了 Saussure 的用語。兩者的差異，
　　請讀者明察。

13　Appadurai, "Introduction."

知曉，因此，物性的討論必須涉及人。但是，人是什麼？人類學傾向將人視為文化的工具，或是將人等同於文化；對於人的研究，目的是在發掘滲透於他所思、所言、所行背後的文化概念與價值。當我們將文化視為是某個群體獨特歷史經歷的形塑，每個文化將是自成一格的獨立整體，沒有文化的內容是一致與相容，而人對於物性的掌握，必然是隨文化而易的。當我們認為文化的差異是任意的、是相對的，人類學者也將同樣的強調，人的感官知覺是任意的、是相對的。

　　但是，這種討論忽略了身體。Gibson 的「機緣」(affordance) 概念強調人與物的互動[14]。透過互動，可以發現無法任意操弄的物性。例如，一張椅子的「機緣」允許我們拿它來坐，踩著它拿東西，或是把它當作武器。但是，我們沒有辦法將它拿來當杯子，把它當作電視機，用它來發電。物的機緣有限定性，此與語言的任意性不同。

　　Johnson 也從身體與物的互動中指出，我們可以畫出一張椅子，但是無法畫出一件家具。傳統的認知理論視椅子為一分類範疇，其下包含搖椅、板凳等各種亞類；每個亞類又可以細分更小的類別；而椅子又是家具的亞類，家具可以包含桌子、書櫃、床等其它類別。家具又可以是人造物的亞類，其下包括交通工具、建築物等等。傳統認知理論認為這種大類別含括小類別的層級關係，有著一致的邏輯結構。Johnson 反對這種說法，他指出我們對於不同層級的認識方式並不相同，關鍵點是某些類別涉及身體與它的互動，有些類別則無。我們為什麼可以畫出車子，並對車子有許多複雜的描述，但是卻無法對交通工具有相同豐富的認識，乃是因為身體與車子可以發生特定模式的互動。但是，我們無法與交通工具，或是家具這種抽象的類別產生特定模式的互動[15]。

　　Gibson 與 Johnson 對物的討論皆強調身體與物的互動。他們的討論有幾個特徵。第一，他們所說的互動是一個沒有變化的互動。身體沒有因為與物的

14　Dant, *Materiality and Society.*

15　Johnson, "Embodied Reason."

互動而發生變化，物亦是如此。第二，身體與物是一普遍化的概念。或是說，此身體泛指「正常人」的身體，物的機緣是對此正常身體而言的；而正常的身體是從生理結構而言的，與文化的塑模無關。第三，物性與身體之間的聯繫是限定但不是指定的。有些機緣不可能發生（限定性），但是可能發生的機緣有許多種。（不是指定性的，因此，椅子可以拿來坐、也可以拿來躺。）語言的任意性允許意指與意符的任意配對。Gibson 與 Johnson 的物性允許有限的身體對應方式，而與這種極端的任意性不同。物與身體之間的聯繫，雖然不是任意的，但仍是多重的。

若是茶葉的物性與對它的感知之間的聯繫是多重的，則仍將無法建立起固定的評價標準，Gibson 與 Johnson 的物性無法解決茶葉比賽所面臨的挑戰。除了沖泡飲用外，茶葉可以有很多種的機緣，（可以當枕頭，可以當燃料。）對於這種機緣的理解，無助於茶葉比賽的客觀標準。不過，我們還是可以從他們的研究中得到許多啟發。比賽中，茶的物性不可能是物理學物性，而是與人有關。人一定是在具體的群體情境中[16]：沒有接觸過茶葉的人，我們無法討論他們對於茶葉物性的認識，或是體驗品茶的身體感，茶葉比賽需要能與身體感產生一對一連結的物性。比賽的評審，在理論上，是掌握此連結的人。他所做的連結必須能為參賽茶農所接受，但是，不是所有的人都是專家，若是比賽評審的知識無法被一般人所承認，這種知識便無法成為建立社會秩序的依據。

16　本文視「情境」(situation) 與「脈絡」(context) 為兩個不同的概念。雖然兩者都涉及人與他所活動的環境，但脈絡的預設觀點是人沒有自身的主體性，他的性質為脈絡所決定；脈絡的改變將影響對此人的定義。情境則預設人的主體性，情境是他活動的界質。如人在游泳，情境指的是環繞他的水。水的性質改變會影響他游泳的方式，但是，他有可能主導改變的方向；而這種改變不能保證必定能適應新的情境。

茶葉比賽

　　本節討論茶葉比賽的目的是基於三個預設。一是茶葉比賽對於茶農的利益有極大的影響。基於此預設，我們可以推論：在攸關自身利益的狀態下，茶農對於茶葉比賽怎麼評判他，可能有各種不同的意見。違背他的利益時，茶農會抗拒，他會質疑比賽的公平性，他會挑戰評比的標準。第二個預設是茶葉比賽的過程必然對此質疑有所回應。基於此預設，我們可以推論：茶葉比賽的制度必然包含著面對可能挑戰其合法地位的防禦性設計。第三個預設是，口味的相對論會嚴重的挑戰茶葉比賽的合法性。基於此預設，我們可以推論，茶葉比賽的制度必然含藏著超越感官相對論的契機。而此契機應能使得身體感與物發生一對一的連結，使得來自品茶的感官知覺能提供衡量高低的客觀標準。

茶葉比賽的情境

　　茶是開門七件事之一。雖然它在日常生活中重要，但是卻應是平民化的日用品。但是，現今臺灣市場上銷售的茶葉，單價卻甚至可以相差百倍。雖然便宜的茶葉仍然維持日常用品的面貌，但是一斤數萬元的茶，意味著茶葉開始脫離日常生活的範疇，成為品味與身份的象徵，而造成茶葉價格落差的重要因素是茶葉比賽。臺灣茶葉原以外銷為主。七〇年代，由於本地人工成本上揚，且因國外市場的競爭，使得外銷茶葉面臨考驗，為謀求生計，茶葉開始轉為內銷[17]，但內銷市場規模較小，必須提高單位價格才能維持生存。七〇年代後臺灣經濟起飛，民間消費能力增加，市場可以接受高單價的茶葉。由茶業改良場（簡稱茶改場）所主導的「優良茶比賽」於 1975 年開始舉辦[18]，透過比賽成績所帶來的品級區隔，茶葉價格開始逐漸拉大，且比賽能吸引媒體的注意，政治人物願

17　參考廖慶樑〈臺灣茶業的發展與推廣〉，《臺茶研究發展與推廣研討會專刊》；林木連，〈臺灣茶業產銷現況、品質管理及未來〉，《臺灣茶葉產製科技研究與發展專刊》；及林木連等《臺灣的茶葉》。

18　陳國任、林金池，〈優良茶比賽茶樣等級間品質與容重之探討〉，《臺灣茶業研究彙報》22。

意參加頒獎以增加曝光率，進而對茶葉的推銷有所助益，茶葉比賽成為茶鄉的重要活動。

在茶葉以外銷為導向的時代，茶農多半只種植茶葉，採下的茶菁賣給茶葉工廠，製作後銷售給茶莊，再由茶莊賣到海外。在此分工體系下，許多茶農並不懂得茶葉的製作與行銷，但是當外銷市場萎縮，大茶莊倒閉或縮減規模，許多製茶工廠也無以為繼；面對小規模的內銷市場，茶農開始學習製茶與行銷，茶改場與地方農會輔導茶農進行產業轉型，茶葉比賽成為指導茶農製茶、賣茶，與建立市場秩序的重要機制。負責茶葉比賽評審之職的多半是茶改場製茶課的人員，透過茶葉的評比，他們不僅告訴茶農什麼是好茶，也教導茶農如何製造出符合茶改場要求的茶葉。

當個別農戶自產自製自銷茶葉，消費者也親往茶區尋找價廉物美的茶葉。在臺灣的重要茶區，許多茶農在自家中開設店面，客廳裡擺著巨大的原木茶几，上面放者各式茶具。主人背後的牆壁上，掛著得獎的匾額以及頒獎時與名人政要的合影，茶葉比賽的成績，成為宣傳自家茶葉的重要手段。另一方面，透過比賽的認證，消費者可以相信所買的茶葉達到應有的品質，不用擔心被騙上當。茶葉比賽也教導著消費者什麼是好茶，進而使得消費者的口味發生變化[19]。

評比的等級

比賽評審以品茶時的感官知覺進行評比，賦予茶葉高低不同的級別。除了茶葉品質被區隔為不同等級外，茶葉比賽亦將品質與價格做出聯繫；主辦單位依照比賽評定的等級，標定不同的建議售價，使得茶價出現高低的等級。獲獎的茶葉由主辦單位進行包裝，並在茶葉罐上蓋有主辦單位認證的等級戳印。購

---

19 一個例子是對發酵程度的接受度的轉變。陳煥堂認為臺灣早期茶葉的大宗是發酵程度較高的烏龍茶，由於茶改場的評審偏好發酵程度較低的清香口味，使得茶葉比賽的獲獎者以發酵程度較低者居多，進而改變了消費者對於茶葉的偏好。請參見陳煥堂、林世煜《臺灣茶 ＝Formosa Oolong Tea》。

買獲獎茶葉成為消費者身份的象徵，消費者可從茶葉的高低等級表現自己的地位。

　　茶葉比賽的主辦單位多是地方的農會或是政府，擔任協辦的茶改場提供評審，參加者多限定為設籍該地的居民，而且一人只能報名一點，（點為報名參賽的單位）多數的茶區每年有春季與冬季兩次比賽。雖然茶農可以生產各色茶葉[20]，但是比賽總是該地的特色茶種，各茶區的等級與建議售價不相同，各獎項名額也因參加比賽的點數不同而有異。以坪林鄉九十三年春季包種茶比賽為例，報名點數有三千多點，共有特等獎、頭等獎、貳等獎、參等獎、優良獎與等外六個類別。其中，特等獎一名，建議售價每斤 20,000 元。頭等獎共四十五名，內分為三類：頭等獎第一名一位，建議售價每斤 15,000 元；頭等獎二至六名共五名，建議售價皆為 7,000 元；以上各獎項的等級，以及在該等級中的排名（如，頭等一、頭等二），都標示在主辦單位為其包裝的茶葉盒上，並蓋有主辦單位的戳印；頭等獎七至四十五名，包裝盒上只註明等級（頭等）而未排列名次（以下獎項皆同），建議售價皆為 5,000 元。貳等獎共八十名，建議售價皆為 3,000 元。參等獎共一百六十名，建議售價每斤 2,000 元。除上數獎項之外，沒有明顯瑕疵而未得名者，獲優良獎以資鼓勵，數量有將近一千名，建議售價為 1,500 元。以上農會皆為參賽的茶葉包裝、蓋戳記、標示等級。未獲獎的「等外」約佔六成，農會不為其包裝背書，茶葉由茶農直接領回。茶農往往以「比賽茶」的名稱販售。價格約在 800 到 1,000 元之間。

　　又以木柵農會九十三年春季鐵觀音茶為例，參賽點數約三百點；特等獎一名，建議售價 10,000 元；頭等獎十三名，建議售價 6,000 元；貳等獎二十六名，

20　茶改場對茶葉的分類以製作過程中的發酵程度為主，分為不發酵（綠茶），全發酵（紅茶）以及部分發酵三類。部份發酵茶的製作繁瑣，不同發酵程度會產生獨特的風味。現今臺灣茶葉的大宗，如文山包種茶、高山茶、凍頂烏龍茶、鐵觀音茶、白毫烏龍茶（又稱膨風茶、椪風茶、東方美人茶）皆屬部分發酵茶。請參見陳國任〈臺灣特色茶烘焙技術及品質之探討〉，《臺灣茶葉產製科技研究與發展專刊》。由於製作傳統的差異使得茶葉產區各有特色，因此茶改場主導的比賽多以生產於同一地區、同一季節、同一製法的茶葉進行評比。

建議售價 3,600 元；參等獎三十八名，建議售價 2,500 元；優良獎建議售價為 1,600 元。通常參賽點數越多，則建議售價越高。臺灣最大規模的比賽在鹿谷，參加點數約有五千點，特等茶的建議售價為每斤 50,000 元；而九十三年南港區農會的春季比賽只有八十多點，特等茶的建議售價為 6,000 元。

　　參賽茶農繳交二十二斤左右的茶葉（如坪林繳二十二斤，木柵繳二十一斤半），在比賽完後，茶農實際領回的茶葉為二十斤，只有這二十斤茶葉算是主辦單位認證過的比賽茶。以坪林為例，特等獎與等外的茶葉，雖然生產成本相差不大[21]，但是一斤價格可以相差達一萬九千元，二十斤則有三十八萬元的價差。此外，獲得特等獎意味製作工藝精湛，掛在牆上的特等獎匾額可以吸引消費者，使得其他未參賽的茶葉可以有較好的銷路。除了經濟上的利益外，獲獎也是社會地位的提昇。以坪林地區每季有三千點的比賽為例，茶農表示，即使是輪流，也要幾百年才輪得到一次特等獎[22]，能在比賽中脫穎而出是非常光榮的事。坪林地區獲得特等獎的茶農經常要開席大宴賓客以資慶祝，據說，酒席的花費比賣特等獎茶的利潤還要來得高。反過來看，坪林地區稱等外為「脫褲」，形容他們的遭遇如被扒下褲子般難堪。

　　茶葉比賽所建立起的等級秩序使得茶葉品質有了保障，茶葉市場得以擴張。茶農普遍認為比賽對茶區的經濟發展有正面的助益，但是，評定的等級涉及參賽茶葉的售價，得獎與否直接影響茶農個人的利益，比賽並非人人有獎，輸贏之間可能造成社會地位的重新洗牌。參賽者往往是從小認識的鄰居或是同學，在緊密的社會關係中，這種變化特別明顯，而名落孫山者對比賽常抱持批判的態度。此外，參賽者為了迎合評比的標準，茶葉比賽使得茶葉越來越同質化，這被認為是未來茶區發展的障礙。不過，一年兩季的比賽意味著隨時有翻

21　雖然茶農在生產比賽用的茶時，會較特意挑撿出不美觀的枝葉，但是生產工序與成本相差不多，往往茶農是在製茶時，發覺某批茶的品質不錯，因而特別撿枝用以參賽。

22　坪林地區茶農約有一千多戶，雖然同一季中不是所有的茶農都參加比賽，但加上報名的茶商，每季至少有近八、九百戶人家參與比賽。因此，有位茶農說，即使是輪流，也要四百年才輪得到一次。

盤的機會，茶農對比賽的態度往往是模稜兩可的。無論如何，由於茶葉比賽涉及個人的經濟利益與社會地位，茶農特別重視比賽的公平。

明碼與暗碼

由於比賽成績涉及參賽者的利益，主辦單位對於評比過程有著嚴密的控管，有如科舉考試中的密封、糊名等手段，參賽的茶葉（稱為茶樣）與參賽者之間的聯繫被切斷，期使比賽評審只能以品茶所產生的感官知覺作為評判的對象。茶農報名時，比賽單位發給一個可裝二十多斤茶葉的大塑膠袋，透過一致化的包裝，主辦單位抹消掉茶農的個人性特徵。繳茶當天，除了在茶樣中取出數公克做為農藥檢測外，有些主辦單位會立即進行包裝。坪林農會當場將所繳交的二十二斤茶葉按照半斤份量，分裝至主辦單位統一製作的四十二個鋁箔袋（每袋半斤）中，剩餘的茶葉由茶農取回[23]。在繳交茶葉之前，這四十二個鋁箔包即已由主辦單位標好號碼，稱為「明碼」，其中四十包裝在一大紙箱中。每個參賽點數有自己的一個箱子，每個大紙箱亦是主辦單位統一製作，上面標有與鋁箔包相同的明碼，直到比賽結束，不再使用參賽茶農的姓名，剩下兩袋半斤包裝的茶葉則作為評審之用。

每個茶農知道自己的明碼，若是茶農與評審有勾結，可以告知評審特別照顧自己的茶葉。為了防弊，因此有了「暗碼」，在所有的參賽茶葉繳交之後，坪林農會透過電腦的亂數排列，編造出暗碼。所有茶葉繳完後，在保密的情況下，工作人員將印有暗碼的紙條貼於那兩包留做評審用的茶葉袋上，覆蓋住原先的明碼，比賽時只以暗碼辨識每個茶樣，並按照暗碼的順序競賽。明碼與暗碼的對照表存於電腦硬碟之中，由農會保管。

由於參賽的點數較少，木柵區農會九十三年春季鐵觀音茶比賽沒有採取電腦作業。茶農將參賽茶葉裝入農會統一發給的塑膠袋後，並未再分裝入小包裝；而是從此大袋中取出一小包的茶樣作為評比之用。大塑膠袋與裝茶樣的透

23　要求繳交二十二斤是擔心茶農所繳交的茶葉不足，因此要他們多做準備。

明小塑膠袋各置有印好相同的明碼的紙條以資對照，茶葉繳交完畢後，工作人員將所有參賽的小包茶樣混合裝入數個大袋中。比賽當天，工作人員隨機將小包茶樣抽出，放在評比用的桌面上；然後在塑膠袋上貼上有暗碼的紙條，此步驟避免了明碼與暗碼的對照表。當比賽結束公布名次之時，將得獎茶樣的塑膠袋中的明碼紙條取出，公布明碼與得獎者的姓名。

品茶過程

　　視比賽的規模，通常比賽有三到五位評審（非常小規模的比賽可能只有一位評審，如九十三年春季的南港區農會比賽）。在大規模的比賽中，往往有地方人士加入評審行列，但茶改場人員多半是主要評審，其他來源者多是從屬的地位（主從關係可以從評判時，他們走過茶樣的先後次序判定）。以坪林鄉九十三年春季優良茶比賽為例，一共有五位評審，兩位來自於茶業改良場文山分場製茶課，一位來自於臺北縣文山包種茶推廣中心，另外兩位則來自於坪林鄉。這兩位地方人士是由農會推選參加，其資格是要參加過茶改場所辦之課程，並獲得「茶葉品評官能檢定證書」。據茶改場人員表示，為了取信於當地人士，故讓當地茶農理解評審的過程，但是此二人只在初賽中參加評審，而不參加複審，至於包種茶推廣中心的人員雖參加複審，但仍是排在第三位，主要的評審仍是茶改場的人員。

　　比賽時，在幾張首尾相接的長桌上，順序擺放著三十點的茶葉，同時進行評比。通常有另一組的長桌做好準備，當前一組結束後，裁判可以立即進入下一組進行評比。評比桌上的每一個茶樣分配有三種器皿：盛放茶葉的盤子、泡茶的有蓋白瓷杯、盛茶湯的無蓋白瓷杯。這兩個茶杯稱為鑑定杯，茶改場統一規定它的形制、大小、色澤。比賽時，工作人員自茶盤中量好一定份量的茶葉（包種茶為三公克）放入有蓋有耳的白瓷杯中，然後以150cc的開水沖泡茶葉，五分鐘後茶葉泡好，茶湯倒入圓形無蓋的白瓷杯中。茶湯冷卻後，正式的評審開始。

　　評審在品評這三十個茶樣時，至少要循環三輪。第一輪是聞味道；幾位評審魚貫從第一杯到最後一杯茶，舉起已將茶湯倒出的有蓋有耳茶杯，按住茶杯蓋，用力上下搖晃三四次，然後將茶杯蓋拿開，用力吸聞茶杯中的茶葉香氣，然後將茶杯放下，讓下一位評審作同樣的動作。

　　第一輪時，評審即已開始做出評判，評判的方式為「推杯」。所謂推杯是透過兩個鑑定杯的前後相對位置，以及茶杯蓋子的正放或倒放作為記號，提醒評審哪杯茶可以晉級、哪些該被淘汰、又有哪些不能確定位置可以聽取其他評審的意見。走在第一位的是最資深的評審；通常他推杯之後，除非他的推杯位置意味著其他評審可以加入意見，或是他主動詢問其他評審的意見，其他評審多半不會再有所更動。但是在走第二及第三輪時，第一位評審仍可能推翻之前的判決。

　　第二輪與第三輪都是在品嚐茶湯。每位評審各有一湯匙，另一手則有一小杯。他們以湯匙取出茶湯，迅速的吸入口中，然後將茶湯吐出至手中的杯中。當杯中盛滿茶湯，則倒入比賽單位準備的大桶中。吸茶湯入口時會發出很大的聲音，主要是要讓茶葉快速通過舌頭上的不同部位，以感受茶湯的滋味。此外，大聲的吸入茶湯時，茶湯混合著大量的空氣，可以將茶湯的香氣帶入鼻腔，亦可加速茶中物質的氧化以便辨別香氣。評審的速度通常很快，一般在三到五秒之內即要做出判斷，若有不確定的茶湯，評審可以再回過頭來再嚐。不過第三輪之後的品嚐只針對那些不太確定的茶湯，而不是所有的茶樣再評比一遍。

淘汰制

　　由於比賽的茶樣眾多，評審不可能好整以暇地慢慢品嚐茶的滋味；評茶的重點也就不可能從欣賞的角度出發，反而是要找出個別茶葉的缺點。等級高的茶葉不是有什麼過人的優點，而是它沒有其他茶的缺點。在整個比賽過程中，茶葉是以淘汰的方式進行。以第一回合的初賽為例，評審者基本上要區分出三類茶：等外、優良與升級。等外者立即被淘汰；優良者獲得優良獎，不再進入到第二回合的複賽；只有升級者進入複賽。

　　評審接下來則進入第二回合進行淘汰。第二回合要區別四個等級：有的茶進入升等之列；有的茶則被評為參等獎；有的則被評為優良；有的被評為等外。不過進入複賽後，很少茶會被評為等外，且只有進入升等的茶才進入第三回合。在第三回合中，主要區辨哪些茶可以升等而進入第四回合、哪些茶獲得貳等獎。所有進入第四回合的茶葉都有頭等獎的資格，評審所要區別的是哪一個頭等茶可以獲得特等獎。木柵農會的比賽，只將特等獎自具頭等品質的茶中區別開來，頭等獎十三名不排名次。但在坪林，除了特等獎之外，頭等獎又有三個類別，需要將每斤一萬五的「頭等一」、每斤七千元的「頭等二」至「頭等六」（包裝上會顯示名次）、以及其餘五千元的「頭等」（包裝上不顯示名次）區分出來。在第四回合中，要將特等獎與頭等獎的一至六名等七個茶樣選出，其他則列為第三類的頭等獎。不過，第四回合結束時，通常升等的不只有七件茶樣（在坪林有十三件茶樣），這些茶樣進入到第五回合。在第五回合中，坪林的比賽選出了六名進入第七回合的決賽。

　　坪林鄉持續數日的比賽，只有在決賽當天才見參觀的人潮。決賽之後即公布名次，許多參賽茶農亦在旁等著「開獎」。除了農會的總幹事以及茶改場的重要人士之外，也可以看到不少臺北茶界的名人。此外，不僅有電視台與報社來採訪，甚至有老師帶著學生來做鄉土教學。此時的評審更為謹慎，原先每個茶樣只有一對茶杯，決賽時則有兩對茶杯，兩對茶杯的冷卻時間不相同，以判斷較熱茶湯與較冷茶湯的滋味香氣之差別。評審先確定哪些可能無法獲得特等獎者，再從具特等獎資格者中反覆斟酌確定特等獎。

淘汰的標準

　　在每一回合的評比時，賽場的工作人員應該登記個別茶樣的特徵，在實際的操作上，並非每個茶樣都做記錄，通常做記錄的是那些要被淘汰的茶葉。茶改場人員解釋，這是因為經常有茶農對未能獲獎有所質疑，為了面對茶農的質詢，必須準備好記錄作為證據。九十三年坪林的春茶比賽所登錄的特徵包括：粗澀、菁、陳、雜、悶、酸、淡、香、火味、水黃、黃片、苦味、條鬆。除了

香是正面的特徵外，其他都是負面的。茶葉的香氣有許多類別，但是記錄上只登記香作為泛稱，由此可見正面的特徵並不是記錄的要點。

　　比賽評審不僅要指出茶樣的負面特徵，他更須指出造成負面特徵的原因，透過這個辨認，茶改場才能輔導茶農改進製茶的技術。茶改場在解釋茶葉缺點上有相當多的說明[24]，例如，產生香氣缺點的類別與發生的原因為：

菁味：
　　萎凋不足，發酵程度不夠。（下雨採菁，製茶環境氣候不良）。
　　生葉炒菁未熟透。
　　生葉或梗未炒熟。
火焦味（火味）：
　　炒菁溫度太高，炒菁程度不均，部份生葉炒焦。
　　茶葉經高溫（140℃以上）長時間（四小時以上）烘焙。
　　乾燥溫度太高，茶葉燒焦。
煙味：
　　熱風爐內層出現裂縫或小孔，燃燒油或柴木之煙氣，滲入熱風，進
　　入乾燥機。
　　炭焙時，茶末、茶角或茶葉，不小心掉入焙爐，起煙而被茶吸收。
雜味：
　　採茶（尤其剪採）不注意，將具有濃烈惡臭之雜草，一併採摘製作。
　　工廠衛生未注意，夜間製茶時，具惡臭之昆蟲掉入揉捻機內，與茶
　　葉混揉。
　　製茶用具不清潔，帶異味。
　　製茶環境不清潔。
　　泡茶用具不清潔帶異味，或手帶異味（如抽煙，塗有護手霜）抓取
　　茶樣。

24　行政院農業委員會茶業改良場，《茶業技術推廣手冊，製茶技術》，頁53-55。

悶味：

　　生葉萎凋時，高溫悶製。

　　熱團揉時，悶製太久。

　　初乾時，投入量超出乾燥機排氣量，茶葉在高溫、高溼下受悶。

油味：

　　製茶機械的潤滑油脂，不注意掉入茶葉中。

陳茶味（油耗味）：

　　茶葉貯放不當，油脂氧化引起。

　　對茶改場而言，一個茶樣之所以被淘汰，並不僅只是它的滋味、香氣、形狀與色澤的好壞，更重要的是，這表示它在製作工序上出了問題。

茶農的質疑

　　從細瑣步驟可以發現主辦單位對於比賽公正性的重視。由於多能切實執行這些規範，制度層面上的公正性不常被挑戰。茶農對於茶葉比賽有許多的負面意見，但是我尚未聽過舞弊的耳語。茶農對於比賽公正性的質疑，多半是針對茶葉比賽的評審，他們並不是懷疑評審會作弊，多數的人認為吃公家飯的茶改場官員，不會為了一點小錢砸了鐵飯碗，他們懷疑的是評審是否有能力評判茶葉的好壞。

　　茶農對茶葉比賽的質疑包含兩類。一是懷疑評審沒有分辨細緻差異的能力，這不僅是感官知覺是否敏銳的問題（不喝茶的人也可能有敏銳的味覺、嗅覺）是否能指出造成差異的原因乃是更重要的能力。近年來以大陸進口毛茶，在臺灣進行精製後，混充本地茶參加比賽；此外，也有茶農從外地買茶菁，或是將春茶充當冬茶來參加比賽。是否能把關，考驗著評審的功力，若是讓不符合規定的茶葉獲得頭獎甚至特等獎，評審會被茶農看不起。茶農與茶改場人員都認為這種能力是可以培養的，培養方式是熟習茶葉生產製造流程，以掌握每個工序所產生的感官知覺變化。因此，茶改場的評審多來自製茶課。一位茶改場的評審向我強調，不懂做茶就不能評茶。我曾聽過茶改場的人攻訐對茶葉評

審有意見的人，說對方不懂得製茶；我也聽過茶農攻擊茶改場的評審，說他們只坐在辦公室裡；雖然知道茶葉是怎麼做的，但是真正製茶的經驗不足。

質疑評審是否有能力辨別茶葉的好壞，仍以相信茶葉有好壞為前提。但是，有的茶農懷疑是否有客觀好壞的標準。不過，茶農不是直接反對茶葉有客觀好壞，若是沒有客觀好壞，他們賣的茶葉為何可以有不同的售價？若是沒有客觀好壞，粗製濫造的茶與精心製作的茶有什麼分別？通常他們的說法拐了個彎，說評審只依照他們的個人喜好作無評比的標準。但是，若是評審以個人的品味判定好壞，誰又不是呢？是否可以有一個包含所有個人喜好的客觀標準？若是追問這個問題，茶農多認為這種客觀標準是存在的。有位茶農說他做過實驗，找了不同人來喝茶，發現大家所認為的好茶是差不多的。我不敢確定茶農是否真的相信茶葉沒有客觀的好壞，就我的觀察，即使是同一個茶農，在某些情況下（例如賣茶時）會承認茶葉有客觀好壞標準；有時候（例如比賽被淘汰時，或是客人堅持自己喜歡的口味）則認為口味是個人的嗜好，客觀標準不存在。不過，即使大多數的人經常相信茶葉有客觀的好壞，口味相對性仍是茶葉比賽擺脫不掉的威脅；問題不在於這個威脅是否是真的，而是它可能是真的。當它是真的，茶葉比賽該如何應付？

討論

茶葉評審常說他們評茶的方式與一般人不同：一般人只在乎自己是否喜歡這泡茶，但是評審需要找出自己做出評判的理由。事實上，這個理由已經含藏在茶葉比賽的過程中。

茶葉比賽的特徵是淘汰賽。它不是要挑選好的茶，畢竟每個人所喜好的口味可能不同。若是張三說好，李四說不好，憑什麼要聽張三的，而不聽李四的？做為茶改場的官員，評審當然可以用自己的地位與聲勢壓制不滿的聲音。但是，茶農不倚賴茶改場吃飯，茶葉比賽是匿名的，比賽評審無法刻意排擠某些茶農。當比賽公布成績時，茶改場的評審需要對此次比賽作出總結，指出整體的品質與製茶時需要注意的要點。此時，不滿意比賽成績的茶農往往發難，質

疑比賽的標準。比方，為什麼文山包種茶要以清香為高而不強調香氣的濃郁？一位茶改場的人員表示，茶葉評審最重要的是「鎮得住場子」，是否鎮得住場子要靠評審個人的聲望與資歷。不過，淘汰制的目的是要避免與人爭論香氣該是要濃郁還是清雅。要談誰比誰好，可以永遠吵不完。淘汰制的邏輯是：未入選是因為你的茶葉出了問題，而不是別人比你的好喝。因此，在比賽評比的類別上，負面的項目遠多於正面。而茶改場的製茶技術手冊所列的內容，教茶農不要犯錯誤的部份，遠高於怎麼欣賞茶葉的部份。一位經常得獎的茶農曾向我抱怨，真正要喝茶葉，即使再差的茶葉，也要找出可以欣賞的好處；如此，一千元一斤的茶葉也可以有如同一萬元一斤的享受。但是，茶葉比賽是在雞蛋裡挑骨頭，所有的缺點都放大來看；喝茶不再是享受，而是一種折磨。

　　但是，什麼是缺點？茶改場對於缺點的理解並不是好不好喝，好不好喝是個人主觀的認定。對於輔導茶葉製作的茶改場而言，缺點指的是製作上出了問題。因此，出現了菁味，並不是因為評審不喜歡這個味道，而是萎凋不足或發酵程度不夠。消費者喝的是當下的味道，評審要喝的是茶葉的製作過程。事實上，這也是茶農對品茶的觀點。一位茶農向我吹噓，他喝茶喝的是茶葉生長的土地、喝的是茶樹生長的海拔、喝的是採茶的季節與採菁的時辰、喝的是萎凋時撥弄茶葉的手法、喝的是炒茶、焙茶的功夫。換言之，他喝的是這泡茶葉的「身世」，而不只是當下感受的內容。茶葉所引發的感官知覺當然需要透過分類才能被認識，每個人的分類架構可以不同，不過，是否是專家，在於能否從感官知覺對應到茶葉的身世。因此，茶農與評審都認為要評論茶葉，必須懂得製茶。只有充分掌握製茶的過程，才能評茶。

　　分辨茶葉身世的能力是茶農與評審標榜自己是專家的方式。我曾在一家茶行，遇到一位坐在角落的客人，開始時默默不語，只在旁邊聽人說某泡茶的甘、澀。後來他突然丟出一句話：這個茶的土還滿乾淨的。茶行老闆（也是一位經常得獎的茶農）知道遇到了行家，把珍藏的普洱拿出來請客人品評。在喝普洱茶時，這位客人評論此茶放過濕倉，客人走後，茶行老闆跟我說，他根本是胡扯，這泡普洱沒有放濕倉。我不知道誰在胡扯。不過，顯然茶行老闆不介意客

人談甘、澀，但是挺介意客人充專家。更重要的是，這個專家身份是可以被認證的，認證的標準在於是否可以正確無誤的指出這泡茶的身世。身世是已發生過的事。也許我們當下無法確定正確答案，但是，正確答案一定存在。當某人說錯了茶的身世，他是可以被揭穿的。

茶葉的滋味、香氣、形狀、顏色是一本茶的「自傳」。品茶的感官知覺與茶的製作過程有著必然且可驗證的對應關係，問題在於我們是否讀得懂。茶農與評審對於茶葉物性的理解，不是它是什麼 (what)；而是茶葉為什麼是這個樣 (how)。這個物性不是某種固定不變的性質 (quality)，而是茶的生長、採摘、製作所經歷的變化過程 (process)。這個變化需要人的介入，在介入過程中，茶發生了變化，人也從生手轉變為專家。專家一方面指他對於茶的介入，也是指從介入中得來的知識，那種得以將茶的身世與身體感聯繫起來的知識，那種可以被「否證」(falsify) 的知識。

我們不能否認茶葉有 Gibson 所說的物性，畢竟茶葉有其獨特的機緣。人在介入茶葉的生長、採摘、製作過程中，要依循某種茶葉的機緣行事。但是，變化的物性不同於 Gibson 的機緣物性，在機緣中，人雖然與物發生互動，但是兩者並不因互動而發生變化。不發生變化的情況下，Gibson 的物性與人皆處於恆常的狀態，都指涉某種 quality。人在此理論中不具主動性與主體性，他雖然可能發現並使用物性中的某一機緣，但是，此機緣不是他的創造。物性的恆常與人的意志（主動性）無關，而與他的生理結構有關。

雖然在品茶的時候，當下的身體感是滋味、香氣、形狀、顏色。但是這些身體感所要對應的是茶的身世，而這種聯繫是可以認證的，是有對錯的，能分辨對錯是因為身世與身體感之間有著因果關係。此處的物與身體感之間的聯繫不是 Saussure 結構語言學中意指與意符之間的任意性關係，而是 Pierce 所說所說的「指標」 (index) [25]。

25　Gell, *Art and Agency*.

　　煙做為象徵，可以在不同文化有不同的意義；沒有任何意義是比別的來的好或是正確。當煙被視為指標，它表示有東西在燃燒。當然，這個煙可能是來自乾冰，也可能來自燃燒的木炭。但是，究竟是什麼因造成了這個果，必然有正確的答案。Saussure 認為意指與意符之間沒有必然的聯繫，但是在因果關係下，煙做為指標（果），與造成它的因，有必然的對應。換言之，當我們採取了 Saussure 的符號來看待品茶的身體感，此身體感的意義將是任意的，是相對的，是沒有好壞之別的，茶葉成了嗜好品。我們為什麼喜歡它，必須考察它所處的社會文化脈絡，當社會文化脈絡改變，我們的好惡必將發生變化。但是，當品茶的身體感被當成是茶葉身世的指標，茶葉評審的判斷有了客觀性與必然性。當茶農以茶是嗜好品來反對評比標準時，他們是將茶與身體感視為符號，而茶葉比賽則是以指標的概念，建立客觀的標準。

　　這種指標的概念亦為自己種茶、製茶的茶農所接受。因為他們相信自己是介入茶葉身世的專家，他們相信製茶方式的差異會產生不同的知覺經驗，相信粗製濫造是比不上精心製作，相信自己的勞動是有客觀價值的。由於他們與比賽評審，對什麼是茶，什麼是專家，以及身體感與物性的聯繫方式有著相同的認識，這是他們可以接受比賽評等的重要原因。

　　茶葉評審把菁味聯繫到茶的身世上，這個聯繫是可以客觀驗證的，但是這並未解釋為何菁味是缺點，也許有人就是喜歡菁味。茶改場所認定的缺點，本身即是一個任意性的判斷，茶農與茶葉評審都無法否認這種相對性。但是，對製茶專家而言，這種相對性並不構成困擾，他的功夫不只是他製作出的茶葉有什麼滋味、香氣；而是他有能力製造出任何的滋味、香氣。當他知道什麼樣溫度，炒的茶會有什麼樣的滋味時，他可以投人之所好，做出符合他們口味的茶（有幾位茶農自承他會打聽誰會是評審，以做出評審喜歡的口味；但他們不認為自己在作弊）茶改場所認定的缺點，是證明自己是否是專家的題目。茶葉比賽評鑑的是專家的製茶功力，而不只是某泡茶的味道如何。

　　茶葉比賽要分辨高低等級做為資源分配的依據，但是評審品茶的經驗是私人的，它不是田徑比賽，誰跑得快大家一目了然；也不是小說比賽，所有的人

都可以讀到優勝作品。數萬元一斤的特等獎茶葉，除非是關係特別好，或是願意花錢買，其它人是喝不到的。既然自己無法認證，參賽者為什麼會承認比賽的評比是合理的？這或許是因為指標的因果邏輯可以為參賽者所接受。茶葉評比的基礎不是專家的神秘體驗，而是一般人所能掌握的邏輯：種什麼因會得什麼果。雖然參賽茶農沒有機會嚐到特等茶，但是他們知道特等茶是怎麼被評判出來的；雖然他們不會真的去驗證，評審對於物性與身體感的連結是否正確，但是他們知道這是可以被驗證的。只有當指標的因果邏輯是所有製茶者所共有的思維方式，茶葉比賽的合法性才能為參賽者所接受。

若是茶葉比賽的邏輯已為參賽者接受，本文一開始，把比賽制度看做是針對口味相對論的挑戰而產生的設計，可能言過其實。有些茶農確實會用茶葉是嗜好品來批判茶葉比賽的客觀標準，但是這大多數只是怨言，很難真正挑戰茶葉比賽。只有當我們將物性與身體感當作是 Saussure 的符號，認為兩者之間的聯繫是任意的，這才會產生口味相對論的問題。當茶農將身體感當作是物性的指標，則口味相對論將是虛構的問題。若是此相對論從未對茶葉比賽形成挑戰，則表示筆者的問題意識有誤，錯誤的源頭是我把物性與身體感切開，把兩者的連結當作是任意性的意指與意符關係。

若是讀者在本文開始，接受了我的問題意識，認為口味的相對性會挑戰茶葉比賽的客觀標準，這可能反映著我們自身的理論預設：將物與身體感切開；物性有不變的性質，但人們用不同的知覺方式認識此不變的客體；知覺方式沒有好壞之別，因為物性與身體感之間的關係是任意的；特定的連結方式必須由它所處的社會文化脈絡來決定。茶農與評審指引了我們另一條道路：物性不是不變的性質 (quality)，而是變化的過程 (process)。人透過物的變化掌握物性；變化來自於人與它的互動。在相互介入中，物與人皆發生變化：物從樹葉變成清香撲鼻的茶，人從生手變成專家。製茶方式造成味覺、嗅覺、視覺的差異，專家可以身體感做為指標，探詢茶葉的身世。因果關係的指標可以被驗證，是參賽者與評審所共享的邏輯，而茶葉比賽以此做為分配資源的原則。

參考文獻

【中文】

李建民，《死生之域：周秦漢脈學之源流》。臺北：中央研究院歷史語言研究所，2000。

林木連，〈臺灣茶業產銷現況、品質管理及未來〉，《臺灣茶葉產製科技研究與發展專刊》。桃園楊梅：行政院農業委員會茶業改良場編印，2003。

林木連等，《臺灣的茶葉》。臺北：遠足文化出版社，2003。

陳國任，〈臺灣特色茶烘焙技術及品質之探討〉，《臺灣茶葉產製科技研究與發展專刊》。桃園楊梅：行政院農業委員會茶業改良場編印，2003。

陳國任、林金池，〈優良茶比賽茶樣等級間品質與容重之探討〉，《臺灣茶業研究彙報》22。桃園楊梅：行政院農業委員會茶業改良場編印，2003。

陳煥堂、林世煜，〈臺灣茶 ＝Formosa Oolong Tea〉。臺北市：貓頭鷹出版社，2001。

廖慶樑，〈臺灣茶業的發展與推廣〉，《臺茶研究發展與推廣研討會專刊》。桃園楊梅：行政院農業委員會茶業改良場編印，2001。

行政院農業委員會茶業改良場，《茶業技術推廣手冊，製茶技術》。桃園楊梅：行政院農業委員會茶業改良場編印，2001。

【西文】

Appadurai, Arjun. "Introduction." In *The Social Life of Things: Commodities in Cultural Perspective.* Cambridge: Cambridge University Press, 1986.

Bourdieu, Pierre. *The Logic of Practice.* Cambridge, UK: Polity, 1990.

Classen, Constance. *Worlds of Sense: Exploring the Senses in History and across Cultures.* London, UK; New York, NY: Routledge, 1993.

Dant, Tim. *Materiality and Society.* Maidenhead, Berkshire: Open University Press, 2005.

Gell, Alfred. *Art and Agency: an Anthropological Theory.* Oxford: Clarendon Press; New York: Oxford University Press, 1998.

Gould, Stephen Jay. *The Mismeasure of Man.* New York: Norton, 1981.

Johnson, Mark. "Embodied Reason." In *Perspectives on Embodiment: the Intersections of Nature and Culture,* edited by Gail Weiss and Honi Fern Haber. New York: Routledge, 1999.

Kuriyama, Shigehisa. "The Historical Origins of *Katakori.*" *Japan Review* 9(1997): 127-149.

Ortner, Sherry. "Theory in Anthropology Since the Sixties." *Comparative Studies in Society and History* 26.1(1984): 126-166.

Sapir, Edward. "The Status of Linguistics as a Science." In *Culture, Language and Personality.* Berkeley, CA: University of California Press, 1958.

Saussure, de Ferdinand. *Course in General Linguistics.* New York: McGraw-Hill Book Co., 1959.

Schneider, David. *A Critique of the Study of Kinship.* Ann Arbor: University of Michigan Press, 1984.

Turner, Terrance. "Bodies and Anti-Bodies." In *Embodiment and Experience*: *the Existential Ground of Culture and Self*, edited by Thomas J. Csordas. Cambridge; New York: Cambridge University Press, 1994.

體物入微，漸窺堂奧

鍾蔚文*

這段感官之旅已近尾聲，我受託寫幾句後話。

後話的感覺，像是經歷精采旅程的旅人，此刻站在路的盡頭，一面留戀著過往的風景，一面眺望著未知的前程。在某種意義上，每本書都是未完成的旅程。在已成形的論述中，有些輪廓已漸清晰，有些則閃爍著未來的光影，暗示著平原、山谷的大好風景正要展開。後話該作的是揣摩作者的微言大義，作些註腳吧。

所以這篇後話分成兩部份。第一部份試圖指出，這本書，相對於傳統的取徑，作了哪些轉向和突破。第二部份則展望前程，猜想未來可以發展的方向。

這本書說的是飲食、喝茶、品香，看似日常小事，其實探討的是一個更高層次的議題：人如何與物互動？這又涉及我們如何認知世界？我是誰？誰是認知的主體？如果從傳統對語言、心理的研究出發研究感覺，基本上都是在找尋一個對應的表徵系統，這或是語言，或是認知表徵。本書則試圖超越這個笛卡爾的二分邏輯，從種種感官經驗的考察中，指出傳統的二分法為何無法捕捉感覺精緻的層次和肌理。這分成兩條路進行。一是試圖重新思考結構主義的傳統，二是挑戰表徵主義的預設。

---

* 政治大學新聞系教授兼傳播學院院長。

感覺是個符號？

本書一個明顯的稻草人是結構主義。依據結構主義的觀點，甚至於感覺本身（如顏色）[1] 也可以被化約成符號的組合和分化。不過，過去幾十年來，這個對應分明的系統正逐漸被解構。本書探討身體感，重點之一在往下深掘，找出在文化表層之下感官的基礎。如林淑蓉認為，「一個社會的基本分類原則可能是建構在身體與文化習性上，並不完全如前述 Levi-Strauss (1963) 所主張的，一個社會的象徵系統乃是建立在任意的、人類普同的認知能力或心智結構的基礎上」。其他論文也均在具體闡述，感官如何中介了我們和世界的互動。

書中的另一重點在物，但是從感官切入，採取了和目前物質文化研究不同的進路；不僅參照文化象徵、結構的體系，更進一步要「深入行動者身體經驗的面向來探討物性、項目性消費與價值的課題，而非遽然認定一個客觀存在的文化體系可以解釋所有的問題。」[2]

在這方面，本書呼應了 Lakoff [3] 和 Johnson [4] 對於心的觀點。他們在一系列的研究中，試圖證明，即使是看起來抽象、認知的現象，如數學推理、哲學思考，其實均源於基本的身體動作，他們稱之為意象基模 (image schemata)。近年也已出現了不少相關的實證，重點均在鋪陳：所謂認知，基本上建立在知覺的基礎上[5]。

---

1   Eco, "How Culture Conditions the Colors We See," pp. 157-175.
2   余舜德，〈市場、價值建構與普洱茶交易中的陳韻〉，《臺灣大學考古人類學刊》，65: 68-105，頁72。
3   Lakoff and Johnson, *Metaphors We Live By*.
4   Lakoff and Johnson, *Philosophy in the Flesh*.
5   Cf. Gibbs, *Embodiment and Cognitive Science*; Pecher and Zwaan, *Grounding Cognition*.

人為心之器？

這個轉向的另一個矛頭則對準了社會科學傳統對心的預設，亦即表徵主義。社會科學家談行為，基本上認為它是心理外在的表現。換個說法，人和外在世界互動，心是主角。人是心之器。人類學談認知，基本上也脫離不了表徵主義的影響。以民俗模式 (folk model) 的研究為例，基本上沿用基模等心理學概念[6]。

但是，在過去二、三十年以來，這個想法已經受到了相當的批評，這可以分以下兩方面來說。

1. 認知的表徵無法完全解釋人與世界互動的百態

讀完本書，不難看出，從香到對環境衛生的感覺，都具體顯示：人和世界互動，並不易化約為表徵系統，不是傳統的心理學概念即可完全涵蓋。

早在五十年代，Ryle[7] 就已提出類似的觀點。後來實證的研究也紛紛出現。以看電視為例，de Kerckhove[8] 發現，身體對影視的內容的反應，通常快過認知，換句話說，我們不是用心在看電視，是整個神經系統和感官在投入。這或可解釋為什麼看電視容易上癮。

而這種感覺往往難以化約成綱目分明的表徵系統——不管是心理的概念或是語言符號。你只能用一些模糊的字眼，如「這個」、「那個」，或乾脆說：「說不出來的感覺」。Gendlin 稱此為感覺的意義 (felt meaning)：

> 這些是我們內在指向的感覺的整體……它是一種「這個」
> 或一種「我這種的感覺」，它不等同於邏輯的定義和基

6　Holland and Quinn, *Cultural Models in Language and Thought.*

7　Ryle, *The Concept of Mind.*

8　de Kerckhove, *The Skin of Culture.*

　　模……經驗（或其面向）是生理上的感覺，就像餓或痛……
　　它是我們在某一瞬間的感覺、表現或存在的狀態[9]。

　　換句話說，有些感覺在還來不及認知之前就發生了，事後也難以言傳。辭窮不是能力的問題，其實反映了心理運作的基本原則。因此，在語言層次，「痛」、「痠」這些符號不能窮盡感覺的內涵。同理，心理學的概念如態度、信念也無法完全表徵和外界互動的感覺。傳統試圖透過表徵系統來解釋行為，正好像企圖用地圖來完全表現一個城市活潑流動的地貌，難免失真。

　　2. 另一群研究者則提出分散智能的觀念[10]，質疑身體和心之間有界限之分。傳統典範研究心理，代表性隱喻是電腦，心就像操作系統，負責執行所有的程式。但是從分散智能的觀點，智能分散在全身，心溢於皮表 (the leaky mind)。感覺不完全是中央表徵的產物，部份也是身體局部 (local) 行動（如手指的神經機制）的結果[11]。

　　整體而言，本書不同於傳統取徑的是，不再去尋找一個相對感覺的固定的系統，不管它是符號或心理項目，而企圖在這些框架的中間地帶入手。正如余舜德所主張：

　　這些項目的內涵（或說文化項目的內涵）乃於人與物的密切關係中衍生……但是這些項目之經驗性的內涵，並不存在於我們的腦袋中、或存在於外面世界的一角，而在人與物之間……[12]

而人與物之間，那是一個什麼樣的世界呢？這至今仍是一片尚少有人跡的曠野。本書已作了初步的探勘和丈量，也是未來值得繼續探索的方向。以下我試著對「人與物之間」這句話提個人的註解。

9　Gendlin, *Experiencing and the Creation of Meaning*, p. 27.

10　Clark, *Being There*.

11　Pfeifer and Bongard, *How the Body Shapes the Way We Think*.

12　余舜德，〈市場、價值建構與普洱茶交易中的陳韻〉，頁 93-94。

往更幽微之處探究

身體感是「全人」之事

第一個值得進一步探究的問題是：在這人與物互動過程中，「人」所指為何？

參照近年來認知科學的研究，在研究人時，傳統心理學的概念顯然有時而窮。心理學通常把心分成幾大部份，如認知、知覺、分類、記憶、注意、社會互動、學習、發展、動機、動機、情緒、語言、傳播、意識……但是，我們走路、談話、看到一張認識的臉孔時，當下的感覺往往是眾多機制共同運作的結果，因此無法照目前心理學的分類系統，歸類到某一特定的項目，如態度[13]。

同時，根據目前相關的研究，感覺不能化約為單一感官的作用。如果你碰了手上某一部位，而腦中某一部位被啟動，這只是告訴你「什麼時間發生了什麼」，並不表示「手和腦某一部位相連」[14]。以品茶為例，依照傳統茶人的說法，鼻聞香氣，舌嚐湯味，感官各司其職，這些感覺其實並不能歸諸於特定感官的作用。

感覺甚至不能只用神經過程來解釋。Noë and O'Regan 以視覺為例指出：

> 雖然腦是視覺必要的一部份，神經過程本身並不足以產生視覺。我們認為，「看」往往受到當時動物感官動作的中介作用。換句話說，「看」是植基於技巧去探索環境的一種行動 (skill-based activity of environmental exploration)。 視覺經驗不是發生在個人身上的某一件事；「看」是他／她作的一件事[15]。

13　Pfeifer and Bongard, *How the Body Shapes the Way We Think*, p. 106.

14　Clancey, "The Conceptual Nature of Knowledge, Situations, and Activity," pp. 247-291; 引自 Gibbs, *Embodiment and Cognitive Science*, p. 47; 亦見 Noë, *Action in Perception*.

15　Noë and O'Regan, "On the Brain Basis of Perceptual Consciousness," p. 567.

近年來認知科學相關的研究，越來越體會到行動認知複雜的程度，主張採取比較全觀的角度來看行為（也包括感覺）。如 Pfeifer and Bongard[16] 等人主張，行動是全人 (complete agent) 之事。全人有以下幾個特性：行動時受到物理特性的制約，例如所使用物的特性；經由和外界互動產生感官刺激；全人的行為也反過來影響情境；而這個互動的過程是動態的，相互循環生成。最重要的是，全人行動時，並非只是運用心智，相當程度靠身體進行運算。從全人的角度來解釋身體感，可能是一個方向。事實上，本書雖然沒有用全人的辭彙，但在處理人和物互動時，已展現了類似的取向。

物性和機緣

反過來說，物又是什麼呢？詮釋也有相當大的空間。

首先值得注意的是，我們對物的感覺不能說是物完全決定的。這可以分兩方面來說。

首先，物是什麼，是相對於人類的生物特性而生，沒有絕對客觀的特質。Gibson[17] 討論生態，特別對環境 (environment) 和物理世界作一區分。物理世界小至原子分子，大至行星宇宙。但是只有和動物生存相關者才構成環境，環境之屬性依人和動物而異。同理，物理學意義上的物，和人認知使用的物，也有所區分。對人而言，真正有意義的物的是相對於人特性的物，而非本初的物。顏色是一個典型的例子。人會看到什麼顏色，不完全是其物理特性的作用，涉及觀看者本身的條件。果蠅、鳥、人，看同樣的東西，看到的顏色卻不同。這也是為什麼儀器無法替代人的感官，因為儀器和人的感官分析的是不同的現象。人看到的顏色，是物和人互動生成的體現真實 (embodied realism)[18]。

從這個角度，物性接近 Gibson 所說的機緣 (affordance)。機緣指的是：

16　Pfeifer and Bongard, *How the Body Shapes the Way We Think*.

17　Gibson, *The Ecological Approach to Visual Perception*.

18　Lakoff and Johnson, *Philosophy in the Flesh*.

　　它所提供給動物的，不管是好或壞……如果地表是近乎水
　　平的（而非傾斜的），近乎平面（而非球面或凹面），面
　　積夠大（相對於動物的體積），同時質地堅實（相對於動
　　物的體重），就提供了支持的機緣……於是可以在上行走
　　和奔跑……不會像水面或沼澤，會沈下去[19]。

　　本書中提到的許多物的例子，其實都不是在說明物的本質，所闡述者，是
物（如茶、香、飲食等）相對於人特定的身體條件而產生的機緣。

　　進一步，物的特性也因人而改變。第一、機緣需要人透過身體技術來發
現[20]。同樣地，茶中的酯型兒茶素提供澀味的機緣，但要靠茶農利用發酵技術，
控制澀轉香、苦轉某甜的停止點。因此，「『茶之所以為茶』，實與人『處心積
慮』地發掘茶葉的物質特性、開發各種製茶工序與技術，以呈現茶特定的滋味，
加以『定性』，並分出各種類，因而出現價值的分野等過程有密切的關係」[21]。
同理，本書中有關觸診、製香、食物的人類學考察，在在顯示人和物互動的痕
跡。這些感覺、這些物，是自然的產物，也是文化的成果。

如何來一場感覺的嘉年華會？

　　綜合以上的說法，人是什麼？物是什麼？是分不開的。前面也說過，在個
人的層次，感覺也不只是個別感官的外在表現，不可能獨立於其他感官而產
生，也是和環境中眾多因素互動的產物[22]。因此，最終浮現的感覺是眾多感官、
眾多物、以至其他情境因素共同協調浮現的結果[23]。如果這樣，研究感覺，像

19　Gibson, *The Ecological Approach to Visual Perception*, p. 137.

20　Mauss, *Sociology and Psychology*.

21　余舜德，〈市場、價值建構與普洱茶交易中的陳韻〉，頁82。

22　Maturana and Varela, *Autopoiesis and cognition*, p. 5; 引自 Gibbs, *Embodiment and Cognitive Science*, p. 42.

23　Noë and O'Regan, "On the Brain Basis of Perceptual Consciousness"; Pecher and Zwaan, *Grounding Cognition*; Gibbs, *Embodiment and Cognitive Science*.

是在研究交響樂團，傳統線性的模性不再適用了。順著全書的理路，研究的重點不再是：感覺在那裡？而變成了：眾多主角如何同心協力來一場熱鬧的嘉年華會？

也許可以從三個層次來勾勒這場盛會。

感覺的大歷史：

人和物的共同演化，是一場縱橫幾千年的盛會。自從有文明以來，人和物之間便已進入一個共同進化的歷程。從喝茶、品香、到污穢的感覺，實則是身體和外在世界互動的縮影。從種茶、製茶到喝茶，都可以看到人主動操弄茶的身影。在飲茶、品香的經驗之中，政治、社會、文化的烙印仍然深刻。因此結構主義的觀點也有部份的道理。它可能決定了要突顯那種物性、忽視那種物性。慣習是身體的，也是文化的。反過來說，物的發展，加上社會文化的因素，又重新定義了我們的感覺。我們的身體不只是生物的身體，也是文化和社會的身體[24]。兩者之間存在著共同演化的關係。人物之間，相互作用，形成了文化的歷程。

感覺的個人史：從生手到專家

每次的感覺經驗也是生命之流的片斷，因此必須放回到生命歷程來檢視。感覺會成長、流動，也可能與時精進。同樣是飲茶，生手和專家體會不同。專家品茶，茶的生世歷歷在目。這某種程度反映在用語上。專家往往能熟練地操弄一套分類系統[25]。中醫把脈，也經歷同樣境界的轉換。感覺在不同的生命階段，展現了不同的風貌。也就是在這個意義上，身體技術接近了杜威所說的美學經驗[26]。

24　Johnson, *The Meaning of the Body*.

25　Halliday and Matthiessen, *Construing Experience Through Meaning*.

26　McCarth and Wright, *Technology as Experience*.

但是，這種身體的經驗並非語言系統可以完全捕捉，也不是心智可以清晰呈現。在形容感覺時，表面上用一樣的形容詞，但是，在那感覺的世界，它們卻層次、肌理各異，難以言傳。如人飲水，冷暖自知，正是此意。

一瞬之間的感覺：即興創作的爵士樂

另一個研究的重點可以是一瞬間的感覺。而這一瞬間的感覺像爵士樂一樣，充滿了即興創作的風格，每一場演出都不可重複，是個獨特的經驗。

Noë, and O'Regan 以開 Prosche 為例，來說明這種感覺的本質。

> 請注意，我們不能說有一種感覺叫「開 Porche 的感覺」。我的意思是，開 Porche 這件事並非由一套固定的身體感覺所組成。一個人開 Porche 經驗，關鍵在他／她人開 Porche 時作了些什麼，如：踩油門時怎麼加速、車子怎麼處理轉變、換檔時如何平順等等。開 Porche 的經驗為何，要看當時特定的情境，還有怎麼因應，對於車子的反應有那些預期[27]。

從這個角度，不能問：開 Porche 的感覺是什麼，因為開 Porche 的經驗是無法化約成通則的；同理，每次聞香、喝茶固然有其穩定不變的面向，但同時也是一個獨特的事件 (event)。而每次獨特的事件，又是社群、個人歷史進化的結果。身體感是立體的，是有層次的。從不同的層次切入，它就展現了不同的面貌。

走到這裡，身體感是什麼？也許成了一個假問題。從一瞬間的角度，身體感是浮動的。不能再問身體感是什麼了。也許該問的是：以人身體的特性，在什麼情境之下，會產生什麼感覺？

27　Noë and O'Regan, "On the Brain Basis of Perceptual Consciousness," p. 571.

參考文獻

【中文】

余舜德，〈市場、價值建構與普洱茶交易中的陳韻〉，《臺灣大學考古人類學刊》，65: 68-105，頁 77，2006。

【西文】

Clancey, William J. "The Conceptual Nature of Knowledge, Situations, and Activity." In *Expertise in Context: Human and Machine*, edited by Paul J. Feltovich, Kenneth M. Ford and Robert R. Hoffman, pp. 247-291. Menlo Park, CA: AAAI Press / The MIT Press, 1997.

Clark, Andy. *Being There: Putting Brain, Body, and World Together Again*. Cambridge, MA: The MIT Press, 1999.

de Kerckhove, Derrick. *The Skin of Culture: Investigating the New Electronic Reality*. Toronto: Somerville House Publishing, 1995.

Eco, U. "How Culture Conditions the Colors We See." In *On Signs: A Semiotics Reader*, edited by M. Blonsky, pp. 157-175. Oxford: Basil Blackwell, 1985.

Gendlin, Eugene T. *Experiencing and the Creation of Meaning: A Philosophical and Psychological Approach to the Subjective*. Evanston, IL: Northwestern University Press, 1962.

Gibbs, Raymond W. Jr. *Embodiment and Cognitive Science*. Cambridge: Cambridge University Press, 2005.

Gibson, James J. *The Ecological Approach to Visual Perception*. 1979. New Jersey: Lawrence Erlbaum Associates Press, 1986.

Halliday, Michael Alexander Kirkwood, and Christian M. I. M. Matthiessen. *Construing Experience Through Meaning: A Language-based Approach to Cognition*. London and New York: Cassell, 1999.

Holland, Dorothy, and Naomi Quinn, eds. *Cultural Models in Language and Thought*. Cambridge: Cambridge University Press, 1987.

Johnson, Mark. *The Meaning of the Body: Aesthetics of Human Understanding*. Chicago: the University of Chicago Press, 2007.

Lakoff, George, and Mark Johnson. *Metaphors We Live By*. Chicago: The University of Chicago Press, 1980.

——. *Philosophy in the Flesh: The Embodied Mind and Its Challenge to Western Thought*. New York: Basic Books, 1999.

Mauss, Marcel. *Sociology and Psychology: Essays*. Translated by B. Brewster. London; Boston: Routledge and Kegan Paul, 1979.

McCarth, John, and Peter Wright. *Technology as Experience*. Cambridge, MA: MIT Press, 2004.

Noë, Alva. *Action in Perception*. Cambridge, MA: The MIT Press, 2004.

Noë, Alva, and J. Kevin O'Regan. "On the Brain Basis of Perceptual Consciousness." In *Vision and Mind Selected Readings in the Philosophy of Perception*, edited by Alva Noë and Evan Thompson, pp. 567-598. Cambridge, MA: The MIT Press, 2002.

Pecher, Diane, and Rolf A. Zwaan, eds. *Grounding Cognition: The Role of Perception and Action in Memory, Language, and Thinking*. New York: Cambridge University Press, 2005.

Pfeifer, Rolf, and Josh Bongard. *How the Body Shapes the Way We Think: A New View of Intelligence*. Cambridge, MA: The MIT Press, 2007.

Ryle, Gilbert. *The Concept of Mind*. New York: Hutchinson's University Press, 1952.

Varela, Francisco J., Evan Thompson, and Eleanor Rosch. *The Embodied Mind: Cognitive Science and Human Experience*. Cambridge, MA: The MIT Press, 1991.

索引

專家、物性、身體感：
茶葉比賽中的社會秩序

體物入微，漸窺堂奧

全文檢索請至清大出版社網站

http://thup.web.nthu.edu.tw

國家圖書館出版品預行編目 (CIP) 資料

體物入微：物與身體感的研究 ／ 余舜德 主編.
—初版.—新竹市：清大出版社，民97. 12
464 面；17x23 公分
ISBN 978-986-84011-3-6（平裝）
1. 感覺理論 2. 物質 3. 認知
176.1   97015368

體物入微：物與身體感的研究

主　　編：余舜德
發 行 人：賀陳弘
出 版 者：國立清華大學出版社
社　　長：戴念華
策 劃 者：國立清華大學人文社會研究中心
召 集 人：黃一農
總 編 輯：楊儒賓
行政編輯：龍宇馨、王小梅
排版美編：林君萍
地　　址：30013 新竹市東區光復路二段 101 號
電　　話：(03)571-4337
傳　　真：(03)574-4691
網　　址：http://thup.web.nthu.edu.tw
電子信箱：thup@my.nthu.edu.tw
其他類型版本：無其他類型版本

展 售 處：水木書苑 (03)571-6800
　　　　　http://www.nthubook.com.tw
　　　　　五楠圖書用品股份有限公司 (04)2437-8010
　　　　　http://www.wunanbooks.com.tw
　　　　　國家書店松江門市 (02)2517-0207
　　　　　http://www.govbooks.com.tw
出版日期：2008 年 12 月初版
　　　　　2021 年 6 月五刷
定　　價：平裝本新台幣 400 元

ISBN 978-986-84011-3-6　　　　GPN 1009702212